21 世纪高职高专能力本位型系列规划教材·财政金融系列

新编纳税筹划

主　编　李　丹
参　编　贺世强　曹　利

北京大学出版社
PEKING UNIVERSITY PRESS

内容简介

本书共分为8章，其内容包括：纳税筹划的基础知识、增值税的纳税筹划、消费税的纳税筹划、营业税的纳税筹划、企业所得税的纳税筹划、个人所得税的纳税筹划、其他税种的纳税筹划、企业经济活动中的纳税筹划。

本书主要为高职高专院校会计、财务管理专业学生编写，也适合财经类专业选修本课程的学生，同时也可供成人教育相关专业学生、企业会计人员、管理人员所使用。

图书在版编目(CIP)数据

新编纳税筹划/李丹主编．—北京：北京大学出版社，2013.7

(21世纪高职高专能力本位型系列规划教材·财政金融系列)

ISBN 978-7-301-22770-1

Ⅰ.①新…　Ⅱ.①李…　Ⅲ.①税收筹划—高等职业教育—教材　Ⅳ.①F810.423

中国版本图书馆CIP数据核字(2013)第146211号

书　　　名：新编纳税筹划

著作责任者：李　丹　主编

策 划 编 辑：李　辉

责 任 编 辑：刘健军

标 准 书 号：ISBN 978-7-301-22770-1/F·3664

出 版 发 行：北京大学出版社

地　　　址：北京市海淀区成府路205号　100871

网　　　址：http://www.pup.cn　　新浪官方微博:@北京大学出版社

电 子 信 箱：pup_6@163.com

电　　　话：邮购部62752015　发行部62750672　编辑部62750667　出版部62754962

印　刷　者：北京宏伟双华印刷有限公司

经　销　者：新华书店

787毫米×1092毫米　16开本　14.75印张　336千字

2013年7月第1版　2013年7月第1次印刷

定　　　价：30.00元

前　言

本书介绍了纳税筹划的概念特征、运作流程和技术方法，还从税种和企业的经济活动这两方面来具体讨论纳税筹划方法，结合实际案例分别介绍了流转税、所得税、其他税种的筹划方法，以及企业在设立、筹资、投资、生产经营、分配等活动中的筹划方法。

每章起始均设计学习目标、引导案例，引导案例激发学生的学习兴趣，引出本章学习内容。各章设置若干功能模块，如“案例”“国外筹划趣闻”“小词典”“税法引用”。在“案例”中介绍同技能点相关的案例，使学生了解企业操作实践；“国外筹划趣闻”介绍国外的筹划案例，“小词典”“税法引用”主要介绍筹划需用到的概念、法规政策。每章后均有本章小结、职业能力训练（包括思考题、单选题、多选题、判断题、案例分析题）。

本书内容突出以下特色：

(1) 与新税法同步。《中华人民共和国企业所得税法》自 2008 年 1 月起开始施行，实现两税合并。本书的编写结合新出台的各种税收法规，力求与新税法保持同步，使学生在掌握筹划方法的同时也能对新税法有更深入的了解。

(2) 便于操作。结合现实中纳税筹划活动的案例，贴近纳税筹划的前沿操作。学生通过阅读，就能够感悟纳税筹划的实质并在税务活动中运用各种纳税筹划技术。

(3) 语言生动、可读性强。在逻辑严密的基础上，用平实的语言、贴近实际的例子增强亲切感和可读性，设置若干功能模块，为学生提供一个轻松、高效的学习体验环境。

本书由顺德职业技术学院李丹担任主编，顺德职业技术学院财会教研室贺世强、曹利参编。

由于编者水平有限，编写时间仓促，书中难免存在疏漏、不足之处，敬请广大读者批评指正，并提出宝贵意见。

编　者

2013 年 3 月

目　录

第1章 纳税筹划的基础知识

NASHUI CHOUHUA DE JICHU ZHISHI

【学习目标】

(1) 熟悉纳税筹划的概念及特征。

(2) 掌握纳税筹划的作用。

(3) 掌握纳税筹划的运作流程。

(4) 掌握纳税筹划的几种技术方法。

(5) 明确纳税筹划与偷税、避税、节税的关系。

【引导案例】

英国的星空卫视是世界媒体大王默多克在英国的主要控股公司——新闻投资公司的子公司，在过去的十多个经营年度里，星空卫视共获利14亿英镑(21亿美元)，但它在英国缴纳的公司所得税净额竟然为0，真是绝顶精明。可见，这位老商人不仅仅在生意上精于经营，更精明之处还表现在其税单上，他正是靠着独特的“扩张和避税手段创造着超级利润”。因此，纳税筹划被称做精明人的文明行为。世界首富微软集团主席比尔·盖茨计划捐出20%的财产，也就是上千亿美元协助世界各国解决艾滋病、疟疾等病毒问题，这是迄今为止全球最大的一笔个人名义的慈善捐款，此善举值得称颂，但有人也提出：此项捐款将会使得他在美国享有大笔的免税权。可见富人捐款既有其想做好人的一面，也与减轻税负或税法制约有关。

1.1　纳税筹划的概念与特征

1.1.1　纳税筹划的概念

纳税筹划是指纳税人在保障国家利益的前提下，在税法允许的范围内，在纳税义务发生之前通过对投资、经营、理财等进行周密筹划，实现纳税最小化、企业价值最大化的一种经济行为。这个定义至少应表述出以下几层意思：一是纳税筹划的主体是纳税人，即具有纳税义务的单位和个人，纳税人既可以是法人也可以是自然人；二是纳税筹划必须是合法的，至少是不违反税法的；三是纳税筹划是事先进行的计划；四是纳税筹划的目的应该是纳税人税收负担的最小化，企业价值的最大化。只有满足了这几个条件，才能说是纳税筹划。

纳税筹划也叫做税务筹划、税收筹划，英文为 Tax Planning，纳税筹划在我国才刚刚开始不久，但在西方国家已经有了一段历史，在国外纳税筹划已经成为企业经营中要考虑的一项重要内容，尤其是一些跨国公司更加重视纳税筹划的作用，他们光明正大地聘请税务专家为其进行纳税筹划，为企业带来了实实在在的利益。因此中国应该尽早加入纳税筹划的行列，让筹划研究在我国尽快发展起来。

1.1.2　纳税筹划的特征

纳税筹划具有合法性、筹划性、整体性、目的性、专业性和风险性等特征。

1. 合法性

这是纳税筹划最本质的特征。纳税筹划是在法律允许的范围内进行的，是以遵守国家法律为前提的，如果为了减少税负而违反法律规定，逃避纳税责任，这就不是纳税筹划了，这属于偷税行为。而纳税筹划是在合法的范围内，在不违反税法的前提下，在有多种纳税方案可供选择时，纳税人做出低税负的决策，这是无可非议的，税务机关也不应当加以反对。

2. 筹划性

筹划性说得通俗一点，其实就是计划性，即要提前做好计划。打个比方，做菜前如果不做任何计划，随便放油盐，等菜做好了发现太咸了，再放糖补救；但是还有一种做菜方法，事先就根据不同的菜做好计划，比如糖醋排骨要多放糖醋，其他菜要适量放盐，等菜做好后就不需要怎么补救，已经非常美味了。那么，纳税筹划就是第二种做菜的方法，在纳税人投资、经营活动之前就已经考虑到税收问题，把税收作为影响经营成果的一个重要因素来做整个投资计划、经营计划，它是纳税人在纳税义务发生之前就对自己的纳税方式、规模作出了安排。因为在经济活动中，纳税义务通常具有滞后性。如企业在交易行为发生之后才有纳税义务，才缴纳各种流转税；在收益实现或分配之后，才缴纳所得税等。这在客观上为纳税人进行事先筹划提供了可能，可以在企业还没有发生经营、投资等活动之前就已经做好安排。如果经营活动已经发生，应纳税额已经确定而去偷税、漏税，则不能被认为是纳税筹划。

3. 整体性

做菜的时候不能只考虑菜的咸淡问题，还要考虑整个菜的搭配，最后出来的菜应该是色香味俱全的，才能拿到最高分。纳税人在筹划时不能只盯着个别税种税负的轻重，纳税减少不等于企业总体价值的增加，如果有多种纳税方案可供选择，企业要选择自身价值最大化的方案，而不一定是税负最轻的方案。所以要从全局角度、以整体观念来看待不同方案，而不是把注意力仅局限于税收负担大小上，否则会误导经济行为。

4. 目的性

做任何事情都要有一定的目的，正如我们前面在纳税筹划的概念中所说的，纳税筹划的目的是纳税人通过筹划活动实现纳税最小化，税后利润最大化，最根本目的还是企业价值的最大化，取得节税的税收收益。

5. 专业性

各国税制有所不同，税法也比较复杂，仅仅依靠企业自身进行纳税筹划无法取得好的效果，作为第三产业的税务代理、税务咨询便应运而生。比如，联合利华在世界各国请了45位税务筹划专家来帮助它在不同国家的子公司进行纳税筹划。如今税务师事务所、会计师事务所、律师事务所均设置纳税筹划的咨询业务，表现出纳税筹划专业化的特点。

6. 风险性

纳税筹划是有风险的，因为纳税筹划是需要成本的，包括一些可以看得见的成本和看不见的成本。比如我们要聘请有关税务筹划的专业人员，需要支出代理费用，这个费用有的上万元，还有一些机会成本等。如果最后节约的税款还比不上支付给这些筹划专家的费用，那企业就没有必要进行纳税筹划了，所以纳税筹划是有一定的风险的。

1.2 纳税筹划的作用

1. 有利于提高纳税人的税收法律意识

中国目前的税法有很多不完善之处，所以在纳税筹划能够带给纳税人利益的驱动下，纳税人会主动、自觉地学习和钻研税收法律法规，从而有效地提高纳税人的税收法律意识。那么，为什么纳税筹划还能提高企业的纳税意识呢？实际上，纳税筹划进行得比较好的企业，其纳税意识往往也比较强。因为它所考虑的不是通过偷税、漏税来少纳税，而是通过事前的筹划来达到少纳税的目的。这样做是合理的、不违法的。因此，如果所有的企业都能够学习纳税筹划，而不是偷税、漏税，那就可以从整体上全面提高纳税意识，增强全民的税收法律意识。

2. 有利于提高企业的经营管理水平和会计水平

会计处理方法的选择是纳税筹划的重要内容。比如固定资产的折旧方法有直线法和加速折旧法，不同方法对企业利润、纳税额的影响是不同的，企业可以从中选择有利的会计处理方法，以减少纳税额。纳税筹划要求会计人员熟悉现行税收政策，这必然要求企业会计人员不断提高业务水平，也促使企业的会计水平和经营管理水平得到进一步提高。有的时候，企业没有做好纳税筹划，在一定程度上会影响企业经营管理水平，严重的时候还会导致企业倒闭与破产。

【案例】 山东秦池酒厂某年的业务情况如下。①该厂以生产中低档酒为主业。②当年投入亿元广告费用，一举夺得中央电视台“标王”称号。③秦池当年从四川等地大量购进勾兑酒。当年我国税收部门发布的两条税收政策规定如下。①国家税务总局宣布对白酒业进行从价和从量相结合的复合计税方法，也就是对粮食白酒和薯类白酒按出厂价按25%和15%的税率从价征收消费税的前提下，再对每斤白酒按照0.5元从量征收一道消费税。②取消现行的以外购酒勾兑生产酒的企业可以扣除其购进酒已纳消费税的抵扣政策。正是这两条税收政策让秦池酒厂走向了倒闭。

如果秦池平时就有纳税筹划的意识，时刻关注税收政策的走向，那么当秦池得知对中低档酒要实行从量征收的时候，它及时调整产品结构，转向高档酒的生产，就可以大大降低从量征收对企业的影响。对于第二条政策，秦池可以通过减少外购勾兑酒，或者采取收购勾兑酒厂的战略，使得勾兑酒不允许抵扣这一政策对企业的影响大大减低。

因此，树立纳税筹划的意识，有时不仅可以提高企业经营管理水平，甚至可以挽救整个企业。

3. 有利于我国不断完善税法

纳税筹划是针对税法未明确规定的行为及税法中的优惠政策而进行的，国家应该充分利用纳税人纳税筹划行为提供的反馈信息完善现行税法和改进有关税收政策，从而不断地健全我国的税法和税收政策。

1.3 纳税筹划的运作流程

纳税筹划的运作流程是指企业从筹划前准备到最后完成需经历的流程次序及应分别开展的具体工作。企业纳税筹划应按如下程序开展：前期调研与信息收集—筹划方案的设计与选择—筹划方案的实施和修正—筹划方案的跟踪和绩效评估。

1. 前期调研与信息收集

不同企业的基本情况及纳税要求有所不同。在实施纳税筹划活动时，首先要了解企业的以下基本情况：企业组织形式、经营状况、财务状况、投资意向、管理层对风险的态度、企业的需求和目标、纳税历史、筹划主体的意图等。只有在对企业基本情况有了充分了解的基础上才能设计出最完美的纳税筹划方案，充分调研是方案顺利设计的前提条件。

(1) 企业组织形式。不同企业组织形式的纳税税种、纳税金额、申报纳税办法往往有所不同，故了解企业的组织形式可以对不同组织形式的企业制定有针对性的纳税筹划方案。我国的企业形式有个人独资企业、合伙企业、全民所有制企业和公司制企业，此外还有视为企业管理的个体户。企业的组织形式对纳税影响相当大。除了了解企业组织形式，还须了解企业内部的机构组成。

(2) 财务状况。企业纳税筹划是为了合法和合理地节减税收，因此了解企业的财务状况是基础。以会计报告和会计报表形式反映出来的企业财务状况从资金的运动方面展现企业的全貌，而纳税本身则是资金从企业的流出。只有全面和详细地了解企业的真实财务情况，才能制订出适合企业状况的企业节税计划。

(3) 投资意向。投资有时可以享受税收优惠，而不同规模的投资额有时又会有不同的税收优惠。投资额与企业规模(包括注册资本、销售收入、利润等)往往有很大的关系，不同规模企业的税收待遇和优惠政策有时也是不同的。我国税法体系中对一些投资方向有税收引导，比如高科技的投资方向、第三产业的投资方向等。了解纳税人企业的投资可从产业税收优惠方面对其提出纳税建议。

(4) 管理层对风险的态度。不同风格的企业领导对节税风险的态度是不同的，开拓型领导人往往愿意冒更大的风险节减最多的税，稳健型企业领导人则往往希望在最小风险的情况下节减税收。了解企业对风险的态度，可以制订出更符合企业要求的税务计划。

（5）纳税历史。了解企业以前和目前的有关税务情况，包括有关纳税申报、所纳税种、纳税金额等纳税情况，对制订企业未来的纳税计划会有很大的帮助和借鉴。

（6）筹划主体的意图。纳税人对纳税筹划的共同要求肯定是尽可能多地节税，增加纳税人的财务利益，但不同纳税人的具体要求是有所不同的，因此需要了解筹划主体的意图。纳税人对财务利益的要求大致有3种：一种是要求最大程度地节约每年税收成本，增加每年的纳税人可支配的税后利润；另一种是要求若干年后因为采用了较优的纳税方案而达到所有者权益的最大的增值；第三种是既要求增加短期税后利润，也要求长期资本增值，“鱼”和“熊掌”要兼得。对不同要求所进行的纳税筹划也是有所不同的。当然，纳税筹划未必能完全达到纳税人的要求，但了解纳税人在财务收益方面的意图仍是必需的。

此外，还要全面了解与企业相关的行业、部门税收法律法规，理解和掌握国家税收政策及精神，熟知各项税收优惠条款，这对于成功实施纳税筹划尤为重要。有条件的企业可以建立企业税收信息资源库，以备使用。同时，企业必须了解政府的相关涉税行为，就政府对纳税筹划方案可能的行为反应做出合理的预期，以增强筹划成功的可能性。

纳税筹划的最终目标是企业价值最大化。而对上面已经收集的信息进行分析后，便可以确定纳税筹划的各个具体目标，并以此为基准来设计纳税筹划方案。纳税筹划具体目标主要有：实现税负最小化；实现税后利润最大化；获取资金时间价值最大化；实现纳税风险最小化。

2. 筹划方案的设计与选择

在掌握相关信息和确立目标之后，纳税筹划的决策者可以着手设计纳税筹划的具体方案。纳税筹划方案的设计一般按以下步骤进行：首先，对涉税问题进行认定，即涉税项目的性质，涉及哪些税种等；其次，对涉税问题进行分析，即涉税项目的发展态势、引发后果、纳税筹划空间大小、需解决的关键问题等；最后，设计多种备选方案，即针对涉税问题，设计若干可选方案，包括涉及的经营活动、财务运作和会计处理确定配套方案。

在纳税筹划备选方案拟订之后，企业应当从自身特点和需求出发，选择最终的筹划方案。在确定纳税筹划方案时不能凭空设想规划方案，应将各方案在具体实施过程中的数据根据税法规定进行科学预测、测算，计算出各方案应纳税额，根据测算结果准确判定哪个方案为最佳方案。纳税筹划方案是多种筹划技术的组合运用，需要同时考虑风险因素。企业对纳税筹划风险度的偏好程度是决定纳税筹划方案确定的关键因素之一。因此在实践中最佳的纳税筹划方案或者“节税”效益最大的筹划计划往往不是企业高层最终选择的结果，很大程度上还要受企业对纳税筹划风险偏好程度的影响。对于企业未来效益追求的评价，对外部环境情况的判断与分析，对政府政策走向的研究以及企业在本行业、广义竞争者中所处的市场地位，都对企业投资风险偏好程度产生不同程度的影响，决定了方案的最终选择。

3. 筹划方案的实施和修正

纳税筹划方案选定之后，经管理部门批准，即进入实施阶段。企业应当按照选定的纳税筹划方案对自己的纳税人身份、组织形式、注册地点、所从事的产业、经济活动以及会计处理等做出相应的处理或改变，同时记录筹划方案的收益。纳税筹划方案的实施要全面纳入企业经营管理策划活动范畴。纳税筹划是企业经营管理策划的重要组成部分，所以不能由纳税会计孤军奋战，必须将之纳入企业经营管理规划之中，通过执行落实生产经营和管理策划发挥其效力，即提前渗透于企业的各项采购、生产、销售、分配等经营规划和工作计划中，并通过计划、指挥、协调、领导等系统运行产生预期结果。

在纳税筹划方案的实施过程中，企业应及时监控出现的问题。再运用信息反馈制度，对筹划方案的效果进行评价，考核其经济效益与最终结果是否实现纳税筹划目标。在实施过程中，可能因为执行偏差、环境改变或者原有方案的设计存在缺陷，从而与预期结果产生差异，这些差异要及时反馈给纳税筹划的决策者，并对方案进行改进修正。

4. 筹划方案的跟踪和绩效评估

纳税筹划方案付诸实施后，企业内部筹划人员应当对方案进行跟踪，分析税收筹划的实际执行效果。企业通过方案跟踪，总结得失，可以为今后的筹划工作积累宝贵的经验教训。

建立规范的税收筹划绩效评价指标体系是提高企业财务管理水平的客观要求。税收筹划的绩效评价首先是运用可以量化的财务数据和指标来进行，财务数据和指标是评价标准的主要因素。但仅使用量化的财务数据和指标还远不能充分反映税收筹划活动的总体水平，实践中非财务数据的定性评价是财务数据评价的有效补充和说明。因此，税收筹划的评价活动应综合财务数据和非财务数据整体评价，以科学反映企业税收筹划的整体绩效水平。

1.4 纳税筹划的技术方法

纳税筹划的技术方法是纳税筹划过程中所使用的技巧与策略。纳税筹划的技术方法很多，而且在实践中往往并不是只使用一种方法，而是几种方法相互结合起来使用。纳税筹划的基本方法主要有以下几种：税基减税技术、税率减税技术、应纳税额抵免技术、延期纳税技术。

1.4.1 税基减税技术

税基是用以计算应纳税额的课税对象的数额，是课税对象的数量化，也称为计税依据。它是决定国家税收收入和纳税人税收负担轻重的重要因素之一。在税率一定的条件下，税基越小，应承担的税款就越少，而各个税种对税基的规定也存在差异，这使我们对税基进行筹划成为可能。税基减税技术指通过对各种税收政策合理合法地运用，使税基由宽变窄，从而减少应纳税款的技术。其途径则可通过减免税政策的利用、增加税前扣除等方法实现。

1. 减免税政策的利用

国家为了扶持某些特定地区、行业、企业和产品的发展或者基于照顾某些有实际困难的纳税人的目的，经常在税法中做出某些特殊规定，比如免除其应缴纳的全部或者部分税款，以减轻其税收负担。这种在税法中规定的、用以减轻特定纳税人税收负担的规定，就是税收优惠政策。利用减免税政策筹划方法就是指纳税人充分利用这些优惠政策来达到为自己降低税负的目的。国家对纳税人利用税收优惠政策进行的筹划是支持与鼓励的，纳税人对税收优惠政策利用得越多，越有利于国家特定政策目的的实现，越有利于促进产业结构的高级化，这是国家和纳税人“双赢”的选择。

在利用税收优惠政策进行筹划的过程中，纳税人应在合法和合理的前提下，争取尽可能多的项目和税种获得减免税待遇，没有条件要创造条件。

【案例】某国税法对甲经济开发区企业制定有从开始经营之日起 3 年免税的规定，对乙经济开发区企业制定有从开始经营之日起 5 年免税的规定。那么，如果其他条件基本相似，某新建公司应该选择设在乙经济开发区从事经营活动，可以使获得享受免税待遇的期限延长2年，从而节约更多的税收。

【税法引用】中华人民共和国企业所得税法(2007年)第四章　税收优惠

第二十六条　企业的下列收入为免税收入：

（一）国债利息收入；

（二）符合条件的居民企业之间的股息、红利等权益性投资收益；

（三）在中国境内设立机构、场所的非居民企业从居民企业取得与该机构、场所有实际联系的股息、红利等权益性投资收益；

（四）符合条件的非营利组织的收入。

第二十七条　企业的下列所得，可以免征、减征企业所得税：

（一）从事农、林、牧、渔业项目的所得；

（二）从事国家重点扶持的公共基础设施项目投资经营的所得；

（三）从事符合条件的环境保护、节能节水项目的所得；

（四）符合条件的技术转让所得；

（五）本法第三条第三款规定的所得。

备注：企业所得税法第二十七条第(四)项所称符合条件的技术转让所得免征、减征企业所得税，是指一个纳税年度内，居民企业技术转让所得不超过500万元的部分，免征企业所得税；超过500万元的部分，减半征收企业所得税。

【例1-1】 广州某独立核算的科研所经过潜心研究，开发了一种新型电子防盗门。2009年8月，该科研所与某防盗门生产企业进行了洽谈并签订了协议，决定将该技术以250万元的价格转让给这家企业；同时，该科研所还向这家生产企业提供与该技术有关的技术咨询和技术服务，额外收取50万元咨询、服务费。这样，该科研所从这家生产企业共得到收入300万元。请对该研究所取得的300万元收入进行纳税筹划分析：(1)该项转让所得是否免征企业所得税？(2)转让专利与提供技术咨询服务的收入是否免征营业税？

【解答过程】

(1) 企业所得税法规定：一个纳税年度内，居民企业技术转让所得不超过500万元的部分，免征企业所得税；超过500万元的部分，减半征收企业所得税。该研究所的技术转让所得为300万元，不超过500万元，因此免征企业所得税。

(2) 营业税中对转让无形资产的免税优惠中规定：对单位和个人从事技术转让、技术开发业务和与之相关的技术咨询、技术服务业务取得的收入，免征营业税。因此该研究所转让专利与提供技术咨询服务的收入也免征营业税。

2. 增加税前扣除

扣除技术是指在合法和合理的情况下，使扣除额增加而直接节税，或调整各个计税期的扣除额而相对节税的纳税筹划技术。其扣除是狭义的扣除，是在同样多收入的情况下，各项扣除额、冲抵额等越大，计税基数就越小，应纳税额就越小，所节减的税款就越大。

在进行纳税筹划时，应该在合法和合理的情况下尽量使更多的项目能够得到扣除。扣除的项目越多，计税基数就越小，应纳税额就越小。在其他条件相同的情况下，应尽量使扣除项目尽早扣除，从而早期缴纳的税收减少，可以获得资金的时间价值。

【税法引用】中华人民共和国企业所得税法(2007年)第四章　税收优惠

第三十条　企业的下列支出，可以在计算应纳税所得额时加计扣除：

（一）开发新技术、新产品、新工艺发生的研究开发费用；

（二）安置残疾人员及国家鼓励安置的其他就业人员所支付的工资。

备注：企业所得税法第三十条第(一)项所称研究开发费用的加计扣除，是指企业为开发新技术、新产品、新工艺发生的研究开发费用，未形成无形资产计入当期损益的，在按照规定据实扣除的基础上，按照研究开发费用的50%加计扣除；形成无形资产的，按照无形资产成本的150%摊销。

企业所得税法第三十条第(二)项所称企业安置残疾人员所支付的工资的加计扣除，是指企业安置残疾人员的，在按照支付给残疾职工工资据实扣除的基础上，按照支付给残疾职工工资的100%加计扣除。

新税法规定安置残疾人员及国家鼓励安置的其他就业人员所支付的工资，可以在计算应纳税所得额时加计扣除。企业可以通过招收残疾人或下岗职工担任门卫、保洁等工作，适当减免税款。这是既符合国家相关政策，又为企业合理节税的典型税务筹划案例。

【例1-2】 甲生产企业2009年利润总额300万元，职工总数100人，月平均安置残疾人30人，残疾人平均月工资2 000元。不考虑其他因素，企业的税负情况如何？

【解答过程】 安置残疾人员就业的单位可以享受如下优惠政策：月平均实际安置的残疾人占单位在职职工总数的比例高于25%(含25%)，并且实际安置的残疾人人数多于10人(含10人)的，按每人每年3.5万元退还增值税或减征营业税；按照支付给残疾人的实际工资在企业所得税税前据实扣除，并可按支付给残疾人实际工资的100%加计扣除。月平均实际安置的残疾人占单位在职职工总数的比例低于25%(不含25%)、高于1.5%(含1.5%)，并且实际安置的残疾人人数多于5人(含5人)的单位，可以享受政策规定的企业所得税优惠政策，但不得享受增值税或营业税优惠政策。

甲企业除获得所得税每月每名残疾人工资加计扣除100%的税收减免优惠外，还实际获得退还增值税的税收优惠。甲生产企业可加计扣除的残疾人工资成本支出为2 000×12×30=72(万元)

可退还增值税=30×35 000=105(万元)

实际应纳税所得额=300-72+105=333(万元)

应交企业所得税=333×25%=83.25(万元)

1.4.2 税率减税技术

税率是应纳税额与计税依据之间的比例，是计算应纳税额的标准，体现了征税的深度。在其他因素不变的情况下，税率的高低反映了一国在一定时期的税收政策与经济政策，它直接影响国家财政收入和纳税人税负的高低，是税制的中心环节。我国现行税率分为3种：比例税率、累进税率和定额税率。不同税种的税率之间大多存在一定的差异，即便是同一税种，使用的税率也会因税基分布或区域不同而有所差异。对税率进行筹划应主要着眼于税后收益最大化的最低税负点或最佳税负点。

税率减税技术指通过对各种税收政策合理合法地运用，使纳税人的使用税率由高变低，从而减少应纳税额的技术。税率减税主要有两种筹划方法：一是比例税率筹划，即筹划分析不同征税对象适用的不同税收政策，尽量降低适用税率，通过利用税率差异政策来实现；二是累进税率筹划，主要是寻找税负临界点，防止税率攀升，通过控制应纳税所得额、转换收入性质来实现。

1. 比例税率筹划

对于增值税、营业税、企业所得税及其他税种，通常采用比例税率筹划方法，在合法与合理的情况下，利用税率的差异而直接节减税收，与按高税率缴纳的税收相比，按低税率少缴纳的税收就是节减的税收。税率差异主要有地域差异、行业差异、企业性质差异、各国税制差异等。中国税制涉及的特殊地域主要有：经济特区、沿海经济开放区、经济技术开发区、高新技术产业开发区、贫困地区、少数民族地区等，这些地区享有较低的优惠税率。国家在不同的时期对不同的行业有不同的政策倾斜，也会导致某些行业的税率较低，如高新技术行业。我国企业所得税税率种类见表1-1。企业性质差异主要指国家对不同性质的企业往往有不同的税收政策，由此导致税负的不同。此外，不同国家的税收制度和法律规定有所不同，税制差异非常明显，纳税人可以利用税率差异进行国际税收筹划。总之，税率差异是普遍存在的情况，一个企业完全可以根据国家的有关法律和政策决定自己的组织形式、投资规模、投资方向和投资地点等，利用税率差异进行节税。

【税法引用】 中华人民共和国企业所得税法(2007年)第四章　税收优惠

第二十八条　符合条件的小型微利企业，减按20%的税率征收企业所得税。国家需要重点扶持的高新技术企业，减按15%的税率征收企业所得税。

表1-1　我国企业所得税税率种类表

种　　类	税　　率
基本税率	25%
扣缴义务人代扣代缴	20%
两档优惠税率	(1)符合条件的小型微利企业：减按20% (2)国家重点扶持的高新技术企业：减按15%

其中，符合条件的小型微利企业是指从事国家非限制和禁止行业，并符合下列条件的企业：

(1) 工业企业，年度应纳税所得额不超过30万元，从业人数不超过100人，资产总额不超过3 000万元；

(2) 其他企业，年度应纳税所得额不超过30万元，从业人数不超过80人，资产总额不超过1 000万元。

国家重点扶持的高新技术领域包括：电子信息技术、生物与新医药技术、航空航天技术、新材料技术、高技术服务业、新能源及节能技术、资源与环境技术、高新技术改造传统产业。

新企业所得税法对高新技术企业实行15%的税率。在此情况下，原来将高新技术研发作为部门进行财务核算的公司可以将此业务剥离出来，成立独立的高新技术企业，以适用15%的税率。对于处于小型微利企业与普通企业临界点的企业，应该通过适当降低应纳税所得额或裁减从业人数的方法，尽量使自己符合小型微利企业的条件，从而适用低税率达到节税的目标。对于不属于临界点的企业，则可以通过企业分立分解所得额，适用更低税率的方法来实现合理节税。

【例1-3】 某生产企业拥有员工120人，资产总额为5 000万元，适用所得税率为25%，2008年企业应纳税所得额为50万元，应纳税企业所得税额=50×25%=12.5(万元)。该企业内有两个车间，一个生产半成品，另一个生产产成品，其中半成品除了供应本企业生产原材料之外，还有少量外销。该企业的产成品和办成品的价格及市场稳定。如何进行纳税筹划？

【解答过程】 将企业的两个车间分立为两个独立核算的生产企业，符合微利企业的认定条件，则可享受

20%优惠税率，减少所得税支出 2.5 万元(50×5%)。

对于其他小税种，同样也可以利用税率差异达到节税目的。由于我国现行税制存在税种繁多、计算复杂、体规定和解释性政策多等原因，为纳税人进行税收筹划提供了广阔的空间和条件。纳税人只要在遵守税法的前提下，就可以通过变通和转化寻找筹划节税空间。

【案例】《中华人民共和国营业税暂行条例》规定，租赁业、仓储业均应缴纳营业税，适用税率相同，均为 5%；《中华人民共和国房产税暂行条例》规定，租赁业与仓储业的计税方法不同。房产自用的，其房产税依照房产余值 1.2%计算缴纳，房产用于租赁的，其房产税依照租金收入的 12%计算缴纳。某公司用于出租的库房有 3 栋，其房产原值为 2 400 万元，年租金收入为 450 万元。该公司涉税情况如下：

应纳营业税＝450×5%＝22.5(万元)

应纳房产税＝450×12%＝54(万元)

应纳城建税及教育费附加＝22.5×(7%＋3%)＝2.25(万元)

合计应纳税额＝22.5＋54＋2.25＝78.75(万元)

如果年度终了，该公司与客户进行友好协商，继续利用库房为客户存放商品，但将租赁合同改为仓储保管合同，增加服务内容，配备保管人员，为客户提供 24 小时服务。假设提供仓储服务的收入约为 450 万元，与租赁收入相同。则该公司改变经营模式后其涉税情况如下：

应纳营业税＝450×5%＝22.5(万元)

应纳房产税＝2400×(1－30%)×1.2%＝20.16(万元)

应纳城建税及教育费附加＝22.5×(7%＋3%)＝2.25(万元)

合计应纳税额＝22.5＋20.16＋2.25＝44.91(万元)

比较可知，采用仓储比租赁形式每年可节税 33.84 万元(78.75－44.91)。

2. 累进税率筹划

对于个人所得税，通常采用的是累进税率筹划方法，通过对应纳税所得额的合理调节，将其适用税率控制在尽量低的水平上。或者通过条件的改变，创造符合税法要求的条件，使收入性质发生变化，从而适用较低税率。

1）控制应纳税所得额

【例 1-4】 李强在某公司上班，其每月工资应纳税所得额为 2 000 元，适用 10%的边际税率，李强计划 11 月离开该公司，从 1 月份至 10 月份可得奖金 10 000 元，那么李强应要求单位如何发放这 10 000 元奖金比较节税呢?

【解答过程】有两种选择方式：

(1) 平均每月发放，则每月的应纳税所得额为 3 000 元(2 000＋1 000)，适用 15%的边际税率，应纳个人所得税合计为：

(3 000×15%－125)×10＝3 250(元)

(2) 10 000 元奖金集中在 10 月份发放，则应纳个人所得税合计为：

(2 000×10%－25)×9＋(12 000×20%－375)＝3 600(元)

由此可见，采用平均奖金发放的形式有利于节税。这种减税技术具体运用于企业工资、薪金发放方式的策划上。企业选择年薪制时，也应尽量选择平均发放的方式。

【小词典】

分劈技术是通过控制应纳税所得额达到降低税率的一种筹划技术。分劈有“分开”之意，但不是强行分割的意思。它是把一个自然人(法人)的应税所得或应税财产分成多个自然人(法人)的应税所得或应税财产。分劈技术是在合法和合理的情况下，使所得、财产在两个或更多个纳税人之间进行分劈而直接节税的纳税筹划技术。出于调节收入等社会政策的考虑，各个国家的个人所得税基本都采用累进税率，计税基数越大，适用的最高边际税率就越高。所得、财产在两个或更多个纳税人之间进行分劈，可以使计税基数降到低税率税级，从而降低最高边际适用税率，节减税收。

【案例】甲国税法对个人所得税作了如下规定：应税所得2万元的适用税率是20%，2万～4万元部分的适用税率是40%。该国有一对夫妇结婚后，两人原存款、股票均以丈夫名义保管。缴纳个人所得税时，丈夫的年应税股息为3万元，存款利息1万元，而妻子无应税所得。这时，丈夫就会有4万元的所得要按40%的税率纳税。但是，如果丈夫把存款转回到妻子名下，让妻子分得利息收入，那么，这对夫妇4万元的年所得的最高边际税率就会有1万元从40%降到20%。节减税收0.2万元(1.2—1.0)。

使用分劈技术节税，一方面要合法，另一方面所得或财产分劈要合理。除此之外，要尽量寻求通过分劈使节减的税收最大化。

2）转换收入性质

我国个人所得税采用分类所得税制，不同的收入项目适用不同的税率，而不同的收入项目又是通过法律进行定义的。纳税人可以在税法范围内，通过创造或修改必要要件来改变收入性质，使之适用低税率。

【例1-5】 王先生为一兼职技术工人，2009年1～6月在某企业提供技术指导服务，每月获取收入3 200元。现有两种方案可供王先生自行选择，王先生可以与企业签订雇佣劳动关系，也可以不与该企业签订雇佣劳动关系。问哪种方案对王先生更为有利？

【解答过程】

(1)【方案一】 与企业签订雇佣劳动关系。

其应纳个人所得税＝[(3 200－2 000)×10%－25]×6＝570(元)

(2)【方案二】 不与企业签订雇佣劳动关系。

其应纳个人所得税＝(3 200－800)×20%×6＝2 880(元)

方案一与方案二相比，半年中王先生少交个人所得税2 310元。因此，王先生从个人所得税税负的角度出发，应与该企业签订雇佣劳动关系。

1.4.3 应纳税额抵免技术

应纳税额抵免技术是指利用各种税收优惠政策，在合法和合理的情况下使税收抵免额增加而使应纳税额由大变小的技术。现在世界各国都有税收抵免规定，这些规定不只是用于避免双重征税，也可以是纳税人用于纳税筹划或者是享受国家的税收优惠政策。如我国企业所得税法规定，企业购置用于环境保护、节能节水、安全生产等专用设备的投资额，可以按一定比例实行税额抵免。税收抵免额越大，冲抵应纳税额的数量就越大，从而节减的税额就越大。

利用应纳税额抵免技术进行纳税筹划时，在其他条件相同的情况下，抵免的项目越多，冲抵应纳税额的项目也就越多，节税也就越多。此外，还要尽量使各抵免项目的抵免金额最大化，选择多个方案中抵免金额最大、缴纳税款最少的方案。

【税法引用】中华人民共和国企业所得税法(2007年)第四章 税收优惠

第三十四条 企业购置用于环境保护、节能节水、安全生产等专用设备的投资额，可以按一定比例实行税额抵免。

备注：企业所得税法第三十四条所称税额抵免，是指企业购置并实际使用《环境保护专用设备企业所得税优惠目录》、《节能节水专用设备企业所得税优惠目录》和《安全生产专用设备企业所得税优惠目录》规定的环境保护、节能节水、安全生产等专用设备的，该专用设备的投资额的10%可以从企业当年的应纳税额中抵免；当年不足抵免的，可以在以后5个纳税年度结转抵免。

【案例】北京市的某公共污水处理企业于2009年8月份采购了一环境保护设备用于降低处理过污水中的废弃物含量，该设备价值600万元，是国务院制定的《环境保护专用设备企业所得税优惠目录》中列举的环境保护专用设备。按照税法中关于环境保护专用设备投资额的10%可以从企业当年的应纳税额中抵免政策，该企业可从从当年应纳税额中抵扣60万元。

1.4.4 延期纳税技术

延期纳税是指延缓一定时期后再缴纳税款。延期纳税技术是指在合法和合理的情况下，使纳税人延期缴纳税款而相对节税的纳税筹划技术。纳税人延期缴纳本期税款并不能减少其纳税绝对总额，但等于得到一笔无息贷款，可以增加纳税人本期的现金流量，使其在本期有更多的资金扩大流动资本，用于资本投资。由于货币具有时间价值，即现在多投入的资金可以产生收益，使将来可以获得更多的税后收益，相对节减税收。延期纳税技术可以通过推迟收入确认时间和费用提前扣除来实现。

1. 推迟收入确认时间

新《企业所得税法》根据销售结算方式的不同，分别对收入确认的时间作出了相应的规定，一旦确认收入，不管资金是否回笼，都要上缴税款。所以，企业应根据情况选择适当的销售结算方式。避免先垫支税款，同时尽量推迟确认销售收入，以达到延缓纳税的目的。例如，在签订销售合同时选择分期收款销售商品就可以合法地在不同时期确认收入，实现递延纳税。当然，部分资金被客户较长时间占用也会给企业带来损失，需权衡利弊；赊销产品时尽量不开具销售发票。等收到货款时才开具销售发票并确认收入，以免垫支税款。企业还应特别注意临近年终所发生的销售收入确认时点的筹划。比如，采用直接收款销货时，可通过推迟收款时间或推迟提货单的交付时间，把收入确认时点延至次年，获得延迟纳税的利益。

企业通过选择合适的结算方式，将收入纳入不同的会计期间，和各期费用发生额相协调，从而达到减税或延缓纳税的目的。对小型微利企业的界定，新《企业所得税法》具体认定标准是：工业企业年度应纳税所得额不超过30万元，从业人数不超过100人，资产总额不超过3 000万元；其他企业，年度应纳税所得额不超过30万元，从业人数不超过80人，资产总额不超过1 000万元。因此，我们要针对性地具体分析，如果企业应纳税所得额远远大于30万元，则没有必要进行分期收款筹划，对于小型企业和应纳税所得额不是很高的企业，则分期收款比较划算。

【例1-6】 某核定征收的工业企业，其他条件符合小型微利企业，1～11月销售收入为400万元，按核定应税所得率7%计算，应纳税所得为28万元，适用20%的照顾税率，需纳所得税5.6万元；如果该企业12月按正常销售方式，确认销售收入实现35万元，年终汇算收入总额为435万元，按7%核定应税所得率计算应纳税所得为30.45万元，适用的是25%的税率，需纳所得税7.612 5万元，该企业应如何进行纳税筹划？

【解答过程】如果这家企业把12月份35万元的产品采取分期收款结算方式销售，按合同中约定分两次收回价款，第一期12月31日收回价款2/3，第二期收回价款1/3，那么，该企业12月确认的收入就是23.3万元，全年收入就为423.3万元，按7%应税所得率计算应纳税所得是29.63万元，适用的税率仍是20%，需纳所得税是5.926万元。另外的11.7×7%=0.82(万元)在以后年度，如按同样方法计算适用20%税率的话，也只需缴0.164万元，合计缴纳0.164+5.926=6.09(万元)，相比之下，同样的435万元的销售，因收入确认方式不同分别适用按25%和20%计算，企业就可节税1.522 5万元。

2. 费用提前扣除

费用提前扣除是通过经济活动、财务核算方式的安排，使费用扣除时间提前，达到延迟纳税的目的。例如，国家规定购买高新技术设备可以采用直线法折旧、双倍余额递减法折旧或作为当年费用一次性扣除。那么，在其他条件基本相似或利弊基本相抵的情况下，尽管总的扣除额基本相同，但公司选择作为当年费用一次性扣除的话，使费用扣除时间提前，投资初期可以缴纳最少的税收，而把其推迟到以后缴纳，相当于延期纳税。不同的企业可通过选择不同的折旧方法，使企业的所得税税负向后延迟，当期所得税税负降到最低。

【例1-7】 某企业拥有固定资产原值100 000元，预计净残值为4 000元，预计使用年限5年，该企业在未来五年预计折旧前的应税收益以及产量见表1-2，该企业所得税税率为30%，试分析比较直线法、工作量法、双倍余额递减法、年数总和法这4种方法，哪种方法下所得税负最低，节税效果最好？[换算成现值，市场利率为10%，(*P*/*S*，10%，1)=0.909；(*P*/*S*，10%，2)=0.826；(*P*/*S*，10%，3)=0.751；(*P*/*S*，10%，4)=0.683；(*P*/*S*，10%，5)=0.621]

表1-2　折旧前应税收益及产量表　　单位：元

年限	第1年	第2年	第3年	第4年	第5年	合计
扣除折旧前的应税收益	100 000	100 000	100 000	80 000	80 000	460 000
产量(件)	1 000	1 000	1 000	900	900	4 800

【解答过程】

用4种折旧方法计算该企业5年的应纳所得税额见表1-3。该表显示，运用加速折旧法计算折旧，前两年折旧费高，折旧费的抵税效应大，从而其税负比直线法和工作量法都小。运用加速折旧法计算折旧，开始的年份可以少纳税，从而获得资金的时间价值。

表1-3　不同折旧方法下的应纳所得税额　　单位：元

年限	**直线法**	**工作量法**	**双倍余额递减法**	**年数总和法**
第1年	24 240	24 000	18 000	20 400
第2年	24 240	24 000	22 800	22 320
第3年	24 240	24 000	25 680	24 240
第4年	18 240	18 600	21 360	20 160
第5年	18 240	18 600	21 360	22 080
合计	109 200	109 200	109 200	109 200

考虑资金的时间价值，假定市场利率为10%，将表1-3中各年的应纳税额都折算成现值，并累计起来，计算结果见表1-4。

表1-4　不同折旧方法下的应纳所得税税额现值　　单位：元

	直线法	工作量法	双倍余额递减法	年数总和法
现值	84 069.84	83 942.4	82 333.92	82 665.12

由表1-4所示，从应纳税额现值比较可知，选择双倍余额递减法折旧时，企业的所得税税负最低，节税效果最好。

1.5 纳税筹划与偷税、避税、节税等行为的关系

1.5.1 纳税筹划不同于偷税、逃税、骗税、抗税

纳税筹划是指纳税人在保障国家利益的前提下，在税法允许的范围内，在纳税义务发生之前通过对投资、经营、理财等进行周密筹划，实现纳税最小化、企业价值最大化的一种经济行为。纳税筹划是以节税为宗旨，在符合税法或不违法的前提下进行的，这是纳税筹划最本质的特征。而偷税、逃税、骗税、抗税均属于违法行为，下面对这几种违法行为进行分析。

（1）偷税。偷税是在纳税人的应税行为已经发生并且能够确定的情况下，采取不正当、不合法的手段以逃避其纳税义务的行为。我国刑法在“危害税收征管罪”一节中对偷税罪的定义是：“纳税人或扣缴义务人故意违反税收法律、法规，采取伪造、变造、隐匿、擅自销毁账簿、记账凭证，在账簿上多列支出、少列收入，经税务机关通知申报而拒不申报或者进行虚假的纳税申报手段，不缴或者少缴应纳税款的行为。”主观上偷税是故意的，而且它采取了欺骗、隐瞒的非法手段。比如，虚报多报成本和费用，少报、隐瞒收入，转移收入等，都是偷税的行为。与漏税的区别在于是否故意，漏税是非故意的，而是因为粗心、对业务的不了解不熟悉造成的少交税。所以偷税是一种违法行为，要受到处罚，但是漏税只是需要按期补缴，如果逾期不交的，按一定比例收取滞纳金。

（2）逃税。逃税是纳税人对已经发生的应税经济行为的实现形式和过程进行某种人为的安排和解释，企图使之成为非应税行为的行为。逃税也是违反税法的行为，但逃税是企业将应税行为“变为”非应税行为，从而达到逃避纳税的目的。

（3）骗税。骗税主要就是指骗取国家的出口退税。为增强我国出口商品的竞争能力，维护公平竞争的贸易环境，遵循税收国际惯例，我国实行了出口产品退税免税政策，但有些人缺乏法制观念，以假报出口或者其他欺骗行为来骗取国家的出口退(免)税额。

（4）抗税。抗税是所有违规行为中手段最恶劣、情节最严重，影响最坏的行为，即用暴力或者威胁方法拒绝缴纳税款，在这种情况下，不管抗税的税额多少，都构成抗税。4种违法行为概念对比如图1-1所示。

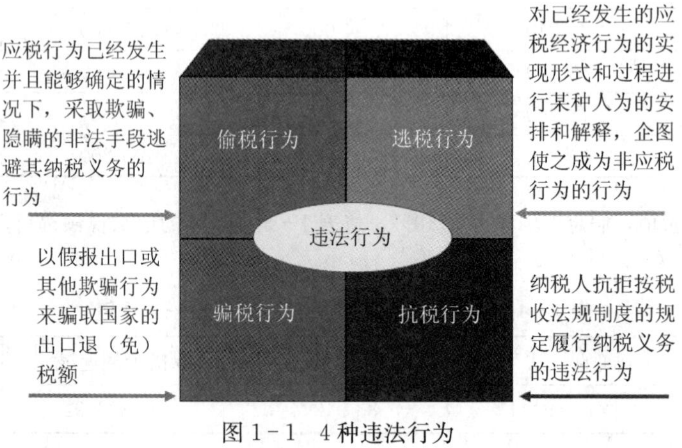

图1-1　4种违法行为

由上述分析可知，纳税筹划与偷税、逃税、骗税、抗税有着本质的不同，偷税等行为是公然违反税法、与税法对抗的；而纳税筹划则是尊重税法的，它在遵守税法的前提下，利用法律规定，结合纳税人的具体经营来选择最有利的纳税方案，当然它也包括利用税法的缺陷或漏洞进行的减轻税负的活动。纳税筹划行为的性质是合法的，至少它不违反法律的禁止性条款。

1.5.2 纳税筹划与避税的关系

纳税筹划与避税都是纳税人减轻税收负担的行为，在实践中很容易混淆，为了更好地理解、把握纳税筹划，需要对避税行为进行分析。

避税是指纳税人利用某种手段和方法，通过对筹资活动、投资活动和经营活动等巧妙安排，达到规避或减轻税负的一种经济行为。避税虽然是不违法的，但在一定程度上有点像在“打擦边球”，是不符合国家税收政策的，税务机关是不认可的。避税在税法上并未受到限制，当然亦未得到肯定。利用税法的不完善性，通过“变通、调整”等手段，可以达到规避税负的目的。比如美国公司所得税比较重，不少公司也是通过“避税地”进行避税，把利润通过关联交易转移到避税地的公司账户中去，从而大大减少了美国本土总机构的账面利润，减少了纳税。这当然损害了美国政府的财政收益，但是当时缺乏反避税的法律约束，所以政府也只好默认。目前，尚未有一个国家在法律上规定避税非法而予以制裁。因此，避税本身并不存在合法与非法的问题。

【小词典】

国际避税地也称为避税港或避税乐园，是指一国或地区政府为吸引外国资本流入，繁荣本国或本地区经济，在本国或本地区确定一定范围，允许外国人在此投资和从事各种经济贸易活动，取得收入或拥有财产而可以不必纳税或只需支付很少税款的地区。世界上有30多个被称为“避税天堂”的国家和地区。

由于避税是纳税人在不违法的情况下，利用税法的漏洞和缺陷来减少税收负担，所以我国对避税并没有规定法律责任，但也还是采取了可以对纳税人进行强制调整，要求纳税人补缴税款的反避税措施。比如，在我国的《增值税暂行条例》、《营业税暂行条例》、《企业所得税暂行条例》中都规定了若商品或劳务价格明显低于市场价，税务机关有权进行调整，以调整后的价款计征税款的规定。

综上所述，避税是纳税人利用税法上的漏洞和不成熟之处，通过对其经济行为的巧妙安排，来谋取不正当的税收利益。而纳税筹划则是遵照国家税法的规定和遵循政府的税收立法意图，在纳税义务确立之前为了减少税收所作的对投资、经营、财务活动的事先安排。避税尽管在形式上是合法的，但其内容却有悖于税法的立法意图；纳税筹划从形式到内容完全合法，反映了国家税收政策的意图，是税收法律予以保护和鼓励的。

需要指出的是，在理论上避税和纳税筹划有所不同，似乎也能说清楚。但在纳税筹划的具体实施中却充斥着政府不愿意看到的利用税法缺陷的所谓“非违法”的行为。

1.5.3 纳税筹划与节税的关系

节税指以遵循税收法规和政策的要求，以合法方式少缴纳税收的行为。节税是合法而且合理的行为，其合理性体现在其行为是符合立法精神的。节税筹划是纳税筹划的一种形式，它是指纳税人依据税法规定的优惠政策，采取合法的手段，最大限度地采用优惠条款，以达到减轻税收负担的合法经济行为。

【小词典】

我国曾经实行过的一个税种——固定资产投资方向调节税，其立法目的是通过征税达到宏观上对国民经济产业结构的调整。对不符合产业政策、规模较小的投资项目征比较高的税，税率最高为30%；而符合产业政策的，税率为0，即不征税。姑且不论这种用税收的方式调节投资走向思路的合理程度，单从“节税”角度来看，纳税人的投资项目如果符合产业方向、规模达到法定标准，就可以不纳投资方向调节税。

这就是节税，既不缴税又符合政府的立法意图。

纳税筹划与节税不完全相同。纳税筹划以节税为宗旨，但是其实在很多地方都有强调利用税法的不完善来减轻税收负担，实际上就是在避税。因此纳税筹划是包括了避税筹划和节税筹划的。

综上所述，纳税筹划与偷税、避税、节税等行为的关系可归纳为以下两条。

第一，从行为过程的内容来看，偷税、逃税等行为是通过违法手段将应税行为转变为非纳税行为，从而逃避纳税人自身的应税责任；避税是纳税人对已经发生的“模糊行为”，即介于应税行为和非应税行为之间的，依照现行税法难以作出明确判断的经济行为进行一系列的人为安排，使之被确认为非税行为；节税是通过避免应税行为的发生或事前以轻税行为来替代重税行为，达到减少纳税的目的。纳税筹划的主干内容是节税，以节税为宗旨，但在其筹划过程中比较多地利用了税法缺陷，有避税的成分存在。可以这样说，避税是纳税筹划的一个子集，是其中不符合立法精神的行为，是政府下一步完善税法的重点。只不过由于避税具有相当大的风险，它所利用的税法漏洞可能在近期税法修订中得以修补，从而使其由合法行为变为违法行为。因此，避税不是纳税筹划的首选。如果通过其他手段也可以达到目的的话，纳税人不应当选择避税。

第二，从法律处理上来看，对于偷税、逃税这些违法行为，法律除了追缴税款和加处罚金外，严重的还要追究刑事责任，包括判处有期徒刑并处罚金；而对于避税，由于其不违法，则一般只是进行强制调整，要求纳税人补缴税款，政府要做的是完善税法，堵塞漏洞；但对于节税至今还未有国家制定反节税法或反节税条款，有些国家的税务征收当局甚至还向纳税人宣传节税，因为节税是一种合理的财务行为。由于纳税筹划行为的内容涵盖了避税和节税，故其行为的法律后果也就包括避税和节税的后果。

【国外筹划趣闻】

在世界地图上，英属维尔京只是加勒比海上的一个小点，但这个仅有153平方公里的弹丸之地却汇集了35万家公司。有人做过计算，这个小岛平均每个居民拥有近20家企业，一个篮球场的面积上就有一家公司。英属维尔京群岛自然资源稀缺、经济基础薄弱，为发展当地经济，该岛政府1984年通过了《国际商业公司法》，允许外国企业在本地设立“离岸公司”，并提供极为优惠的政策：在当地设立的公司除每年交纳营业执照续牌费外，免交所有当地税项；公司无注册资本最低限制，任何货币都可作为资本注册；注册公司只需一位股东和董事，公司人员中也不必有当地居民；无须申报管理者资料，账目和年报也不必公开。

在英属维尔京注册的公司中约有1万多家与中国有关。有的实际上就是民营企业，通过在此注册摇身变为外资公司，得以享受国家对外资企业的税收优惠；还有一些读者耳熟能详的著名企业通过在此注册达到海外上市目的；此外，一些台湾企业为摆脱当局阻挠，先把资金转移到在英属维尔京注册的离岸公司，再绕道流入祖国大陆。

但是，由于这些离岸金融中心没有外汇管制，保密程度高，资金转移不受任何限制，所以也成为国际洗钱活动最猖獗的地方。据估计，每年大约有5 000亿～1.5万亿美元的资金通过洗钱改头换面。在“9·11”事件后，一些人士批评这些地方为恐怖分子帮了大忙。

2000年6月26日，经合组织发布题为《认定和消除有害税收行为的进程》的报告，将35个国家和地区列入了避税地黑名单，英属维尔京群岛榜上有名。在国际压力下，英属维尔京最近对公司法进行了修改。新规则的变化主要有两处：一是将股票无记名制度取消，无记名股票必须由托管机构集中保管，公司必须把最终受益人的资料提供给官方；二是如果政府认为某个公司或账户涉嫌洗黑钱，当地最高法院发出搜查令后，离岸公司的资料必须公开。这个著名的“避税天堂”正面临着注册企业流失的威胁。

避税港出现的原因有两方面，一方面一些国家和地区自然资源稀缺、经济基础薄弱，为发展当地经济而对外国投资给予极为优惠的税收政策，如英属维尔京群岛。另一方面，国际资金流动的加速和扩大和各国的税收政策差异，产生了对国际避税港的强烈需求。这些资金中不仅包括以避税为目的地国际投资，也包括一些以洗黑钱为目的的资金。

本章小结

通过本章的学习，读者对纳税筹划有了一定的认识，知道了纳税筹划的概念——在税法允许的范围内，在纳税义务发生之前通过对投资、经营等进行周密筹划，实现纳税最小化、企业价值最大化的一种经济行为。本章分析了纳税筹划的特征，具有6个特征：合法性、筹划性、整体性、目的性、专业性和风险性。本章介绍了纳税筹划的运作流程，并分析了纳税筹划的几种技术方法：税基减税技术、税率减税技术、应纳税额抵免技术、延期纳税技术。最后通过对比，分析了纳税筹划与偷税、逃税、抗税、骗税、避税、节税的异同及关系，以更好地理解和运用纳税筹划，知道哪些是合法的，哪些是违法的，哪些是处于中间的灰色地带的。

职业能力训练

一、思考题

1. 纳税筹划有哪些特征？
2. 纳税筹划与偷税、避税、节税的区别与联系。
3. 纳税筹划有哪些技术方法？
4. 举例说明税基减税技术的具体应用。
5. 请简述纳税筹划的运作流程。

二、单选题

1. 纳税筹划最本质的特征是(　　)。

A. 筹划性　　B. 合法性　　C. 整体性　　D. 专业性

2. 下列哪种行为不是违法行为？(　　)

A. 偷税　　B. 逃税　　C. 抗税　　D. 避税

3. 研究开发费用的加计扣除，是指企业为开发新技术、新产品、新工艺发生的研究开发费用，未形成无形资产计入当期损益的，在按照规定据实扣除的基础上，按照研究开发费用的(　　)加计扣除。

A. 50%　　B. 30%　　C. 40%　　D. 100%

4. 减少税收成本最有效、最可靠、最可行的途径是(　　)。

A. 避税　　B. 偷税　　C. 纳税筹划　　D. 骗税

5. “在纳税人的应税行为已经发生并且能够确定的情况下，采取不正当、不合法的手段以逃避其纳税义务的行为。”这种行为叫做(　　)。

A. 偷税　　B. 逃税　　C. 抗税　　D. 避税

6. 符合条件的技术转让所得免征、减征企业所得税，是指一个纳税年度内，居民企业技术转让所得不超过(　　)的部分，免征企业所得税；超过的部分，减半征收企业所得税。

A. 100 万元　　B. 300 万元　　C. 500 万元　　D. 800 万元

7. “通过各种税收政策合理合法地运用，使税基由宽变窄，从而减少应纳税款的技术”称为(　　)。

A. 税基减税技术　　B. 税率减税技术

C. 应纳税额抵免技术　　D. 延期纳税技术

8. “利用各种税收优惠政策，在合法和合理的情况下使税收抵免额增加而使应纳税额由大变小的技术”称为(　　)。

A. 税基减税技术　　B. 税率减税技术

C. 应纳税额抵免技术　　D. 延期纳税技术

三、多选题

1. 下列哪些属于纳税筹划的特征？(　　)

A. 筹划性　　B. 安全性　　C. 专业性　　D. 整体性

2. 下列哪些是纳税筹划的作用？(　　)

A. 有利于普及税法及提高纳税人的纳税意识

B. 有利于提高企业的经营管理水平和会计水平

C. 有利于给企业带来直接的经济利益

D. 有利于国家不断完善税法和税收政策

3. 纳税筹划的基本技术方法包括(　　)。

A. 税基减税技术　　B. 税率减税技术

C. 应纳税额抵免技术　　D. 延期纳税技术

4. 通过增加税前扣除来实现税基减税，其技术要点包括(　　)。

A. 扣除项目最多化　　B. 扣除金额最大化

C. 扣除最早化　　D. 扣除最晚化

5. 下列哪些是税基减税技术的具体实现途径？(　　)

A. 减免税政策的利用　　B. 增加税前扣除

C. 推迟收入确认时间　　D. 费用提前扣除

6. 税率减税技术中的比例税率筹划通常适用于以下哪些税种？(　　)

A. 增值税　　B. 营业税　　C. 个人所得税　　D. 企业所得税

四、判断题

1. 纳税筹划是没有风险的。　　(　　)

2. 在纳税义务已经发生且应纳税额已确定之后再做所谓的筹划，也是纳税筹划。　　(　　)

3. 纳税筹划的技术方法很多，而且在实践中，往往是几种方法相互结合起来使用。　　(　　)

4. 避税是违法的。　　(　　)

5. 延期纳税技术不能绝对节税只能相对节税，因为货币具有时间价值。　　(　　)

五、案例分析题

广东佛山某机械加工企业属于增值税一般纳税人，该企业是当地政府的税源大户，政府给该企业下达了每年 80 万元的税收任务。同时，该厂为了抢占市场份额，采取低价销售方式，而要低价取胜必须降低生产成本。因此，在购货过程中，他们有意尽量不索取增值税专用发票，以便压低进货价格，增强市场竞争力。但由于取得的专用发票少，又造成进项税额抵扣不足，增加了税收负担。为了平衡税负，该厂在市场上购买虚开的增值税专用发票抵扣税款，并设置两套账，只让当地政府及主管部门知道，不让国税部门知道。为了让当地政府及主管部门作保护伞，该企业答应每年完成 80 万元的税款任务。这种方法使该企业于 2009 年隐瞒应税收入 5 132 万元，并进行年度假抵扣，合计少纳税 110.5 万元。

请你分析：(1)该企业的做法是否合法？(2)该企业的做法是纳税筹划吗？(3)该企业的做法是什么行为？是否要承担法律责任？

第2章 增值税的纳税筹划

ZENGZHISHUI DE NASHUI CHOUHUA

【学习目标】

(1) 掌握增值税筹划的基本思路及筹划方法。

(2) 明确一般纳税人与小规模纳税人的划分标准，掌握增值税纳税人身份的筹划。

(3) 掌握企业生产经营过程的主要筹划方法。

(4) 掌握企业销售过程中的几个重要筹划点的内容。

(5) 掌握企业纳税时间的筹划方法。

(6) 掌握现行增值税的优惠政策，学会利用优惠政策进行筹划。

【引导案例】

某生产企业年含税销售额在100万元左右，每年购进含增值税价款的材料大致在90万元左右，该企业会计核算制度健全，在向主管税务机关申请纳税人资格时，既可以申请成为一般纳税人，也可以申请为小规模纳税人，请问企业申请哪种纳税人身份对自己更有利？如果企业每年购进的含税材料大致在50万元左右，其他条件相同，又应该作何选择？

增值税是对从事销售货物或者加工、修理修配劳务以及进口货物的单位和个人取得的增值额为计税依据征收的一种流转税。对增值税进行筹划，主要可以通过选择不同的纳税人身份，适用较低的税率或征收率；在生产经营活动中对兼营行为、采购过程、加工方式、企业分立合并进行纳税筹划；在企业销售过程中对混合销售行为、特殊销售行为、代销方式的筹划和运输费用等进行纳税筹划；推迟纳税时间，获得资金时间效益；利用国家税收优惠政策，享受减免税优惠待遇。

2.1 增值税纳税人身份的筹划

增值税的纳税人是指在中华人民共和国境内销售货物或者提供加工、修理修配劳务以及进口货物的单位和个人。由于增值税的征收管理制度不同，增值税的纳税人又分为一般纳税人和小规模纳税人。不同的纳税人，计税方法和征收管理要求不同，在不同行业的税收负担也不相同。这就为企业进行纳税筹划提供了可能。增值税转型后，一般纳税人购进的固定资产可以抵扣，小规模纳税人征收率下降，在此背景下，对增值税纳税人进行税收筹划，科学选择纳税人类型，有利于企业降低税负，获取最大的节税收益。

2.1.1 一般纳税人与小规模纳税人的划分标准

我国《中华人民共和国增值税暂行条例》将纳税人按其经营规模及会计核算健全程度划分为一般纳税人和小规模纳税人。《中华人民共和国增值税暂行条例实施细则》规定小规模纳税人的标准为：从事货物生产或提供应税劳务的纳税人以及以从事货物生产或提供应税劳务为主，并兼营货物批发或零售的纳税人，年应征增值税销售额(以下简称应税销售额)在50万元以下的；从事货物批发或零售的纳税人，年应税销售额在80万元以下的为小规模纳税人。符合以上销售额标准的，且会计核算不健全者，即为小规模纳税人；而年应税销售额在50万元以上的工业企业或年应税销售额在80万元以上的商业企业都为增值税一般纳税人。年应税销售额超过小规模纳税人标准的其他个人(自然人)继续按小规模纳税人纳税，而非企业性单位和不经常发生应税行为的企业可以自行选择是否按小规模纳税人纳税。

税收政策客观上造成了两类纳税人税收负担与税收利益上的差别，为小规模纳税人与一般纳税人进行纳税筹划提供了可能性。

【税法引用】 《中华人民共和国增值税暂行条例》(颁布时间2008年11月10日)第十一条　小规模纳税人销售货物或者应税劳务，实行按照销售额和征收率计算应纳税额的简易办法，并不得抵扣进项税额。应纳税额计算公式：应纳税额＝销售额×征收率。小规模纳税人的标准由国务院财政、税务主管部门规定。

《中华人民共和国增值税暂行条例实施细则》第二十八条　条例第十一条所称小规模纳税人的标准为：

(一) 从事货物生产或者提供应税劳务的纳税人，以及以从事货物生产或者提供应税劳务为主，并兼营货物批发或者零售的纳税人，年应征增值税销售额(以下简称应税销售额)在50万元以下(含本数，下同)的；

(二) 除本条第一款第(一)项规定以外的纳税人，年应税销售额在80万元以下的。

本条第一款所称以从事货物生产或者提供应税劳务为主，是指纳税人的年货物生产或者提供应税劳务的销售额占年应税销售额的比重在50%以上。

第二十九条　年应税销售额超过小规模纳税人标准的其他个人按小规模纳税人纳税；非企业性单位、不经常发生应税行为的企业可选择按小规模纳税人纳税。

2.1.2　一般纳税人与小规模纳税人身份选择的方法

一般纳税人与小规模纳税人在计税方法上的差异为纳税人利用身份变化进行纳税筹划提供了可能性。一般纳税人采用凭发票扣税的购进扣税法计税，小规模纳税人采用简便易行的销售额乘以征收率计算税额的办法计税，销售货物不得使用增值税专用发票；一般纳税人享有税款抵扣权，小规模纳税人不享有税款抵扣权；一般纳税人按规定税率17％或13％计算税额，小规模纳税人按征收率3％计算税额。在一般情况下，小规模纳税人的税负重于一般纳税人，但是也不是在任何情况下都如此。纳税人身份的选择可以通过对企业增值率和抵扣率的分析，确定最适合的纳税人身份，以达到最低的税收负担。下面介绍增值率判断法和抵扣率判断法这两种分析方法。

1. 增值率判断法

增值率是增值额占销售额的比率。在增值税税率与征收率一定的情况下，就存在一个一般纳税人与小规模纳税人税负相等的数值，我们把它叫做应纳税额无差别平衡点，此时的增值率简称为平衡点增值率。当一般纳税人的应税销售额增值率超过其平衡点增值率时，增值税税负要超过小规模纳税人。反过来，当一般纳税人的应税销售额增值率小于其平衡点增值率时，增值税税负就要小于小规模纳税人。具体分析过程如下。

1）计算销售额不含税时的平衡点增值率

假设一般纳税人适用的税率为17％，小规模纳税人的征收率为3％。

增值率＝(不含税销售额－不含税购进额)÷不含税销售额×100％

对于一般纳税人：

应纳增值税税额＝当期销项税额－当期进项税额

其中：　当期销项税额＝不含税销售额×17％

当期进项税额＝不含税购进额×17％

应纳增值税税额＝不含税销售额×17％－不含税购进额×17％

＝(不含税销售额－不含税购进额)×17％

＝不含税销售额×增值率×17％　(2－1)

对于小规模纳税人：

应纳增值税税额＝不含税销售额×3％　(2－2)

若使一般纳税人与小规模纳税人应纳税额相同，即式(2－1)＝式(2－2)，得：

不含税销售额×增值率×17％＝不含税销售额×3％

化简得：　增值率×17％＝3％

解得：　增值率＝17.65％

该增值率即为一般纳税人税率为17％，小规模纳税人征收率为3％时的不含税销售额平衡点增值率。当增值率＝17.65％时，一般纳税人和小规模纳税人的应纳税额相同；当增值率＞17.65％时，一般纳税人应纳税额大于小规模纳税人，选择小规模纳税人身份可节税；当增值率＜17.65％时，一般纳税人应纳税额小于小规模纳税人，选择一般纳税人身份可节税。

用同样的方法可以计算出一般纳税人增值税税率为13％，小规模纳税人征收率为3％时的不含税销售额平衡点增值率，见表 2-1。

表 2-1 不含税销售额平衡点增值率

一般纳税人税率(%)	小规模纳税人征收率(%)	平衡点增值率(%)
17	3	17.65
13	3	23.08

2)计算销售额含税时的平衡点增值率

假设一般纳税人适用的税率为 17%，小规模纳税人的征收率为 3%。

增值率=(含税销售额－含税购进额)÷含税销售额×100%

对于一般纳税人：

应纳增值税税额=含税销售额÷(1+17%)×17%－含税购进额÷(1+17%) ×17%

=(含税销售额－含税购进额)÷(1+17%)×17%

=含税销售额×增值率 ÷(1+17%) ×17% (2-3)

对于小规模纳税人：

应纳增值税税额=含税销售额÷(1+3%)×3% (2-4)

若使一般纳税人与小规模纳税人应纳税额相同，即式(2-3)=式(2-4)，得：

含税销售额×增值率÷(1+17%)×17%=含税销售额÷(1+3%)×3%

化简得： 增值率÷(1+17%)×17%=3%÷(1+3%)

解得： 增值率=20.05%

该增值率即为一般纳税人税率为 17%，小规模纳税人征收率为 3%时的含税销售额平衡点增值率。当增值率=20.05%时，一般纳税人和小规模纳税人的应纳税额相同；当增值率>20.05%时，一般纳税人应纳税额大于小规模纳税人，选择小规模纳税人身份可节税；当增值率<20.05%时，一般纳税人应纳税额小于小规模纳税人，选择一般纳税人身份可节税。

用同样的方法可以计算出一般纳税人增值税税率为 13%，小规模纳税人征收率为 3%时的含税销售额平衡点增值率，见表 2-2。

表 2-2 含税销售额平衡点增值率

一般纳税人税率(%)	小规模纳税人征收率(%)	平衡点增值率(%)
17	3	20.05
13	3	25.32

综上可知，如果仅从增值税角度考虑，当一个企业的增值率小于平衡点增值率时，应选择作为一般纳税人；相反，如果一个企业的增值率大于平衡点增值率，应选择作为小规模纳税人。

【例 2-1】 某生产企业年含税销售额在 50 万元左右，每年购进含增值税价款的材料约 45 万元，该企业会计核算制度健全，在向主管税务机关申请纳税人资格时，既可以申请成为一般纳税人，也可以申请为小规模纳税人，请问企业应申请哪种纳税人身份对自己更有利？如果企业每年购进的含税材料在 20 万元左右，其他条件相同，又应该作何选择？

【解答过程】

(1) 若每年含税购进额为 45 万元，该企业含税销售额增值率为：

(50－45)/50×100%=10%

由于 10%<20.05%(含税销售额平衡点增值率)，所以该企业申请成为一般纳税人有利于节税。

企业作为一般纳税人应纳增值税额为：

(50－45)/(1＋17％)×17％＝0.726(万元)

企业作为小规模纳税人应纳增值税额为：

50/(1＋3％)×3％＝1.456(万元)

所以，企业申请成为一般纳税人可以节税0.73万元。

(2) 若每年含税购进额为20万元，该企业含税销售额增值率为：

(50－20)/50×100％＝60％

由于60％＞20.05％，该企业维持小规模纳税人身份有利于节税。

企业作为一般纳税人应纳增值税额为：

(50－20)/(1＋17％)×17％＝4.359(万元)

企业作为小规模纳税人应纳增值税额为：

50/(1＋3％)×3％＝1.456(万元)

所以，企业保持小规模纳税人身份可以节税2.903万元。

2. 抵扣率判断法

除了增值率判断法以外，还有一种抵扣率判断法，计算比增值率判断法更加简单。首先将增值率的计算公式进行转换：

增值率＝(销售额－购进额)÷销售额×100％
＝(1－购进额÷销售额)×100％
＝1－抵扣率　　(2-5)

1) 计算销售额不含税时的平衡点抵扣率

假设一般纳税人适用的税率为17％，小规模纳税人的征收率为3％。

由之前分析知，若使一般纳税人与小规模纳税人应纳税额相同，即式(2-1)＝式(2-2)，得：

不含税销售额×增值率×17％＝不含税销售额×3％

化简得：　增值率×17％＝3％

将式(2-5)代入：　(1－抵扣率)×17％＝3％

解得：　抵扣率＝82.35％

该抵扣率即为一般纳税人税率为17％，小规模纳税人征收率为3％时的不含税销售额平衡点抵扣率。由以上计算可知，抵扣率与增值率呈反比关系，利用抵扣率来选择纳税人类别时，恰好与利用增值率来判断相反。当抵扣率＝82.35％时，一般纳税人和小规模纳税人的应纳税额相同；当抵扣率＞82.35％时，一般纳税人应纳税额小于小规模纳税人，选择一般纳税人身份可节税；当抵扣率＜82.35％时，一般纳税人应纳税额大于小规模纳税人，选择小规模纳税人身份可节税。

用同样的方法可以计算出一般纳税人增值税税率为13％，小规模纳税人征收率为3％时的不含税销售额平衡点抵扣率，见表2-3。

表2-3　不含税销售额平衡点抵扣率

一般纳税人税率(％)	小规模纳税人征收率(％)	平衡点抵扣率(％)
17	3	82.35
13	3	76.92

2)计算销售额含税时的平衡点抵扣率

假设一般纳税人适用的税率为17%，小规模纳税人的征收率为3%。

由之前分析知，若使一般纳税人与小规模纳税人应纳税额相同，即式(2－3)＝式(2－4)，得：

含税销售额×增值率÷(1＋17%)×17%＝含税销售额÷(1＋3%)×3%

化简得：增值率÷(1＋17%)×17%＝3%÷(1＋3%)

将式(2－5)代入：(1－抵扣率)÷(1＋17%)×17%＝3%÷(1＋3%)

解得：抵扣率＝79.95%

该抵扣率即为一般纳税人税率为17%，小规模纳税人征收率为3%时的含税销售额平衡点抵扣率。利用抵扣率来选择纳税人类别时，恰好与利用增值率来判断相反。当抵扣率＝79.95%时，一般纳税人和小规模纳税人的应纳税额相同；当抵扣率＞79.95%时，一般纳税人应纳税额小于小规模纳税人，选择一般纳税人身份可节税；当抵扣率＜79.95%时，一般纳税人应纳税额大于小规模纳税人，选择小规模纳税人身份可节税。

用同样的方法可以计算出一般纳税人增值税税率为13%，小规模纳税人征收率为3%时的含税销售额平衡点抵扣率，见表2－4。

表2－4　含税销售额平衡点抵扣率

一般纳税人税率(%)	小规模纳税人征收率(%)	平衡点抵扣率(%)
17	3	79.95
13	3	74.68

综上可知，如果仅从增值税角度考虑，当一个企业的抵扣率小于平衡点抵扣率时，应选择作为小规模纳税人；相反，如果一个企业的抵扣率大于平衡点抵扣率，应选择作为一般纳税人。

2.1.3　一般纳税人与小规模纳税人身份选择的具体筹划

1. 由小规模纳税人转变为一般纳税人

纳税人通过平衡点分析以后，如果申请成为一般纳税人可以节税，企业就要想办法从小规模纳税人转变为一般纳税人。可以通过增加销售额、完善会计核算、健全财务、企业合并等方式使其符合一般纳税人的标准，并力争达到平衡点分析法中一般纳税人税负较轻的平衡点。但应考虑到申请成为一般纳税人时所要花费的成本，一般纳税人要有健全的会计核算制度和健全的账簿，培养或雇用会计人员将增加会计成本；一般纳税人的增值税收管理制度比较复杂，需要投入的人力、物力、财力较多，会增加纳税人的纳税成本等，因此要防止因成本的增加抵消了节税的好处，否则宁愿选择不进行身份转变。而且一般纳税人转变为小规模纳税人后就不能再次恢复一般纳税人身份；转变身份后销售收入的变化、有可能引起的客户群体、数量的变化，都可能影响销售收入以及利润。这些都应在进行纳税筹划时予以考虑，以使企业税后收益最大化。

2. 由一般纳税人转变为小规模纳税人

纳税人通过平衡点分析以后，如果申请成为小规模纳税人可以节税，企业就要想办法从一般纳税人转变为小规模纳税人。通常采取的方法就是缩小销售规模，使销售规模缩小为税法规定的小规模纳税人的销售规模档，常用分拆机构方式，即将一个一般纳税人机构拆分为几个小规模纳税人机构。

【例 2-2】 假定某物资批发企业年应纳增值税销售额为 130 万元(不含税)，会计核算制度也比较健全，符合作为一般纳税人条件，适用 17%增值税率，该企业预计不含税购进额占不含税销售额的 40%左右。在这种情况下，企业应该选择作为一般纳税人还是小规模纳税人？如何进行一般纳税人向小规模纳税人的转化？转化后可以节税多少？

【解答过程】(1)由于该批发企业预计不含税购进额占不含税销售额的 40%左右，低于不含税销售额平衡点抵扣率 82.35%，因此企业作为小规模纳税人税负较轻。

(2) 采用分拆机构方式实现该企业由一般纳税人向小规模纳税人的转变，将该企业分设两个批发企业，各自作为独立的核算单位，年应税销售额分别为 60 万元和 70 万元，符合小规模纳税人的条件，可适用 3%征收率。

(3) 作为小规模纳税人，其全年应缴纳的增值税为：

$$60\times3\%+70\times3\%=3.9(\text{万元})$$

而作为一般纳税人需缴纳的增值税为：

$$130\times(1-40\%)\times17\%=13.26(\text{万元})$$

显然，选择成为小规模纳税人，企业可以取得节税利益。

2.2 企业生产经营中的纳税筹划

2.2.1 兼营行为的纳税筹划

兼营行为是指企业除经营主要业务外，还经营其他业务项目。它包括两种形式。一种是税种相同，税率不同。也就是说，增值税纳税人同时经营适用不同增值税税率的货物或应税劳务。例如，供销系统的企业一般既经营税率为 17%的生活资料，又经营税率为 13%的农业用生产资料。另一种是税种不同，税率也不同。此种类型通常是指增值税纳税人在从事应税货物销售或提供应税劳务的同时，还从事非应税劳务(即营业税规定的各项劳务)，且从事的非应税劳务与该项销售货物并无直接的联系和从属关系。例如，广东顺德美的集团从事家用电器销售的同时，还从事房地产业务，打造美的地产，其销售家用电器与房地产业务并无直接联系与从属关系，属于兼营行为。

兼营行为的税务处理方法是：增值税纳税人同时经营适用不同增值税税率的货物或应税劳务，应分别核算销售额，并按其各自所适用的不同税率计算缴纳增值税；未分别核算的，从高适用税率。纳税人既从事增值税应税货物或劳务的销售，又从事营业税应税劳务提供的兼营行为时，分别计算增值税与营业税；不能分别核算的，一并征收增值税，不征营业税。

兼营行为的纳税筹划方法：纳税人在进行纳税筹划时是选择缴纳增值税还是营业税，可以通过以下步骤进行判断。第一步，判断是否是兼营行为。第二步，分别计算不同情况下的合计应纳税额，并进行比较。第三步，选择应纳税额较小的方案。兼营行为包括两种形式，下面分析两种形式下的具体筹划方法。

1. 兼营适用不同增值税税率项目的纳税筹划

纳税人兼营适用不同增值税税率的项目时，只有分别核算，才能获得最大的税收收益。纳税人只需要将不同税率的货物或劳务、应税项目或免税项目分别核算、分别计税，就能减轻税负。例如，本可按 17%和 13%的不同税率分别计税，如果不分别核算，则一律按 17%

的税率计征。当一个企业兼营免税项目时，应当单独核算免税项目的销售额，可以减少不必要的税收负担，从而获得税收收益。

【税法引用】《中华人民共和国增值税暂行条例》（颁布时间 2008 年 11 月 10 日）第二条 增值税税率：

（一）纳税人销售或者进口货物，除本条第（二）项、第（三）项规定外，税率为 17%。

（二）纳税人销售或者进口下列货物，税率为 13%：

1. 粮食、食用植物油；
2. 自来水、暖气、冷气、热水、煤气、石油液化气、天然气、沼气、居民用煤炭制品；
3. 图书、报纸、杂志；
4. 饲料、化肥、农药、农机、农膜；
5. 国务院规定的其他货物。

（三）纳税人出口货物，税率为零；但是，国务院另有规定的除外。

（四）纳税人提供加工、修理修配劳务（以下称应税劳务），税率为 17%。

税率的调整，由国务院决定。

【例 2-3】 南方制药厂是增值税一般纳税人，既生产应税药物，又生产免税药物。2013 年生产应税药物的不含税销售额为 1 000 万元，生产免税药物的不含税销售额为 600 万元。全年购进材料的增值税进项税额为 70 万元，其中应税药物的进项税额为 50 万元。请问：该企业是否应选择分开核算或者合并核算，哪种方法比较节税？

【解答过程】

（1）合并核算时：

$$该厂应纳增值税税额=(1000+600)\times 17\%-70=202(万元)$$

（2）分别核算时：

$$该厂应纳增值税税额=1000\times 17\%-50=120(万元)$$

因此，南方制药厂应该选择分开核算，因为分开核算可以享受 82 万元（202－120）免缴增值税额的优惠待遇。

2. 兼营增值税应税货物或劳务及营业税应税劳务的纳税筹划

纳税人既从事增值税应税货物或劳务的销售又从事营业税应税劳务提供的兼营行为时，按照现行税法规定，应分别核算。不能分别核算的，一并征收增值税，不征营业税。纳税人可以选择是否分开核算来筹划是缴纳增值税还是缴纳营业税，那么首先需要考虑纳税人是缴纳增值税节税，还是缴纳营业税节税，这就要区分纳税人的身份，一般纳税人与小规模纳税人的筹划思路有所不同。

从增值税纳税人与营业税纳税人的计税原理来看，增值税的计算是以不含增值税的销售额为计税基数的，一般纳税人是以增值额为计税基数的，而营业税是以含营业税的全部收入为计税基数的。一般来说，如果企业是增值税小规模纳税人，则要比较一下增值税的含税征收率和本企业所适用的营业税税率，如果企业所适用的营业税税率高于增值税含税征收率，选择不分开核算有利；如果企业是增值税一般纳税人，由于增值税的含税税率一般都是大于营业税税率的，所以分开核算、分别纳税有利。

【例 2-4】 某电子公司是增值税的小规模纳税人，该公司除了销售计算机硬件产品，还从事软件的开发和转让，2009 年 2 月该公司主营的硬件销售额为 18 万元（含税），开发并转让的软件也取得了 2 万元的收入。请问：该公司应如何就其兼营行为进行筹划？（注：增值税征收率为 3%，转让无形资产的营业税税率为 5%）

【解答过程】

（1）不分开核算时，硬件销售额与转让软件收入一并缴纳增值税。

$$该公司应纳增值税税额=200\ 000\div(1+3\%)\times 3\%=5\ 825(元)$$

（2）分开核算时，硬件销售额与转让软件收入分别缴纳增值税和营业税。

$$该公司应纳增值税税额=180\ 000\div(1+3\%)\times3\%=5\ 243(元)$$

另外，该公司应纳营业税税额=20 000×5%=1 000(元)。

合计应纳税额：6 243(元)。

可见，不分开核算可以为商场节省税款418元。

【例2－5】 某公司属于增值税一般纳税人，2010年3月份销售各类新书取得含税收入150万元，销售各类图书、杂志取得含税收入3.51万元(图书、杂志适用的增值税税率为13%)，同时又给读者提供咖啡，取得经营收入10万元，该公司应如何进行纳税筹划(暂不考虑可抵扣的进项税额)？

【解答过程】

（1）企业如果对上述3项收入未分开核算，所有收入应统一从高适用税率缴纳增值税。

$$应纳增值税=(150+10+3.51)\div(1+17\%)\times17\%=23.76(万元)$$

（2）企业如果对上述3项收入分开核算，应分别计算缴纳增值税和营业税。

$$销售新书应纳增值税=150\div(1+17\%)\times17\%=21.8(万元)$$

$$销售图书、杂志应纳增值税=3.51\div(1+13\%)\times13\%=0.4(万元)$$

$$咖啡收入应纳营业税=10\times5\%=0.5(万元)$$

共计应缴纳税款22.7万元。

通过分析可以看出，分开核算可以为公司节税1.06万元。

在兼营行为筹划过程中需要注意的是，非应税劳务与应税劳务或销售的货物一并征收增值税时，非应税劳务的销售额应视为含税销售额，需要换算成不含税收入。而在分开核算时，计算非应税劳务的营业税是以含营业税的全部收入为计税基数。对兼营行为筹划之前，要准确把握兼营行为，避免和混合销售行为相混淆。此外，纳税人兼营的非应税劳务是否应一并征收增值税，要由国家税务总局所属征收机关(县级及县级以上国家税务局)确定。

2.2.2 采购过程的纳税筹划

1. 采购对象的选择

根据税法规定，准予从销项税额中抵扣的进项税额项目有两大类：一类是以票抵扣，一类是计算抵扣。以票抵扣包括：(1)一般纳税人购进货物或者应税劳务时从销售方取得的“增值税专用发票”上注明的增值税额；(2)一般纳税人进口货物，从海关取得的完税凭证上注明的增值税额。此外，一般纳税人取得由税务机关为小规模纳税人代开的专用发票，可以专用发票上填写的税额为进项税额计算抵扣。

采购方若是一般纳税人，采购对象可以选择一般纳税人或是小规模纳税人，但选择哪一类采购对象可以使采购方更加节税呢？按照税法规定，只有一般纳税人才能开具增值税专用发票，小规模纳税人是不能开具增值税专用发票的，这将会导致采购方的进项税额不能得到抵扣。因此，在采购过程中，当来自一般纳税人与来自小规模纳税人的价税款总额相同时，应尽量选择从一般纳税人那里购入货物，使进项税额得以抵扣，从而减少当期应纳的增值税税额，并且与增值税紧密相关的城市维护建设税、教育费附加也会随之减少。但如果小规模纳税人将商品的价格降得低一些，并能提供由其主管税务机关代开的增值税专用发票，则需要采购方权衡利弊，选择能够使自己收益最大化的采购对象。这仅从税收角度考虑，在实际中采购方还应将小规模纳税人的信誉、产品质量等因素进行综合考虑，以做出最优的判断。

采购方若是小规模纳税人，因其采用简易办法计税，进项税额不得抵扣，无论从一般纳税人处购进货物还是从小规模纳税人处购进货物，选择的方法都是比较一下采购对象的含税价格，根据孰低原则确定。通常情况下，从小规模纳税人处购货比较划算些，因其含税价格通常会低于一般纳税人。而从一般纳税人处购买货物，其购进货物的总支付额中已包含了一般纳税人收取的销项税额，自己又无法进行进项抵扣，直接增大了自己的实际税负。但考虑到一般纳税人信誉较好、货物质量有保证、供货及时、能够提供信贷支持等，则从一般纳税人处购进货物也值得考虑。

综上所述，通常情况下选择采购对象的时候应尽量坚持身份一致原则。即若采购方为一般纳税人，采购对象也应为一般纳税人；若采购方为小规模纳税人，采购对象也应为小规模纳税人。除此之外，在选择过程中还要综合考虑信誉、货物质量、售后服务等其他因素，这需要在筹划时根据具体情况作全面比较。

2. 计算抵扣的运用

在增值税的进项抵扣中，除了凭增值税专用发票抵扣和凭海关的完税凭证抵扣两种以票抵扣外，还有一类计算抵扣。计算抵扣包括：(1)一般纳税人购进免税农业产品或者向小规模纳税人购买农业产品的进项税额，按买价的13%计算进项税额；(2)一般纳税人外购货物所支付的运输费用，按运输单位开具的普通发票上注明的运费金额(包括运费、建设基金)的7%计算进项税额，但随同运费支付的装卸费、保险费不得计入。

纳税人在采购过程中应该充分利用这些计算抵扣政策，可以采取一定的筹划方法，使企业即使不符合以票抵扣的条件，也能够符合计算抵扣的要求，增加进项税额抵扣，以减轻企业的税负。

【税法引用】《中华人民共和国增值税暂行条例》（颁布时间2008年11月10日）第八条 纳税人购进货物或者接受应税劳务(以下简称购进货物或者应税劳务)支付或者负担的增值税额，为进项税额。

下列进项税额准予从销项税额中抵扣：

（一）从销售方取得的增值税专用发票上注明的增值税额。

（二）从海关取得的海关进口增值税专用缴款书上注明的增值税额。

（三）购进农产品，除取得增值税专用发票或者海关进口增值税专用缴款书外，按照农产品收购发票或者销售发票上注明的农产品买价和13%的扣除率计算的进项税额。进项税额计算公式：进项税额＝买价×扣除率。

（四）购进或者销售货物以及在生产经营过程中支付运输费用的，按照运输费用结算单据上注明的运输费用金额和7%的扣除率计算的进项税额。进项税额计算公式：进项税额＝运输费用金额×扣除率。

准予抵扣的项目和扣除率的调整，由国务院决定。

【案例】某芒果干加工厂欲向山农收购鲜芒果为原料，山农不卖鲜芒果，只卖经洗净、切片、晾干的芒果而且不能出具发票。农产品收购凭证只能用于收购初级农产品，不能用于收购经加工的农产品，所以该加工厂收购山农加工后的芒果是不能开具收购凭证的，这将导致采购成本缺乏入账原始凭证，也无相应的进项税额可以抵扣。筹划办法是该芒果干加工厂先收购鲜芒果，然后委托山农加工并另外支付加工费。这样做实质上仍是从山农处取得加工后的芒果，但是却可以在收购鲜芒果的时候开具收购凭证用以计抵增值税进项税额。购进成本中的鲜芒果可以抵扣13%的进项税额，只有所付加工费的部分没有可以抵扣的进项税额。这样，加工厂的购进成本中的大多数即购进鲜芒果的进项税额都可以得到抵扣，较筹划前可以节约很多税收。

3. 索票时间的选择

税法中对取得增值税专用发票进项抵扣时间的规定为：增值税一般纳税人必须自该专用发票开具之日起180日内(2010年以前为90日)到税务机关认证，否则不予抵扣进项税额；而且必须在通过认证的次月申报期内按照增值税有关规定核算当期进项税额并申报抵扣，否则不予抵扣进项税额。相应地，纳税人必须遵循这项规定进行必要的筹划，以便实现进项税额的完全抵扣，减轻税负。

【税法引用】《国家税务总局关于调整增值税扣税凭证抵扣期限有关问题的通知》(国税函〔2009〕617号)

一、增值税一般纳税人取得2010年1月1日以后开具的增值税专用发票、公路内河货物运输业统一发票和机动车销售统一发票，应在开具之日起180日内到税务机关办理认证，并在认证通过的次月申报期内，向主管税务机关申报抵扣进项税额。

二、实行海关进口增值税专用缴款书(以下简称海关缴款书)"先比对后抵扣"管理办法的增值税一般纳税人取得2010年1月1日以后开具的海关缴款书，应在开具之日起180日内向主管税务机关报送《海关完税凭证抵扣清单》(包括纸质资料和电子数据)申请稽核比对。

1) 推迟索取用于进项税额抵扣的增值税专用发票

税法中虽然规定了增值税一般纳税人必须自专用发票开具之日起180日内到税务机关认证，认证后必须在次月申报期内抵扣，否则不得抵扣。但税法中明确了取得专用发票抵扣的最早时点，并未强调索取专用发票的最迟时点。对于当期和未来一段时期销售规模不大、而购进又较大的企业，就可将索取增值税专用发票的时点推迟到有足够销售规模及销项税额时，然后再到税务机关进行认证和抵扣，这样就可以充分利用进项抵扣减轻税负。

2) 提前索取用于进项税额抵扣的增值税专用发票

若企业在当期和近期销售规模较大而购进又较小，可以采取的做法就是将可能在未来某时点才可取得的专用发票提前到现在时点取得，这样就可进行较多的进项税抵扣，减轻当期和近期的增值税负担。比如在分期付款购进货物时，就可要求在支付每笔款项时即取得增值税专用发票，而不是待到付清最后一笔款项时才取得整个购进的增值税专用发票。

2.2.3 加工方式的纳税筹划

加工方式包括受托加工与自行加工。受托加工是由委托方提供原材料和主要材料，受托方只收取加工费和代垫部分辅助材料加工货物。受托加工货物以向委托方收取的加工费为依据，计算缴纳增值税。自行加工也称经销加工，是指受托方自己组织材料进行加工。自行加工按照销售自制货物全额缴纳增值税，接受委托加工的原材料如果取得增值税专用发票可以抵扣进项税。

显然，对受托方来说，以受托加工方式计算增值税的计税基数要比自行加工的计税基数低，尽管增值税是向购买方或承受方收回，但是在受托方获利一定的情况下，其税收负担还是会增加的。同时，以增值税为依据计算的城市维护建设税与教育费附加也会增加，进而会影响到企业所得税。在具体选择采取哪种加工方式时，可以使用以下筹划思路：(1)计算两种加工方式下获取毛利的多少，计算毛利差，这里的毛利特指产品销售额减去原材料成本的差额，或受托加工的加工费收入；(2)计算两种加工方式下增值税额的大小，计算增值税额差，以及由此导致的其他税费的增加额(如城建税、教育费附加)；(3)根据前两步计算出来的结果计算净利润的增加额，选择净利润增加额较大者作为最佳加工方式。下面以一个案例进行说明。

【例 2-6】 民安机械厂是增值税一般纳税人，该厂受委托为东方铸造厂加工铸钢件 500 个。东方铸造厂的负责人说既可以采取受托加工方式，也可以采取自行加工方式。如果采取受托加工方式，每个铸钢件的加工费收入为 82 元，加工费共计 41 000 元，加工时电费、燃料等可抵扣的进项税额为 1 600 元。如果采取自行加工方式，东方铸造厂对每个铸钢件的收回价为 210 元(不含税)，有关税费由民安机械厂负担。加工时东方铸造厂提供熟铁 50 吨，每吨作价 1 250 元。由于东方铸造厂是增值税小规模纳税人，因此只能提供由税务所按 3%征收率代开的增值税专用发票，民安机械厂可抵扣的材料进项税额是 1 875 元(50×1 250×3%)。请问：民安机械厂采用哪种加工方式较划算？

【解答过程】

(1) 采用受托加工方式，只收取加工费。

先计算毛利，加工费收入为：

$$500\times82=41\ 000(\text{元})$$

再计算应纳增值税税额为：

$$500\times82\times17\%-1\ 600=5\ 370(\text{元})$$

(2) 采取自行加工方式，相当于购销行为。

先计算毛利，销售额减去原材料成本的差额为：

$$500\times210-50\times1\ 250=42\ 500(\text{元})$$

再计算应纳增值税税额为：

$$500\times210\times17\%-1\ 875-1\ 600=14\ 375(\text{元})$$

(3) 两种方式净利润比较。

首先计算毛利差额，采用自行加工方式比受托加工方式多获毛利 1 500 元(42 500－41 000)。

其次计算增值税差额，自行加工导致增值税税负增加为：14 375－5 370＝9 005(元)

然后计算其他税费的增加额，城建税和教育费附加增加为：

$$9\ 005\times(7\%+3\%)=900.5(\text{元})(\text{城建税税率按 }7\%\text{计算})$$

增值税与城建税、教育费附加增加合计为：

$$9\ 005+900.5=9\ 905.5(\text{元})$$

所以，自行加工比受托加工多负担税费(即净利润减少)为：

$$9\ 905.5-1500=8\ 405.5(\text{元})$$

可见，自行加工虽然毛利较高，但同时税费负担更高，并抵消了高出的毛利，因此民安机械厂在现有条件下采取受托加工比自行加工更加划算。当然，如果东方铸造厂属于增值税一般纳税人，情况就会发生变化。

2.2.4 企业分立的纳税筹划

企业分立是指一个企业依照法律规定、合同约定将部分或全部业务分离出来，分化成两个或两个以上新企业的法律行为。分立后的公司是独立的法人，而不是企业内部的一个分支机构，原公司与分立后的公司是母子公司关系，而不是总公司与分公司的关系。分立一般分为续存分立和新设分立两种形式。企业只是将其中部分子公司、部门、产品生产线、资产等剥离出去，组成一个或几个新公司，而原企业在法律上仍然存在的叫续存分立；原企业解散，分离出的各方组成两个或两个以上新企业的，叫新设分立。企业的分立，从本质上讲企业并没有消失，只是同原企业相比有了新的变化，也正是由于这种实质上的企业续存或新设，为纳税筹划提供了相应的空间，主要体现在企业所得税和增值税两个方面，企业所得税筹划将在第 5 章介绍，下面主要分析企业分立对增值税的筹划。

从纳税筹划的角度看，企业分立筹划的税法依据包括以下方面。(1)税法规定的增值税减免主要针对某一生产环节、某一产品减免税，如对农产品而言，只有纳税人自产自销的初级农产品可以享受减免税待遇，经过加工的或非自产的产品均不得减免税。(2)对不同纳税人的混合销售行为税务处理不一样。对从事货物生产或提供加工、修理修配应税劳务业务以及以该类业务为主(该类业务销售额占50%以上)的企业的混合销售行为征收增值税，其他纳税人的混合销售行为征收营业税。(3)对兼营行为要求分别核算，否则税率从高。若纳税人同时兼营不同税率项目、减免税项目，应分别核算，否则全部征收增值税，且税率从高。因此，企业在经营过程中，可以将不同项目的业务分立开来，以降低总体税负。

【税法引用】《中华人民共和国增值税暂行条例》(颁布时间2008年11月10日)第十五条 下列项目免征增值税：

(一) 农业生产者销售的自产农产品；

(二) 避孕药品和用具；

(三) 古旧图书；

(四) 直接用于科学研究、科学试验和教学的进口仪器、设备；

(五) 外国政府、国际组织无偿援助的进口物资和设备；

(六) 由残疾人的组织直接进口供残疾人专用的物品；

(七) 销售自己使用过的物品。

采用企业分立对增值税进行筹划的具体途径主要有以下3条。(1)对大型企业集团，可将不同生产环节、不同产品分立成若干个独立企业，使可以享受减免税和抵扣进项税额的生产环节或产品能够真正享受到，以减轻企业税收负担。(2)对混合销售行业满足征收增值税的企业，应将其混合销售行为中征收营业税的业务单独经营，设立独立法人，分别核算，让该部分业务征收营业税，以减轻企业整体税负。(3)对有兼营行为的企业，其兼营项目应独立核算，使低税率项目、减免税项目、营业税项目能按税法规定的税负分别纳税，从而减轻税负。此外，企业采用分立筹划还应综合考虑企业分立后的经营成本和收益等多个方面的因素，经过全面的分析，做出最有利于企业的选择。

【例2-7】 南方药业公司既生产避孕药品和用具，又生产其他需要交纳增值税的产品。2010年10月，公司全部产品不含税销售额为200万元，其中避孕药品和用具的不含税销售额为60万元，当月全部进项税额为17万元，由于该公司免税药品的进项税额无法单独核算，所以一直按照销售额所占比率来划分。如果能够将避孕药品与用具单独分立出来组建一个企业，则其进项税额可以单独核算，10月免税药品的进项税额为3.4万元。问南方药业公司应如何进行纳税筹划？

【解答过程】

(1) 该公司合并经营时，应纳增值税额＝(200－60)×17%－17×(1－60÷200)＝11.9(万元)

(2) 该公司将避孕药品与用具单独分立出来组建一个企业后，应纳增值税＝(200－60)×17%－(17－3.4)＝10.2(万元)

可见，若企业将避孕药品与用具的经营分立出来，可以节约增税11.9－10.2＝1.7(万元)

一般来讲，当免税产品的增值税进项税额占全部产品增值税进项税额的比例小于免税产品销售收入占全部产品销售收的比例时，分立经营比较有利，而且免税产品的增值税进项税额占全部产品增值税进项额的比例越小，分立经营越有利；反之，合并经营比较有利。

【例2-8】 南方电梯公司是一家集生产、销售、安装、维修为一体的专业电梯制造公司。2009年产品销售收入为3 000万元，安装维修收入为2 000万元，购买生产用原材料可抵扣的进项税额为400万元，公司为增值税一般纳税人。问该公司如何进行纳税筹划？

【解答过程】

(1) 公司分立前：销项税额＝(3 000＋2 000)×17％＝850(万元)，进项税额＝400(万元)

应纳增值税税额＝850－400＝450(万元)

(2) 筹划思路是将工程安装施工队单独组建为安装公司，交营业税，实行独立核算，自行缴纳税款。

南方电梯公司应纳增值税销项税额＝3 000×17％＝510(万元)，进项税额＝400(万元)

应纳增值税税额＝510－400＝110(万元)

分立出的安装公司收入征收营业税，应纳营业税＝2 000×3％＝60(万元)

两公司合计应纳税＝110＋60＝170(万元)

比筹划前节省税金＝450　170＝280(万元)

2.2.5 合并和公司联合的纳税筹划

合并是指两个或两个以上的企业依据法律规定或合同约定合并为一个企业的法律行为。合并可以采取吸收合并和新设合并两种形式。吸收合并是指两个以上的企业合并时，其中一个企业吸收了其他企业而存续(对此类企业以下简称“存续企业”)，被吸收的企业解散。新设合并是指两个以上企业并为一个新企业，合并各方解散。公司联合是指通过资本加入、业务渗透、人事相兼等方式使若干个企业在经营形式上合为一体的组织。公司联合有紧密型联合和合同契约式联合两种形式，紧密型联合指参加联合的各方拿出一部分设备、厂房、人员、技术或资本等进行某一方面的合作，共同发起成立一个公司或联合体，但联营各方的法律地位不变；合同契约式联合指联合各方为了建立比较紧密、可靠、稳定的经济技术方面的联系或协作关系而签署联合合同或协议书，组成联合关系。公司联合虽然会使公司的组织结构发生一定的变化，但它反映的仅仅是一种比较紧密、可靠、稳定的经济技术方面的联系或协作关系，无论它形成怎样的联合体，原有企业的主体资格并不发生变更。

企业利用合并或公司联合进行纳税筹划，目的是扩大经营规模、降低税收负担，或者推迟缴纳税款，以获得较大的收益。具体筹划的方式有两种：(1)合并筹划。对小规模纳税人来说，如果增值率不高，产品销售对象主要为一般纳税人，经判断成为一般纳税人对企业有利，但经营规模一时难以扩大，可联系若干个相类似的小规模纳税人实施合并，使其规模扩大而成为一般纳税人。(2)公司联合筹划。通过紧密的联合方式，即建立新的法人组织进行联合经营。增值税纳税人可通过与营业税纳税人联合经营的方式而使自己也成为营业税纳税人，减轻税负，如经营电信器材的企业，单独经营则缴纳增值税，但如果经电信管理部门批准联合经营，则缴纳营业税，不缴增值税。

【案例】广东顺风电子器材公司最近购买到一批 iPhone 手机，在国内销售预计利润率将很高。该公司领导层经过研究，决定改变目前的经营形式，主动与电信局劳动服务公司联营，成立一个电信网络服务站。电信局劳动服务公司以电信网络投资，而该电子器材公司则以该批手机投资。该服务站经过电信管理部门批准正式开始营运，销售该批手机并提供网络服务。按照现行税收政策规定，经过电信管理部门批准设立的机构，既销售手机，又为客户提供有关电信劳务服务的，不缴纳增值税而缴纳营业税；而单独销售手机，不提供有关电信劳务服务的，应缴纳增值税。这样，经过联合，电子器材公司销售该批手机器材仅按 3％的税率缴纳营业税，税负大大低于缴纳增值税的税负；而同时，电信局下属的劳动服务公司通过与电子器材公司联合开辟了新的就业渠道，为下岗工人提供了就业机会，双方相辅相成，各有所得。

2.3 企业销售过程中的纳税筹划

企业的销售过程是企业价值实现的过程，这一过程中的纳税筹划主要包括混合销售行为的筹划、特殊销售行为的筹划、代销方式的筹划和运输费用的筹划等。

2.3.1 混合销售行为的纳税筹划

混合销售行为是指一项销售行为既涉及增值税应税货物又涉及非应税劳务。所谓非应税劳务，在这里是指应缴营业税的劳务。混合销售行为涉及的货物和非应税劳务是直接为销售一批货物而发生的，两者是紧密相连的从属关系，是不可能分别核算的。

混合销售行为的税务处理规定如下。从事货物的生产、批发或零售的企业、企业性单位及个体经营者以及以从事货物的生产、批发或零售业务为主，兼营非应税劳务的企业、企业性单位及个体经营者，发生上述混合销售行为，视为销售货物，征收增值税；而对于其他单位和个人发生的混合销售行为，视为销售非应税劳务，征收营业税。“为主”是指年货物销售额与非应税劳务营业额的合计数中，年货物销售额超过50%。正是因为不同纳税人发生的混合销售行为的税务处理方式不同，以及所适用的增值税税率、征收率与营业税税率不相同，因而必然存在税负的差异，这就给纳税人进行纳税筹划创造了一定的条件。

混合销售行为纳税筹划方法为：发生混合销售行为次数较多、金额较大的纳税企业或企业性单位，通过税负比较，如果缴纳增值税比缴纳营业税更能节税，则有必要通过筹划，调整增值税销售额，使其占总销售额的比例在50%以上，报请税务机关批准缴纳增值税。如果缴纳营业税比缴纳增值税更能节税，则应该通过筹划调整营业税营业额，使其占总销售额的比例在50%以上，报请税务机关批准缴纳营业税，从而达到节税的目的。

纳税人在进行纳税筹划时，是选择作为增值税纳税人还是营业税纳税人，可以通过以下步骤进行判断。第一步，了解企业是否发生混合销售行为；第二步，分别计算缴纳的增值税与缴纳的营业税，并进行比较。第三步，选择应纳税额较小的方案。

【例2-9】 某建材公司主营建筑材料批发零售，并兼营对外安装、装饰工程，2009年1月份该公司以200万元的价格销售一批建材并代客户安装，该批建材的购入价格为170万元，请问该笔业务应如何进行税收筹划？若销售价格为220万元，又该如何筹划？（以上价格均为含税价，增值税税率为17%，营业税税率为3%）

【解答过程】

（1）该公司以从事货物的批发零售业务为主，兼营非应税劳务，2009年1月发生的一项销售行为既涉及增值税应税货物又涉及非应税劳务，属于混合销售行为，征收增值税。

（2）其应缴纳的增值税为：

$$(200-170)/(1+17\%)\times17\%=4.36(\text{万元})$$

该混合销售如果缴纳营业税，则应缴纳的营业税为：$200\times3\%=6$(万元)

所以选择缴纳增值税可以节税1.64万元(6－4.36)。

（3）若销售价格为220万元时，该混合销售行为应缴纳的增值税为：

$$(220-170)/(1+17\%)\times17\%=7.27(\text{万元})$$

该混合销售如果缴纳营业税，则应缴纳的营业税为：$220\times3\%=6.6$(万元)

所以选择缴纳营业税可以节税0.67万元。这种情况下，该公司如果发生类似的混合销售行为次数较多、金额较大，则应该通过筹划调整营业税营业额，即增加安装、装饰工程业务，使其占总销售额的比例在50%以上，报请税务机关批准缴纳营业税，从而达到节税的目的。

在混合销售筹划过程中需要注意的是，企业的货物销售额和非应税劳务收入额基本是由市场价格决定的，只有当调整货物销售额和非应税劳务收入额比例所发生的筹划成本不大时，混合销售才有筹划空间。此外，纳税人的销售行为是否属于混合销售行为，要由国家税务总局所属征收机关(县级及县级以上国家税务局)确定。

2.3.2 特殊销售行为的纳税筹划

1. 折扣方式

纳税人以折扣方式销售货物分为两种。一种是商业折扣，又称折扣销售，是指销货方为鼓励买者多买而给予的价格折让，即购买越多，价格折扣越多。如购买某物品10件，销售价格折扣5%；购买20件，销售价格折扣10%等。对于商业折扣应作如下处理：(1)销售额和折扣额在同一张发票上分别注明的，可按冲减折扣额后的销售额征收增值税；(2)将折扣额另开发票的，不论其在财务会计上如何处理，在征收增值税时，折扣额不得冲减销售额。另一种是现金折扣，又称销售折扣，是指销货方为鼓励买方在一定期限内早日付款而给予的一种折让优惠。它是一种时间上的优惠，即付款的时间越早，价格越低，购货方享受的优惠越多。另外，这种折扣也能招揽一些视折扣为减价出售的顾客前来购货，借此扩大企业销售量。现金折扣是一种融资性质的理财费用，现金折扣的折扣额不能从销售额中扣减，因而不能减少销项税额。

因此，对于商业折扣筹划的基本思路就是将销售额和折扣额在同一张发票上分别注明，以减轻税收负担。但需要注意的是商业折扣仅限于货物价格的折扣，如果销货方将自产、委托加工和购买的货物用于实物折扣的，则该实物款额不能从货物销售额中减除，且该实物应按“视同销售货物”中“赠送他人”计算征收增值税，不能起到节约税收的作用。

【例2-10】 2009年，某啤酒生产企业为增强其代理商的销售积极性，规定：年销售啤酒在100万瓶以下的，每瓶享受0.2元的折扣；年销售啤酒在100万～500万瓶的，每瓶享受0.22元的折扣；年销售啤酒在500万瓶以上的，每瓶享受0.25元的折扣。在年中，由于啤酒生产企业不知道也不可能知道每家代理商年底究竟能销售多少瓶啤酒，也就不能确定每家代理商应享受的折扣率。当年企业共销售啤酒2 000万瓶，企业按每瓶啤酒2.00元的销售价格开具增值税专用发票，到第二年的年初，企业按照上述的折扣规定一次性结算给代理商的折扣总金额450万元，并开具红字发票。请为企业作出税收筹划。(企业2009年可抵扣的进项税额为400万元)

【解答过程】

(1) 企业未预先确定折扣率，折扣额在销售后确定，不与销售额反映在同一张销售发票上。则企业应缴纳的增值税为：2 000×2×17%－400＝280(万元)

(2) 如果企业预先确定折扣率，折扣额在销售实现时确定并销售额反映在同一张销售发票上。

假设该啤酒厂按最高折扣(0.25元/瓶)来确定销售收入，则企业应缴纳的增值税为：

$$2\,000\times(2-0.25)\times17\%-400=195(\text{万元})$$

采用将销售额与折扣额在同一张发票上分别注明的方法，可以为该企业节约税收280－195＝85(万元)，因而，企业应该事先能够预估折扣率，并把折扣额与销售额一起反映在同一张销售发票上。

但在现实操作中，供货方在给经销商开具发票时并不能预知其销货量，因此折扣额并不容易确定。一般来说，折扣率是由一定期间(如一年)累计销售额决定的，而在平常的各批次的销售中，若经销商没有实现预期的销售额，供货商给予过大的折扣则会出现损失，那么该折扣率该如何确定才能保障供销双方的利益呢?

筹划的具体方法是：依据预测总销量决定平常各批次销售所适用折扣率，预测的总销量参照上年总销量±本年各因素对销量的影响。

若实际总销量<预测总销量，则意味着供货方多给了折扣少收了款项，那么就应通过向经销商预收保证金的方式来保障少收款项的补收。

若实际总销量>预测总销量，则意味着供货方少给了折扣多收了款项，那么供货方就应采用销售折让的方式退还对经销商多收的款项，对供货方来说销售折让仍能冲抵应纳的销项税额。

2. 销售折让

销售折让是指企业在销售货物后，由于产品质量、性能或规格等方面的原因，购货方虽没有退货，但要求给予的一种价格上的优惠。根据税法规定，销售折让也可以从货物或应税劳务的销售价款中扣除，以其余额计缴增值税，但需由购货方主管税务机关开具“销货退回及折让证明”，销货方据此开具红字发票。

企业采用销售折让的方式通常是出于解决购销双方分歧的目的，使购货方可以实现以质论价，就产品质量、性能或规格等方面的问题得到应有的补偿。而供货方也赢得了信誉，并可按折让后的价格计征增值税。但是从税务机关的角度看，采用销售折让的方式有很大的弊端，因为它有可能被供货方用来偷逃税款。当供货方为一般纳税人，购货方为小规模纳税人时，即使并不存在产品质量、性能或规格等方面的原因，供货方也可事先与购货方达成协议，让购货方假借产品质量、性能或规格等方面出现问题的名义到其主管税务机关开具折让证明，这样供货方就可据此开具红字发票，少纳增值税；由于购货方是小规模纳税人，此举并不会影响其增值税纳税情况。这样，企业在购货方的帮助下就可达到偷逃税款的目的。

3. 以物易物

以物易物是一种较为特殊的购销活动，是指购销双方不以货币结算，而以同等价款的货物相互交换，实现货物购销的一种方式。根据税法规定，在以物易物的交易方式下，交易双方都应作购销处理，以各自发出的货物核算销售额并计算销项税额，以各自收到的货物按规定核算购货额并在符合抵扣条件的前提下抵扣进项税额。

企业采用以物易物的销售方式，从财务管理的角度看，对易出方和易入方来说都实现了在无现金流出情况下的货物购进。从税收的角度看，在不同情况下对双方的影响会略有差异：当所易入的货物均为存货，并且购销双方都可为对方开具增值税专用发票时，这种销售方式对双方的应纳税额都不会产生影响，特别是当双方易出易入额相等时，不会新增应纳增值税税额；当所易入的货物为固定资产时，则会新增易出货物所对应的增值税销项税额。但从 2009 年 1 月 1 日起，我国增值税已经由生产型改为消费型，当期购入的固定资产总额允许从当期销售额中扣除，因此不论易入物是存货还是固定资产，只要双方易出易入额相等，便不会新增应纳增值税税额。筹划的具体方法是，应尽量使易入额与易出额相等，并互开增值税专用发票，这样增值税销项税额和进项税额相等，企业便不会新增应纳增值税税额。若易入货物不可作为进项税额抵扣，可考虑交易双方按照相同比例进行折扣销售，使双方都可因减小销项税而减少应纳税额。

4. 有奖销售

有奖销售是指企业在销售货物的同时，通过奖励的方式赠送一些实物或现金给购货方。根据税法规定，企业若是赠送实物，应该视同销售货物，计算缴纳增值税。

企业采用有奖销售方式吸引消费者的地方就是消费者可以获得额外的实物或现金，即可以同样的支出换回更多货物或以更少的支出换回同样多的货物。但对供货方来说，赠送实物和赠送现金的税负是不同的。若是赠送实物，就应该视同销售货物，计算缴纳增值税；若是赠送现金，该支出均计为销售费用，作为所得税应税利润的税前扣除，可少缴相应的企业所得税，不必为此缴纳任何流转税费。所以，从纳税筹划的角度看，企业选择现金赠送形式要优于实物赠送形式。

【案例】某商家推出有奖销售，若购货满10 000元，有奖销售的方案有两个供商家选择。方案一：赠送1 000元现金；方案二：赠送1 000元实物，该实物进价(含税)600元。若商家选用方案一，那么无需为赠送的1 000元现金承担任何流转税费，若商家选用方案二，那么赠送的1 000元实物，企业尚需缴纳增值税额(1000－600)/1.17×0.17＝58.12(元)。因此商家应尽可能选择赠送现金的方式，以减少相关增值税及附加税费。

2.3.3 代销方式的纳税筹划

代销是企业的一种营销方式，在这种方式下，产品或商品的物权仍归委托方所有，受托方在约定的时间内未销售出的货物可选择退还，因此不承担市场经营风险。代销通常有收取手续费和视同买断两种方式。

收取手续费，即受托方根据所代销的商品数量向委托方收取手续费，这对受托方来说是一种劳务收入。这种代销方式的特点是，受托方通常应按照委托方规定的价格销售，委托方应在受托方已将商品售出并向本单位开具代销清单时确认收入，受托方在商品销售后，按应收取的手续费确认收入。

视同买断，即由委托方和受托方签订协议，委托方按协议价收取所代销的货款，实际售价可由双方在协议中明确规定，也可由受托方自定，实际售价与协议价之间的差额归受托方所有，因而受托方的这种行为实际上是一种货物销售行为。但这种销售本质上仍是代销，委托方将商品交给受托方时，商品所有权上的风险和报酬并未转移给受托方，委托方在交付商品时不确认收入，受托方也不作购进商品处理，只在备查账中登记商品规格、数量等。受托方将商品销售后应按实际售价确认收入，并向委托方开具代销清单。委托方收到代销清单时，再确认本企业的销售收入。

企业在从事代销货物时，主要考虑增值税与营业税。要从尽量避免缴纳营业税的角度出发，选择合理的代销方式。

【例2-11】 A公司和B公司签订一项代销协议，由B公司代销A公司的产品，A、B公司均为增值税一般纳税人。现可采用两种方案。方案一：收取手续费方式。B公司按A公司规定的每件1 000元的价格(不含税)对外销售，根据代销数量和不含税代销收入向A公司收取20%的代销手续费。A公司将按B公司提供的代销清单及结算的价款向B公司开具增值税专用发票，每件价税合计1 170元。方案二：视同买断方式。B公司按每件800元的价格协议买断，此后，假定B公司在市场上仍以每件1 000元的价格销售，销售价与协议买断价之间的差额即200元/件归B公司所有。假设当期B公司共销售出该产品1万件，对A、B公司而言采取哪种代销方式比较划算？(不考虑所得税、城建税及教育费附加)

【解答过程】

【方案一】收取手续费方式：

A公司收入增加＝(1 000－200)×10 000＝800 (万元)

增值税税额＝(1 000×17%)×10 000＝170 (万元)(不考虑本环节的进项税抵扣，下同)

B公司收入增加200万元，增值税销项税额与进项税额相等，相抵后，该项业务的应缴增值税为零，但B公司采取收取手续费的代销方式，属于营业税范围的代理业务，应缴纳营业税。

营业税税额＝200×5%＝10 (万元)

A、B两公司合计，收入增加了1 000万元，应缴税金增加180万元(170＋10)。

【方案二】视同买断方式：

A公司收入增加＝(1 000－200)×10 000＝800（万元）

增值税税税额＝(800×17%)×10 000＝136（万元）

B公司收入增加200万元

增值税税额＝(1 000－800)×17%×10 000＝34（万元）

A、B两公司合计，收入增加了1 000万元，应缴税金增加170万元(136＋34)。

由以上计算结果可知，采取视同买断方式的代销方式与采取收取手续费方式的代销方式相比，结果如下。

(1) A公司：收入不变，应缴税金减少34万元(170－136)。

(2) B公司：收入不变，应缴税金增加24万元(34－10)。

(3) A、B两公司合计，收入不变，应缴税金减少10万元(180－170)。

因此，如果将A公司与B公司作为一个整体来筹划，应选择第二种代销方式，即买断代销方式。但A公司节约的税额在双方之间如何分配可能会影响到该种方式的选择，因为从上面的分析可以看出，在方案二中，A公司少交税34万元，B公司则多交税24万元，所以A公司如何处理“节约”的34万元，可能会影响到B公司选择这种方式的积极性，A公司可以考虑首先要全额弥补B公司多缴纳的24万元，剩余的10万元也要让利给B公司一部分，这样可以鼓励受托方选择适合双方的销售方式。

对代销方式进行纳税筹划时，若从代销双方的共同利益出发，企业应选择视同买断的代销方式。这种代销方式与收取手续费的代销方式相比，在最终售价一定的条件下，双方合计缴纳的增值税是相同的。但在收取手续费的代销方式下，受托方要缴纳营业税，因此，总体税负会加重。需要注意的是，在实际运用中，采取视同买断代销方式的优越性只能在双方都是一般纳税人的前提下才能得到体现。如果一方为小规模纳税人，则受托方的进项税额不能抵扣，就不宜采取这种方式。另外，对于节约的税额在双方之间的分配应通过何种方式进行，需要双方本着共同利益最大化的原则进行协商。

2.3.4 运输费用的纳税筹划

根据《增值税暂行条例》第六条规定：“销售额为纳税人销售货物或应税劳务向购买方收取的全部价款和价外费用。”同时，《增值税暂行条例》明确规定了上述价外费用不包括同时符合以下两个条件的代垫运费：承运部门的运费发票开具给购货方，并且由纳税人将该项发票转交给购货方的。

【税法引用】《中华人民共和国增值税暂行条例》(颁布时间2008年11月10日)第六条 销售额为纳税人销售货物或者应税劳务向购买方收取的全部价款和价外费用，但是不包括收取的销项税额。

《中华人民共和国增值税暂行条例实施细则》第十二条 条例第六条第一款所称价外费用，包括价外向购买方收取的手续费、补贴、基金、集资费、返还利润、奖励费、违约金、滞纳金、延期付款利息、赔偿金、代收款项、代垫款项、包装费、包装物租金、储备费、优质费、运输装卸费以及其他各种性质的价外收费。但下列项目不包括在内：

(一) 受托加工应征消费税的消费品所代收代缴的消费税；

(二) 同时符合以下条件的代垫运输费用：

1. 承运部门的运输费用发票开具给购买方的；

2. 纳税人将该项发票转交给购买方的。

(三) 同时符合以下条件代为收取的政府性基金或者行政事业性收费：

1. 由国务院或者财政部批准设立的政府性基金，由国务院或者省级人民政府及其财政、价格主管部门批准设立的行政事业性收费；

2. 收取时开具省级以上财政部门印制的财政票据；

3. 所收款项全额上缴财政。

（四）销售货物的同时代办保险等而向购买方收取的保险费，以及向购买方收取的代购买方缴纳的车辆购置税、车辆牌照费。

很多公司在对产品定价时均会考虑产品配送的运输费用，但为了配合免费送货的承诺，产品的售价中并未将运输费用单独列明，而在实际收取销售价款时，由公司全额向购买方开具发票，并按照与物流公司结算的运输费用计入当期销售费用。这样，根据增值税相关法规的规定，这些公司必须就向购买方收取的全部价款计算销项税额，同时按照运费结算单据所列运费金额按7%的扣除率计算准予扣除的进项税额。由于“运输费用”部分计算销项税额时的增值税率(17%)与抵扣进项税额时的扣除率(7%)不相等，因而，公司不仅将在当期多缴纳增值税，多缴纳城建税和教育费附加等流转税，影响其当期的现金流量，同时，由于发生的运输费应在销售费用中列支，多计入了期间费用，也会影响当期损益。

对运输费用进行筹划，关键就是利用增值税法规中关于“代垫运费”的例外规定，使配送的运输费用成为不影响计税的“价外费用”，从而取得节税收益。针对公司物流外包的运营现状，可以在商品定价前将运输费用从销售价款中剥离出来，使运输费用和其他价款部分分离开来。在具体实施时，公司可以在销售宣传时告知客户，在不增加客户负担的前提下(客户支付的价格不变)，运输费用与向购买者收取的其他销售价款分开计算，在向客户收取全部费用时，交付公司开具的销售发票和运输公司开具的运输费用结算单据。这种“售价+运费”的操作方式是简便可行的，在网络交易和电子商务中已经得到了广泛应用，这既能让客户理解接受，又能带给人一种极具竞争性的价格优势感，让客户明明白白消费。如此既可以减少多缴税金造成的现金流出，又减少了当期销售费用，增加了公司收益。

【例2-12】 甲企业是增值税一般纳税人，主要生产某机器用零部件，与购货方签订销售合同，零部件以100元/个(不含增值税价)销售给购货方(包含20元/个的运输费用)，开具增值税专用发票，每年销售零部件50万个。该企业没有运输车辆，委托运输公司以20元/个的价格运送，进项税额为170万元(不含运输发票可抵扣的进项税额)。

要求：(1)计算运输公司将运费发票开具给甲企业时甲企业应纳的增值税。(2)如果甲企业和运输公司以代垫运费的方式签订运输合同，每个零部件的价格为20元。同时对原销售合同进行修改，将代垫运费从销售价格中分离出来，零部件价格为80元/个，那么甲企业应纳的增值税是多少？哪种方案比较节税？

【解答过程】

(1) 运输费用包含在价款中，不符合代垫运费的条件，需作为销售收入交增值税，可以按7%的抵扣率抵扣。

甲企业应交增值税：

$$100\times50\times17\%-170-20\times50\times7\%=610\ (\text{万元})$$

(2) 运输费用与价款分离，符合代垫运费条件，不计入销售收入中计算增值税，也无抵扣。

甲企业应交增值税：

$$80\times50\times17\%-170=510\ (\text{万元})$$

将运费与价款分离后，甲企业少交增值税610－510＝100（万元），因此采用第二套方案比较节税。

2.4 纳税时间的筹划

2.4.1 纳税义务发生时间的规定

增值税纳税义务发生时间，指增值税纳税义务人、扣缴义务人发生应税、扣缴税款行为应承担纳税义务、扣缴义务的起始时间。规定纳税义务发生时间，一是为了明确纳税人承担纳税义务的具体日期；二是有利于税务机关实施税务管理，合理规定申报期限和纳税期限，监督纳税人依法履行纳税义务，保证国家财政收入。纳税义务发生时间一经确定，必须按此时间计算应缴税款。

税法中按照不同的销售结算方式规定了不同情况下纳税义务的发生时间，其不同的销售结算方式实质上就是不同的销售收入确认方式，所以对纳税义务的发生时间的规定实质就是规定企业何时确认销售收入。企业只要确认了收入，就产生了纳税义务。因此收入确认时点与纳税义务发生时间具有一致性，即收入确认时点就是纳税义务产生时点。从2009年1月1日起，增值税纳税义务发生时间的确定标准较之前发生了一些变更，具体参照税法引用。

【税法引用】《中华人民共和国增值税暂行条例》（颁布时间2008年11月10日）第十九条 增值税纳税义务发生时间：

（一）销售货物或者应税劳务，为收讫销售款项或者取得索取销售款项凭据的当天；先开具发票的，为开具发票的当天。

（二）进口货物，为报关进口的当天。

增值税扣缴义务发生时间为纳税人增值税纳税义务发生的当天。

《中华人民共和国增值税暂行条例实施细则》第三十八条　条例第十九条第一款第(一)项规定的收讫销售款项或者取得索取销售款项凭据的当天，按销售结算方式的不同，具体为：

（一）采取直接收款方式销售货物，不论货物是否发出，均为收到销售款或者取得索取销售款凭据的当天；

（二）采取托收承付和委托银行收款方式销售货物，为发出货物并办妥托收手续的当天；

（三）采取赊销和分期收款方式销售货物，为书面合同约定的收款日期的当天，无书面合同的或者书面合同没有约定收款日期的，为货物发出的当天；

（四）采取预收货款方式销售货物，为货物发出的当天，但生产销售生产工期超过12个月的大型机械设备、船舶、飞机等货物，为收到预收款或者书面合同约定的收款日期的当天；

（五）委托其他纳税人代销货物，为收到代销单位的代销清单或者收到全部或者部分货款的当天。未收到代销清单及货款的，为发出代销货物满180天的当天；

（六）销售应税劳务，为提供劳务同时收讫销售款或者取得索取销售款的凭据的当天；

（七）纳税人发生本细则第四条第(三)项至第(八)项所列视同销售货物行为，为货物移送的当天。

2.4.2 纳税时间的筹划概述

利用纳税义务发生时间进行纳税筹划，关键是事先的策划性与不同结算方式下收入确认时间及标准的确定。因为货物销售方式、结算方式不同，纳税人的纳税义务发生时间就存在差别，所以在税法允许的范围内，要尽量采取有利于本企业的结算方式，推迟纳税义务发生时间，获得纳税期的递延。

对纳税时间进行筹划的具体方法有：①在没有发生经济业务的时候不要开具发票，因为开具了发票就意味着收入的确认和纳税义务的发生，要以实际收到的支付额开具增值税专用发票，避免超过经济业务额度开具发票；②采取直接收款销售时，可通过推迟收款时间或提货单的交付时间，把收入确认时间延迟，获得延迟纳税的税收利益；③避免采取托收承付、委托收款等方式进行销售，因为这类方式往往纳税义务发生在先，收取款项时点在后；④赊销和分期收款结算方式是以合同约定日期为纳税义务发生时间的，因此，企业在产品销售过程中，如果对某笔业务的资金回笼在时间上没有把握，应收货款一时无法收回或部分无法收回的情况下，可以选择赊销或分期收款结算方式，这样企业就可以将纳税义务发生时间延缓到合同约定的收款日期；⑤委托代销商品是受托方将商品销售以后，开具销货清单并交给委托方，委托方才确认销售收入的实现。因此在企业无法确信收到款项的时点和额度的情形下，最好选择委托代销的结算方式销售，这样企业就可以在收到受托方的代销清单时才确认收入；如果企业产品的销售对象是商业企业，并且产品是以商业企业销售后付款的结算方式销售的，则可以采用委托代销结算方式，根据实际收到的货款分期计算销项税额，从而延缓纳税时间；⑥尽量按预收账款的方式或现款现货的方式进行销售。

对纳税义务发生时间进行筹划可以达到延缓纳税的目的，虽然不能降低纳税人的总体负担，但可以增加企业的营运资金，使企业获得资金时间价值。所以无论针对何种税种，只要能做到合法递延纳税，对企业就是有利的。但企业不能一味为了递延纳税而盲目销售货物或购进货物。

【例 2－13】 深圳市一家建材销售企业(增值税一般纳税人)，2007 年 7 月份销售建材，合同上列明的含税销售收入为 1 170 万元，企业依合同开具了增值税专用发票。当月实际取得含税销售收入 585 万元，购买方承诺余额将在年底付讫。月初欲外购 A 货物 234 万元(含税)，B 货物 117 万元(含税)，但因企业资金周转困难，本月只能支付 117 万元购进部分 A 货物，并取得相应的增值税发票。请计算该企业本月应缴的增值税。

【解答过程】

该企业本月应缴的增值税为：

$$1\,170/(1+17\%)\times 17\%-117/(1+17\%)\times 17\%=153(\text{万元})$$

此外，企业本月还应缴纳相应的城建税、教育费附加 15.3 万元。

如果该企业一方面在销售合同中指明“根据实际支付金额，由销售方开具发票”，并在结算时按实际收到金额开具增值税专用发票，另一方面又在本月通过赊购方式购进企业货物，取得全部货物的增值税发票，则本月就可以少确认销项税额 85 万元，多抵扣进项税额 34 万元。

则应缴的增值税为：

$$585/(1+17\%)\times 17\%-234/(1+17\%)\times 17\%-117/(1+17\%)\times 17\%=34(\text{万元})$$

相应的城建税、教育费附加为 3.4 万元。

本期可以延缓缴纳 130.9 万元(119＋11.9)的税款。

2.5 利用优惠政策进行筹划

增值税优惠政策是对增值税纳税人、征税对象的特殊情况给予鼓励和照顾而采取的政策措施。增值税的优惠政策主要有免税、先征后返、即征即退、减半征收、规定法定征收率等形式。纳税人利用优惠政策进行筹划时，首先要充分利用税收优惠政策，有条件的应尽量利用。若企业符合享受税收优惠的条件，在兼营减免税项目时就要将应税产品和适用减免税的产品分开核算，否则就无法享受减免税优惠。其次，没有条件或某些条件不符合的，要积极创造条件达到享受减免税优惠的条件。如何创造条件利用优惠政策进行筹划呢？通过以下案例的学习会有所启发。

【案例】某橡胶集团生产销售橡胶轮胎和各种橡胶管、橡胶汽配件等。在生产橡胶制品的过程中，每天产生大量的废煤渣。由于废煤渣的排放使周边的水质受到较严重污染，该集团也因污染问题被环保部门多次警告和罚款。为妥善处理废煤渣，使其不产生污染，该集团尝试过很多方法，如与村民协商用于铺设乡村道路、修建学校操场等，但效果一直不理想。村委会也提出一个方案，集团每年缴纳40万元运输费用，将废煤渣的处理交由村委会，但是每年40万元是一笔不小的费用，该集团觉得成本太高，但若无其他更好的办法，该集团也只能接受此方案。若该集团能利用好增值税中的减免税规定，则可以设计出一个更加合理又节税的方案解决该问题。税法规定，对企业生产的原料中掺有不少于30%的煤矸石、石煤、粉煤灰、烧煤锅炉的炉底渣(不包括高炉水渣)及其他废渣的建材产品，免征增值税。因此，该集团可以将准备支付给村委会的40万元投资建设一个水泥厂，利用排放的废煤渣生产销售水泥。按照税法规定，生产销售在原料中掺有不少于30%的废渣生产的水泥免征增值税。通过这个方案，该集团一举三得：一是解决了排放废煤渣造成的污染问题，提高了对废煤渣的利用；二是利用了税收优惠政策，获得节税效益；三是生产销售水泥可以为企业带来新的经济效益。这一方案成功帮助企业变废为宝，增大了盈利。

采用增设机构的方式可以帮助企业间接地利用优惠政策，该筹划方法普遍适用于以初级农产品为主要原料的一般纳税人。利用这种方法进行筹划时应注意：一是企业与其增设机构之间必须参照独立企业之间的正常售价进行交易；二是设立机构所增加的费用必须小于或远远小于所带来的收益。

【例2-14】 某牛奶公司主要生产流程如下：饲养奶牛生产牛奶，将产出的新鲜牛奶再进行加工制成奶制品，再将奶制品销售给各大商业公司，或直接通过销售网络转销给当地及其他地区的居民。由于奶制品的增值税税率适用17%，进项税额主要有两部分：一是向农民个人收购的草料部分可以抵扣13%的进项税额；二是公司水费、电费和修理用配件等按规定可以抵免进项税额。与销售税额相比，这两部分进项税额微不足道。经过一段时间的运营，公司的增值税税负高达12.8%。请问，该公司应如何进行筹划以减轻税收负担?

【解答过程】

为了取得更高的利润，公司除了需加强企业管理外，还必须努力把税负降下来。从公司的客观情况来看，税负高的原因在于公司的进项税额太低。因此，公司进行税收筹划的关键在于如何增加进项税。围绕进项税额，公司可以采取以下筹划方案。

公司将整个生产流程分成饲养场和牛奶制品加工两部分，饲养场和奶制品加工厂均实行独立核算。分开后，饲养场属于农产品生产单位，按规定可以免征增值税，奶制品加工厂从饲养场购入的牛奶可以抵扣13%的进项税额。

筹划方案实施前，假定2009年度从农民生产者手中购入的草料金额100万元，允许抵扣的进项税额100×13%=13(万元)，其他水电费、修理用配件等进项税额8万元，全年奶制品销售收入500万元(不含增值税，下同)，则：

应纳增值税额=销项税额-进项税额=500×17%-(13+8)=64(万元)

税负率=64÷500×100%=12.8%

筹划方案实施后，饲料场免征增值税，假定饲料场销售给制品厂的鲜奶售价为350万元，其他不变，则：

应纳增值税＝销项税额－进项税额＝500×17％－(350×13％＋8)＝31.5(万元)

税负率＝31.5÷500×100％＝6.3％

由此可见，筹划方案的实施取得了良好的收益，方案实施后比实施前节省增值税额 32.5 万元(64－31.5)，节省城市维护建设税和教育费附加合计 3.25 万元［32.5×(7％＋3％)］，税收负担下降了 6.5％(12.8％－6.3％)。

需要注意的是，由于农场与工厂存在关联关系，农产品生产单位必须按照独立企业之间正常售价销售给工厂，而不能一味地为增加工厂的进项税额擅自抬高售价，否则，税务机关将依法调整工厂的原材料购进价和进项税额。

利用税收优惠政策进行纳税筹划应注意两个问题：一是纳税人不能以欺骗手段骗取税收优惠；二是纳税人除充分了解优惠条款外，还必须按法定程序进行申请，避免因程序不当而失去应有的权益。

本章小结

本章从纳税筹划的基本原理、技术方法出发，以案例为载体，探讨增值税纳税筹划的操作技巧与方法。对增值税纳税人身份的选择进行筹划，可以采用增值率判断法或抵扣率判断法来选择作为一般纳税人还是小规模纳税人比较节税。在生产经营活动中的筹划方法包括兼营行为的纳税筹划、采购过程的纳税筹划(从采购对象的选择、计算抵扣的运用、索票时间的选择进行筹划)、加工方式的纳税筹划、企业分立的纳税筹划、合并和公司联合的纳税筹划。在企业销售过程中对混合销售行为、特殊销售行为(包括折扣方式、销售折让、以物易物、有奖销售的筹划)、代销方式、运输费用等进行纳税筹划。此外，还可对纳税时间进行筹划，通过推迟纳税时间获得资金时间价值。最后介绍了利用国家税收优惠政策，享受减免税优惠待遇进行节税筹划。

职业能力训练

一、思考题

1. 如何采用增值率判断法对增值税纳税人的身份进行选择？
2. 增值税纳税人兼营营业税应税劳务时，是选择分别核算还是不分别核算？请简述原因。
3. 简述增值税纳税人选择加工方式的筹划思路。
4. 如何对运输费用进行筹划，关键筹划点是什么？

二、单选题

1. 增值率判断法通常用于下列哪种筹划？(　　)

A. 纳税人身份选择　　B. 兼营行为

C. 混合销售　　D. 加工方式

2. 假设某企业为一般纳税人时，其产品全部适用 17％的增值税税率，且其购进项目全部可以抵扣进项税，为小规模纳税人时，产品全部适用 3％的增值税征收率。若销售额不含税，则当产品增值率为(　　)时，该企业作为一般纳税人与小规模纳税人增值税负担相等。

A. 23.07％　　B. 23.53％　　C. 17.65％　　D. 30.77％

3. 假设某企业为一般纳税人时，其产品全部适用 13％的增值税税率，且其购进项目全部可以抵扣进项税，为小规模纳税人时，产品全部适用 3％的增值税征收率。若销售额不含税，则当产品增值率为(　　)时，该企业作为一般纳税人与小规模纳税人增值税负担相等。

A. 23.08%　　B. 23.53%　　C. 17.65%　　D. 30.77%

4.(　　)指销货方在销售货物或提供应税劳务后，为了鼓励购货方及早还款而协议给购货方的一种价格优惠。

A. 以物易物　　B. 折扣销售　　C. 以旧换新　　D. 销售折扣

5.“以从事货物的生产、批发或零售为主，并兼营非应税劳务”，是指纳税人年货物销售额与非应税劳务营业额的合计数中，年货物销售额超过(　　)。

A. 40%　　B. 50%　　C. 60%　　D. 70%

6. 2010年后税法中对取得增值税专用发票进项抵扣时间的规定为，增值税一般纳税人必须自该专用发票开具之日起(　　)内到税局认证，否则不予抵扣。

A. 30日　　B. 90日　　C. 180日　　D. 1年

7. 下列哪项是企业销售过程中的筹划方法？(　　)

A. 兼营行为　　B. 加工方式　　C. 企业合并分立　　D. 运输费用

8. “在没有发生经济业务的时候不要开具发票”属于什么筹划方法？(　　)

A. 索票时间筹划　　B. 纳税时间筹划

C. 利用优惠政策筹划　　D. 混合销售筹划

三、多选题

1. 销售时间确认主要有哪几种情况？(　　)

A. 采取直接收款方式销售货物，只有当货物已经发出，纳税义务发生时间为收到销售额或取得索取销售额的凭据，并将提货单交给买方的当天

B. 采取直接收款方式销售货物，不论货物是否发出，纳税义务发生时间均为收到销售额或取得索取销售额的凭据，并将提货单交给买方的当天

C. 采取赊销和分期收款方式销售货物，纳税义务发生时间为按合同约定的收款日期的当天

D. 采取预收货款方式销售货物，为货物发出的当天

2. 一般纳税人的纳税筹划可以从哪些方面入手？(　　)

A. 缩小销项税额　　B. 缩小进项税额

C. 扩大销项税额　　D. 扩大进项税额

3. 需缴纳增值税的企业，不同税种兼营的纳税筹划要点有哪些？(　　)

A. 需缴纳增值税的企业，如果该企业是增值税的一般纳税人，因为提供应税劳务时，可以得到的允许抵扣的进项税额少，所以选择不分开核算有利

B. 需缴纳增值税的企业，如果该企业是增值税的一般纳税人，因为提供应税劳务时，可以得到的允许抵扣的进项税额少，所以选择分开核算分别纳税有利

C. 需缴纳增值税的企业，如果该企业是增值税小规模纳税人，若企业所适用的营业税的税率高于增值税的含税征收率，选择分开核算有利，若营业税税率低于增值税含税征收率，选择不分开核算有利

D. 需缴纳增值税的企业，如果该企业是增值税小规模纳税人，若企业所适用的营业税的税率高于增值税的含税征收率，选择不分开核算有利，若营业税税率低于增值税含税征收率，选择分开核算有利

4. 进项税额纳税筹划策略有哪些？(　　)

A. 在价格同等的情况下，购买具有增值税发票的货物

B. 纳税人委托加工货物时，不仅向委托方收取增值税专用发票，而且要努力争取使发票上注明的增值税额尽可能地大

C. 购进免税农业产品的价格中所含增值税额，按购货发票或经税务机关认可的收购凭据上注明的价格，依照13%的扣除率，获得13%的抵扣

D. 将非应税和免税项目购进的货物和劳务与应税项目购进的货物与劳务混同购进，并获得增值税发票

5. 混合销售行为的纳税筹划要点有哪些？(　　)

A. 如果发生混合销售行为的企业或企业性单位同时兼营非应税劳务，当非应税劳务年销售额大于总销售额的50%时，则该混合销售行为不纳增值税，当年销售额小于总销售额的50%时，则该混合销售行为应纳增值税

B. 从事货物的生产、批发或零售的企业、企业性单位发生混合销售行为，视同销售货物，征收增值税

C. 发生混合销售行为的纳税企业，应看自己是否属于从事货物生产、批发或零售为主的企业、企业性单位。如果是，则只缴纳营业税

D. 从事兼营业务又发生混合销售行为的纳税企业或企事业单位，如果当年混合销售行为较多，金额较大，企业有必要增加非应税劳务销售额，并超过年销售额的50%，就可以降低混合销售行为的税负，不纳增值税，从而增加企业现金流量

6. 免征增值税的项目有哪些？(　　)

A. 个人(包括个体经营者)销售自己使用过的物品

B. 由残疾人组织直接进口供残疾人的专用品

C. 农业生产者销售的自产农业产品(包括种植业、养殖业、林业、牧业和水产业生产的各种初级产品)，这里的农业生产者包括从事农业生产的单位和个人

D. 古旧图书，指向社会收购的古书和旧书

四、判断题

1. 销售额增值率可抵扣购进额占销售额的比率。(　　)

2. 利用购进额与销售额的比重来选择纳税人类别时，与利用销售额增值率来判断相同。(　　)

3. 企业利用合并或公司联合进行纳税筹划，目的是扩大经营规模、降低税收负担，或者推迟缴纳税款，以获得较大的收益。(　　)

4. 对于销售折扣，筹划的基本思路就是将销售额和折扣额在同一张发票上分别注明，以减轻税收负担。(　　)

5. 对纳税义务发生时间进行筹划可以达到延缓纳税的目的，虽然不能降低纳税人的总体负担，但可以使企业获得资金时间价值。(　　)

五、案例分析题

1. 某商业企业年含税销售额在80万元左右，可抵扣购进额40万元左右(含17%增值税)，被视为小规模纳税人。该企业会计核算健全，有条件被认定为一般纳税人。若为增值税一般纳税人，该企业产品的增值税适用税率为17%，请问：该企业是否应选择作为一般纳税人？选择作为哪一种身份更加节税？

2. 某农业生产企业为增值税一般纳税人，生产增值税免税产品和加工适用17%税率的应税食品。该企业每月的农业产品销售额预计为60万元，加工食品含税销售额预计为40万元；用于生产农产品的进项税额预计3万元，用于加工食品的进项税额预计2万元。请问，该企业应如何进行税收筹划？(要求不能通过提价转嫁税负)

3. 小李经营的新悦服装有限公司是增值税一般纳税人。该公司最近接到一笔服装业务，对方企业东方时装厂是小规模纳税人，需要某款式服装10 000件。该厂的负责人对这笔业务的方式没有特别的要求，既可以采取经销加工方式，也可以采取纯来料受托加工方式。双方协商约定：如果采取经销方式，新悦服装有限公司生产这批服装的布料由东方时装厂提供，该布料目前的市场不含税价格为125 000元；服装的单价为每件21元(不含税)；如果采取纯来料受托加工方式，则由东方时装厂提供布料，每件服装的加工费为8.5元。

经测算：新悦服装有限公司在生产这批服装时，可取得电费、燃料等可抵扣的增值税进项税额为3 200元。由于东方时装厂是增值税小规模纳税人，只能提供由税务机关按3%征收率代开的增值税专用发票。新悦服装有限公司的李经理不知道采用哪种经营方式划算。于是请来普诚税务咨询公司的税务专家。假设你是税务专家，请问新悦服装公司应采用哪种经营方式？

4. A公司是全国知名的电脑生产企业，生产甲品牌的电脑。2005年，该公司与代理商签订委托代销合同，代销甲品牌的电脑。合同约定，代理商以每台电脑不含税价5 000元的价格销售，支付代理手续费每台100元。2005年该公司发出甲品牌电脑12 000台。至12月底结账时，收到代销单位的代销清单合计销售10 000台。双方的收入和应缴纳税金是多少？后经专家筹划，建议采用视同买断的代销方式。如果采用该种方式，A公司与代理商签订的协议为：代理商每售出一台电脑，A公司按4 900元的协议价收取货款，代理商在市场上仍以5 000元的价格销售A公司的电脑，实际售价与协议价之间的差额，即100元/台，归代理商所有。年末售出电脑仍为10 000台。在这种情况下，双方的收入和应缴纳税金又是多少？

5. 创新有限公司销给凯旋(青岛)电子有限公司WK12产品10 000件，不含税销价100元/件，价外运费10元/件，进项税额为108 000元(其中自营汽车耗用的油料及维修费抵扣进项税8 000元)。若创新有限公司将自营车辆“单列”出来，设立二级法人运输子公司，让该子公司开具普通发票向凯旋(青岛)电子有限公司收取这笔运费补贴款，试通过计算，分析创新有限公司设立运输子公司是否合算？已知创新有限公司适用增值税税率为17%，运输公司适用营业税税率为3%。

6. 某农工商总公司从事奶牛的养殖、鲜奶加工销售、奶粉的生产销售。生产流程为：奶牛场养殖奶牛生产鲜奶，除直接对外销售外，还将部分鲜奶上交奶粉车间深加工成奶粉后销售。因为销售对象为大型商贸公司，都需要取得增值税专用发票，农工商总公司必须为增值税一般纳税人。2001年该农工商总公司生产销售鲜奶1 000万元，按规定免缴增值税；奶粉销售收入1 000万元，计提增值税销项税额170万元，加工奶粉的鲜奶成本600万元。由于鲜奶是自己养殖场生产的，不能抵扣税金，因此，企业外购扣除项目只有电力、修理用备件、燃料等，合计扣税50万元，应纳税120万元，奶粉的税负比较高，达到12%左右。问该公司应如何进行税收筹划以减轻税收负担？

第3章 消费税的纳税筹划

XIAOFEISHUI DE NASHUI CHOUHUA

【学习目标】

(1) 了解消费税筹划的基本思路及筹划方法。

(2) 掌握企业生产经营过程中消费税的主要筹划方法。

(3) 掌握企业销售过程中消费税的主要筹划方法。

(4) 掌握进口环节消费税的筹划方法。

(5) 掌握企业纳税时间的筹划方法。

(6) 了解现行消费税的优惠政策，利用优惠政策进行筹划。

【引导案例】

力能酒厂主要生产粮食白酒，产品销往全国各地的批发商。按照以往的经验，本地的一些零售户、酒店、消费者每年到工厂直接购买的白酒大约1 000箱，(每箱12瓶，每瓶1斤装)。企业销给批发部的价格为每箱(不含税)1 200元，销售给零售户或消费者的价格为(不含税)1 400元。已知粮食白酒的税率为20%，0.5元/斤，采用什么方法可以节税?

消费税是对在我国境内从事生产、委托加工与进口应税消费品的单位和个人，就其销售额或销售数量，在特定环节征收的一种税。它是对特定的消费品和消费行为征收的税，目的是为了调节产品结构，引导消费方向，保证国家财政收入。消费税属于价内税，并实行单一环节征收，一般在应税消费品的生产、委托加工和进口环节缴纳，在以后批发、零售环节中，由于价款中已经包含消费税，因此不必再缴纳消费税。对消费税进行筹划，主要可以通过在生产经营活动中对兼营行为、消费税抵扣、生产加工方式、企业合并进行纳税筹划；在企业销售过程中对征税环节、包装物、应税消费品换货、入股及抵债、商品定价等进行纳税筹划；在进口环节对消费税进行筹划；对纳税义务发生时间和纳税期限进行筹划，推迟纳税时间，获得资金时间效益；利用国家税收优惠政策，享受减免税优惠待遇。

3.1 企业生产经营中的纳税筹划

3.1.1 兼营行为的纳税筹划

消费税的兼营行为指纳税人同时经营两种或两种以上不同税率的应税消费品的行为。税法规定，纳税人兼营不同税率的应税消费品，应当分别核算不同税率应税消费品的销售额、销售数量；未分别核算销售额、销售数量，或者将不同税率的应税消费品组成成套消费品销售的，从高适用税率。

【税法引用】《中华人民共和国消费税暂行条例》（颁布时间2008年11月10日）第三条 纳税人兼营不同税率的应当缴纳消费税的消费品(以下简称应税消费品)，应当分别核算不同税率应税消费品的销售额、销售数量；未分别核算销售额、销售数量，或者将不同税率的应税消费品组成成套消费品销售的，从高适用税率。

因此，对消费税进行纳税筹划的思路是：第一，企业兼营不同税率应税消费品或非应税消费品时，能单独核算的要尽量单独核算；第二，企业应尽量避免将不同税率或不同纳税义务的商品组成成套商品销售，如果必须组成成套商品出售，可以采用“先销售后包装”的方式来避免非应税产品和低税率商品纳税或从高适用税率。具体做法是，生产厂家可以在分别销售以上各种消费品的同时，向购货方提供相应的礼盒包装物，当消费者在零售环节购买以上消费品时，可以根据需要选择是否使用礼盒。对于一些不适宜在零售环节组合成套的消费品，生产厂家可以设立独立核算的销售公司进行产品的组合销售，厂家在产品出厂后，通过自设销售公司将各种产品组成礼盒后销售，因为消费税只在生产销售环节征收，并且只征一次，因此在生产环节可以按照各种消费品的税率分别交税，避免了礼盒整体按照高税率纳税，达到了节税的目的。当然，也要考虑节约的税额与设立销售公司增加的成本孰高孰低，否则宁可不采取该种筹划方案。

【例3-1】 某酒厂既生产销售酒精，又生产销售药酒。2010年8月份，该厂销售酒精取得不含增值税收入10万元，销售药酒取得不含增值税收入15万元。酒精适用税率5%，药酒适用税率10%。问该酒厂应如何进行纳税筹划，可以节约多少税款？

【解答过程】

(1) 如果该企业将酒精与药酒分设两个明细账户核算。

$$该企业应纳消费税=10\times5\%+15\times10\%=2(万元)$$

(2) 如果该企业未分别核算酒精与药酒的收入。

则企业应纳消费税：(10＋15)×10％＝2.5(万元)

从以上分析可以看出，不进行分别核算将会从高适用税率纳税，会增加企业的税收负担。因此，企业在进行纳税筹划时，应充分考虑各方面因素，尽量将不同税率的产品分别核算，以便合法纳税、合理节税。

【例3-2】 某酒厂生产各类品种的酒，2011年春节推出“组合装礼品酒”的促销活动，将粮食白酒、薯类白酒和药酒各一瓶组成价值100元的成套礼品酒对外销售。这3种酒的出厂价分别为50元/瓶、30元/瓶、20元/瓶，三种酒每瓶均为1斤装。公司该月共售出4 500套组合装礼品酒，取得不含增值税的销售收入45万元。粮食白酒和薯类白酒适用比例税率为20％，定额税率为0.5元/斤；药酒属其他酒，税率为10％。请用数据说明，应该如何进行该厂的消费税税收筹划？

【解答过程】

(1) 如果采用先包装后销售的方式，该公司将这些适用不同税率的应税消费品组成成套消费品销售，不能分别核算销售额。因此，应从高适用税率，即适用白酒的税率来征收。

其应纳消费税税额＝450 000×20％＋4 500×3×0.5＝96 750(元)

(2) 如果采用先销售后包装的方式，即出厂时不将各种类型的酒组成成套的礼品酒，且分别核算销售额，则只需将各种类型的酒的各自销售额与其所适用的税率相乘，再汇总相加计算消费税。将成套包装环节后移到批发或零售环节，同样售出4 500瓶粮食白酒、薯类白酒和药酒，在这种情况下，该酒厂销售粮食白酒4 500×50＝225 000元，薯类白酒4 500×30＝135 000万元，药酒4 500×20＝90 000元，则其应纳消费税税额为：

(225 000＋135 000)×20％＋4 500×2×0.5＋90 000×10％＝85 500(元)

采用先销售后包装的方式比采用先包装后销售的方式少缴纳消费税11 250元(96 750－85 500)。

3.1.2 消费税抵扣的纳税筹划

1. 消费税抵扣的税法规定

纳税人在销售自己生产的应税消费品时需要缴纳一道消费税，如果购买方购买该项已税消费品用于连续生产应税消费品，还需再缴纳一道消费税。为避免重复征税，税法规定，纳税人用从工业企业购进的应税消费品和进口的应税消费品以及委托加工收回的应税消费连续生产应税消费品的，对当期生产领用的应税消费品已缴纳的消费税或者已由受托方扣缴的消费税，准予在最终应税消费品计征消费税时扣除。从境内商业企业购进的应税消费品不得扣除已纳税款。

现行消费税税目共有14个：烟、酒及酒精、化妆品、贵重首饰及珠宝玉石、高尔夫球及球具、高档手表、游艇、木制一次性筷子、实木地板、鞭炮焰火、成品油、汽车轮胎、摩托车、小汽车。除了酒及酒精、小汽车、游艇、高档手表这4个税目不准予扣除外，其余税目严格规定了允许扣除已纳消费税的范围，如下所列。

(1) 以外购或委托加工收回的已税烟丝为原料生产的卷烟。

(2) 以外购或委托加工收回的已税化妆品为原料生产的化妆品。

(3) 以外购或委托加工收回的已税珠宝玉石为原料生产的贵重首饰及珠宝玉石。

(4) 以外购或委托加工收回的已税鞭炮、焰火为原料生产的鞭炮、焰火。

(5) 以外购或委托加工收回的已税汽车轮胎生产的汽车轮胎。

(6) 以外购或委托加工收回的已税摩托车生产的摩托车。

(7) 以外购或委托加工收回的已税杆头、杆身和握把为原料生产的高尔夫球杆。

(8) 以外购或委托加工收回的已税木制一次性筷子为原料生产的木制一次性筷子。

(9)以外购或委托加工收回的已税实木地板为原料生产的实木地板。

(10)以外购或委托加工收回的已税石脑油为原料生产的应税消费品。

(11)以外购或委托加工收回的已税润滑油为原料生产的润滑油。

已税消费品与生产的应税消费品对应关系见表3-1,可以抵减已纳的消费税的前提是应税消费品与已税消费品必须是同质的商品,即应满足表中的对应关系,否则不可抵扣。

表3-1 已税消费品与生产的应税消费品对应关系

序号	已税消费品	应税消费品
1	烟丝	卷烟
2	化妆品	化妆品
3	珠宝玉石	珠宝玉石、贵重首饰
4	鞭炮焰火	鞭炮焰火
5	汽车轮胎	汽车轮胎
6	摩托车	摩托车
7	杆头、杆身、握把	高尔夫球杆
8	木制一次性筷子	木制一次性筷子
9	实木地板	实木地板
10	石脑油	应税消费品
11	润滑油	润滑油

纳税人用外购的已税珠宝玉石生产的改在零售环节征收消费税的金银首饰(镶嵌首饰),在计税时一律不准扣除外购珠宝玉石的已纳税款。

外购应税消费品已纳税款的扣税计算公式如下:

当期准予扣除外购应税消费品的已纳消费税税额=当期准予扣除外购应税消费品买价×外购应税消费品适用税率

当期准予扣除的外购应税消费品买价=期初库存的外购应税消费品买价+当期购进的应税消费品买价-期末库存的外购应税消费品买价

外购已税消费品买价是指购进货物的增值税专用发票上注明的销售额(不包括增值税税款)。未取得专用发票的,一律不得扣除外购消费品已纳税款。

委托加工的应税消费品已纳税款的扣税计算公式如下:

当期准予扣除的委托加工应税消费品已纳税款=期初库存的委托加工应税消费品已纳税款+当期收回的委托加工应税消费品已纳税款-期末库存的委托加工应税消费品已纳税款

所以,最终应税消费品的计税公式是:

本环节实际应纳税额=最终应税消费品应纳消费税-当期准予扣除的外购(委托加工)应税消费品已纳税款

2. 消费税抵扣的筹划

1)对符合扣税范围的消费品进行筹划

对于上述11类允许扣除已纳消费税的消费品而言,用自产的应税消费品连续生产应税消费品不用缴纳消费税,用外购的已税消费品连续生产应税消费品可以扣除生产领用部分已纳的消费税税额，所以，对于这两种连续生产的方式，只要最终消费品的售价相同，其消费税税负就相同。因此筹划的思路主要从购货渠道、索取抵扣凭证等其他因素进行考虑。对不同渠道取得的属于应税消费品的原材料在连续加工应税消费品时，应进行税负比较，尽可能选择税负轻的方式。

由以上税法规定可知，用外购(包括进口)和委托加工收回的已税消费品连续生产应税消费品，已纳消费税的扣除必须满足以下条件：(1)属于税法规定的允许扣除已纳消费税的范围(11 项)；(2)只限于从工业企业购进的应税消费品和进口环节已缴纳消费税的应税消费品，对从境内商业企业购进应税消费品的，已纳税款一律不得扣除；(3)必须出具抵扣凭证。从增值税一般纳税人处购进应税消费品的，抵扣凭证为增值税专用发票和销货清单；从增值税小规模纳税人处购进应税消费品的，抵扣凭证为主管税务机关代开的增值税专用发票；进口应税消费品的抵扣凭证为《海关进口消费税专用缴款书》。不能出具抵扣凭证的，一律不得扣除外购消费品已纳税款。

因此，消费税抵扣的筹划方法是如下。(1)纳税人应熟练掌握准予扣税的应税消费品的范围及扣税的计算公式，将销售中可扣除的尽可能多地扣除，从而减小计税依据。(2)允许扣除已纳税款的应税消费品只限于从工业企业购进的应税消费品，对从商品流通企业购进应税消费品的，已纳税款一律不得扣除。同时，在同一时期、同品种的消费品，商品流通企业的价格往往高于工业企业。因此，纳税人在选择供货方时，一定要注意选择工业企业，以便合法地抵扣，合理地节税。(3)从索取发票种类方面来看，以取得增值税专用发票为优。因为从 2006 年 4 月 1 日起，只有取得增值税专用发票或进口应税消费品的《海关进口消费税专用缴款书》，才可以扣税，否则不得扣税。而且，对增值税一般纳税人来说，取得增值税专用发票还可以抵扣增值税进项税额，这是一举两得，降低税负的有效途径。

【案例】蒂欧香水厂 2010 年 7 月 1 日库存外购香料的进价成本为 48 600 元。7 月 8 日，该厂从 A 香料加工厂购入香料一批，增值税专用发票上注明价款 20 000 元，增值税税额 3 400 元；7 月 13 日，从 B 香料厂(增值税一般纳税人)购进香料一批，取得普通发票，注明价款 37 440 元；7 月 15 日，从某商贸城(小规模纳税人)购进香料一批。取得由税务机关代开的增值税专用发票，注明价款 15 000 元，增值税 450 元。7 月末，企业库存外购香料的进价成本为 49 200 元。本月销售香水取得不含税销售额 120 000 元，增值税税额为 20 400 元。期初、期末库存均有增值税专用发票。

当期准予扣除的外购应税消费品买价＝48 600＋20 000－49 200＝19 400(元)

当期准予扣除外购应税消费品的已纳税款＝19 400×30％＝5 820(元)

按当期销售额计算的应纳消费税税额＝120 000×30％＝36 000(元)

当期实际应纳消费税税额＝36 000－5 820＝30 180(元)，

筹划方法：如果该香水厂从 B 香料厂购进香料，取得增值税专用发票，从小规模纳税人商贸城购进香料改为从工业企业购进，则：

可以抵扣的已纳消费税税额＝5 820＋37 440/(1＋17％)×30％＋15 000×30％
＝19 920(元)

当期应纳消费税＝120 000×30％－19 920＝16 080(元)

由此可见，通过改变购货渠道与取得发票的种类，可节税 14 100 元(30 180－16 080)。

2) 对扣税范围以外的消费品进行筹划

酒及酒精、小汽车、游艇、高档手表这四个属于不得扣除已纳消费税的税目，这些扣税范围以外的消费品具有自己特殊的筹划方法。对允许扣除外购已税消费品连续生产应税消费品的产品来说，用自产的应税消费品连续生产应税消费品不用缴纳消费税，用外购的已税消费品连续生产应税消费品可以扣除生产领用部分已纳的消费税税额，所以，两种连续生产的方式，只要最终消费品的售价相同，其消费税税负就相同，因此没有太多筹划的余地。但对于不得扣除已纳消费税的税目而言，比如酒类产品，用外购或委托加工收回的酒及酒精连续生产应税消费品，由于不得抵扣已纳消费税，这部分消费税应转为原材料成本，从而减少了企业利润。因此，酒类产品宜采用自产应税消费品连续生产应税消费品的方式，以消除重复课税的弊端，以便节约税收成本，增强企业在市场中的竞争能力。

【案例】甲酒业有限责任公司2008年2月20日委托乙酒业有限公司加工散装粮食白酒一批，委托方和受托方均为增值税一般纳税人，双方已按规定签订了委托加工合同。合同上注明：委托方提供原材料小麦30万公斤，金额为30万元，加工成粮食白酒16万公斤，用于企业连续生产高档瓶装白酒；同时，委托方支付受托方加工费5.8万元，增值税0.986万元，运输费0.64万元，运费发票由运输单位开具普通发票，并直接交给委托方。假设受托方没有同类白酒的销售价格，那么，委托方这批加工的应税消费品的生产成本该是多少呢？

根据财政部、国家税务总局财税〔2001〕84号文第五条规定：自2001年5月1日起，停止执行外购或委托加工已税酒和酒精生产的酒(包括以外购已税白酒加浆降度，用外购已税的不同品种的白酒勾兑的白酒，用曲香、香精对外购已税白酒进行调香、调味以及外购散装白酒装瓶出售等)外购酒及酒精已纳税或受托方代收代缴税款准予抵扣政策。2001年5月1日以前购进的已税酒及酒精，已纳消费税税款没有抵扣完的一律停止抵扣。所以，甲公司委托加工的这批白酒在领用时不得抵扣已纳消费税，应在收回产品时直接记入当期生产成本。又根据《消费税暂行条例》第一条和第四条之规定，委托加工应税消费品的单位和个人应依法缴纳消费税，委托加工的应税消费品由受托方在向委托方交货时代收代缴税款。

(1) 受托方应代收代缴的消费税＝[30＋5.8＋(0.64－0.64×7%)]/(1－25%)×25%＋16×2×0.5＝12.131 7＋16＝28.131 7(万元)。

(2) 委托加工白酒的生产成本＝30＋5.8＋(0.64－0.64×7%)＋28.131 7＝64.526 9(万元)。

筹划方法：甲酒业有限责任公司把购进的原材料小麦30万公斤，加工成粮食白酒16万公斤，用于企业连续生产高档瓶装白酒。该公司不委托其他企业加工，由本公司自己生产加工成散装白酒。假设甲公司支付工人工资等其他费用和委托加工一样，也是6.395 2万元(5.8＋0.64－0.64×7%)。那么，这批自己加工的应税消费品的生产成本该是多少呢？

根据《消费税暂行条例》第四条和《消费税暂行条例实施细则》第六条之规定，纳税人用于连续生产应税消费品的，不纳消费税；用于其他方面的，应依法缴纳消费税。因此，该公司自己加工生产的这批粮食白酒无需缴纳消费税。那么这批自己加工生产的粮食白酒的生产成本为36.395 2万元(30＋6.395 2)。

从以上两种方案分析、计算可以得出，第二种方案比第一种方案节约生产成本28.131 7万元(64.526 9－36.395 2)。节约的生产成本正好等于第一种方案缴纳的消费税28.131 7万元。也就是说，第二种方案比第一种方案少缴消费税28.131 7万元。但这里需要说明的是，如果企业把委托加工的粮食白酒收回后直接用于对外销售，而不用于连续生产应税消费品，那么，根据《消费税暂行条例实施细则》第七条之规定，委托加工应税消费品直接用于出售的，不再缴纳消费税。所以，在这种情况下，委托加工应税消费品的生产成本和自制应税消费品的生产成本基本上是一样的，就无需进行税收筹划。如果企业把委托加工的或外购的粮食白酒用于企业连续生产应税消费品，在这种情况下，这批粮食白酒就要缴纳两道消费税，第一道是在委托加工或生产环节；第二道是在企业委托加工收回后再加工或购进后用于加工生产，然后再销售时。显然，自制的白酒比委托加工和购进的白酒生产成本少得多。由此可见，自制白酒比委托加工和购进白酒更划算。

3.1.3 生产加工方式的纳税筹划

1. 筹划的税法依据

消费税的征收主要在生产环节。对企业来说，生产加工方式选择不同，税收负担有差异，获得的收益也不同，因此很有必要对不同生产加工方式进行消费税纳税筹划。应税消费品可以委托加工，也可以自行加工。委托加工的应税消费品应由受托方代收代缴消费税；自行加工的应税消费品由生产企业按照销售收入和规定的税率计算消费税。委托加工的应税消费品收回后，可以在本企业继续加工成应税产成品，也可以直接对外销售。继续加工再对外销售的，原支付给受托方的消费税可以抵扣，即领用的已税烟丝、化妆品、珠宝玉石、鞭炮焰火、汽车轮胎、摩托车等已纳税款准予从连续生产的应税消费品应纳消费税税额中扣除，这在 3.1.1 节消费税抵扣的筹划中已经讲过；委托加工的应税消费品收回后直接对外销售的，不再缴纳消费税。上述规定可以为纳税筹划留下空间。

【税法引用】《中华人民共和国消费税暂行条例》（颁布时间 2008 年 11 月 10 日）第四条 委托加工的应税消费品，除受托方为个人外，由受托方在向委托方交货时代收代缴税款。委托加工的应税消费品，委托方用于连续生产应税消费品的，所纳税款准予按规定抵扣。

《中华人民共和国消费税暂行条例实施细则》（颁布时间 2008 年 12 月 18 日）第七条 条例第四条第二款所称委托加工的应税消费品，是指由委托方提供原料和主要材料，受托方只收取加工费和代垫部分辅助材料加工的应税消费品。对于由受托方提供原材料生产的应税消费品，或者受托方先将原材料卖给委托方，然后再接受加工的应税消费品，以及由受托方以委托方名义购进原材料生产的应税消费品，不论在财务上是否作销售处理，都不得作为委托加工应税消费品，而应当按照销售自制应税消费品缴纳消费税。

委托加工的应税消费品直接出售的，不再缴纳消费税。

委托个人加工的应税消费品，由委托方收回后缴纳消费税。

根据《消费税暂行条例》规定，委托加工的应税消费品与自行加工的应税消费品的计税依据不同。委托加工时，受托方代收代缴税额，计税依据为同类产品销售价格或组成计税价格；自行加工时，计税依据为产品销售价格。在通常情况下，委托方收回委托加工的应税消费品后，要以高于成本的价格售出。不论委托加工费大于还是小于自行加工成本，只要收回的应税消费品的计税价格低于收回后的直接出售价格，委托加工应税消费品的税负就会低于自行加工的税负。对委托方来说，其产品对外售价高于收回委托加工应税消费品的计税价格部分，实际上并未纳税。同时由于消费税是价内税，企业在计算应税所得时，消费税可以作为扣除项目，所以，消费税的多少会进一步影响所得税，进而影响企业税后利润。因此，纳税人可以选择合理的加工方式进行纳税筹划，以实现企业经营利润的最大化。

【税法引用】《中华人民共和国消费税暂行条例》（颁布时间 2008 年 11 月 10 日）第七条 纳税人自产自用的应税消费品，按照纳税人生产的同类消费品的销售价格计算纳税；没有同类消费品销售价格的，按照组成计税价格计算纳税。

实行从价定率办法计算纳税的组成计税价格计算公式：

组成计税价格＝(成本＋利润)/(1－比例税率)

实行复合计税办法计算纳税的组成计税价格计算公式：

组成计税价格＝(成本＋利润＋自产自用数量×定额税率)/(1－比例税率)

第八条 委托加工的应税消费品，按照受托方的同类消费品的销售价格计算纳税；没有同类消费品销售价格的，按照组成计税价格计算纳税。

实行从价定率办法计算纳税的组成计税价格计算公式：

组成计税价格＝(材料成本＋加工费)/(1－比例税率)

实行复合计税办法计算纳税的组成计税价格计算公式：

组成计税价格＝(材料成本＋加工费＋委托加工数量×定额税率)/(1－比例税率)

2. 生产加工方式的选择筹划

对加工应税消费品进行纳税筹划，就是要选择应税消费品的加工方式，以实现企业的经营利润最大化。应税消费品的生产加工方式主要有：委托其他企业加工应税半成品收回后，再生产为产成品对外销售；委托其他企业加工产成品收回后直接对外销售；自行生产应税消费品对外销售。下面以案例为载体计算分析不同加工方式下的税额与税后利润，通过比较选择最优的筹划方案。

（1）委托加工的应税消费品收回后，继续加工成另一种应税消费品。

【例3－3】 甲化妆品厂委托乙化妆品厂将一批价值200万元的化妆品原材料加工成A类型化妆品，加工费80万元；加工的A产品运回甲厂后继续加工成B产品，加工成本、分摊费用共计120万元，该批化妆品销售额为900万元。化妆品消费税税率为30%。本例中，不考虑城市维护建设税及教育费附加，下同。

甲厂向乙厂支付加工费的同时，向受托方支付代收代缴的消费税。消费税组成计税价格＝(200＋80)/(1－30%)＝400(万元)，应纳税额＝400×30%＝120(万元)。甲厂销售B产品后，应纳消费税＝900×30%－120＝150(万元)，税后利润＝(900－200－80－120－120－150)×(1－25%)＝230×75%＝172.5(万元)。

（2）委托加工的应税消费品收回后，委托方不再继续加工，而是直接对外销售。

【例3－4】 如果委托加工收回的应税消费品运回后，委托方不再继续加工，而是直接对外销售，则纳税情况将发生很大变化。如果甲厂委托乙厂将化妆品原材料直接加工成B产品，化妆品原材料的成本与例3－3一致，即成本不变，加工费用为200万元，加工完成后运回甲厂，甲厂对外直接销售，销售额为900万元。

甲厂向乙厂支付加工费的同时，向其支付代收代缴的消费税，应纳消费税＝(200＋200)/(1－30%)×30% ＝171.43(万元)。因为委托加工的应税消费品在收回后直接对外销售，所以甲厂在销售时不必再缴纳消费税。甲厂的税后利润＝(900－200－200－171.43)×(1－25%)＝246.43(万元)。

比较委托加工收回的应税消费品继续加工和收回后直接对外销售这两种情形，在被加工材料成本相同，最终售价相同的情况下，后者比前者对企业更有利，税后利润多73.93万元。

（3）自行加工生产应税消费品对外销售。

【例3－5】 例3－3中，甲厂将购入的价值200万元的化妆品原材料加工成B型化妆品(B产品)，加工成本、分摊费用共计200万元，销售价格为900万元。计算如下：应纳消费税＝900×30%＝270(万元)，税后利润＝(900－200－200－270)×(1－25%)＝172.5(万元)。

与例3－3、例3－4比较可知，在各相关因素相同的情况下，完全的委托加工方式(收回后不再加工直接销售)税负最低，税后利润最大。原因是对于自行加工的应税消费品，计税的税基为产品销售价格，而委托加工的应税消费品税基为组成计税价格或同类产品销售价格，它往往要低于产品的销售价格，而低于的这一部分实际上未缴纳消费税。

委托加工收回的应税消费品连续加工应税消费品(啤酒外的酒类产品除外)与企业购进原材料自行加工生产应税消费品相比，只要最终消费品的售价相同，自行加工费用与委托加工费用相同，则缴纳的消费税税负就相同，税后利润也相同，如方案(1)与方案(3)。

但是在实际情况中，自行加工的费用通常大于委托加工所支付的费用，下面以例 3－6 说明。

【例 3－6】 例 3－3 中，甲厂将购入的价值 200 万元的化妆品原材料加工成 B 型化妆品(B 产品)，加工成本、分摊费用共计 205 万元，销售价格为 900 万元。计算如下：应纳消费税＝900×30％＝270(万元)，税后利润＝(900－200－205－270)×(1－25％)＝168.75(万元)。

从以上分析可以看出，在各种相关因素相同的情况下，如果自行加工中间消费品的加工成本(例 3－6 为 205－120＝85(万元))大于支付给受托方的加工费(例 3－3 为 80 万元)，则部分委托加工获得的税后利润会比自行加工的大。3 种方案相比较，自行加工方式的税后利润最少，完全委托加工方式的税负最低，税后利润最多。

综上所述，企业在选择应税消费品加工方式时，宜采用完全委托加工产成品的方式，即委托加工的应税消费品收回后直接销售。当然，在选择加工方式时需综合考虑企业的生产能力、产品质量等多种因素，不能单纯从税款缴纳的角度进行决策。

3. 需要注意的问题

(1) 对委托方来说，材料成本与加工费就可以成为纳税筹划的操作空间。比如利用关联关系压低委托加工成本，达到节税目的。即使不是关联关系，纳税人也可以在估算委托加工成本上下限的基础上事先预算企业税负，确定加工费的上限，使税负最低，利润最高。

(2) 委托方加工应税消费品收回后，用于连续生产应税消费品的，所纳税款准予按规定抵扣。这就要求纳税人掌握可抵扣税款的范围，做到应扣尽扣，缩小税基，减轻税负。

(3) 对于酒类产品(啤酒、黄酒除外)等不得扣除已纳消费税的税目，用外购或委托加工收回的酒及酒精连续生产酒类产品，其受托方代收代缴的消费税不得抵扣，而如果企业自行生产酒及酒精连续加工生产酒类产品，则中间产品不需缴纳消费税。因此，酒类产品宜采用自产应税消费品连续生产应税消费品的方式，以消除重复课税，降低生产成本。

3.1.4 企业合并的纳税筹划

企业合并是企业进行战略重组的一种重要方式，是企业对外扩张，分散运营风险，提升企业生产经营规模的重要手段之一。企业合并是指一家或多家企业(以下称为被合并企业)将其全部资产和负债转让给另一家现存或新设企业(以下称为合并企业)，被合并企业股东换取合并企业的股权或非股权支付，实现两个以上企业的依法合并。企业通过合并进行战略重组可以达到多样化经营的目的，从而使企业获得更多竞争优势。而在企业合并的决策及实施过程中，税收因素是不可忽视的重要内容。从整个企业合并过程来看，纳税筹划可以发挥重要作用，实现减少企业在合并重组业务中的税收负担的目标。

由于消费税是针对特定的纳税人和特定的环节征税，因此可以通过企业的合并递延纳税，主要可以从以下两个方面进行。

(1) 合并会使原来企业间的购销环节转变为企业内部的原材料继续加工环节，从而递延部分消费税税款。如果两个合并企业之间存在着原材料供应的关系，则在合并前，这笔原材料的转让关系为购销关系，应该按照正常的购销价格缴纳消费税款。而在合并后，企业之间的原材料供应关系转变为企业内部的原材料继续加工关系，因此这一环节不用缴纳消费税，而是递延到销售环节再征收。这也推迟了纳税时间，取得了货币的时间价值。

(2) 如果后一环节的消费税税率较前一环节的低，则可直接减轻企业的消费税税负。这是因为前一环节应该征收的税款延迟到后面环节再征收，如果后面环节税率较低，则合并前企业间的销售额，在合并后适用了较低的税率而减轻税负。

【案例】某地区有两家大型酒厂甲和乙，它们都是独立核算的法人企业，甲企业主要经营粮食类白酒，以当地生产的大米为原料进行酿造，粮食白酒的消费税税率20%，定额税率为0.5元/斤。乙企业以甲企业生产的粮食酒为原料生产系列药酒，假定药酒的销售额为40 000万元，适用10%的消费税税率。甲企业每年要向乙企业提供价值20 000万元(不含增值税)，计5 000万千克的粮食酒。经营过程中，乙企业由于缺乏资金和人才，无法经营下去，准备破产。此时，乙企业欠甲企业货款共计8 000万元。经评估，乙企业的资产恰好为8 000万元。由于乙企业生产的药酒市场前景很好，甲企业领导人经研究决定对乙企业进行并购，其决策依据主要如下。

第一，这次收购支出费用较小。由于合并前乙企业的资产和负债均为8 000万元，净资产为0，因此，按照现行税法规定，该并购行为属于以承担被兼并企业全部债务方式实现的吸收合并，可以不视为被兼并企业按照公允价值转让、处置全部资产，不计算资产转让所得，不用计算缴纳所得税。此外，两家企业之间的行为属于产权交易行为，按照税法规定，不用缴纳营业税。

第二，合并可以递延部分税款。合并前，甲企业向乙企业提供的粮食酒每年应该缴纳的税款为：消费税9 000万元(20 000×20%+5 000×2×0.5)，增值税3 400万元(20 000×17%)，企业合并后将减少粮食白酒这一中间纳税环节，这笔税款一部分可以递延到药酒销售环节缴纳(消费税从价计征部分和增值税)，并获得递延纳税的好处，另一部分税款(从量计征的消费税税款)则免于缴纳。

第三，乙企业生产的药酒市场前景很好，企业合并以后可以将经营的主要方向转向药酒生产，而且转向后企业应纳的消费税款将减少，由于粮食酒的消费税税率为20%，而药酒的消费税税率为10%，如果企业转型为药酒生产企业，则税负将会大大降低。

合并前甲、乙企业应纳消费税款：

甲企业应纳消费税=20 000×20%+5 000×2×0.5=9 000(万元)

乙企业应纳消费税=40 000×10%=4 000(万元)

合计应纳税款=9 000+4 000=13 000(万元)

合并后应缴纳消费税款=40 000×10%=4 000(万元)

合并后少缴纳消费税款=13 000−4 000=9 000(万元)

从以上计算可以看出，甲乙企业合并后可以少缴纳消费税，少缴纳的税款恰好是甲企业生产粮食白酒应缴纳的消费税款。

3.2 企业销售过程中的纳税筹划

3.2.1 征税环节的纳税筹划

税法规定，我国境内从事生产应税消费品的单位和个人，以生产者为纳税人，负责缴纳消费税(金银首饰、钻石及钻石制品在零售环节缴税)。也就是说，消费税的纳税行为发生在生产领域而非流通领域或终极的消费环节(金银首饰除外)。而且消费税的征税环节具有单一性，只在生产环节和进口环节(个别为零售环节)，其他环节不再征税，即通常所说的一次课征制。利用一次课征制进行征税环节的筹划，主要是通过降低征税环节(生产环节)的计税依据，即降低征税环节的销售价款，这样可实现消费税税负的降低。

【税法引用】《中华人民共和国消费税暂行条例》(颁布时间 2008 年 11 月 10 日)第四条 纳税人生产的应税消费品，于纳税人销售时纳税。纳税人自产自用的应税消费品，用于连续生产应税消费品的，不纳税；用于其他方面的，于移送使用时纳税。委托加工的应税消费品，除受托方为个人外，由受托方在向委托方交货时代收代缴税款。委托加工的应税消费品，委托方用于连续生产应税消费品的，所纳税款准予按规定抵扣。进口的应税消费品，于报关进口时纳税。

要降低征税环节(生产环节)的销售价款，可以通过两种方式实现。一是存在补偿机制，因为降低销售价款会减少销货方的收入，购货方应给予销货方一定补偿，双方才能实现交易；二是购货方于销货方是存在关联方关系，则双方更容易就降低销售价款达成一致。然而在实际操作中，销货方与无关联关系的购货方之间要建立利益补偿机制，通常会存在较多的困难与不便，所以选择销货给有利益高度关联的企业将是较可行的选择。

具体筹划思路是，如果生产应税消费品的企业已有独立核算的门市部，即通俗所说的关联企业，则可以用较低的价格将应税消费品销售给其独立核算的门市部，再由门市部提价后将消费品销售到市场。由此可以降低生产环节的销售额，从而减少应纳税消费税。而独立核算的销售部门由于处在批发或零售环节上，只缴纳增值税，不缴纳消费税。这样做可以使集团的整体消费税税负下降，但增值税税负不变。如果生产应税消费品的企业没有独立核算的门市部，则可以设立一个独立核算的门市部来进行转让定价，但一定要遵循成本效益原则，即由此带来的节税收益是否大于新设一个独立核算门市部的成本。

【例 3-7】 某酒厂主要生产粮食白酒，每年都有比较固定的客户到工厂直接购买，销售量大约有 5 000 箱(每箱 12 瓶，每瓶 1 斤装)，每箱对外销售价格 500 元。已知粮食白酒的税率为 20%，0.5 元/斤，请问：如何进行该厂的消费税筹划？

【解答过程】

如果酒厂将白酒直接销售给客户，则应纳消费税税额为：

应纳消费税＝销售数量×定额税率＋销售额×比例税率
＝5 000×12×0.5＋5 000×500×20%
＝530 000(元)

如果该厂设立一独立核算的经销部，该厂按销售给其他批发商的产品价格与经销部结算，每箱 450 元，经销部再以每箱 500 元的价格对外销售，则应纳消费税税额为：

应纳消费税＝销售数量×定额税率＋销售额×比例税率
＝5 000×12×0.5＋5 000×450×20%
＝480 000(元)

可节税 530 000－480 000＝50 000(元)

利用征税环节进行纳税筹划时，需要注意以下两个问题。

(1) 该方法仅适用于以较低的价格将应税消费品销售给其独立核算的门市部。因为我国税法对通过设立独立核算的门市部销售自产应税产品如何纳税没有具体的规定，但是对纳税人通过自设的非独立核算门市部销售自产应税消费品有严格规定。税法规定，如果纳税人通过自设非独立核算门市部销售自产应税消费品，应当按照门市部对外销售额或者销售数量计算征收消费税。因此，如果设立的是非独立核算的门市部，则无法通过避开生产销售环节达到少纳税的目的。

(2) 生产企业销售给独立核算门市部的消费品价格应当参照其他商家当期的平均价格确定，不得明显偏低。因为门市部与生产企业之间存在关联方关系，按照《中华人民共和国税收征收管理法》的有关规定，企业或者外国企业在中国境内设立的从事生产、经营的机构、场所与其关联企业之间的业务往来，应当按照独立企业之间的业务往来收取或者支付价款、费用。不按照独立企业之间的业务往来收取或者支付价款、费用，而减少其应纳税的收入或者所得额的，税务机关有权进行合理调整。因此，如果转让定价偏离市场平均价格过多，将会引起税务机关的注意，导致筹划失败。

3.2.2 包装物的纳税筹划

【税法引用】《中华人民共和国消费税暂行条例实施细则》(颁布时间2008年12月18日)第十三条 应税消费品连同包装物销售的，无论包装物是否单独计价以及在会计上如何核算，均应并入应税消费品的销售额中缴纳消费税。如果包装物不作价随同产品销售，而是收取押金，此项押金则不应并入应税消费品的销售额中征税。但对因逾期未收回的包装物不再退还的或者已收取的时间超过12个月的押金，应并入应税消费品的销售额，按照应税消费品的适用税率缴纳消费税。

对既作价随同应税消费品销售，又另外收取押金的包装物的押金，凡纳税人在规定的期限内没有退还的，均应并入应税消费品的销售额，按照应税消费品的适用税率缴纳消费税。

纳税人在实际生产经营过程中对于包装物的处理，可以采取3种方式：一是包装物作价随同消费品一起出售；二是包装物出租收取租金；三是包装物收取押金。税法对包装物征税作了如下规定：(1)实行从价定率办法计算应纳税额的应税消费品连同包装物销售的，无论包装物是否单独计价，也不论在会计上如何核算，均应并入应税消费品的销售额中，按其所包装消费品的适用税率征收消费税。(2)包装物租金属于价外费用，凡随同销售应税消费品由购买方收取的价外费用，无论其会计制度如何核算，均应并入销售额计算应纳税额。值得注意的是，对增值税一般纳税人向购买方收取的价外费用，应视为含增值税收入，在征税时应换算为不含税收入，再并入销售额。(3)包装物的押金应区分不同情况分别进行处理。包装物无论作价与否，随同产品销售并收取押金的，如果在规定期限内(一般为一年)收回包装物并退还押金，此项押金可暂不并入应税消费品销售额中征税；如果逾期未收回包装物并不再退还或已收取一年以上的押金，应并入应税消费品销售额按所包装货物的适用税率计征消费税。在将包装物押金并入销售额征税时，需要先将该押金换算为不含税价。(4)酒类产品生产企业销售酒类产品而收取的包装物押金，无论押金是否返还以及会计上如何核算，均需并入酒类产品销售额中征收消费税(啤酒、黄酒除外)。

由此可知，只有押金可以不并入销售额计算消费税。因此采取收取押金的方式有利于节税。进行包装物筹划的基本思路就是企业不将包装物随同应税消费品一同销售，而应采取收取包装物押金的方式，将押金收入单独入账，分别核算。

虽然税法规定对因逾期(超过一年)未收包装物不再退还的押金，无论是否退还都应并入销售额，按所包装货物适用的税率计算缴纳消费税、增值税，看似暂时少纳的税款最终是要缴纳的，但由于其缴纳时限延缓了一年，相当于增加了企业的营运资金，获取了资金的时间价值，为企业的生产经营提供了便利。

【例3-8】 某汽车轮胎厂属增值税一般纳税人，某月销售汽车轮胎500个，每个轮胎售价为5 000元

(不含增值税)，这批轮胎耗用包装盒500只，每只包装盒售价20元，轮胎的消费税税率为3%。那么，该汽车轮胎厂对包装盒如何处理才能最大限度地节税?

【解答过程】

如果该厂将包装物作价连同轮胎一起销售，包装物应并入轮胎售价一并征税。应纳消费税税额为：$[5\,000+20/(1+17\%)]\times500\times3\%=75\,256.41$(元)

如果该厂不将包装物并入轮胎售价中作价销售，而是采取收取押金的形式，每个包装物押金为50元，则包装物押金不并入轮胎销售额中征收消费税。此时，企业应纳消费税税额为：

$$5\,000\times500\times3\%=75\,000(\text{元})$$

对于包装物的回收，考虑以下两种情况。

(1) 如果包装物在规定期限内(一般为一年)收回，企业退还押金，则此项押金不必缴纳消费税，企业可节税：

$$75\,256.41-75\,000=256.41(\text{元})$$

(2)如果包装物在规定期限内(一般为一年)未能收回，企业无论是否退还押金，此项押金都要纳入销售额征税。企业应就该押金补缴的消费税为：

$$20/(1+17\%)\times500\times3\%=256.41(\text{元})$$

但企业可以将该笔税款推迟一年缴纳，企业仍可以获得该笔补缴税款的时间价值。

由此可知，采取收取押金方式销售对企业最有利。

对包装物采用收取押金方式可以带来的好处是：(1)可以促使购货方及早退回包装物以便周转使用，从而一定程度上节省生产包装物的人力、物力，降低产品成本；(2)在产品售价中可以扣除原来包装物的价值，从而降低产品售价，有利于增强产品的竞争力；(3)可以节约税收成本。

需要注意的是，对酒类产品生产企业销售酒类产品(黄酒、啤酒除外)而收取的包装物押金，无论押金是否返还与会计上如何核算，均需并入酒类产品销售额中，依酒类产品的适用税率征收消费税。因此酒类产品包装物的筹划关键在于尽量节省包装物成本，以减少税基。企业也可以采用“先销售后包装”的方式让商家成为承担包装任务的主体，将包装的任务转嫁给商家，则可以避免在生产销售环节对酒类产品(黄酒、啤酒除外)的包装物押金征税。

3.2.3 应税消费品换货、入股及抵债的纳税筹划

纳税人用自产的应税消费品换取生产资料和消费资料、投资入股以及抵偿债务，虽然没有直接发生销售行为，但仍是一种有偿转让应税消费品所有权的行为，应当视同销售应税消费品计算缴纳消费税。税法规定，纳税人用于换取生产资料和消费资料，投资入股和抵偿债务等方面的应税消费品，应当以纳税人同类消费品的最高销售价格作为计税依据计算消费税。

当纳税人用应税消费品换取货物或者投资入股、抵偿债务时，一般是按照双方的协议价或评估价确定的，而协议价往往是市场的平均价。如果在计算消费税时，以同类应税消费品的最高销售价格为计税依据，显然会加重纳税人的负担。筹划思路就在于如何改变计税依据，降低销售价格，从而减少应纳消费税。具体方法是先将应税消费品按照市场平均价格销售，再用取得的资金购买所需生产资料和消费资料、投资入股以及抵偿债务，这样在计税时就可按照市场平均价作为计税依据，使得计税依据低于厂家的最高销售价，则会少缴纳消费税，从而达到减轻税负的目的。

【例 3－9】 某摩托车生产企业准备参股甲企业，双方商定该企业以摩托车 20 辆参股，取得甲企业 10 万股的股权。当月对外销售同型号的摩托车时共有 3 种价格，以 4 000 元的单价销售 50 辆，以 4 500 元的单价销售 10 辆，以 4 800 元的单价销售 5 辆。该企业的投资行为在具体处理环节有 3 种操作方法：(1)将摩托车直接投入甲企业；(2)按照当月的加权平均价将这 20 辆摩托车销售给甲企业后再折算股权；(3)该企业按照当月同类产品的最低价格将这 20 辆摩托车销售给甲企业后再折算股权。计算分析采用不同方法投资的应纳消费税以及节税情况。(摩托车价格为不含增值税价，摩托车的消费税税率为 10%)。

【解答过程】

(1) 如果将摩托车直接投入甲企业，税法规定，纳税人自产的应税消费品用于换取生产资料和消费资料、投资入股或抵偿债务方面，应当按照纳税人同类应税消费品的最高销售价作为计税依据。

按税法规定，应纳消费税为：4 800×20×10%＝9 600(元)

(2) 如果该企业按照当月的加权平均价将这 20 辆摩托车销售给甲企业后再折算股权，则应纳消费税为：(4 000×50＋4 500×10＋4 800×5)/(50＋10＋5)×20×10%＝8 277(元)

节税额为 1 323 元(9 600－8 277)。

(3) 如果该企业按照当月同类产品的最低价格将这 20 辆摩托车销售给甲企业后再折算股权，则应纳消费税为：4 000×20×10%＝8 000(元)

节税额为 1 600 元(9 600－8 000)。

由此可见，采用先销售后入股的方法，会避免出现采用最高销售价格计算缴纳消费税的情形，从而达到减轻税负的目的。

【税法引用】 消费税税目税率，见表 3－2。

表 3－2 消费税税目税率表

税　目	税　率
一、烟	
1. 卷烟	
(1)甲类卷烟	45%加 0.003 元/支
(2)乙类卷烟	30%加 0.003 元/支
2. 雪茄烟	25%
3. 烟丝	30%
二、酒及酒精	
1. 白酒	
2. 黄酒	20%加 0.5 元/500 克(或者 500 毫升)
3. 啤酒	240 元/吨
(1)甲类啤酒	250 元/吨
(2)乙类啤酒	220 元/吨
4. 其他酒	10%
5. 酒精	5%
三、化妆品	30%
四、贵重首饰及珠宝玉石	
1. 金银首饰、铂金首饰和钻石及钻石饰品	5%
2. 其他贵重首饰和珠宝玉石	10%
五、鞭炮、焰火	15%

续表

税　目	税　率
六、成品油	
1. 汽油	
(1)含铅汽油	0.28元/升
(2)无铅汽油	0.20元/升
2. 柴油	0.10元/升
3. 航空煤油	0.10元/升
4. 石脑油	0.20元/升
5. 溶剂油	0.20元/升
6. 润滑油	0.20元/升
7. 燃料油	0.10元/升
七、汽车轮胎	3%
八、摩托车	
1. 气缸容量(排气量，下同)在250毫升(含250毫升)以下	3%
2. 气缸容量在250毫升以上	10%
九、小汽车	
1. 乘用车	
(1)气缸容量(排气量，下同)在1.0升(含1.0升)以下	1%
(2)气缸容量在1.0升以上至1.5升(含1.5升)	3%
(3)气缸容量在1.5升以上至2.0升(含2.0升)	5%
(4)气缸容量在2.0升以上至2.5升(含2.5升)	9%
(5)气缸容量在2.5升以上至3.0升(含3.0升)	12%
(6)气缸容量在3.0升以上至4.0升(含4.0升)	25%
(7)气缸容量在4.0升以上的	40%
2. 中轻型商用客车	5%
十、高尔夫球及球具	10%
十一、高档手表	20%
十二、游艇	10%
十三、木制一次性筷子	5%
十四、实木地板	5%

3.3 进口应税消费品的纳税筹划

3.3.1 进口环节消费税的征税规定

按照税法规定，对进口我国消费税条例规定应征消费税的产品，在报关时应缴纳消费税。其纳税人为进口货物的收货人或办理报关手续的单位和个人。由于进口环节消费税实行分类分项差别税率，最高税率为45%，占整个商品成本的比例较大，因此有必要进行合理的筹划，以降低其整体税负，这也决定了对进口环节消费税进行纳税筹划的重要性。

纳税人进口应税消费品，按照组成计税价格和规定的税率计算应纳税额。其计算公式如下。

(1) 实行从价定率办法的应税消费品的应纳税额的计算：

组成计税价格=(关税完税价格+关税)÷(1-消费税税率)

应纳税额=组成计税价格×消费税税率

公式中所称“关税完税价格”是指海关核定的关税计税价格。

(2) 实行从量定额办法的应税消费品的应纳税额的计算：

应纳税额=应税消费品数量×消费税单位税额

公式中的“应税消费品的数量”是指海关核定的应税消费品进口征税数量。

(3) 实行复合计税办法计算纳税的组成计税价格计算公式：

组成计税价格=(关税完税价格+关税+进口数量×消费税定额税率)÷(1-消费税比例税率)

应纳税额=组成计税价格×消费税税率

进口环节消费税除国务院另有规定者外，一律不得给予减税、免税。

【税法引用】《中华人民共和国消费税暂行条例》(颁布时间2008年11月10日)第四条 进口的应税消费品，于报关进口时纳税。

第十三条 进口的应税消费品，应当向报关地海关申报纳税。

第十五条 纳税人进口应税消费品，应当自海关填发海关进口消费税专用缴款书之日起15日内缴纳税款。

《中华人民共和国消费税暂行条例实施细则》(颁布时间2008年12月18日)第二十四条 进口的应税消费品，由进口人或者其代理人向报关地海关申报纳税。

3.3.2 进口环节消费税的筹划方法

(1) 尽可能降低关税完税价格。对于实行从价定率办法的应税消费品，由其计算公式可知，只要对关税完税价格进行筹划，减小分子，就可以减少组成计税价格，从而减少应纳的消费税。

关税完税价格是海关以进出口货物的实际成交价格为基础，经调整确定并应当包括该货物运抵中华人民共和国境内输入地点起卸前的运输及其相关费用、保险费的计征关税的价格。进口货物完税价格=货价+购货费用(运抵境内输入地起卸前的运输、保险和其他劳务费用)。下列费用或者价值未包括实付或应付价格中，应当计入完税价格。

① 由买方负担的除购货佣金以外的佣金和经纪费。购货佣金指买方为购买进口货物向自己的采购代理人支付的劳务费用。

② 由买方负担的与该货物视为一体的容器费用。

③ 由买方负担的包装材料和包装劳务费用。

④ 与该货物的生产和向我国境内销售有关的、由买方以免费或者以低于成本的方式提供、按适当比例分摊的料件、工具、模具、消耗材料及类似货物的价款，以及在境外开发、设计等相关服务的费用。

⑤ 与该货物有关并作为卖方向我国销售该货物的一项条件，应当由买方直接或间接支付的特许权使用费。

⑥ 卖方直接或间接从买方对该货物进口后转售、处置或使用所得中获得的收益。

因此要想办法缩小进口货物的报关价格而又能为海关认可为“正常成交价格”，其方法主要是：选择同类产品中成交价较低的商品进口；降低进口商品的运费和杂费；将另行付给卖方的佣金在报关时给予列明并相应减除。

（2）兼营不同税率应税消费品要分别核算。按照规定，纳税人兼营不同税率的应税消费品，即进口两种税率以上的应税消费品时，未能分别核算的，按最高税率征税。因此，分别核算不同税率的进口消费品可以达到节税的目的。

（3）应税与非应税消费品分开报关，尽量不要按成套报送进口。税法规定，应税消费品与非应税消费品未分开报关，以及适用不同税率的应税消费品组成成套消费品报关进口的，应根据组合产品的销售金额按应税消费品的最高税率征税。因此，进口应征消费税的消费品时，税率不同的项目应分别申报，否则按高税率计算征税。纳税人进口应征消费税的小汽车应按照规定缴纳消费税；但纳税人进口的汽车零部件、工具件却不属于应税消费品。因此，纳税人将汽车工具件、零部件与应征消费税的小汽车并在一起报关进口，应按全部进口额缴纳消费税，如果单独报关，进口汽车工具件、零部件等则不缴纳消费税。

【例 3-10】 某公司 2010 年 7 月份从国外进口小汽车 2 部自用，报关进口时，海关审定的完税价格为 175 万元/部(含随同报关的工具件和零部件 15 万元/部)，依照现行关税的有关规定，进口小汽车整车的关税税率为 25%；进口零部件的关税税率为 10%，小汽车消费税税率为 20%。请用数据说明，是否应该将零部件单独报关进口？

【解答过程】

（1）该公司不进行纳税筹划时，应纳税额为：

关税＝175×25%×2＝87.5(万元)

进口环节消费税＝(175×2＋87.5)÷(1－20%)×20%＝109.375(万元)

增值税组成计税价格＝关税完税价格＋关税＋消费税

＝175×2＋87.5＋109.375

＝546.875(万元)

进口环节增值税＝546.875×17%＝92.968 75(万元)

应纳车辆购置税税额＝546.875×10%＝54.687 5(万元)

合计应纳税额＝87.5＋109.375＋92.968 75＋54.687 5＝344.53(万元)

（2）该公司应进行纳税筹划。其具体做法是：公司进口报关时，将每部车的工具件和零部件 15 万元单独报关进口。则：

关税＝160×2×25%＋15×2×10%＝83(万元)

进口环节消费税＝160×2×(1＋25%)÷(1－20%)×20%＝100(万元)

进口环节增值税＝[(160＋15)×2＋83＋100] ×17%＝90.61(万元)

车辆购置税组成计税价格＝关税完税价格＋关税＋消费税

＝160×2×(1＋25%)＋100

＝500(万元)

应纳车辆购置税税额：500×10%＝50(万元)

合计应纳税额＝83＋100＋90.61＋50＝323.61(万元)

由此可知，通过将应税与非应税消费品分开报关，该公司可以少纳税额合计 344.53－323.61＝20.92（万元）。

3.4 纳税时间的筹划

消费税的纳税义务发生时间根据应税行为性质和结算方式分别按下列方式确定。第一，销售应税消费品的，以赊销和分期收款结算方式销售的，为销售合同规定的收款日期的当天。第二，以预收货款结算方式销售的，为应税消费品发出当天。第三，以托收承付和委托银行收款方式销售的，为发出应税消费品并办妥托收手续的当天。第四，以其他结算方式销售的，为收讫销售额或者取得索取销售款的凭证当天。第五，自产自用应税消费品的，为移送使用当天。第六，委托加工应税消费品的为纳税人提货的当天。第七，进口应税消费品的为报关进口的当天。

由此可以看出，结算方式不同，纳税义务的发生时间也不同。虽然对于整个结算期间来说所缴纳的税款是相同的，但由于缴纳税款的时间不同，货币的时间价值不同，企业所获得的经济利益也不同。因此企业在进行纳税筹划时，应考虑资金时间价值和现金流量，充分利用各种货款结算方式来推迟纳税时间，给企业带来间接收益。

【税法引用】《中华人民共和国消费税暂行条例实施细则》（颁布时间2008年12月18日）第八条 消费税纳税义务发生时间，根据条例第四条的规定，分列如下：

（一）纳税人销售应税消费品的，按不同的销售结算方式分别为：

1. 采取赊销和分期收款结算方式的，为书面合同约定的收款日期的当天，书面合同没有约定收款日期或者无书面合同的，为发出应税消费品的当天；

2. 采取预收货款结算方式的，为发出应税消费品的当天；

3. 采取托收承付和委托银行收款方式的，为发出应税消费品并办妥托收手续的当天；

4. 采取其他结算方式的，为收讫销售款或者取得索取销售款凭据的当天。

（二）纳税人自产自用应税消费品的，为移送使用的当天。

（三）纳税人委托加工应税消费品的，为纳税人提货的当天。

（四）纳税人进口应税消费品的，为报关进口的当天。

从缴纳消费税的角度分析，采用分期收款结算方式比其他结算方式应纳消费税的现值低，因为采用分期收款方式可以在合同约定的收款日期缴纳税款，达到延期纳税的目的，从而获得税款的时间价值。但从经营利润的角度分析，分期收款结算方式的经营利润现值也较低。因为分期收款将导致一部分货款资金延迟收回，在这段时期内会牺牲一些投资机会和权利，如经营利润的再循环收益造成机会成本增加。企业虽然得到了税款的时间价值，却失去了货款的时间价值，因此，企业选择结算方式时应综合考虑税款、经营利润现值、再循环收益等多种因素。

【案例】2010年12月25日某企业发出应税消费品100万元，设消费税税率为10%。若采用预收货款结算方式，则2010年该笔业务应纳消费税为100×10%=10万元；若采用分期收款结算方式，设销售合同规定的收款日期是2011年12月25日，同期银行存款利率为5%。如果企业2010年不纳10万元消费税，将10万元存入银行，则至2011年12月25日可获得0.5万元的利息收入；若作其他投资，如购买国库券等短期投资，则企业可能获得更多的收益。因此企业就可不采用预收账款结算方式，而采用分期收款结算方式，从而推迟纳税时间，降低纳税成本。但是同时需注意的是，采用分期收款结算方式要比采用预收账款结算方式丧失更多的现金流量。企业在减少纳税成本的同时却增加了资金成本，企业应在两者之间进行权衡，以求得总体成本最小，而不要顾此失彼。

3.5 利用优惠政策进行筹划

对于消费税的纳税筹划，我们还可以利用消费税的优惠政策，主要是避开高税率，选择低税率，对照税法的条款，尽可能享受税收优惠。目前主要有如下的优惠政策。

(1) 金、银和金基、银基合金首饰，以及金、银和金基、银基合金镶嵌首饰减按5%的税率征收。

(2) 对纳税人出口应税消费品，免征消费税。

(3) 对炼油企业销售给外商投资企业，来料加工企业的柴油，免征消费税。

(4) 从事加工贸易的外商投资企业，从核定炼油厂购进的柴油，免征消费税。

(5) 从2004年7月1日起，对企业生产销售达到相当于欧洲Ⅲ号排放标准的小汽车减征30%的消费税。

(6) 自2000年1月1日起，对“汽车轮胎”税目中的子午线轮胎免征消费税，对翻新轮胎停止征收消费税。2006年4月1日起其余轮胎按照3%税率征收消费税。

(7) 石脑油生产企业销售给乙烯、芳烃类产品生产企业作为生产乙烯、芳烃类产品原料的石脑油，实行《石脑油使用管理证明单》管理。享受免征石脑油消费税的生产企业，应按照《中华人民共和国税收征收管理法》及其实施细则和相关规定办理免税申报，并提供下列资料：《石脑油使用管理证明单》免税联清单以及免税联；税务机关要求报送的其他资料。自2008年1月1日起执行。(国税发〔2008〕45号)

(8) 航空煤油暂缓征收消费税。自2006年4月1日起执行。(财税〔2006〕33号)

(9) 对用外购或委托加工收回的已税汽油生产的乙醇汽油免税。自2009年1月1日起执行。(财税〔2008〕168号)

(10) 用燃料油生产乙烯、芳烃等化工产品产量占本企业用燃料油生产产品总量50%以上(含50%)的企业，享受本通知规定的优惠政策。(财税〔2010〕66号)

(11) 从2009年1月1日起，对成品油生产企业在生产成品油过程中，作为燃料、动力及原料消耗掉的自产成品油，免征消费税。从2009年1月1日到本通知下发前，成品油生产企业生产自用油已经缴纳的消费税，符合上述免税规定的，予以退还。(财税〔2010〕98号)

(12) 从2009年1月1日起，对同时符合下列条件的纯生物柴油免征消费税：生产原料中废弃的动物油和植物油用量所占比重不低于70%；生产的纯生物柴油符合国家《柴油机燃料调合生物柴油(BD100)》标准。从2009年1月1日至本通知下发前，生物柴油生产企业已经缴纳的消费税，符合本通知第一条免税规定的予以退还。(财税〔2010〕118号)

(13) 境内从事葡萄酒生产的单位或个人之间销售葡萄酒，实行《葡萄酒购货证明单》管理。《葡萄酒购货证明单》由购货方在购货前向其主管税务机关申请领用，销货方凭证明单的退税联向其主管税务机关申请已纳消费税退税。以进口葡萄酒为原料连续生产葡萄酒的纳税人，实行凭《海关进口消费税专用缴款书》抵减进口环节已纳消费税的管理办法。以进口葡萄酒为原料连续生产葡萄酒的纳税人，准予从当期应纳消费税税额中抵减《海关进口消费税专用缴款书》注明的消费税，如当期应纳消费税不足抵减的，余额留待下期抵减。自2006年7月1日起执行。(国税发〔2006〕66号)

(14) 自2009年1月1日起，对油(气)田企业在开采原油过程中耗用的内购成品油，暂按实际缴纳成品油消费税的税额，全额返还所含消费税。享受税收返还政策的成品油必须同时符合以下3个条件：由油(气)田企业所隶属的集团公司(总厂)内部的成品油生产企业生产；从集团公司(总厂)内部购买；油(气)田企业在地质勘探、钻井作业和开采作业过程中，作为燃料、动力(不含运输)耗用。油(气)田企业所隶属的集团公司(总厂)向财政部驻当地财政监察专员办事处统一申请税收返还。具体退税办法由财政部另行制定。(财税〔2011〕7号)

本章小结

本章以案例为载体，探讨消费税纳税筹划的操作技巧与方法。生产经营活动中的筹划方法包括兼营行为的纳税筹划、外购已税消费品连续生产应税消费品进行抵扣的纳税筹划、生产加工方式的纳税筹划、企业合并的纳税筹划。在企业销售过程中主要对征税环节、包装物、应税消费品换货、入股及抵债、商品定价等进行纳税筹划。在进口环节对消费税进行筹划。此外，还可对纳税时间进行筹划，通过推迟纳税时间获得资金时间价值。最后介绍了利用国家税收优惠政策，享受减免税优惠待遇进行节税筹划。

职业能力训练

一、思考题

1. 简述兼营行为中消费税的筹划方法。
2. 如何对符合扣税范围的消费品进行纳税筹划?
3. 从节税的角度考虑如何选择生产加工方式。
4. 消费税如何利用关联企业进行筹划?
5. 简述包装物的筹划思路。
6. 简述进口环节消费税的筹划方法。

二、单选题

1. 下列扣税范围错误的是(　　)。

A. 以外购或委托加工收回的已税汽车轮胎生产的小汽车

B. 以外购或委托加工收回的已税烟丝为原料生产的卷烟

C. 以外购或委托加工收回的已税化妆品为原料生产的化妆品

D. 以外购或委托加工收回的已税摩托车生产的摩托车

2. 在各相关因素相同的情况下，下列哪种加工方式的税负最低，税后利润最大?(　　)

A. 委托加工收回的应税消费品连续加工应税消费品

B. 外购应税消费品连续加工应税消费品

C. 完全的自行加工

D. 完全的委托加工方式

3. 纳税人将应税消费品与非应税消费品以及适用不同税率的应税消费品组成成套消费品销售的，应根据组合产品的销售金额按应税消费品的(　　)征税。

A. 平均税率　　B. 最低税率　　C. 最高税率　　D. 任意税率

4. 下列哪种商品采用自产应税消费品连续生产应税消费品的方式比较节税?(　　)

A. 汽车轮胎　　B. 卷烟　　C. 白酒　　D. 化妆品

5. 纳税人在实际生产经营过程中，最有利于节税的包装物处理方式是(　　)。

A. 包装物作价随同消费品一起出售　　B. 包装物出租出借收取押金

C. 包装物出租收取租金　　D. 包装物出借收取费用

6. 采取赊销和分期收款结算方式销售应税消费品的，纳税义务发生时间是(　　)。

A. 书面合同约定的收款日期的当天

B. 发出应税消费品

C. 收讫销售款的当天

D. 取得索取销售款凭据的当天

7. 下列哪项是企业销售过程中消费税的筹划方法？(　　)

A. 兼营行为的筹划

B. 加工方式的筹划

C. 外购已税消费品连续生产应税消费品进行抵扣的纳税筹划

D. 包装物的筹划

8. 在计算进口环节消费税的组价时，下列哪项不包括在关税完税价格中？(　　)

A. 货价

B. 购货佣金

C. 运抵境内输入地起卸前的运输、保险和其他劳务费用

D. 买方负担的包装材料和包装劳务费用

三、多选题

1. 纳税人将应税消费品用于哪些方面，应当按照同类消费品的最高销售价格作为计税依据计算消费税？(　　)

A. 职工福利　　B. 换取生产资料和消费资料

C. 投资入股　　D. 抵偿债务

2. 纳税人可考虑以下哪些角度进行纳税筹划，以避免在消费税兼营行为中承担不必要的税收负担？(　　)

A. 将不同税负应税产品的销售额和销售数量分别核算

B. 将不同税负应税产品的销售额和销售数量统一核算

C. 消费品的“分开”销售应慎重

D. 消费品的“成套”销售应慎重

3. 对消费税计税依据进行纳税筹划时，要注意的地方有哪些？(　　)

A. 纳税人自产自用应税消费品的，销售额按同类消费品的销售价格确定，在确定时，按偏低一点的价格确定就能节省消费税，在没有同类消费品的销售价格情况下，按组成计税价格确定，成本和利润应是税务筹划点

B. 委托加工应税消费品时，销售额按受托方同类消费品的价格确定，委托方可协同受托方在确定价格时获取节税的机会，将价格确定作为节税手段加以运用。没有同类消费品销售价格的，按组成计税价格确定，材料成本和加工费是税务筹划点

C. 进口应税消费品时，按组成计税价格确定，消费税税率是税务筹划点，纳税人应尽可能降低消费税税率并获取海关认可

D. 进口应税消费品时，按组成计税价格确定，关税完税价格是税务筹划点，纳税人应尽可能降低抵岸价格以及其他组成关税完税价格的因素并获取海关认可

4. 企业兼营不同税率应税消费品时，应如何筹划？(　　)

A. 能成套核算，最好成套核算

B. 能单独核算，最好单独核算

C. 没有必要单独销售的，最好成套销售，尽量降低企业的税收负担

D. 没有必要成套销售的，最好单独销售，尽量降低企业的税收负担

5. 消费税纳税义务发生时间正确的有(　　)。

A. 纳税人自产自用应税消费品的，为移送使用的当天

B. 纳税人委托加工应税消费品的，为纳税人提货的当天

C. 纳税人进口应税消费品的，为报关进口的当天

D. 采取赊销和分期收款结算方式的，为书面合同约定的收款日期的当天

6. 免征消费税的项目有哪些？(　　)

A. 纳税人出口应税消费品

B. 生产销售达到相当于欧洲Ⅲ号排放标准的小汽车

C. 同时符合下列条件的纯生物柴油：生产原料中废弃的动物油和植物油用量所占比重不低于70%；生产的纯生物柴油符合国家《柴油机燃料调合生物柴油(BD 100)》标准

D. 成品油生产企业在生产成品油过程中，作为燃料、动力及原料消耗掉的自产成品油

四、判断题

1. 如果纳税人通过自设独立核算门市部销售自产应税消费品，应当按照门市部对外销售额或者销售数量计算征收消费税。(　　)

2. 从缴纳消费税的角度分析，采用分期收款结算方式比其他结算方式应纳消费税的现值低，从经营利润的角度分析，分期收款结算方式的经营利润现值较高。(　　)

3. 纳税人兼营不同税率的应税消费品时，应当合并核算，共同纳税。(　　)

4. 对包装物的纳税筹划，应采取收取押金的方式有利于节税。(　　)

5. 采取先销售后入股、换货、抵债的方法，则会少缴纳消费税，从而达到减轻税负的目的。(　　)

五、案例分析题

1. 某酒厂生产粮食白酒与药酒，同时，为拓展销路，该酒厂还将粮食白酒与药酒包装成精美礼盒出售(白酒、药酒各一瓶)。2010年4月份，该酒厂的对外销售情况如表3-3所示。

表3-3　销售单列表

销售品名称	销售数量	销售单价	税率(%)
粮食白酒	15 000瓶	30元/瓶	20
药酒	10 000瓶	60元/瓶	10
礼盒	1 000盒	85元/盒	20

请问，如果只考虑从价计征部分，应该如何进行该厂的消费税税收筹划？

2. 高峰烟草集团是一家大型烟草生产企业，其下属的金山卷烟厂生产的乙类卷烟市场售价为不含增值税价每箱600元对外零售，其税收负担比较高。2003年初，金山卷烟厂接受了税务顾问的建议，在该企业集团所在地的市区设立了一个独立核算的门市部，以不含税价每箱500元的价格销售给门市部5 000箱(筹划前后从量计征的定额税率不受筹划影响，不作计算分析)。计算筹划前、筹划后的应缴纳消费税税额，并说明筹划结果。

3. 某汽车轮胎厂某月销售汽车轮胎1 000个，每个轮胎售价为2 500元(不含增值税价格)，每个轮胎耗用一个包装物，每个包装物的价格为50元。轮胎的消费税税率为3%。请问，如何进行该汽车轮胎厂的消费税税收筹划？

4. 某小轿车生产企业当月共对外销售小轿车10辆，其中5辆的销售单价为95 000元/辆，3辆的销售单价为100 000元/辆，剩下2辆的销售单价为105 000元/辆。当月甲企业与其原材料提供厂乙发生了一笔物物交换的业务，甲企业以4辆同型号小轿车与乙企业交换其所需原材料。该型号小轿车适用的消费税税率为9%，请问甲企业该如何进行税收筹划？

5. 某烟草集团公司下属甲卷烟厂生产的某品牌卷烟的市场售价为每标准箱15 000元(不含增值税)，该

厂以每标准箱 12 500 元(不含增值税)的价格销售给其集团内部独立核算的销售门市部 100 箱。(卷烟的消费税率为 45%，定额税为 150 元/箱)请问，转移定价可使得集团公司少缴纳多少消费税?

6. A 卷烟厂委托 B 厂将一批价值 100 万元的烟叶加工成烟丝，该协议规定加工费 75 万元，加工的烟丝运回 A 厂后，由 A 厂继续加工成甲类卷烟。加工成本、分摊费用共计 95 万元，这批卷烟的售价是 700 万元。烟丝消费税税率是 30%，卷烟消费税税率是 50%。如果 A 厂将购入的 100 万元烟叶自行加工成甲类卷烟，加工成本、分摊费用共计 175 万元，售价是 700 万元。请用数据说明，采用哪种加工方式更加有利?

7. 浪沙卷烟实业公司是一家大型国有卷烟生产企业。该公司最近接到一笔价值 7 000 万元的甲类卷烟订单。因目前该厂烤烟丝的生产线正准备大修，生产烟丝有一定的困难。于是公司 3 位领导提出 3 种生产方案，交由公司董事会开会研究定夺。首先，公司的总经理认为应该暂缓烟丝生产线的大修工作，尽快组织生产，从而提高本企业的生产业绩。其次，副总甲提出，烟丝生产线的大修工作可以正常进行，公司可以与厂外合作，请其他企业加工生产烟丝，然后收回由本企业继续生产成品卷烟。最后，副总乙提出应该由大兴卷烟厂直接生产成成品卷烟，而后公司再收回直接销售出去。3 种方案的数据如下。

总经理方案：整个卷烟产品都由本企业自行生产。浪沙卷烟厂将购入的价值 1 000 万元的烟叶自行加工成甲类卷烟。加工成本、分摊费用共计 1 700 万元，售价 7 000 万元。

副总甲方案：由厂外企业加工成烟丝，本企业继续生产成卷烟。委托大兴卷烟厂将价值 1 000 万元的烟叶加工成烟丝，协议规定加工费 680 万元；加工的烟丝运回浪沙卷烟厂后，该厂继续加工成甲类卷烟，加工成本、分摊费用共计 1 020 万元，该批卷烟售出价格 7 000 万元。

副总乙方案：整个卷烟产品都委托外单位加工。浪沙卷烟厂委托大兴卷烟厂将烟叶加工成甲类卷烟，烟叶成本不变，加工费用为 1 700 万元，加工完毕，运回浪沙卷烟厂后，该批卷烟对外售价仍为 7 000 万元。

请问，浪沙卷烟厂采用哪一种方案最有利?

第 4 章

营业税的纳税筹划

YINGYESHUI DE NASHUI CHOUHUA

【学习目标】

(1) 掌握营业税筹划的基本思路及筹划方法。

(2) 掌握兼营与混合销售行为的筹划方法。

(3) 掌握营业额的各种筹划技巧。

(4) 明确各行业的征税规定，掌握各行业营业税的筹划方法。

(5) 掌握企业纳税时间的筹划方法。

(6) 掌握现行营业税的优惠政策，学会利用优惠政策进行筹划。

【引导案例】

A 安装公司与 B 工业公司签订了一份生产线安装合同。合同约定，A 公司为 B 公司安装一条生产线，安装合同总价款为 6 500 万元，由 A 公司代 B 公司购买安装用机器设备，价款为 6 000 万元，安装劳务费为 500 万元。安装生产完工验收合格后，B 公司一次性支付合同总价款 6 500 万元给 A 公司。请问，A 公司应纳多少营业税？如何进行纳税筹划？

营业税是对在我国境内提供税法规定的劳务、转让无形资产或销售不动产的单位和个人，就其营业额、转让额、销售额征收的一种流转税。从行业角度看，营业税缴纳者共有9大部门类，分别是：交通运输业、建筑业、邮电通信业、文化体育业、金融保险业、服务业、转让无形资产业、销售不动产和娱乐业。营业税是我国现行税制的主体税种之一，其收入规模仅次于增值税，为我国第二大税种。其征收范围广泛，在调节社会收入分配和体现国家产业政策方面发挥着极大的作用。纳税人在纳税范围、计税依据、减免税负方面可以精心进行筹划，既可以减轻税负，又可以贯彻营业税制，顺应国家产业政策发展的需要。对营业税进行筹划，主要可以通过对兼营及混合销售行为进行筹划；对营业额进行纳税筹划；各行业采用不同的筹划方法；推迟纳税时间，获得资金时间效益；利用国家税收优惠政策，享受减免税优惠待遇等。

4.1 兼营与混合销售行为的纳税筹划

4.1.1 兼营行为的纳税筹划

营业税的兼营行为包括以下两种情况。第一种情况是企业同时经营营业税不同的应税项目，在计算营业税时分别核算不同税目的营业额、销售额、转让额，然后按各自适用的税率计算应纳税额；未分别核算的，将从高适用税率计算应纳税额。第二种情况是企业兼营增值税应税项目和营业税应税项目在计算营业税时分别核算，未分别核算的，其应税劳务与货物或非应税劳务一并征收增值税。

【税法引用】《中华人民共和国营业税暂行条例》(颁布时间2008年11月10日)第三条　纳税人兼有不同税目的应当缴纳营业税的劳务(以下简称应税劳务)、转让无形资产或者销售不动产，应当分别核算不同税目的营业额、转让额、销售额(以下统称营业额)；未分别核算营业额的，从高适用税率。第九条　纳税人兼营免税、减税项目的，应当分别核算免税、减税项目的营业额；未分别核算营业额的，不得免税、减税。

《中华人民共和国营业税暂行条例实施细则》(颁布时间2008年12月18日)第八条　纳税人兼营应税劳务与货物或非应税劳务的，应分别核算应税劳务的营业额和货物或者非应税劳务的销售额，分别征收营业税和增值税。未分别核算或者未准确核算的，由主管税务机关核定其营业额。

对于第一种情况的筹划思路是：纳税人兼营不同税目应税行为的，应当分别核算不同税目的营业额、销售额、转让额，分别纳税。

【例4-1】 某宾馆在从事客房、餐饮业务的同时，又设立了歌舞厅对外营业，某月该宾馆的业务收入如下：客房收入150万元，餐厅收入50万元，歌舞厅收入50万元，已知服务业税率为5%，娱乐业税率为20%，请问该宾馆应如何对其营业税进行筹划？

【解答过程】

如果宾馆未分别核算不同应税项目，则计征营业税时从高适用税率，该宾馆应纳营业税税额为：

$$(150+50+50)\times 20\%=50(\text{万元})$$

如果宾馆分别核算不同兼营项目，则各项收入按其不同的适用税率分别核算应纳税额，该宾馆应纳营业税税额为：

$$(150+50)\times 5\%+50\times 20\%=20(\text{万元})$$

通过分开核算，该宾馆可节税 50－20＝30(万元)

对于第二种情况纳税人兼营增值税应税项目和营业税应税项目的，由税法规定可知，属于增值税的应税货物或劳务不论是否分开核算，都要征增值税，没有太多筹划的余地；而对营业税应税劳务，纳税人可以通过选择是否分开核算来选择缴纳增值税还是营业税。下面对此种兼营行为的产生来分析应如何进行税收筹划，纳税人兼营增值税应税项目和营业税应税项目主要有如下两种产生原因。

第一种原因，增值税的纳税人为加强售后服务或扩大自己的经营范围，涉足营业税的征税范围，提供应缴纳营业税的应税劳务。在这种情况下，若该企业是增值税的一般纳税人，由于提供营业税的应税劳务时，可以得到的允许抵扣的进项税额也就少，所以这样分开核算、分别纳税有利；若该企业是增值税小规模纳税人，则要比较一下增值税的含税征收率和该企业所适用的营业税税率，如果企业所适用的营业税税率高于增值税的含税征收率，选择不分开核算有利。

第二种原因，营业税的纳税人为增加获利机会，转而也销售增值税应税商品或提供增值税的应税劳务。此时，由于企业原来是营业税纳税人，转而从事增值税的货物销售或劳务提供时，一般是按增值税小规模纳税人方式来征税，这和小规模纳税人提供营业税的应税劳务的筹划方法一样。

【例 4－2】 青青草酒店在提供住宿、餐饮服务的同时，在酒店内开设一商场对外销售商品，商场销售收入并入酒店服务的营业额进行纳税。本月份，青青草酒店提供住宿、餐饮服务所获得的收入为 500 万元，商场销售商品获得的收入为 100 万元，请问青青草酒店如何对其所纳税款进行筹划？(商场是一般纳税人，因增值税进项税额较少，此处忽略不计)

【解答过程】

如果青青草酒店没有分别核算住宿、餐饮的营业收入和商场销售商品的销售收入，那么应就全部收入缴纳增值税，应纳税额为：

$$(500+100)\div(1+17\%)\times17\%=87.18(\text{万元})$$

如果青青草酒店分别核算住宿、餐饮的营业收入和商场销售商品的销售收入，则应纳税额为：

应纳增值税税额为：100÷(1＋17％)×17％＝14.53(万元)

应纳营业税税额为：500×5％＝25(万元)

应纳税额合计为：14.53＋25＝39.53(万元)

通过分开核算，青青草酒店可节税 87.18－39.53＝47.65(万元)

【例 4－3】 飞扬计算机公司是增值税小规模纳税人，该公司既销售计算机硬件，也从事软件的开发与转让，某月硬件销售额为 18 万元，另接受委托开发并转让软件取得收入 2 万元，飞扬计算机公司应该如何进行税收筹划？(小规模纳税人征收率为 3％，转让无形资产的营业税税率为 5％)

【解答过程】

(1) 若未分开核算，则应纳增值税＝(18＋2)÷(1＋3％)×3％＝0.58(万元)

(2) 若分开核算，则应纳增值税＝18÷(1＋3％)×3％＝0.52(万元)

应纳营业税＝2×5％＝0.1(万元)

因而，分开核算，共应纳税＝0.52＋0.1＝0.62(万元)

不分开核算可以节税 0.62－0.58＝0.04(万元)

由此可见，若企业是增值税小规模纳税人，则当企业所适用的营业税税率(5％)高于增值税的含税征收率3％÷(1＋3％)，选择不分开核算比较节税。

4.1.2 混合销售行为的纳税筹划

混合销售行为是指一项销售行为既涉及增值税应税货物又涉及非应税劳务。所谓非应税劳务，在这里是指属于应缴营业税的劳务。混合销售行为涉及的货物和非应税劳务是直接为销售一批货物而发生的，两者是紧密相连的从属关系，是不可能分别核算的。

混合销售行为的税务处理方法为：从事货物的生产、批发或零售的企业、企业性单位及个体经营者，以及以从事货物的生产、批发或零售业务为主，兼营非应税劳务的企业、企业性单位及个体经营者，发生上述混合销售行为，视为销售货物，征收增值税；而对于其他单位和个人发生的混合销售行为，视为销售非应税劳务，征收营业税。“为主”是指年货物销售额与非应税劳务营业额的合计数中，年货物销售额超过50%。正是因为不同纳税人发生的混合销售行为的税务处理方式不同，以及所适用的增值税税率、征收率与营业税税率不相同，因而必然存在税负的差异，这就给纳税人进行纳税筹划创造了一定的条件。

【税法引用】《中华人民共和国营业税暂行条例实施细则》(颁布时间2008年12月18日)第六条　一项销售行为如果既涉及应税劳务又涉及货物，为混合销售行为。除本细则第七条的规定外，从事货物的生产、批发或者零售的单位和个体工商户的混合销售行为，视为销售货物，不缴纳营业税；其他单位和个人的混合销售行为，视为提供应税劳务，缴纳营业税。第一款所称货物，是指有形动产，包括电力、热力、气体在内。第一款所称从事货物的生产、批发或者零售的企业、企业性单位和个体工商户，包括以从事货物的生产、批发或者零售为主，并兼营应税劳务的企业、企业性单位和个体工商户在内。

第七条 纳税人的下列混合销售行为，应当分别核算应税劳务的营业额和货物的销售额，其应税劳务的营业额缴纳营业税，货物销售额不缴纳营业税；未分别核算的，由主管税务机关核定其应税劳务的营业额：(一)提供建筑业劳务的同时销售自产货物的行为；(二)财政部、国家税务总局规定的其他情形。

1. 增值税纳税人与营业税纳税人身份选择的方法

在对企业兼营增值税应税项目和营业税应税项目或混合销售情形下进行筹划时，主要应对比纳税人作为增值税纳税人和作为营业税纳税人的税负的不同。从两种纳税人的计税原理来看，一般纳税人的增值税的计算原理上是以增值额作为计税基础，而营业税纳税人的营业税是以全部收入作为计税基础。筹划时可以通过对企业增值率的分析确定最适合的纳税人身份，以达到最低的税收负担。下面介绍增值率判断法和抵扣率判断法这两种分析方法。

1）增值率判断法

增值率是增值额占销售额的比率。在增值税税率与营业税税率一定的情况下，就存在一个增值税纳税人与营业税纳税人税负相等的数值，我们把它称为应纳税额无差别平衡点，此时的增值率简称为平衡点增值率。在销售价格相同的情况下，税负的高低主要取决于增值率的大小。一般来说，增值率高的企业适于作营业税纳税人；反之，选择作增值税纳税人税负会较轻。下面通过平衡点分析法计算出平衡点增值率。

假设：销售额与购进项目金额均为不含税金额，增值税一般纳税人适用的税率为17%，营业税纳税人的税率为5%。

$$增值率=(不含税销售额-不含税购进额)\div 不含税销售额\times 100\%$$

对于增值税一般纳税人：

$$应纳增值税税额=当期销项税额-当期进项税额$$

其中

$$当期销项税额=不含税销售额\times 17\%$$

$$当期进项税额=不含税购进额\times 17\%$$

$$应纳增值税税额=不含税销售额\times 17\%-不含税购进额\times 17\%$$

$$=（不含税销售额-不含税购进额）\times 17\%$$
$$=不含税销售额\times 增值率\times 17\% \qquad (4-1)$$

对于营业税纳税人：

$$应纳营业税税额=含税销售额\times 5\%$$
$$=不含税销售额\times(1+17\%)\times 5\% \qquad (4-2)$$

若使增值税纳税人与营业税纳税人应纳税额相同，即式(4-1)=式(4-2)，得：

$$不含税销售额\times 增值率\times 17\%=不含税销售额\times(1+17\%)\times 5\%$$

化简得：
$$增值率\times 17\%=(1+17\%)\times 5\%$$

解得：
$$增值率=34.41\%$$

该增值率即为增值税一般纳税人税率为17%，营业税纳税人税率为5%时的不含税销售额平衡点增值率。当增值率=34.41%时，增值税纳税人与营业税纳税人的应纳税额相同；当增值率>34.41%时，增值税纳税人应纳税额大于营业税纳税人，选择营业税纳税人身份可节税；当增值率<34.41%时，增值税纳税人应纳税额小于营业税纳税人，选择增值税纳税人身份可节税。

用同样的方法可以计算出其他税率下的无差别平衡点的增值率，见表4-1。

表4-1 销售额平衡点增值率

增值税税率(%)	营业税税率(%)	平衡点增值率(%)
17	5	34.41
17	3	20.65
13	5	43.46
13	3	26.08

假设：销售额与购进项目金额均为含税金额，增值税一般纳税人适用的税率为17%，营业税纳税人的税率为5%。

$$增值率=（含税销售额-含税购进额）\div 含税销售额\times 100\%$$

对于增值税一般纳税人：

$$应纳增值税税额=含税销售额\div(1+17\%)\times 17\%-含税购进额\div(1+17\%)\times 17\%$$
$$=（含税销售额-含税购进额）\div(1+17\%)\times 17\%$$
$$=含税销售额\times 增值率\div(1+17\%)\times 17\% \qquad (4-3)$$

对于营业税纳税人：

$$应纳营业税税额=含税销售额\times 5\% \qquad (4-4)$$

若使增值税一般纳税人与营业税纳税人应纳税额相同，即式(4-3)=式(4-4)，得：

$$含税销售额\times 增值率\div(1+17\%)\times 17\%=含税销售额\times 5\%$$

化简得：
$$增值率\times 17\%=(1+17\%)\times 5\%$$

解得：
$$增值率=34.41\%$$

由此可知，不论销售额与购进项目金额是否含税，计算出来的增值税纳税人与营业税纳税人的平衡点增值率均如表4-1所示。注意，增值税为价外税，营业税为价内税，因此在计算应纳税额时要注意营业税税额应使用含税销售额乘以营业税税率。

综上可知，如果仅从税负角度考虑，当一个企业的增值率小于平衡点增值率时，应选择作为增值税纳税人；相反，如果一个企业的增值率大于平衡点增值率，应选择作为营业税纳税人。

【例 4-4】 广东圆方建筑装潢公司销售建筑材料，并代顾客装潢。2010 年 11 月，该公司承包的某项装潢工程总收入为 120 万元，为装潢购进材料为 100 万元(均含增值税)，销售建筑材料的增值税适用税率为 17%，装潢的营业税适用税率为 3%。问如何为该公司进行纳税筹划？如果工程总收入为 130 万元，则如何筹划？

【解答过程】(1)如果工程总收入为 120 万元：

$$增值率=(120-100)\div 120\times 100\%=16.67\%$$

由表 4-1 知，增值税一般纳税人税率为 17%，营业税纳税人税率为 3%时的销售额平衡点增值率是 20.65%，因为该公司销售额增值率 16.67%<20.65%，增值税纳税人应纳税额小于营业税纳税人，该项混合销售缴纳增值税可以节减税收。

$$应纳增值税税额=120\div(1+17\%)\times 17\%-100\div(1+17\%)\times 17\%=2.91(万元)$$

$$应纳营业税税额=120\times 3\%=3.6(万元)$$

$$缴纳增值税可以节税=3.6-2.91=0.69(万元)$$

所以，如果该公司经常从事混合销售，而且其混合销售的销售额增值率在大多数情况下都小于平衡点增值率，就要注意使其年增值税应税销售额占其全部收入的 50%以上，使得该公司的主业缴纳增值税，则混合销售行为也一并征收增值税。

(2) 如果工程总收入为 130 万元：

$$增值率=(130-100)\div 130\times 100\%=23.08\%$$

该公司销售额增值率 23.08%>20.65%(销售额平衡点增值率)，增值税纳税人应纳税额大于营业税纳税人，该项混合销售缴纳营业税可以节减税收。

$$应纳增值税税额=130\div(1+17\%)\times 17\%-100\div(1+17\%)\times 17\%=4.36(万元)$$

$$应纳营业税税额=130\times 3\%=3.9(万元)$$

$$缴纳营业税可以节税=4.36-3.9=0.46(万元)$$

所以，如果该公司经常从事混合销售，而且其混合销售的销售额增值率在大多数情况下都是大于平衡点增值率，就要注意使其年增值税应税销售额小于其全部收入的 50%，使得该公司的主业缴纳营业税，则混合销售行为也一并征收营业税。

2) 抵扣率判断法

除了上述的增值率判断法以外，还有另一种抵扣率判断法，计算比增值率判断法更加简单。首先将增值率的计算公式进行转换：

$$\begin{aligned}增值率&=(销售额-购进额)\div 销售额\times 100\%\\&=(1-购进额\div 销售额)\times 100\%\\&=1-抵扣率\end{aligned}\tag{4-5}$$

假设：销售额与购进项目金额均为不含税金额，增值税一般纳税人适用的税率为 17%，营业税纳税人的税率为 5%。由之前分析知，若使增值税一般纳税人与营业税纳税人应纳税额相同，即式(4-1)=式(4-2)，得：

$$不含税销售额\times 增值率\times 17\%=不含税销售额\times(1+17\%)\times 5\%$$

化简得：

$$增值率\times 17\%=(1+17\%)\times 5\%$$

将式(4-5)代入：

$$(1-抵扣率)\times 17\%=(1+17\%)\times 5\%$$

解得：

$$抵扣率=65.59\%$$

该抵扣率即为增值税一般纳税人税率为 17%，营业税纳税人税率为 3%时的不含税销售额平衡点抵扣率。由以上计算可知，抵扣率与增值率呈反比关系，利用抵扣率来选择纳税人类别时，恰好与利用增值率来判断相反。当抵扣率=65.59%时，增值税纳税人与营业税纳税人的应纳税额相同；当抵扣率>65.59%时，增值税纳税人应纳税额小于营业税纳税人，选择增值税纳税人身份可节税；当抵扣率<65.59%时，增值税纳税人应纳税额大于营业税

纳税人，选择营业税纳税人身份可节税。

用同样的方法可以计算出其他税率下的无差别平衡点的抵扣率，见表4-2。

表4-2 销售额平衡点抵扣率

增值税税率(%)	营业税税率(%)	平衡点增值率(%)
17	5	65.59
17	3	79.35
13	5	56.54
13	3	73.92

销售额与购进项目金额含税时的平衡点抵扣率与不含税时是相同的。综上可知，如果仅从税负角度考虑，当一个企业的抵扣率小于平衡点抵扣率时，应选择作为营业税纳税人；相反，如果一个企业的抵扣率大于平衡点抵扣率，应选择作为增值税纳税人。

2. 增值税纳税人与营业税纳税人身份选择的具体筹划

通过增值率判断法或抵扣率判断法计算分析，如果货物销售在纳营业税的情形下更为合算，则可以考虑将销售行为转化为营业税的应税行为。在混合销售的情形下，让货物的销售适用营业税税目的节税思路是改变货物、劳务服务的作价，使劳务服务作价占到应收总价款的50%以上。所以，如果纳税人经常从事混合销售，而且混合销售的销售额增值率在大多数情况下都是大于平衡点增值率的，就要注意使其年增值税应税销售额小于其全部营业额的50%，从而使混合销售行为缴纳纳营业税。

【案例】某木地板厂商销售木地板并提供安装劳务，通常其纳流转税有两种模式：一是将收取的总价款一并缴纳增值税；二是将收取的销售价款和劳务价款分别缴纳增值税和营业税。

分析：由于安装劳务的进项很少，若一并缴纳增值税，必将增加厂商的税负。若能将安装劳务的收入缴纳营业税，则能达到节税的目的；若能使地板销售收入也一并纳营业税，其节税效果将更明显。

筹划方法：在总价款一定的前提下提高地板的安装费用，降低地板销售价款，使安装费用占到应收总价款的50%以上，在此情形下，该混合销售行为就成为营业税的应税范围了。

应注意的是，该方法宜谨慎使用，因为改变货物的销售价格有可能会被税务机关认定为货物销售价格明显偏低，一旦税务机关不承认这种对售价进行调整的做法，那么该方法的运用将很可能失败。而且对一项销售行为是否属于混合销售，对于混合销售缴纳哪种税，需要得到国、地税税务机关的共同认可。

通过增值率判断法或抵扣率判断法计算分析，如果劳务服务在纳增值税的情形下更为合算，则可以考虑将提供劳务行为转化为增值税的应税行为。在混合销售情形下的节税思路是应控制货物、劳务服务的作价，从而使货物作价占到总价款的50%以上，使混合销售成为增值税的应税范围。

【例4-5】 上海亚新建筑材料商店在主营建筑材料批发和零售的同时，还兼营对外承接安装、装饰工程作业。该商店是增值税一般纳税人，增值税税率为17%，本月对外发生一笔混合销售业务，销售建筑材料并代客户安装，这批建筑材料的购入价是100万元，该商店以115万元的价格销售并代为安装(均为不含税价)，该企业应如何进行税收筹划(营业税税率为3%)？

【解答过程】 企业实际增值率=(115−100)÷115×100%=13.04%

由表4-1知，增值税一般纳税人税率为17%，营业税纳税人税率为3%时的销售额平衡点增值率是20.65%，因为该企业销售额增值率16.67%<20.65%，增值税纳税人应纳税额小于营业税纳税人，该项混合销售缴纳增值税可以节减税收。

应纳增值税税额=115×17%−100×17%=2.55(万元)

应纳营业税税额=115×(1+17%)×3%=4.04(万元)

缴纳增值税可以节税=4.04−2.55=1.49(万元)

所以，如果该企业经常从事混合销售，而且其混合销售的销售额增值率在大多数情况下都小于平衡点增值率，就要注意使其年货物的销售额占其全部收入的50%以上，使得该企业的主业缴纳增值税，则混合销售行为也一并征收增值税。

总之，对于混合销售行为，纳税人可以通过控制应税货物和应税劳务的所占比例来达到选择缴纳低税负税种的目的。纳税人只要使应税货物的销售额能占到总销售额的50%以上，则缴纳增值税；反之，若应税劳务占到总销售额的50%以上，则缴纳营业税。在混合销售的税收筹划中还必须注意以下问题。

(1) 销售行为是否属于混合销售，需要国家税务总局所属税务机关加以确定。所以，希望通过混合销售的税收筹划来节税首先要得到税务机关的确定；混合销售缴纳哪种税，也要得到税务机关的认可。

(2) 我国税法规定，提供增值税应税劳务和营业税应税劳务的企业，即使同时提供增值税应税劳务和营业税应税劳务，也应作为兼营而不作为混合销售。

4.1.3 兼营与混合销售行为的转化筹划

1. 兼营行为转化为混合销售

由4.1.1节可知，对于兼营行为的一般筹划建议是将适用不同税率的业务分开核算以避免从高征税，若是小规模纳税人则可以考虑不分开核算，筹划的角度都是从是否分开核算入手。而本节将从另一个视角来处理兼营行为，采用将兼营行为转化成混合销售行为的方法，并通过调整增值税货物价款或营业税劳务价款改变企业的主业，使得增值税应税收入和营业税应税收入一并征收增值税(主业交增值税)，或者一并征收营业税(主业交营业税)，以实现节税的目的。

1) 增值税税率高于营业税税率

这种情形主要适用于营业税税率为3%、5%的情况，具体筹划思路是：将兼营行为转化为混合销售行为，且使劳务服务价款在总价款的比重中占到50%以上，即使同一客户既购买货物又接受劳务服务，并相应调整二者的价格，将货物价格降低而将劳务服务价格提高，从而使得企业的主业交营业税，则该混合销售行为的全部收入一并征收营业税。

【案例】 某酒厂另开有一酒楼，酒厂向甲客户销售产品，同时其开设的酒楼也向甲客户提供餐饮服务，且已知产品增值率高。

分析：该酒厂既向甲客户销售产品，其酒楼又向甲客户提供餐饮服务，这属于兼营行为，销售产品应缴纳增值税，餐饮服务应缴纳营业税。若能将该兼营行为转化到一项交易行为中，使之变为混合销售行为，同时使劳务收入占到总收入的50%之上，那么就可以实现节税的目的了。

筹划方法：同时由酒楼向客户甲销售产品并提供餐饮服务，并适度降低产品售价，相应提高餐饮价格，使劳务服务价款在总价款的比重中占到50%，使该兼营行为转化为混合销售行为，适用营业税税目，实现节税。

节税效果分析：当销货价调低10万元，相应提高餐饮价格10万元，增值税可减少10万元×17%=1.7万元，营业税额增加了10万元×5%=0.5万元，总体而言，该酒楼节约税额1.7−0.5=1.2(万元)。可见该方法不仅具有较强的可操作性，其节税效果也较明显。

2) 营业税税率高于增值税税率

这种情形主要适用于营业税税率为20%即娱乐业的情况，筹划思路有两种：一是将兼营行为转化为混合销售，并使应税货物价款占到总价款的50%以上，使货物销售和提供劳务都适用增值税；二是同一客户既购买货物又接受劳务服务，无法实行第一种筹划思路时，那么可以尝试在总价款不变的前提下相应调整货物的价格和劳务服务的价格，将货物价格提高而将劳务服务价格降低，这样就能使适用营业税的应税收入降低，从而也可以达到节税的目的。

【案例】KTV歌城既可以采用“量贩式”，同时还可以在发票开具时，提高商品价格并降低服务价格。进行这种筹划是因为歌城本属于营业税中娱乐业的应税项目，税率为20%。而歌城中的商品销售如果未分开核算，也要按20%交纳营业税；但如果分开核算则是纳增值税，税率低于20%(一般纳税人税率为17%，如为小规模纳税人则税率为3%)，所以分别核算的情形下缴纳的税款更少，这种分开核算就是我们通常所说的“量贩式”经营。但KTV歌城无法使用上述第一种筹划思路，将歌城改为以销售商品为主业是不切实际的，因此只能采用第二种筹划思路，在采用“量贩式”的情形下，对同一客户既消费商品又接受KTV服务，在给该客户总价款不变的情况下，可以提高商品价格并降低服务价格，对于客户而言没有任何损失，对于KTV歌城而言，这样节税效果更加明显，因为商品所适用的增值税税率(17%或者3%)要低于娱乐业所适用的营业税税率(20%)。

假定消费者在量贩式KTV中餐饮、酒水、包房消费的比例为2∶2∶6，在10 000元的消费额中，餐饮费2 000元，酒水费2 000元，包房消费6 000元。若餐饮费适用饮食业的5%税率，酒水费按小规模纳税人适用的3%的税率征收增值税，包房费适用娱乐业20%的税率，则：应纳流转税=2 000×5%+2 000/1.03×3%+6 000×20%=1 358.25(元)。

如果企业进行定价筹划，提高餐饮消费和酒水消费价格，降低包房费用，将餐饮、酒水、包房消费的比例调整为3∶3∶4，即在10 000元的消费额中，餐饮费3 000元，酒水费3 000元，包房消费4 000元，则：应纳流转税=3 000×5%+3 000/1.03×3%+4 000×20%=1 037.38(元)。通过定价筹划，娱乐企业每万元的营业收入就可以节约流转税1 358.25−1 037.38=320.87(元)。

在这种筹划方法下，需要强调应在总价不变的前提下适当地调整商品和服务价格，因为如果价格的调整幅度过大，就会引起应纳税额的比较明显的变化，这很容易导致税务机关的关注甚至稽查，所以该筹划思路虽有一定的操作性，但应谨慎，注意商品和服务的价格调整不应过大。

【筹划趣闻】“量贩”源于1963年法国的一家超大型类似超级市场的大卖场，后来日本把这种购物经营业态叫做量贩，日语中“量贩”的意思是指“大量批发的超市”，由此引申的量贩式经营指的就是透明、自助和平价的消费方式。1983年量贩出现在台湾。“量”是指商品的数量，“贩”是低价销售，是一种以量定价的经营形式。量贩式KTV一般来讲是指套用“量贩”词义的KTV经营形态，这些KTV演唱场所除拥有卡拉OK包房外等，还设有小型超市或提供免费的餐饮服务，房间按时计费，消费者自主权较大。

根据《中华人民共和国营业税暂行条例》规定，量贩式KTV属于“娱乐业”税目，并适用歌舞厅20%的营业税税率，同时规定娱乐业的营业额为经营娱乐业向顾客收取的各项费用，包括门票收费、台位费、点歌费、烟酒和饮料收费以及经营娱乐业的其他各项收费。按照此项规定，量贩式KTV企业收取的烟酒、饮料、包间费等应一并按照“娱乐业”高税率计征营业税。

但为了规避较高的营业税税率，目前一些量贩式KTV经常采用如下两种经营方式。

一是将量贩式KTV变为两个纳税人的歌厅加超市。顾客所需要的酒水、饮料、小吃、水果可以在歌厅内单独设立的超市中购买，企业把这些收入与KTV经营收入分割开来单独核算。其中，超市部分一般适用小规模纳税人3%的增值税税率，KTV部分适用20%的营业税税率，使企业税负明显降低。

二是将量贩式KTV分为两个纳税人的歌厅和自助餐。KTV公司与餐饮公司合作，分别开具发票；顾客在KTV消费时的所有餐饮服务由餐饮公司提供，KTV公司只收取包房费，按娱乐业20%的税率缴纳营业税；客人在包房内点的所有烟酒饮料等均属于餐饮公司收入按照饮食业5%的税率缴纳营业税。双方签订合作协议，涉及利益方面的约定主要是：KTV公司对外宣传客人在早餐、午餐、下午茶、晚餐、夜宵等不同时段进行KTV消费时可以享受免费自助餐，作为合作条件餐饮公司必须无偿提供。这样的话，KTV的流转税负也可以被降低。

对这两种经营行为，税务部门和筹划专家均有各自的观点，特别是对第二种业态中的混业行为分歧更大，有业内人士认为，第二种方式按税法规定确实可以享受5%营业税税率，但实际上KTV和餐饮业确实有着不可分割的消费连带关系，不易区分；其次，KTV价格和餐饮价格的合理划分也是一个问题，即双方如何合理区分合作价格，除免费餐饮外，对包房内消费的其他酒水如何计算，这些都有待税收政策明确。

2. 混合销售转化为兼营行为

税法对混合销售行为是按“经营主业”来确定征税的，即只选择一个税种：增值税或营业税。在实际经营活动中，企业的兼营和混合销售往往同时进行，在税收筹划时，如果企业选择缴纳增值税，只要使应税货物的销售额占到总销售额的50%以上；如果企业选择缴纳营业税，只要使应税劳务占到总销售额的50%以上。也就是企业完全可以通过控制应税货物和应税劳务的所占比例来达到选择作为低税负税种的纳税人的目的。因此，企业可以通过变更“经营主业”来选择税负较轻的税种。但在实际业务中，有些企业却不能轻易地变更经营主业，这时就要根据企业的实际情况，采取灵活多样的方法来调整经营范围或核算方式，规避增值税的缴纳，通常可以采用将混合销售行为转化为兼营行为的方法，分别核算，分别征收增值税和营业税。

【案例】某锅炉生产厂有职工280人，每年产品销售收入为2 800万元，其中安装、调试收入为600万元。该厂除生产车间外，还设有锅炉设计室负责锅炉设计及建安设计工作，每年设计费为2 200万元。另外，该厂下设6个全资子公司，其中有建安公司、运输公司等，实行汇总缴纳企业所得税。

该厂被主管税务机关认定为增值税一般纳税人，对其发生的混合销售行为一并征收增值税。这主要是因为该厂属于生产性企业，而且非应税劳务销售额未达到总销售额的50%。由此，该企业每年应缴增值税的销项税额为：(2 800＋2 200)×17%＝850(万元)

增值税进项税额为340万元应纳增值税税金为：850－340＝510(万元)

增值税负担率为：510/5000×100％＝10.2％。由于该厂增值税负担率较高，限制了其参与市场竞争，经济效益连年下滑。为了改变现状，对企业税收进行了重新筹划。

由于该厂是生产锅炉的企业，其非应税劳务销售额，即安装、调试、设计等收入很难达到销售总额的50％以上，因此，要解决该厂的问题，必须调整现行的经营范围及核算方式。具体筹划思路是：将该厂设计室划归建安公司，随之设计业务划归建安公司，由建安公司实行独立核算，并由建安公司负责缴纳税款。

将该厂设备安装、调试人员划归建安公司，将安装调试收入从产品销售的收入中分离出来，归建安公司统一核算缴纳税款。

通过上述筹划，其结果如下：该锅炉厂产品销售收入为：2 800－600＝2 200(万元)；应缴增值税销项税额为：2 200×17％＝374(万元)

增值税进项税额为：340万元应纳增值税为：374－340＝34(万元)

建安公司应就锅炉设计费、安装调试收入一并征收营业税，应缴纳税金为：(600＋2 200)×5％＝140(万元)

此时，税收负担率为：(34＋140)÷5 000×100％＝3.48％，比筹划前的税收负担率降低了6.74个百分点。从整个集团角度分析，相当于将原有的混合销售行为转化为了兼营行为，对产品销售收入与非应税劳务销售额(安装、调试、设计等收入)分别核算，分别征收增值税和营业税，从而避免了按照混合销售行为对全部收入一并征收增值税，达到了节税的作用。

4.2 营业额的纳税筹划

营业税的计税依据是营业额，营业额为纳税人提供应税劳务、转让无形资产或销售不动产向对方收取的全部价款和价外费用。营业税的应纳税额等于营业额乘以税率，在决定纳税人应纳营业税额的两个因素中，营业税税率比较固定，每个税目适用的税率都有明确规定(娱乐业税目除外，娱乐业执行5％～20％的幅度税率，具体适用的税率由各省、自治区、直辖市人民政府根据当地的实际情况在税法规定的幅度内决定)，在一般情况下，从税率上节税的余地不大，只有在特定条件下才能成为节税的因素。而营业税各行业的营业额却极富弹性，这给纳税人提供了节税的空间，因此营业税节税的关键在于营业额。纳税人应认真研究税法，掌握营业额确定的一般原则，灵活运用，达到节税的目的。对营业额进行筹划时主要从以下几个方面入手。

第一，缴纳营业税的行业，在定价上是与其他流转税有所不同的，营业税应税行业定价的弹性更大。交易双方如互有交易往来就可充分利用商业贸易中的互惠原则，都降低各自的定价，则可降低应税营业额，从而降低应纳营业税。与此同时，还可以向购买方提出延期付款、签订长期合同等优惠条件，从而使纳税人得到总体的、长远的利益。

第二，分解营业额，合理地将收取的全部价款和价外费用中包含的非经营业务性质收入，特别是那些代收、代垫费用分解出来，减少不必要的收费，就可以降低应纳税额，这样将会取得很好的节税效益。

第三，正确利用税法中关于营业额中差额征税的规定，合理利用有关税项扣除节税。税法中对一些项目，如旅游企业在组团旅游时，替旅游者支付的房费、餐费、交通费、门票和其他费用可以从所收取的全部旅游费中扣除。所以，在计算纳税时需对企业当期实现的营业收入进行分析调整，从而确定作为营业税计税依据的营业额。若能合法合理地增大扣除项目金额，就能降低计税依据，实现节税。

此外，营业税在很多情况下会涉及由税务机关确定营业额，如当税务机关认为纳税人的应税行为发生价格明显偏低而无正当理由的，或纳税人自己新建建筑物出售和无偿赠与他人不动产行为的等都需要由税务机关确定营业额。所以，与税务机关建立合法良好的关系对企业来说是很重要的。合理地利用税务机关对营业额的确定机会进行节税，对营业税的筹划常常有意想不到的效果。

【税法引用】《中华人民共和国营业税暂行条例》(颁布时间 2008 年 11 月 10 日)第七条 纳税人提供应税劳务、转让无形资产或者销售不动产的价格明显偏低并无正当理由的，由主管税务机关核定其营业额。

《中华人民共和国营业税暂行条例实施细则》(颁布时间 2008 年 12 月 18 日)第五条 纳税人有下列情形之一的，视同发生应税行为：

(一) 单位或者个人将不动产或者土地使用权无偿赠送其他单位或者个人；

(二) 单位或者个人自己新建(以下简称自建)建筑物后销售，其所发生的自建行为；

(三) 财政部、国家税务总局规定的其他情形。

《中华人民共和国营业税暂行条例实施细则》(颁布时间 2008 年 12 月 18 日)第二十条 纳税人有条例第七条所称价格明显偏低并无正当理由或者本细则第五条所列视同发生应税行为而无营业额的，按下列顺序确定其营业额：

(一) 按纳税人最近时期发生同类应税行为的平均价格核定；

(二) 按其他纳税人最近时期发生同类应税行为的平均价格核定；

(三) 按下列公式核定：

营业额＝营业成本或者工程成本×(1＋成本利润率)÷(1－营业税税率)

公式中的成本利润率，由省、自治区、直辖市税务局确定。

4.2.1 降低应税项目定价

纳税人在提供营业税应税劳务、转让无形资产或者销售不动产时，可以采取降低劳务定价、无形资产或不动产定价(统称为降低应税项目定价)的方式降低营业额，从而降低应纳税额，达到节税的目的。但采取较低的定价并不意味着利润的降低，而是降低名义定价，再通过其他形式取得补偿，使得最终利润并不降低，而又达到节税的目的。比如，纳税人提供营业税应税劳务、转让无形资产或者销售不动产时，也需要从对方获取应税劳务或购进无形资产、不动产，就可以通过协商，彼此都给对方一定的折扣，以减少营业税的计税收入。这种方法下的筹划结果是在减少营业收入的同时也可以节约支出，这样就可能少纳营业税，而对企业实际利润没有影响甚至可能因为节税而提高利润。

【案例】长江房地产开发公司为宣传其新开发楼盘而需要进行电视广告宣传，预计支付 300 万元给电视台。正好该市电视台准备购 3 套住房表彰其先进工作者，估计金额为 280 万元，如何进行纳税筹划可以对双方都有利?

分析：在双方未给彼此折扣时，电视台按广告业缴纳营业税 300×5%＝15(万元)，长江房地产开发公司按销售不动产缴纳营业税 280×5%＝14(万元)。

筹划方法：因为双方都正好需要从对方获取应税劳务或购进不动产，因此双方彼此都给对方加大折扣率，就可以减少营业税计税收入额，从而达到节税的目的。

节税效果分析：在彼此给予对方折扣50万元时，电视台向长江房地产开发公司收取250万元，则电视台按广告业缴纳营业税250×5%=12.5(万元)，长江房地产开发公司向电视台销售住房收取230万元，则按销售不动产缴纳营业税230×5%=11.5(万元)，经过筹划，电视台、长江房地产开发公司的营业收入和支出同时减少了50万，并且双方分别可节约的税收为2.5万元，因此该项筹划是可行的。

纳税人在降低定价的同时，还可以利用价格上的优势向购买方提出一系列条件，如交纳保证金、提前预付部分款项、签订长期业务合同等，通过成本收益分析，制定完善可行的经营策略，最终使企业获得总体上的良好收益。因此，应税项目的定价是企业在进行纳税筹划时应该考虑的重要因素。纳税人应理性地在应税项目低定价与节税或其他长远利益之间进行权衡，以取得最佳的经济效益。

【案例】A企业是一家大型的运输设备租赁公司，有各种车型可供租赁。B企业是与A企业同在一个地区的旅游服务机构，由于业务的需要，经常向A企业租赁其中型旅游客车，用来接送游客，随团游览。本月，B企业又向A企业租赁该种旅游客车10辆，租期为两个星期，每辆车每星期租赁费用为3 000元，全部租赁费用应为6万元，则A企业应缴纳服务业营业税6×5%=0.3(万元)。

由于A企业与B企业有长期的合作关系，A企业为了降低税收负担，决定降低向B企业收取的租赁费用单价标准，由每辆车每星期租赁费用3 000元降低至每辆车每星期租赁费用2 000元，则本月全部租赁费用应为4万元，这样A企业只需缴纳服务业营业税4×5%=0.2万元，可节税0.1万元。同时A企业向B企业提出预付2万元租赁费，签订5年长期合同等要求，B企业由于能获得明显的价格上的好处，在判定收益大于成本之后，便欣然接受了A企业提出的条件。这样A企业虽然看似短期利益有所损失，但通过这种方式达到了节税的目的，并取得了总体的、长远的利益。

4.2.2 分解营业额

税法规定，营业额每经过一道流转环节就需要以其收取的全部价款和价外费用缴纳一次营业税。营业额中往往包含某些费用，而这些费用并不是企业真正意义上的收入，而是要转手支付给其他提供这些服务的单位，也就是这种费用成本实际上只是企业代收了而已，如果能够分解营业额，合理地将收取的全部价款和价外费用中包含的非经营业务性质收入，特别是那些代收、代垫费用分解出来，从而避免使之成为计税依据，将会取得很好的节税效益。

【税法引用】《中华人民共和国营业税暂行条例》(颁布时间2008年11月10日)第五条　纳税人的营业额为纳税人提供应税劳务、转让无形资产或者销售不动产收取的全部价款和价外费用。但是，下列情形除外：

(一) 纳税人将承揽的运输业务分给其他单位或者个人的，以其取得的全部价款和价外费用扣除其支付给其他单位或者个人的运输费用后的余额为营业额；

(二) 纳税人从事旅游业务的，以其取得的全部价款和价外费用扣除替旅游者支付给其他单位或者个人的住宿费、餐费、交通费、旅游景点门票和支付给其他接团旅游企业的旅游费后的余额为营业额；

(三) 纳税人将建筑工程分包给其他单位的，以其取得的全部价款和价外费用扣除其支付给其他单位的分包款后的余额为营业额；

(四) 外汇、有价证券、期货等金融商品买卖业务，以卖出价减去买入价后的余额为营业额；

（五）国务院财政、税务主管部门规定的其他情形。

第六条　纳税人按照本条例第五条规定扣除有关项目，取得的凭证不符合法律、行政法规或者国务院税务主管部门有关规定的，该项目金额不得扣除。

《中华人民共和国营业税暂行条例实施细则》（颁布时间2008年12月18日）第十三条 条例第五条所称价外费用，包括收取的手续费、补贴、基金、集资费、返还利润、奖励费、违约金、滞纳金、延期付款利息、赔偿金、代收款项、代垫款项、罚息及其他各种性质的价外收费，但不包括同时符合以下条件代为收取的政府性基金或者行政事业性收费：

（一）由国务院或者财政部批准设立的政府性基金，由国务院或者省级人民政府及其财政、价格主管部门批准设立的行政事业性收费；

（二）收取时开具省级以上财政部门印制的财政票据；

（三）所收款项全额上缴财政。

【例4-6】 佛山鑫辉展览公司作为中介服务公司，其主要业务是帮助外地客商在当地举办各种展览会，以推销其商品。2010年4月份，该展览公司在市展览馆举办产品推销会，参展的客户共有400家，共取得营业收入3 500万元。该展览公司取得收入后，要支付给展览馆租金等费用1 500万元。请为佛山鑫辉展览公司进行筹划，以减少营业税的缴纳。

【解答过程】

（1）纳税筹划前的税负分析

由于该展览公司取得的收入属于中介服务收入，应按“服务业”税目计算缴纳营业税，其应缴纳营业税=3 500×5%=175(万元)。

（2）纳税筹划方案

该展览公司在发出办展通知时，可以规定参展的客户分别交费，其中2 000万元服务收入汇到展览公司，由展览公司给客户开具发票．另外1 500万元直接汇给展览馆，由展览馆给客户开具发票。但是，改变收款模式可能会给展览馆增加收款工作，双方可以洽谈回报方式。

（3）纳税筹划后的税负分析

经过纳税筹划后，1 500万元营业额经过形式上的转换则不需要缴纳营业税，该展览公司只需就取得的提供服务的收入2 000万元缴税，其应缴纳营业税：2 000×5%=100(万元)。在保证双方收入不变、客户和展览馆的税负不变的前提条件下，该展览公司可少缴纳营业税75(即175-100)万元。

由此可知，对某些要支付租金的营业活动，可以通过分解应税营业额，达到合法节约税收之效。

4.2.3　增大扣除项目金额

营业税法中根据某些业务的具体特点制定了若干“税前扣除”的特殊规定，即规定某些营业税的应税项目的收入有扣除额，是按差额来征税的，即：收入总额-扣项额=余额(计税依据额)。所以，纳税人应注意用足这些“扣除”政策，并在收入总额一定的情况下增大扣除项目，从而应税的余额(计税依据额)就会相应地减小，应纳营业税也会减小。通常采用的筹划思路是：在不影响对方收益及税收的前提下，使对方作出相应改变，如改变对方收入项目的构成或改变发票的开具，增大扣除项目，减小计税依据、减少税收。

【税法引用】《财政部、国家税务总局关于营业税若干政策问题的通知》（财税〔2003〕16号）第三条关于营业额问题，对营业税可以实行抵扣的情形进行了如下明确规定。

（1）单位和个人提供营业税应税劳务、转让无形资产和销售不动产发生退款，凡该项退款已征收过营业税的，允许退还已征税款，也可以从纳税人以后的营业额中减除。

(2) 单位和个人在提供营业税应税劳务、转让无形资产、销售不动产时，如果将价款与折扣额在同一张发票上注明的，以折扣后的价款为营业额；如果将折扣额另开发票的，不论其在财务上如何处理，均不得从营业额中减除。

电信单位销售的各种有价电话卡，由于其计费系统只能按有价电话卡面值出账并按有价电话卡面值确认收入，不能直接在销售发票上注明折扣折让额，以按面值确认的收入减去当期财务会计上体现的销售折扣折让后的余额为营业额。

(3) 单位和个人提供应税劳务、转让无形资产和销售不动产时，因受让方违约而从受让方取得的赔偿金收入，应并入营业额中征收营业税。

(4) 单位和个人因财务会计核算办法改变将已缴纳过营业税的预收性质的价款逐期转为营业收入时，允许从营业额中减除。

(5) 保险企业已征收过营业税的应收未收保费，凡在财务会计制度规定的核算期限内未收回的，允许从营业额中减除。在会计核算期限以后收回的已冲减的应收未收保费，再并入当期营业额中。

(6) 保险企业开展无赔偿奖励业务的，以向投保人实际收取的保费为营业额。

(7) 中华人民共和国境内的保险人将其承保的以境内标的物为保险标的的保险业务向境外再保险人办理分保的，以全部保费收入减去分保保费后的余额为营业额。

境外再保险人应就其分保收入承担营业税纳税义务，并由境内保险人扣缴境外再保险人应缴纳的营业税税款。

(8) 金融企业(包括银行和非银行金融机构，下同)从事股票、债券买卖业务以股票、债券的卖出价减去买入价后的余额为营业额。买入价依照财务会计制度规定，以股票、债券的购入价减去股票、债券持有期间取得的股票、债券红利收入的余额确定。

(9) 金融企业买卖金融商品(包括股票、债券、外汇及其他金融商品，下同)，可在同一会计年度末，将不同纳税期出现的正差和负差按同一会计年度汇总的方式计算并缴纳营业税，如果汇总计算应缴的营业税税额小于本年已缴纳的营业税税额，可以向税务机关申请办理退税，但不得将一个会计年度内汇总后仍为负差的部分结转下一会计年度。

(10) 金融企业从事受托收款业务，如代收电话费、水电煤气费、信息费、学杂费、寻呼费、社保统筹费、交通违章罚款、税款等，以全部收入减去支付给委托方价款后的余额为营业额。

(11) 经中国人民银行、外经贸部和国家经贸委批准经营融资租赁业务的单位从事融资租赁业务的，以其向承租者收取的全部价款和价外费用(包括残值)减除出租方承担的出租货物的实际成本后的余额为营业额。

以上所称出租货物的实际成本，包括由出租方承担的货物的购入价、关税、增值税、消费税、运杂费、安装费、保险费和贷款的利息(包括外汇借款和人民币借款利息)。

(12) 劳务公司接受用工单位的委托，为其安排劳动力，凡用工单位将其应支付给劳动力的工资和为劳动力上交的社会保险(包括养老保险金、医疗保险、失业保险、工伤保险等，下同)以及住房公积金统一交给劳务公司代为发放或办理的，以劳务公司从用工单位收取的全部价款减去代收转付给劳动力的工资和为劳动力办理社会保险及住房公积金后的余额为营业额。

(13) 通信线路工程和输送管道工程所使用的电缆、光缆和构成管道工程主体的防腐管段、管件(弯头、三通、冷弯管、绝缘接头)、清管器、收发球筒、机泵、加热炉、金属容器等物品均属于设备，其价值不包括在工程的计税营业额中。其他建筑安装工程的计税营业额也不应包括设备价值，具体设备名单可由省级地方税务机关根据各自实际情况列举。

(14) 邮政电信单位与其他单位合作，共同为用户提供邮政电信业务及其他服务并由邮政电信单位统一收取价款的，以全部收入减去支付给合作方价款后的余额为营业额。

(15) 中国移动通信集团公司通过手机短信公益特服号“8858”为中国儿童少年基金会接受捐款业务，以全部收入减去支付给中国儿童少年基金会的价款后的余额为营业额。

(16) 经地方税务机关批准使用运输企业发票，按“交通运输业”税目征收营业税的单位将承担的运输业务分给其他运输企业并由其统一收取价款的，以其取得的全部收入减去支付给其他运输企业的运费后的余额为营业额。

(17) 旅游企业组织旅游团在中国境内旅游的，以收取的全部旅游费减去替旅游者支付给其他单位的房费、餐费、交通、门票或支付给其他接团旅游企业的旅游费后的余额为营业额。

(18) 从事广告代理业务的，以其全部收入减去支付给其他广告公司或广告发布者(包括媒体、载体)的广告发布费后的余额为营业额。

(19) 从事物业管理的单位，以与物业管理有关的全部收入减去代业主支付的水、电、燃气以及代承租者支付的水、电、燃气、房屋租金的价款后的余额为营业额。

(20) 单位和个人销售或转让其购置的不动产或受让的土地使用权，以全部收入减去不动产或土地使用权的购置或受让原价后的余额为营业额。

单位和个人销售或转让抵债所得的不动产、土地使用权的，以全部收入减去抵债时该项不动产或土地使用权作价后的余额为营业额。

【案例】飞跃文化传播公司承接了某广告业务，将该业务设计、制作、发布均交由当地电视台完成。飞跃文化传播公司收到客户付给费用500万元，按其与当地电视台的合同支付给设计、制作费共180万元，付给播放费200万元，共支付380万。

分析：飞跃文化传播公司应纳营业税＝(500－200)×5％＝15(万元)，若能够增大扣除的项目金额，那么就可以减少应纳的营业税了。

筹划方法：因为飞跃文化传播公司从事的是广告代理，根据营业税税法规定，从事广告代理业的，以其全部收入减去支付给其他广告公司或广告发布者(包括媒体、载体)的广告发布费后的余额为计税营业额。根据这个规定，可以将支付给当地电视台的设计制作费调低100万元，相应调高播放费100万元，即支付设计制作费用80万元，播放费300万元，这样付给电视台的总费用不变，同时电视台开给飞跃文化传播公司的发票费用项目也要作出相同的调整，发票调整后电视台的收入和税负是不变的，所以对电视台来说并无影响。

节税效果分析：飞跃文化传播公司应纳营业税＝(500－300)×5％＝10(万元)，节税额＝15－10＝5(万元)。

4.2.4 减少流转环节

税法规定，营业额每经过一道流转环节就需要以其收取的全部价款和价外费用缴纳一次营业税。也就是说，营业税的计税依据是按每次流转额来征收，只要取得营业额，就要缴纳营业税，即凡是流转一次便应征一次营业税，不管其成本、费用的大小和有无利润。所以在税率一定的条件下，营业税额与总的流转额成正相关。减少流转环节的筹划原理是使总的流转额降低，从而使总计税依据降低，以在税率一定的前提下降低总的应纳税额。如果某些经济行为的某个特定环节可有可无，那么就应该省掉这些环节。

【案例】某物业管理公司在为其房地产开发公司代理公共设施维修时，由房地产开发公司将修理费支付给物业管理公司，再由物业管理公司等额支付给修理队，并且物业管理公司在收到维修费时给房地产开发公司开具了发票。

筹划思路分析：由于物业管理公司给房地产开发公司开具了发票，物业管理公司这笔维修费用被主管税务机关认定为应税收入缴纳营业税，但是如果房地产开发公司直接将维修费支付给修理队并要求修理队开具发票，那么物业管理原应缴纳的营业税则可以省掉。这便是将物业管理公司收到款项后再支付给修理队这个不必要的流转环节省掉，使总的流转额降低，达到降低税负的目的。

4.2.5 改变收入性质

在某些条件下，可以通过一系列对经济活动的更改改变营业收入的性质，对其进行转化，使之不再成为营业税的应税收入。例如，根据《营业税暂行条例实施细则》第11条规定，单位以承包、承租、挂靠方式经营的，承包人、承租人、挂靠人(以下统称承包人)发生应税行为，承包人以发包人、出租人、被挂靠人(以下统称发包人)名义对外经营并由发包人承担相关法律责任的，以发包人为纳税人，否则以承包人为纳税人。但《营业税暂行条例实施细则》第10条规定，除本细则第11条和第12条的规定外，负有营业税纳税义务的单位为发生应税行为并收取货币、货物或者其他经济利益的单位，但不包括单位依法不需要办理税务登记的内设机构。根据这条税法规定，如果承包者或承租者未领取任何类型的营业执照，且不办理税务登记证，而作为企业的内设机构来处理，这样企业向其提供各种资产所收取的各种名目的价款均属于企业内部分配行为，不属于租赁行为，该项收入则转化为了非应税收入，不需要缴纳营业税。

【例4-7】 某宾馆将其所属的一栋饭店出租，该饭店的房产原值为500万元。职工李某经过竞标，以年租金50万元获得6年的承租权。根据双方事先约定，李某在财务上独立核算，享有独立的生产经营权。针对出租饭店这项业务，该宾馆每年应缴纳的税款如下：应缴纳营业税＝50×5%＝2.5(万元)；应缴纳城建税和教育费附加＝2.5×(7%＋3%)＝0.25(万元)；应缴纳房产税＝50×12%＝6(万元)；该宾馆共应缴纳税款＝2.5＋0.25＋6＝8.75(万元)。该宾馆应如何进行纳税筹划?

【解答过程】该宾馆可以要求李某既不办理独立营业执照，亦不办理税务登记证，同时也不签订租赁合同，每年按时把原来的“上交租金”改为“上交管理费”，把饭店视作该宾馆的内设机构，即仍以宾馆的名义对外经营饭店。李某是该宾馆的内部职工，如果该宾馆把李某经营的饭店作为内设机构来处理，在李某不办理税务登记证的情况下，是不负有营业税纳税义务的。那么宾馆收取李某房屋租金部分的房产税、营业税及其附加就可以免除，只负担房产原值部分的房产税，而此时房产税也以“管理费”形式上交给宾馆，这样宾馆承担的税负就大大降低了。

筹划后，由李某承担的房产原值部分房产税以“管理费”形式上交给宾馆，该宾馆再按规定向地税部门缴纳房产税，该房产税＝500×(1－30%)×1.2%＝4.2(万元)，比筹划前少缴纳税款4.55万元(8.75－4.2)。

因此，对于那些企业内部职工在本企业从事的营业行为，企业可以将其设置为内设机构，在依法不办理税务登记的情况下，既可以免除营业税纳税义务，又可以降低其他部分的税负。

4.2.6 促销方式的选择

为了应对行业竞争，扩大营业额，商家常常会想出各种促销方式，常用的促销方式有：

赠免费消费券、买一赠一、给予价格折扣优惠等。税法规定，对于赠送免费消费券的方式，按照视同销售处理，应全额缴纳营业税；买一赠一方式对客户发放奖金或奖品，增加了企业的现金支出或经营成本，奖金或奖品价值按照视同销售处理，应计入营业额征税；给予客户折扣优惠，企业以折扣后的金额收费并将价款和折扣额开在同一张发票上的，按照折扣后的余额缴纳营业税。

【税法引用】《中华人民共和国营业税暂行条例实施细则》（颁布时间 2008 年 12 月 18 日）第十五条　纳税人发生应税行为，如果将价款与折扣额在同一张发票上注明的，以折扣后的价款为营业额；如果将折扣额另开发票的，不论其在财务上如何处理，均不得从营业额中扣除。

如果能够在促销策划过程中做好税收筹划，可以为企业带来巨大的税收利益。因此，企业在促销策划过程中要选择有利于节税的促销方式，努力实现企业促销策划和税收筹划的有机结合，通过税收筹划帮助企业降低销售成本，减轻企业税收负担。下面通过几个例题来对促销方式的选择筹划进行分析说明。

1）将赠免费消费券促销改为折扣销售

【例 4-8】 某河鲜酒楼的促销方法是赠送给客人与当次消费额度等额的消费券，该免费消费券可下次抵付应付消费款。假设酒楼实收到 1 000 元，但其赠送给客人当次消费额度等额的消费券，可能会被主管税务机关要求按 2 000 元作为应税收入。因为：第一，客人两次实际消费的总额确实为 2 000 元；第二，顾客有两次消费，可分别要求索要两次金额为 1 000 元的发票。所以税务机关会要求酒楼以 2 000 元作为应税收入缴税。那么，酒楼如何通过筹划按照实际发生的收入 1000 元作为应税收入呢？

【解答过程】 该酒楼应考虑实行有条件的折扣销售。具体的做法就是给予愿意等额再次消费者 5 折优惠，即本次消费 1 000 元给予 5 折优惠，仅收取 500 元，但需要预付下次消费的款项 500 元，并且本次发给下次消费已预付款项的凭据，两次分别按 500 元开具发票，一共开具 1 000 元的发票。

节税效果分析：通过有条件的折扣销售，对消费者来说，仍能以相同的价格 1 000 元获取两次消费，酒楼可以达到促销目的；对酒楼来说，在达到促销目的的同时，仍能以 1 000 元作为应税收入，而且作为消费者下次消费的 500 元的预收收入在预收时可不发生纳税义务，在下次实现销售时才纳税，获取了资金的时间价值。

2)将免费赠送改为捆绑销售

【例 4-9】 新飞电讯公司为了提高手机的销售额，策划了一个促销方案：推出“预交话费送手机”业务，即凡在新飞电讯公司交纳 5 000 元的电话费，便可免费获得一部新手机(该种手机的市场销售价格为 2 500 元)，这种促销方式使得公司的销售额激增。请从税负角度分析如何进行筹划可以使得新飞电讯公司的利益最大化?

【解答过程】 采用这一方案，新飞电讯公司需要交纳的税款有：①5 000 元电话费要按 3%的税率缴纳营业税，税额为 $5\ 000 \times 3\% = 150$(元)。②按现行税法的有关规定，电信单位销售无线寻呼机、移动电话，并为客户提供电信服务的，应缴纳营业税。因此，对赠送的手机要视同销售，也要按 3%的税率缴纳营业税，税额为 $2\ 500 \times 3\% = 75$(元)。

采用筹划方案如下：新飞电讯公司如果将电话费和手机捆绑销售，即卖“手机＋两年的电话费＝5 000 元”，这样该电讯公司就可以按 5 000 元来缴纳 3%的营业税 150 元，而无需交纳赠送手机视同销售部分的营业税，则每部手机可以节约营业税 75 元。假如该公司一年可以销售 5 万部手机，则每年可节省营业税 375 万元。

4.3　建筑业的纳税筹划

建筑业是指建筑安装工程作业。建筑业务是使用建筑材料建造建筑物、构筑物并对其进行修缮、装饰以及安装各种设备工程作业的劳务活动，包括建筑、安装、修缮、装饰和其他工程作业5项内容。建筑业务的计税依据是从事建筑业务所取得的全部收入，适用税率为3%。建筑业的纳税筹划是营业税筹划的重要内容。

4.3.1 建筑工程承包合同的筹划

工程承包公司对工程的承包有两种形式。第一种是由工程承包公司同建设单位签订承包合同，然后将设计、采购等项工作分别转包给其他单位，工程承包公司负责各环节的协调与组织。工程承包公司有的自身没有施工能力，或者自身虽有施工力量但不参与该项工程的施工，将所有设计、采购、施工等业务全部转包给其他单位，自身只从事协调或组织工作。有的自身有一定的施工力量且参与了该项工程的施工，但仍将其中的大部分施工任务转包给其他单位。工程承包公司的收入主要是总承包金额与分包金额之间的差额。第二种形式是工程合同由施工单位同建设单位签订，工程承包公司负责设计及对建设单位承担保证，并向施工单位按工程总额的一定比例收取管理费。

对于第一种形式，即工程承包公司作为工程总承包人同建设单位签订合同，无论其是否具备施工力量，是否参与工程施工业务，对其取得的全部收入，按建筑业税目征收营业税，而不按服务业税目征收营业税。对于第二种形式，即工程承包公司不作为工程总承包人，不与建设者签订工程承包合同，而仅作为建设单位与施工企业的中介人，无论工程承包公司是否具备施工力量，一律按“服务业”税目中的“代理服务”项目征收营业税。也就是说对工程承包公司与建设单位是否签订承包合同，将营业税划分成两个不同的税目。如果工程承包公司与建设单位签订建筑安装工程承包合同，无论其是否参与施工，均应按“建筑业”税目征收营业税；如果施工单位与建设单位签订承包建筑安装工程合同，工程承包公司只是负责工程的组织协调业务，对工程承包公司的此项业务则按“服务业”税目征收营业税。根据营业税规定：“建筑业的总承包人将工程分包或转包给他人的，以工程的全部承包额减去付给分包人或者转包人的价款后的余额为营业额。”建筑业适用的税率是3%，服务业适用的税率是5%。这就为工程承包公司进行避税筹划提供了契机。

【税法引用】《中华人民共和国营业税暂行条例》（颁布时间2008年11月10日）第五条　纳税人的营业额为纳税人提供应税劳务、转让无形资产或者销售不动产收取的全部价款和价外费用。但是，下列情形除外：

（一）纳税人将承揽的运输业务分给其他单位或者个人的，以其取得的全部价款和价外费用扣除其支付给其他单位或者个人的运输费用后的余额为营业额；

（二）纳税人从事旅游业务的，以其取得的全部价款和价外费用扣除替旅游者支付给其他单位或者个人的住宿费、餐费、交通费、旅游景点门票和支付给其他接团旅游企业的旅游费后的余额为营业额；

（三）纳税人将建筑工程分包给其他单位的，以其取得的全部价款和价外费用扣除其支付给其他单位的分包款后的余额为营业额；

（四）外汇、有价证券、期货等金融商品买卖业务，以卖出价减去买入价后的余额为营业额；

（五）国务院财政、税务主管部门规定的其他情形。

两种形式适用的营业税税目和税率不一样，营业税税负也不一样。获取中介费收入的营业税税负重于获取承包收入的总承包单位的税负。然而，这两者之间是可以转换的。施工企业以其资力和实力获取工程承包资格，再部分转包给其他施工单位，具有中介性质，如果中介方也具有施工能力和施工资格，就应该尽力避免中介收入，或者将中介收入转化为承包收入。

【案例】 开泰工程承包公司某年5月承揽一办公大楼的建筑工程，工程总造价为1 800万元，施工单位为金达建筑公司，承包金额为1 500万元。

如果开泰工程承包公司与金达建筑公司未签订分包合同，开泰工程承包公司只负责组织协调业务，收取中介服务费，则300万元的收入应属“服务业”税目，适用5%的税率，此时应纳税额为：300×5%＝15(万元)。

如果开泰工程承包公司与金达建筑公司签订了分包合同，则开泰工程承包公司应纳营业税适用3%的税率，应纳税额为：(1 800－1 500)×3%＝9(万元)。

签订分包合同，可以使开泰工程承包公司节税：15－9＝6(万元)。

值得注意的是，进行工程承包合同的纳税筹划，关键是企业在签订与工程相关的合同时应尽量避免签订服务合同。由于营业税属于价内税，营业额包括所收取的全部价款和价外费用，但对建筑业规定了分包或者转包的扣除。因此，纳税人在签订分包或者转包合同时，要注意此条款的应用。此外，纳税人在签订合同时一定要注意合同内容与税法规定内容相符，注意总包与分包合同条款的完整性。

4.3.2 建筑安装业的筹划

国家税务总局于2002年9月下发了《关于纳税人销售自产货物提供增值税应税劳务并同时提供建筑业劳务征收流转税问题的通知》(国税发〔2002〕117号)，其中规定：自2002年9月1日起，凡具备建设行政部门批准的建筑业施工(安装)资质，且签订建设工程总包或分包合同中单独注明建筑业劳务价款的纳税人，在以签订建设工程施工总包或分包合同方式开展经营活动时，销售自产货物，提供增值税应税劳务并同时提供建筑业劳务的，对销售自产货物和提供增值税应税劳务取得的收入征收增值税，提供建筑业劳务收入征收营业税；对不具备建设行政部门批准的建筑业施工(安装)资质或签订建设工程施工总包或分包合同中未单独注明建筑业劳务价款的，对纳税人取得的全部收入征收增值税，不征收营业税。

自产货物是指：(1)金属结构件，包括活动板房、钢结构房、钢结构产品、金属网架等产品；(2)铝合金门窗；(3)玻璃幕墙；(4)机器设备、电子通讯设备；(5)国家税务总局规定的其他自产货物。

因此，对建筑安装业的筹划思路是：如果纳税人在承接建筑、安装、修缮、装饰及其他工程作业时以自产货物为材料或设备，纳税人首先应向建设行政部门申请使其具备建筑业施工(安装)资质；同时纳税人在签订建设工程施工合同时，应将建筑业劳务价款单独注明，并且在工程总价款不变的情况下，尽量压低材料或设备的销售价款，提高建筑业劳务价款。但需要注意的是，自产货物的销售价款与建筑业劳务价款的分配应在合理的范围内，不能偏离正常的标准。

【例4-10】 某企业为增值税一般纳税人，主要生产铝合金门窗并负责安装，企业具备建设行政部门批准的建筑业安装资质。2008年3月份企业承接了一幢大厦的铝合金门窗安装业务，该企业与建设单位签订的合同中规定：由企业提供铝合金门窗并负责安装，含税总价款117万元。2008年6月份工程完工并按合同规定取得价款117万元，假设该企业当期可抵扣的进项税额为10万元，请问该企业应缴纳的流转税是多少？企业应如何筹划使自己的税负减轻呢？

【解答过程】由于该企业虽然具备建设行政部门批准的建筑业安装资质，但在签订的施工合同中未单独注明安装劳务的价款，因此，应对合同总价款征收增值税。

企业应缴纳的增值税＝117÷1.17×17%－10＝7(万元)

如果该企业能够改变合同签订内容，注明企业提供的铝合金门窗含税价款105.3万元，安装劳务价款11.7万元，这样工程总价款仍然为117万元，但该企业应缴纳的税款计算如下。

企业应缴纳的增值税＝105.3÷1.17×17%－10＝5.3(万元)

企业应缴纳的营业税＝11.7×3%＝0.351(万元)

可节税＝7－5.3－0.351＝1.349(万元)

如果合同注明的铝合金门窗含税价款为93.6万元，安装劳务价款为23.4万元，则企业应缴纳的税款计算如下。

企业应缴纳的增值税＝93.6÷1.17×17%－10＝3.6(万元)

企业应缴纳的营业税＝23.4×3%＝0.702(万元)

可节税＝7－3.6－0.702＝2.698(万元)

若考虑城建税与教育费附加，企业节税会更高。

由此可见，在工程总价款不变的情况下，尽量压低材料或设备的销售价款，提高建筑业劳务价款，使增值税向营业税转化，可以得到更多的节税收益。

2008年底，我国在进行增值税和营业税制改革时，对既有政策作了较大调整。《中华人民共和国增值税暂行条例实施细则(2008)》第五条、第六条以及《营业税条例实施细则(2008)》第六条、第七条都明确规定：纳税人销售自产货物并同时提供建筑业劳务或者提供建筑劳务并同时销售自产货物的，应当分别核算货物的销售额和应税建筑业劳务的营业额，并根据其销售货物的销售额以及应税建筑业劳务的营业额分别计算缴纳增值税和营业税，未分别核算的，由主管税务机关核定销售货物的销售额与建筑劳务的营业额，并分别计算征收增值税与营业税。也就是说，自2009年1月1日起，纳税人销售自产货物并同时提供建筑业劳务或者提供建筑劳务并同时销售自产货物，无论纳税人是否拥有建筑业施工(安装)资质，也不管纳税人是否在所签订的建设工程总包或分包合同中单独注明建筑业劳务价款，都可以分别征税。不仅如此，对于自产的货物也没有任何限制。因此，目前筹划的思路是，将销售自产货物的价款与提供建筑业劳务的营业额分开核算，在工程总价款不变的情况下，尽量压低材料或设备的销售价款，提高建筑业劳务价款，但价格调整要在合适的范围之内。

【案例】2010年8月某单位从事铝合金门窗生产并负责建筑安装，以签订建筑合同的方式取得经营收入，其经营方式有3种可供选择。

【方案一】分别成立独立核算的生产企业和建筑安装企业。假设生产企业是增值税一般纳税人，2010年含税销售收入为1 170万元(全部销售给建筑安装企业)，增值税进项税额为120万元。建筑安装企业取得铝合金门窗建筑安装收入1 400万元(包含购进材料成本1 170万元)。此方案税收负担为(仅考虑增值税和营业税，下同)：

生产企业应缴增值税＝1 170÷(1＋17%)×17%－120＝50(万元)

建筑安装企业安装铝合金门窗应当按“建筑业”税目征收营业税。《营业税暂行条例实施细则》规定：“纳税人提供建筑业劳务(不含装饰劳务)的，其营业额应当包括工程所用原材料、设备及其他物资和动力价款在内。”因此，对建筑安装企业征收营业税时不得剔除“外购”成本。所以，建筑安装企业应缴营业税为：1 400×3%＝42(万元)。

方案一合计税收负担为92万元(50＋42)。

【方案二】将生产企业和建筑安装企业合并为一个企业。假设该企业是增值税一般纳税人，2010年取得混合销售收入1 400万元，其中建筑业劳务价款230万元，销售铝合金门窗收入1 170万元，增值税进项税额为120万元。

《营业税条例实施细则(2008)》规定："纳税人销售自产货物并同时提供建筑业劳务或者提供建筑劳务并同时销售自产货物的，应当分别核算货物的销售额和应税建筑业劳务的营业额，并根据其销售货物的销售额以及应税建筑业劳务的营业额分别计算缴纳增值税和营业税，未分别核算的，由主管税务机关核定销售货物的销售额与建筑劳务的营业额，并分别计算征收增值税与营业税。"

企业应缴增值税＝(1400－230)÷(1＋17％)×17％－120＝50(万元)

应缴营业税＝230×3％＝6.9(万元)

方案二合计税收负担为56.9万元(50＋6.9)。

【方案三】将生产企业和建筑安装企业合并为一个企业。假设该企业是增值税一般纳税人，2010年取得混合销售收入1 400万元，其中建筑业劳务价款330万元，销售铝合金门窗收入1 070万元，增值税进项税额为120万元。

企业应缴增值税＝(1 400－330)÷(1＋17％)×17％－120＝35.47(万元)

应缴营业税＝330×3％＝9.9(万元)

方案三合计税收负担为45.37万元(35.47＋9.9)。

由此可见，方案三税负最轻。纳税人销售自产货物并同时提供建筑业劳务时，无须成立独立核算的生产企业和建筑安装企业，以混合销售形式更加节税。同时在工程总价款不变的情况下，建筑业劳务分配的款项越高，则应交增值税的产品收入越低，从而应纳增值税与应纳营业税总额有所降低。

4.3.3 科学利用营业额项目

由于营业税的计算公式是：应缴营业税＝应税营业额×税率，各个行业(包括施工企业)利用税率进行税收筹划的空间相对较小，所以，营业额的确定是决定营业税税负大小的关键因素，要降低营业税的税负，最直观的方法就是降低应税营业额。可以通过降低材料费用和建设方购买安装工程设备的方法来降低营业额，利用营业额进行营业税的纳税筹划也能起到比较好的效果。

【税法引用】《中华人民共和国营业税暂行条例实施细则》(颁布时间2008年12月18日)第十六条 除本细则第七条规定外，纳税人提供建筑业劳务(不含装饰劳务)的，其营业额应当包括工程所用原材料、设备及其他物资和动力价款在内，但不包括建设方提供的设备的价款。

1. 降低材料费用

根据税法规定，除提供建筑劳务并同时销售自产货物外，纳税人提供建筑业劳务(不含装饰劳务)的，其营业额应当包括工程所用原材料、设备及其他物资和动力价款在内。也就是说，除了装饰劳务外，无论是包工包料工程还是包工不包料工程，营业额均应包括工程所用的原材料及其他动力的价款。纳税人从事该业务时，应该严格控制工程原料的预算开支，尽量降低工程材料、物资等的价款，从而减少营业税的税基。

所谓包工包料，是指建设单位不负责供应材料，而由施工企业自行采购并进行施工的工程，这种承包方式取得的收入包括料、工、费的收入；包工不包料，是指建筑材料由建设单位提供，施工企业只负责施工的工程，这种承包方式取得的收入没有材料部分，只有人工费收入。包工包料工程和包工不包料工程的最大区别在于是否将材料的供应纳入施工企业的施工过程中。一项工程使用同样的原材料，由于材料的供应渠道不同，建设单位一般是直接从市场上购买，价格较高，这必然会使施工企业的计税依据较高，而施工企业则可以与材料供应商建立长期合作关系，由于利益上的原因，供应商往往可以给予比较优惠的价格，这样就可以降低计入营业税计税依据的原材料的价值，从而达到节税的目的；另一方面，由于施工企业作业具有一定的相似性，所消耗的原材料也具有一定的重复使用的可能，如果企业通过精打细算，严格控制工程原材料的预算开支，提高原材料及其他材料的使用效率，做到一物多用或者在多项工程中重复使用，也可以降低工程材料、物资等价款，从而减少应计税营业额，达到营业税的节税目的。

【小词典】

按照《财政部、国家税务总局关于纳税人以清包工形式提供装饰劳务征收营业税问题的通知》(财税〔2006〕114号)的规定，纳税人采用清包工形式提供的装饰劳务，按照其向客户实际收取的人工费、管理费和辅助材料费等收入(不含客户自行采购的材料价款和设备价款)确认计税营业额。清包工形式提供的装饰劳务是指工程所需的主要原材料和设备由客户自行采购，纳税人只向客户收取人工费、管理费及辅助材料费等费用的装饰劳务，因而财税〔2006〕114号实际上也作了这样的规定：对于清包工劳务以外的装饰工程，仍然必须按照包含工程所用原材料、设备及其他物资和动力价款在内的全部价款和价外费用作为计税营业额。因而，经过分析也可以发现，《营业税条例实施细则(2008)》不仅仅包括财税〔2006〕114号所规定的清包工装饰劳务的营业税政策，而且还进一步调整了装饰劳务的营业税政策，即从2009年1月1日起，所有的装饰劳务，其计税营业额中都不包括工程所用原材料、设备及其他物资和动力价款在内。

【例4-11】 施工单位甲为乙单位建造一座房屋，总承包价款为500万元；另外，工程所需材料由乙单位购买，价款为300万元。工程结束、价款结清后，施工单位甲应纳营业税税额为：$(500+300)\times3\%=24$(万元)。施工单位甲应该如何进行税收筹划？

【解答过程】甲作为施工单位，熟悉建材市场，完全可利用其优势买到物美价廉的原材料，因此在施工过程中应由甲购买工程所需材料，即将原来的包工不包料工程改为包工包料工程，由施工单位购买原材料。

假设甲购买同样的原材料只需价款250万元，工程结束、价款结清后，施工单位甲应纳营业税税额为：

$$(500+250)\times3\%=22.5(\text{万元})$$

与筹划前相比较，施工单位甲可节税：$24-22.5=1.5$(万元)。

利用该种筹划方法需要注意的问题是，施工单位在与建设单位签订建筑合同时，应当尽量争取能够提供基本建设材料，即采用包工包料形式。这样施工单位才有主动权对具有节税空间的原材料价款进行筹划，通过降低原材料成本来减少税基、降低税负。

2. 建设方购买安装工程设备

根据税法规定，从事安装工程作业，其营业额应当包括工程所用原材料、设备及其他物资和动力价款在内，但不包括建设方提供的设备的价款。也就是说，如果安装工程的设备由施工方购买，则安装工程的营业额包括设备价款；如果安装工程的设备由建设方购买，则设备价款可以不包括在安装工程的营业额中。因此，筹划的思路是，安装企业在从事安装工程作业时，尽量不要自行购买设备，可由建设单位提供机器设备，建筑安装企业只负责安装，取得的只是安装费收入，使其营业额中不包括所安装设备的价款，从而达到节税的目的。

【例 4-12】 广东信通安装公司与民安机械厂签订了一份生产线安装合同。合同约定，信通安装公司为民安机械厂安装一条生产线，安装合同总价款为 3 500 万元，由信通安装公司代民安机械厂购买安装用机器设备，价款为 3 000 万元，安装劳务费为 500 万元。安装生产完工验收合格后，民安机械厂一次性支付合同总价款 3 500 万元给信通安装公司。信通安装公司应纳多少营业税？如何进行纳税筹划？

【解答过程】

（1）因信通安装公司代民安机械厂购买安装用机器设备 3 000 万元，由施工方购买设备，则施工方的营业额中需包含设备价款。信通安装公司应纳营业税为：

应纳营业税税额＝3 500×3%＝105(万元)

（2）将信通安装公司代民安机械厂购买安装用机器设备的 3 000 万元改为：民安机械厂自行购买机器 3 000 万元，从而降低信通安装公司的营业额，只就安装劳务费 500 万元缴纳营业税。

方案：两公司可重新签订安装合同，内容改为：安装用机器设备由民安机械厂提供，安装生产线完工验收合格后，民安机械厂一次性支付安装劳务费 500 万元给信通安装公司。按此合同，信通安装公司应缴纳营业税为：500×3%＝15(万元)

筹划后，信通安装公司少缴纳营业税 90 万元(105－15)

【小词典】《营业税条例实施细则(1993)》第十八条规定：“纳税人从事安装工程作业，凡所安装的设备的价值作为安装工程产值的，其营业额应包括设备的价款在内。”2008 年底制定并于 2009 年 1 月 1 日起施行的《中华人民共和国营业税暂行条例》对建筑业营业税政策作了重大调整，其中最主要的变化即是调整了建筑业营业税的计税依据。《中华人民共和国营业税暂行条例实施细则(2008)》第十六条则规定，除提供建筑劳务并同时销售自产货物外，纳税人提供建筑业劳务(不含装饰劳务)的，其营业额应当包括工程所用原材料、设备及其他物资和动力价款在内，但不包括建设方提供的设备的价款。

比较两者的规定，可以发现其中的变化。设备价款是否作为计税营业额不再以该设备价款是否计入产值，而是以其来源即是由施工方购置还是由建设方购买作为判断标准。应该说这种调整是非常有效的。以是否计入产值作为标准是很难监控的，纳税人在与建设方进行工程结算时可能宣称相关的设备不计入产值，但是在税务机关按照不含设备价款在内的工程款计征税款之后却仍可能将相关的设备计入产值，税务机关进行税款补征，虽然也会减少税收流失，但是这种监督却是一种事后监督，监督效果有限。而现在调整为以购买方为标准，则直接将监督环节前移了。不仅如此，设备由谁购买判断起来也相对容易，至少在形式上如此。比如说发票上的购买人、付款凭证上的付款人、运输单据上的托运人等，都是可以参考和判别的。

还需要提醒纳税人注意的是，《财政部、国家税务总局关于营业税若干政策问题的通知》(财税〔2003〕16 号)第三条第(十三)项所作的变通性规定并未作废，即通信线路工程和输送管道工程所使用的电缆、光缆和构成管道工程主体的防腐管段、管件(弯头、三通、冷弯管、绝缘接头)、清管器、收发球筒、机泵、加热炉、金属容器等物品均属于设备，其价值不包括在工程的计税营业额中。其他建筑安装工程的计税营业额也不应包括设备价值，具体设备名单可由省级地方税务机关根据各自实际情况列举。

4.3.4 将劳务安排在境外

税法规定，外国企业接受我国境内企业委托进行建筑、工程等项目的设计，除设计开始前派员来我国进行现场勘察、搜集资料、了解情况外，设计方案、计算、绘图等业务全部在境外进行，设计完成后，将图纸交给境内企业。在这种情况下，可以从宽掌握，对外商从我国取得的全部营业收入不征收营业税。这一规定无疑有助于国内施工企业需要外单位帮助设计图纸情况下税收筹划手法的进行。

施工企业，特别是有境外子公司的施工企业，可以充分利用营业税的这一政策，尽量将工程的设计业务转移到税负较低的境外子公司进行，并且要准确核算，从而规避营业税的税负。设计业务较多而在境外没有子公司的施工企业可以在税负较低的境外(如境外避税港)设立规模较小的子公司从事设计业务来减少营业税税负。

【案例】甲公司拟进行一项工程建设，首先委托国内建筑企业A为其设计图纸。双方就此事签订合同，合同金额为150万元。如果A建筑企业仅仅设计图纸，应按5%缴纳营业税。取得收入后，A应纳的营业税为7.5万元(150×5%)。

若A进行纳税筹划，在香港设立一规模较小的子公司B，然后让B与甲公司签订设计合同。终了之后，甲公司付给B设计费150万元。依据有关规定，在这种情况下，B不负有营业税纳税义务。于是，通过筹划，A企业可少缴纳营业税7.5万元。

【国外筹划趣闻】某外国企业与我国境内某公司签订合同。合同规定，外国企业将其在境外收集、编辑的各种信息资料(外汇牌价、股票行情等)从境外传输给某公司。外国企业同时向某公司租赁终端显示设备。某公司通过终端显示设备及程序随时阅读自己所需的有关信息资料并定期支付信息订阅费。该外国企业收取设备租金30万元，信息订阅费60万元。由于外国公司向某公司提供的各种信息资料是在我国境外收集、编辑、处理的，信息的传输是通过设在用户的终端显示设备进行的，且由某公司自己进行具体操作，因此，提供信息服务的活动属于境外进行，根据营业税劳务发生地原则，该项信息订阅费也不征收营业税。

4.3.5 施工企业纳税时间筹划

同一笔税款，尽量延迟交付可以取得资金的时间价值，这些资金暂时留在企业里，可以减轻企业流动资金短缺的压力，或者可以减少企业在银行等机构的贷款，减少财务费用。所以，利用税法关于纳税义务发生时间的规定，合理选择对本企业有利的结算方式，将纳税义务发生时间尽量往后推迟，也是一种重要的税收筹划方法。另外，由于施工企业作业周期长、耗费资金大，所以很多施工企业都采用预付工程款、分期结算等方式，纳税时间的选择对施工企业则显得尤为重要。

营业税的纳税义务发生时间为纳税人收讫营业收入款项或者取得索取营业收入款项凭据的当天。施工企业适用的营业税纳税义务发生时间具体规定如下。

(1) 一次性结算价款的工程的纳税义务发生时间。实行合同完成后一次性结算价款办法的工程项目，其营业税纳税义务发生时间为施工单位与发包单位进行工程合同价款结算的当天。

(2) 平时预支、月终结算或竣工后结算款项的工程的纳税义务发生时间。实行旬末或月中预支、月终结算或竣工后结算办法的工程项目，其营业税纳税义务发生时间为月份终了与发包单位进行已完工程价款结算的当天。

(3) 分阶段结算价款的工程的纳税义务发生时间。实行按工程形象进度划分不同阶段结算价款办法的工程项目，其营业税纳税义务发生时间为各月份终了与发包单位进行已完工程价款结算的当天。

(4) 其他方式结算价款的工程的纳税义务发生时间。实行其他结算方式的工程项目，其营业税纳税义务发生时间为与发包单位结算工程价款的当天。

根据以上规定，施工企业收到预付备料款和预收工程款时不是施工企业营业税纳税义务发生时间，这就为施工企业进行营业税的税收筹划打开了方便之门。施工企业在选择结算方式时，在保证款项按期到账的前提下，应尽量不将预收款的时间作为结算时间，而将结算时间往后推迟，从而达到使营业税纳税义务发生时间推迟的目的。

当然，结算方式的决定不仅仅由施工企业说了算，还需要施工企业与建设单位很好地协调和协商，以获得税务机关的认可，保证施工企业能选择到有利于本企业的结算方式。

4.4 金融与保险业的纳税筹划

4.4.1 贷款业务的纳税筹划

贷款按资金来源不同，分为一般贷款业务和外汇转贷业务两种。一般贷款业务是指除外汇转贷以外的各种贷款，按规定，其营业额为贷款利息收入。贷款利息收入是指用自有资金或吸收存款发放贷款取得的利息收入。

营业税＝贷款利息收入×税率＝贷款规模×利率×税率

由于一般贷款业务执行的是国家法定利率，故金融企业难以通过降低利率来减少营业额，只得从贷款规模上考虑，以减轻营业税负担。此项收入的筹划方法为，从名义上隐匿或降低贷款规模，再通过其他形式从借款企业取得补偿，以减少利息收入，达到节税的目的。

【案例】信业银行2010年第3季度取得人民币贷款利息收入600 000元，取得美元贷款利息收入20 000美元(假设1美元＝人民币6.5元)，则该季度应纳营业税为：

(600 000＋20 000×6.5)×5％＝36 500(元)

假定信业银行将贷款的一部分转为对企业的投资从而减少利息收入100 000元，以实际投资收益(按规定不需缴纳营业税)的形式获得补偿，则可节省营业税5 000元(100 000×5％)。需要注意的是，此筹划中要避免投资收益被税务机关认定为名义投资收益即固定利润或保底利润，否则仍然要补缴营业税。

外汇转贷业务是指金融企业直接向境外借入外汇资金，然后再贷给国内企业或其他单位、个人。各银行总行从境外借入外汇资金后，通过下属分支机构贷给境内单位或个人使用的，也属于外汇转贷业务。旧营业税条例规定，转贷业务以贷款利息减去借款利息后的余额为营业额。2009年新营业税条例删除了原条例中有关转贷业务差额征税的规定，换言之，转贷业务将按贷款利息全额征税，计算公式与一般贷款业务相同，因此筹划思路也一致。

4.4.2 保险企业的纳税筹划

保险企业纳税筹划运用的节税原理为，提供服务的一方因加大了折扣率，营业税计税收入就减少了，可少缴营业税，同时可相应减少损失，则可能因此稳定或提升利润水平。因而保险业筹划可以利用以下思路：降低保险营业额，以减少应纳营业税款，其减少的营业额用于防止保险理赔。如果保险公司能够减少保险理赔的比例，其税收筹划也应该认为是成功的。

【案例】2011年新华保险公司经营被盗保险业务，全年营业额为500万元，发生客户被盗理赔支出300万元，在不考虑城市维护建设税和教育费附加的情况下，则：

应纳营业税＝500×5％＝25(万元)

净收益＝500－300－25＝175(万元)

如果新华保险公司减少每位客户的保险费用，但相应规定每位客户应到指定的某公司购买一套防盗设备，并按照规定安装在家。该项措施出台后，新华保险公司全年营业额变为300万元，但相应保险理赔支出由于防盗设备的购买而降为100万元，在不考虑城市维护建设税和教育费附加的情况下，则：

应纳营业税＝300×5％＝15(万元)

净收益＝300－100－15＝185(万元)

同时，由于购买防盗设备，新华保险公司又与销售防盗器材的公司建立了良好关系，并可能因此获取部分回扣，该项筹划获得成功。

4.5 娱乐业的纳税筹划

税法上将娱乐业规定为：为娱乐活动提供场所和服务的业务，包括经营歌厅、舞厅、卡拉OK歌舞厅、音乐茶座、台球、高尔夫球、保龄球场、网吧、游艺场等娱乐场所，以及娱乐场所为顾客进行娱乐活动提供服务的业务，娱乐场所为顾客提供的饮食服务以及其他各种服务也按照娱乐业纳税。娱乐业实行5％～20％的幅度税率，自2004年7月1日起，保龄球、台球减按5％的税率缴纳营业税。可以从以下几个方面来进行营业税筹划。

4.5.1 利用幅度税率进行投资筹划

《中华人民共和国营业税暂行条例》规定，娱乐业执行5％～20％的幅度税率，具体适用的税率由各省、自治区、直辖市人民政府根据当地的实际情况在税法规定的幅度内决定。娱乐业是营业税中唯一适用幅度税率的行业，也是唯一由省级政府决定营业税税率的行业。从全国范围看，娱乐业在不同省份税率规定存在差异，这就为投资娱乐业的纳税人提供了税务筹划的空间。例如：广东省规定，歌厅、舞厅、卡拉OK歌舞厅营业税税率15％，高尔夫球、网吧税率10％，游艺、音乐茶座、台球、保龄球场税率5％；辽宁省规定，歌厅、舞厅、卡拉OK歌舞厅、音乐茶座、游艺、网吧营业税税率10％，高尔夫球税率7％，台球、保龄球场税率5％；浙江省和安徽省规定，高尔夫球营业税税率10％，其他娱乐业税率5％；重庆市规定，歌厅、舞厅、卡拉OK歌舞厅、高尔夫球、游艺营业税税率10％，台球、保龄球场、游艺税率5％。由于娱乐业税率各地差异较大，纳税人在投资娱乐项目之前，应通过地税局了解当地税负情况，根据经营项目选择低税率地区设立企业，达到降低税负的目的。

4.5.2 通过另立门户筹划

税法规定，娱乐业的营业额为经营娱乐业收取的全部价款和价外费用，包括门票收费、台位费、点歌费、烟酒、饮料、茶水、鲜花、小吃等收费及经营娱乐业的其他各项收费。例如在卡拉OK歌舞厅，顾客向服务生点食品饮料，最后把它们和娱乐服务一块结账，对于商家而言，大多没有将货物销售纳入经营范围，并且没有单独核算货物的销售额，这项销售行为既涉及食品饮料等应缴纳增值税的货物又涉及娱乐服务这一不应缴纳增值税而应缴纳营业税的劳务，属于混合销售行为。按税法规定，对该混合销售行为只征收营业税，营业税的计税依据是食品饮料和娱乐服务的总营业额。

如果娱乐业能将烟酒、饮料等的销售另立门户，另外办理营业执照，在营业场所旁边为顾客提供销售服务，规模以小规模纳税人为限。娱乐场所在经营范围上主营娱乐服务，同时兼营食品饮料销售，在食品饮料的销售方式上表现为开架销售，以便将食品饮料的销售额单独核算，此时，食品饮料销售就可以按照增值税征收率3%缴纳增值税，不缴纳营业税。而3%的征收率远低于娱乐业的营业税率20%，因而可以达到节税的目的。例如近年来流行的量贩式KTV经营方式，KTV里供应的酒水、零食等由顾客在单独设立的超市中购买，房间按时计费，价格比原有的歌厅消费标准低，量贩式KTV如果把超市零售业务从娱乐业中分离出来，超市必须构成独立纳税人，即超市必须是具有独立法人资格的子公司，不能是娱乐公司的分公司。

【案例】佛山红苹果歌舞厅未开架销售食品饮料，本月销售娱乐服务的同时销售食品饮料，销售总额为1 000万元，其中食品饮料市场售价为300万元。

红苹果歌舞厅应缴纳的营业税＝1000×20%＝200(万元)

若红苹果歌舞厅单独设立超市销售食品饮料，并且独立核算，本期娱乐服务销售额为700万元，食品饮料销售额为300万元。假如超市为小规模纳税人，此时食品饮料销售应按3%的征收率征收增值税。税收计算如下：

红苹果歌舞厅应缴纳的营业税＝700×20%＝140(万元)

超市应缴纳的增值税＝300÷(1＋3%)×3%＝8.74(万元)

两税合计＝140＋8.74＝148.74(万元)

如果超市的会计核算健全，年应缴纳增值税的销售额超过规定的标准，即可申请认定成为一般纳税人。此时超市销售食品饮料时，确认销项税额；采购食品饮料时，按规定可以抵扣进项税额。对于一般纳税人，增值税的税率一般为17%，低于20%，最终食品饮料的增值税应纳税额要比未设立超市时按销售额的20%计算的营业税税额低得多，有时甚至低于超市被认定为小规模纳税人时的增值税税负。假设超市是一般纳税人，食品饮料的采购成本是280万元，税收计算如下：

红苹果歌舞厅应缴纳的营业税＝700×20%＝140(万元)

超市应缴纳的增值税＝300÷(1＋17%)×17%－280÷(1＋17%)×17%＝2.91(万元)

两税合计＝140＋2.91＝142.91(万元)

通过比较不难看出，红苹果歌舞厅在食品饮料销售方式改变前，经营范围上没有货物销售项目，食品饮料销售也按特殊娱乐业项目缴纳营业税，税率较高，使最终的税收负担最重；红苹果歌舞厅在食品饮料销售方式改变后，经营范围上有货物销售项目，对食品饮料设立超市销售单独核算，适用增值税。如果超市是小规模纳税人，按3%的征收率缴纳增值税，如果红苹果歌舞厅是一般纳税人，因为有进项税额的抵减，并且税率17%也低于20%，因此最终税负要比食品饮料销售方式改变前轻得更多。

应该注意的是：对于歌舞厅等娱乐场所而言，食品饮料开架销售这种经营方式的改变只是节税的形式条件，企业因此具备了单独核算食品饮料销售额的管理基础。为了利用兼营销售方式进行税务筹划，企业还要在经营范围上增加货物销售项目并且做税务变更登记，同时在财务会计上真正做到独立核算，才算具备了节税的实质条件。

4.5.3 促销方式的筹划

娱乐业为了应对行业竞争，扩大营业额，常用的促销方式有：发放会员卡、发放消费券、幸运抽奖。目前一些高档会所或俱乐部采用发展会员的方式拓展业务，对入会会员收取资格保证金或会员费，企业在收讫保证金或会员费时发生营业税纳税义务，应将保证金或会员费计入营业额缴税，会员消费时给予折扣优惠，企业以折扣后的金额收费并开具发票，按照折扣后的余额缴纳营业税。娱乐业企业赠送的消费券可以直接抵减消费额，按照视同销售处理，应全额缴纳营业税。娱乐企业采用抽奖的方式对中奖客户发放奖金或奖品，增加了企业的现金支出或经营成本，而且奖金或奖品价值按照视同销售处理，应计入营业额征税；对于客户而言，获得的现金或物质奖励属于偶然所得，应由娱乐业企业按照20%的税率代扣代缴个人所得税，对企业和客户都不利。

【案例】假定张先生在量贩式KTV消费10 000元，按照规定可以在3种奖励方式中选择其一：获得会员卡，享受八折优惠；获得2 000元消费券；获得价值2 000元的奖品。

【方式一】　应纳营业税＝10 000×(1－20%)×20%＝1 600(元)

【方式二】　应纳营业税＝10 000×20%＋2 000×20%＝2 400(元)

【方式三】　应纳营业税＝10 000×20%＋2 000×20%＝2 400(元)

企业代扣代缴个人所得税＝2 000×20%＝400(元)

可见，发放会员卡，使客户直接享受折扣优惠，在促销的同时减轻了企业税负，而且可以吸引客户多次消费，是比较理想的促销方式。

此外，娱乐企业还可以通过多接受低税率业务来降低税负。营业税中文化体育业的税率为3%，远比20%低。娱乐企业可以承办一些文化体育业项目。例如，高尔夫球馆可为国家或是省级等的一些比赛提供场所或是服务，其他的如承办各种展览、培训机构等，都可以起到营业税的筹划效果。比如，高尔夫球馆承办比赛收入100万元，就可以节约100×(20%－3%)＝17(万元)的税收支出。

4.6 交通运输业的纳税筹划

4.6.1 联运业务的纳税筹划

交通运输业包括陆路运输、水路运输、航空运输、管道运输和装卸搬运五大类。税法规定，当运输企业将货物或旅客从境内运往境外时，如果直接运往目的地，则用营业额乘以税率计算营业税税金。如果运输企业在将货物或乘客运往目的地的过程中先将货物或乘客运往境外某地，然后委托境外企业将货物或乘客从该地运往目的地，在这种情况下，以全程运费减去付给境外承运企业运费后的余额为营业额，然后依此计算营业税金。企业间的联运，特别是境外企业参与的联运业务，使节税成为可能。从企业节税角度考虑，应当要求外方扩大国外承运部分的费用从而冲减总运费，然后通过其他形式回报高费用冲减带来的损失，从而达到减少应纳税营业额的目的。

【税法引用】《中华人民共和国营业税暂行条例》(颁布时间2008年11月10日)第五条(一)纳税人将承揽的运输业务分给其他单位或者个人的，以其取得的全部价款和价外费用扣除其支付给其他单位或者个人的运输费用后的余额为营业额。

【例4-13】 某工厂和飞翔运输公司签订一项货物运输合同，合同规定，飞翔运输公司负责将工厂货物运往某国B地，总运费为80万元人民币，飞翔运输公司将货物运往某国A地以后，委托该国另一家志宏运输公司将货物运往B地，同时支付运费20万元，则飞翔运输公司该项业务应纳营业税为：

$$(80-20)\times 3\%=1.8(\text{万元})$$

如果支付给国外志宏运输公司运输费为40万元，则应纳营业税为：

$$(80-40)\times 3\%=1.2(\text{万元})$$

两者相比，节税1.8－1.2＝0.6(万元)

第二年，飞翔运输公司再将这家志宏运输公司收购为全资子公司，国内公司虽然收入减少，但可以从其他方面得到补偿。

4.6.2 改变税目的筹划

营业税中某个项目的特征发生某些细微变化，就会由一个税目转变为另一个税目，从而导致适用税率的变化。所以可以通过改变某个项目的特征来改变其适用的税目，以改变其对应税率，适用更低的税率，实现节税。

服务业税率为5％，而交通运输业适用税率为3％，如能将服务业转化为交通运输业则可以节税。比如车站、码头、机场的仓储、保管收入应该适用服务业税目，按照5％的税率纳税；而其装卸收入是适用交通运输业税目，按照3％的税率纳税。筹划时可以通过调整仓储保管费用与装卸费用的构成，将收取的仓储、保管费用降低，适当提高装卸费用。这样，实质上是实现了将仓储、保管收入适用的服务业税目转化为适用交通运输业税目，按照低税率纳税。

对于物流企业，由于季节性工作量的差异，物流企业往往将部分闲置的机器设备出租。按照税法规定，财产租赁应按“服务业—租赁”5％的税率缴纳营业税，如能按照装卸作业则只需按照“交通运输业”缴纳3％的营业税。

【例4-14】 A物流公司决定将两台大型装卸设备以每月10万元的价格出租给客户甲，租期为半年。A物流公司应当收取租金：10×6＝60(万元)。客户甲除需支付60万元的租赁费，还需安排2名操作人员，两人半年的工资为6万元。请问应如何进行纳税筹划对双方都有利?

【方案一】 按照租赁合同执行，则A物流公司应缴纳的营业税为60×5％＝3(万元)，应纳城市维护建设税及教育费附加为3×(7％＋3％)＝0.3(万元)。合计应纳税为3.3万元。该公司纯收入为60－3.3＝56.7(万元)。

【方案二】 如果A物流公司将租赁合同变为异地作业合同，由物流公司派遣两名操作人员并支付工资6万元，为客户甲提供装卸服务的同时收取66万元服务费，则A物流公司按“交通运输—装卸搬运”税目应缴纳营业税为66×3％＝1.98(万元)，缴纳城市维护建设税及教育费附加为1.98×(7％＋3％)＝0.198(万元)。该公司的纯收入为：66－6－1.98－0.198＝57.822(万元)，与未筹划前相比增收1.122(万元)。而且客户甲不需要安排操作人员，虽然支付的费用相同，但是省去了很多不必要的麻烦，对合作双方都有利。

4.7 转让无形资产和销售不动产的纳税筹划

4.7.1 转让无形资产的筹划

无形资产指企业拥有或者控制的没有实物形态的可辨认非货币性资产。无形资产在许多企业的资产总额中占有较大的比重，在生产经营中的地位越来越重要，因此，无形资产纳税筹划已成为纳税筹划中的重要组成部分，日益受到企业经营者的关注和重视。在无形资产转让过程中涉及营业税的筹划，下面分析具体筹划方法。

1. 利用转让定价进行纳税筹划

专利、专有技术等无形资产具有“独此一家”的特点，其价格不具有可比性，因此在定价时的灵活性较大。在进行无线资产转让时，应该尽量压低转让定价，这样可以降低以转让价格为基础的营业税等税负，之后再通过其他方式取得补偿。当然，因为压低转让价格获得的税收利益应该与被转让方进行分配，该筹划才能取得对方的配合。

2. 通过在避税地建立专利公司进行纳税筹划

跨国企业通过在避税地建立自己的专利公司，将专利先以低价转让给该关联公司，然后由专利公司将专利以市场价转让给其他企业，由于专利公司位于避税地，即使转让收入很高，但也只需缴纳很少的税甚至不用纳税。

【案例】A公司转让一项专利权给境外的B公司，转让定价为1 000万元，若直接转让，则A公司应纳营业税为1 000×5%=50(万元)。如果A公司在避税地建立一家专利公司，并把专利权以800万转让给这家专利公司，则只需要缴纳营业税800×5%=40(万元)。这家专利公司再把专利权以1 000万元转让给B公司，由于专利公司位于避税地，对于转让收益无需缴纳营业税。因此从整个集团的角度看，A公司节约了50−40=10(万元)的营业税。

3. 利用转让方式进行纳税筹划

转让无形资产的方式可以有以下选择：(1)直接转让无形资产以获取收入；(2)个人利用该无形资产独资兴办企业；(3)以无形资产为基础与他人合伙经营或投资入股，共担风险。采用哪一种转让方式比较节税呢？下面以一个案例进行分析说明。

【案例】某专家取得了一项发明，该专利公布以后，有几家企业愿意以80万元的价格购买这项专利，另外又有一些企业希望与他合作办实业，如果将该专利折合股份投资，让其拥有相同价款的股权，共担风险，当年可获取股息收入8万元。作为专利权的所有者，此时应该如何决策呢？

【方案一】将专利直接转让。

首先，按照营业税的有关法规规定，转让专利权属转让无形资产，应缴纳营业税，税率为5%，应纳营业税额为：80×5%=4(万元)。因此，缴纳营业税后，该人实际所得为：80−4=76(万元)。依营业税应征收城建税和教育费附加，但因其数额小，在此忽略不计。

其次，根据个人所得税法的有关规定，转让专利使用权属特许权使用费收入，应缴纳个人所得税。特许权使用费收入以个人每次取得的收入、定额或定率减除规定费用后的余额为应纳税所得额。因为该人一次收入已超过4000元，应减除20%的费用，所以应纳个人所得税为：76×(1−20%)×20%=12.16(万元)。

缴纳个人所得税的实际所得为：76−12.16=63.84(万元)。将两税合计，该人缴纳了16.16万元(4+12.16)的税，实际所得为63.84万元。

【方案二】投资办独资企业。

如果该专家通过投资建厂使自己所拥有的专利变为资本，然后通过销售产品取得收入，情况就会发生变化。由于新建企业大多都可以享受一定的减免税优惠，在税收上，他所要负担的个人所得税与方案一相比，必然大大地降低。

该方案的优势是使他的资产通过经营过程实现了保值、增值，产生了长期的经济效益。当然，这样做是有条件的：一是要有其他资金的支持；二是自身要有经营才能；三是要有其他所必备的条件等。

【方案三】将专利折合成股份，拥有股权，共担风险。

首先，按照营业税有关规定，以无形资产投资入股，参与接受投资方的利润分配，共同承担投资风险的行为不征收营业税。由于专家将专利折合成股份投资，且拥有公司股权，该股权所实现的收益是不确定的，存在风险，属于无形资产投资入股，免缴营业税。因此，该专家不用负担4万元的营业税。

其次，由个人所得税法规定，拥有股权所取得的股息、红利，应按20%的比例税率缴纳个人所得税。那么，当年应纳个人所得税：8×20%＝1.6(万元)。税后所得为：8－1.6＝6.4(万元)。

通过专利投资，当年仅需负担1.6万元的税款。如果每年都可以获取股息收入8万元，那么经营10年，就可以收回全部转让收入，而且还可得到80万元的股份。作为股份公司，该所有人拥有的股权是以股份表现的，股份通常表现为股票。一旦上市，他能拥有两方面的好处，一是所持股票有可能升值，那就不只是80万元了；二是上市后，所持股票较容易出手套现。根据营业税有关法规的规定，共担风险的投资在股权转让时也不征收营业税，根据个人所得税有关法规的规定，转让股票目前暂免缴个人所得税。因此，在这样的情况下，他持有的80万元股份不仅能够保值增值，而且不用负担方案一所承担的税款。这样既获得专利收入，又获得经营收入，如此操作与单独的专利转让相比，税收负担可能是最轻的。

3种方案相比，方案一实质上比较单纯，没有什么风险，缴税之后，可以实实在在拥有个人所得，但是其所缴纳的税收负担太重，而且收入是固定的，没有升值的希望；方案二和方案三从税收的角度讲，税收负担比较轻，而且有升值的可能性，但是风险也大，不确定的因素比较多。假如该专利所有人想追求更大的利益，并且自身有条件的话，可以在后两者中作出选择。

需要注意的是，企业利用无形资产对外投资，如果企业按占股比例参与投资方的利润分配，共同承担风险，则不缴纳营业税；如果企业以无形资产投资固定地获得投资收益，属于将无形资产出租给受资方使用的行为，应该缴纳营业税。所以，当被投资方经营较为稳定，投资企业每年分得的利润也比较稳定时，免除营业税的筹划方法是不要在投资合同上注明收取固定利润的条款，即使事后实际上收取的利润较为固定，也不要在投资合同上注明。

4.7.2 销售不动产的筹划

税法规定：纳税人以不动产投资入股，参与接受投资方的利润分配、共同承担投资风险的行为，不征收营业税；并且对该股权的转让也不征收营业税。但是不符合条件的投资应按规定征收营业税。因此纳税人在销售不动产时可以采用投资入股形式参与接受投资方的利润分配，并共同承担投资风险，这样就能尽量避开营业税的征税范围，达到合理节约税收成本的目的。

【例4-15】 金峰实业公司拟出售去年在市区新开发的一幢大楼。这幢大楼开发成本及费用总计1 500万元，经评估，市场价格为2 700万元。2004年6月，太湖商贸公司有意购置这幢大楼开办酒店。那么，金峰实业公司以何种形式出售这幢大楼可以得到最大的收益？太湖商贸公司用哪种方式购买这幢大楼将得到最优惠的价格？(城建税与教育费附加分别按照7%和3%缴纳；出售不动产，其合同应按“产权转移书据”税目依0.05%的税率缴纳印花税；不考虑土地增值税)

【解答过程】

(1)【方案一】 以转让的形式进行交易。在具体的操作过程中，金峰实业公司以市场价格2 700万元销售这幢大楼，太湖商贸公司以 2 700 万元买入。

金峰实业公司的收益为销售收入总额 2 700 万元，房地产开发成本及费用 1 500 万元，销售不动产应纳的税金及附加计算如下。

按“销售不动产”税目按 5%的税率计算缴纳营业税：2 700×5%=135(万元)；

应纳城市维护建设税教育费附加：135×(7%+3%)=13.5(万元)；

出售不动产，其合同应按“产权转移书据”税目依 0.05%的税率缴纳印花税：2 700×0.05%=1.35(万元)；

金峰实业公司的实际收益为：2 700−1 500−135−13.5−1.35=1 050.15(万元)

太湖商贸公司实际支出则为 2 700 万元。

(2)【方案二】 以投资的形式先通过大楼参与经营，再转让股份。金峰实业公司以这幢大楼作价 2 700 万元投资参与太湖商贸酒店经营，半年后，把酒店股权以 2 700 万元的价格转让给太湖商贸公司。

税法规定以无形资产、不动产投资入股，参与接受投资方利润分配、共同承担风险的行为，不征收营业税；对股权转让不征收营业税。因此，金峰实业公司不用缴纳销售不动产的营业税及附加。转让股权应按“产权转移书据”税目依 0.05%的税率缴纳印花税，应纳税额为：2 700×0.05%=1.35(万元)。

因此，金峰实业公司的实际收益为：2 700−1 500−1.35=1 198.65(万元)。

而太湖商贸公司买入这幢大楼的支出仍 2 700 万元，实际支出并没有增加。

因此通过纳税筹划，金峰实业公司的实际收益增加了 1 198.65−1 050.15=148.5(万元)。两家公司可以通过合理的利益分配选择有利于双方的合作方式，能降低整体税负，使合作双方均获利。

4.8 纳税时间的筹划

纳税义务发生时间，是指纳税人发生纳税行为、应履行纳税义务的时间。营业税的纳税义务发生时间为纳税人收讫营业收入款项或者取得索取营业收入款项凭据的当天。也就是说，纳税人只要具备收讫营业收入款项或取得索取营业收入款项凭据两个条件中的一个，纳税义务即告发生，纳税人就应该按照规定缴纳营业税。根据实际工作的需要，营业税暂行条例实施细则还制定了一些特殊规定。

【税法引用】《中华人民共和国营业税暂行条例》(颁布时间 2008 年 11 月 10 日)第十二条 营业税纳税义务发生时间为纳税人提供应税劳务、转让无形资产或者销售不动产并收讫营业收入款项或者取得索取营业收入款项凭据的当天。国务院财政、税务主管部门另有规定的，从其规定。营业税扣缴义务发生时间为纳税人营业税纳税义务发生的当天。

《中华人民共和国营业税暂行条例实施细则》(颁布时间 2008 年 12 月 18 日)第二十四条 条例第十二条所称收讫营业收入款项，是指纳税人应税行为发生过程中或者完成后收取的款项。条例第十二条所称取得索取营业收入款项凭据的当天，为书面合同确定的付款日期的当天；未签订书面合同或者书面合同未确定付款日期的，为应税行为完成的当天。

第二十五条 纳税人转让土地使用权或者销售不动产，采取预收款方式的，其纳税义务发生时间为收到预收款的当天。纳税人提供建筑业或者租赁业劳务，采取预收款方式的，其纳税义务发生时间为收到预收款的当天。纳税人发生本细则第五条所称将不动产或者土地使用权无偿赠送其他单位或者个人的，其纳税义务发生时间为不动产所有权、土地使用权转移的当天。纳税人发生本细则第五条所称自建行为的，其纳税义务发生时间为销售自建建筑物的纳税义务发生时间。

根据营业税法可知，营业税的纳税时间有 3 个关键时间点需要注意，即合同签订日、应税行为开始提供日、应税行为完成日。

第一，在合同签订日之前，纳税人收取的款项是不需要缴纳营业税的，因为此时营业税应税行为尚未成立。比如，房屋租赁方在和租户签订租赁合同前收取的客户看房押金；房地产开发企业未和客户签订售房合同前收取的客户订金、诚意金等。

第二，在合同签订日至应税行为开始提供日这段期间，纳税人收取的款项，除国务院财政、税务主管部门另有规定外(也就是指除新营业税暂行条例实施细则第二十五条所列举的特殊项目外)，也不需要申报缴纳营业税。因为这些款项不属于纳税人应税行为发生过程中收取的，而是应税行为发生前收取的。但是，对于《营业税暂行条例实施细则》第二十五条规定的建筑业、租赁业、转让土地使用权和销售不动产项目，纳税人在合同签订日至劳务开始提供日期间收取的款项属于预收款，应按细则规定以收到预收款的当天作为纳税义务发生时间。

第三，在应税行为开始提供日至应税行为完成日这段期间，只要纳税人收到了款项就属于条例第十二条规定的提供营业税应税行为并收讫营业收入款项。此时，不管是否有合同以及合同如何约定，纳税义务均已发生。如果在这期间纳税人没有收到任何价款，但是双方有合同且合同约定付款日期了，则按合同约定的付款日期作为纳税义务发生时间。如果没有合同或合同没有约定付款日期，按应税行为提供完成当天作为纳税义务发生时间。

因此，纳税人在对营业税进行筹划时，不仅可以从营业额方面进行考虑，也可以从纳税义务发生时间方面进行考虑，在税法允许的范围之内，尽量推迟纳税义务的发生时间，通过时间上的延迟获得资金的时间价值，从而降低税收负担。

【案例】甲企业采用预收款方式转让土地使用权给新花园房地产企业，合计转让收入100万元。2010年7月12日，甲企业收到新花园房地产企业支付的预收款40万元。2010年10月18日，甲企业又收到新花园房地产企业支付的预收款20万元。2010年11月21日，甲企业与新花园房地产企业结算，甲企业开具销售发票，共计价款100万元，但新花园房地产企业由于特殊情况尚有20万元尚未支付给甲企业。但由于甲企业是采用预收款方式转让土地使用权的，其纳税义务发生时间为收到预收款的当天。因此，第一笔收入的纳税义务发生时间为第一次收到预收款的当天，即为2010年7月12日；第二笔收入的纳税义务发生时间为2010年10月18日。

由于税法中还规定了营业税的纳税义务发生时间为纳税人收讫营业收入款项或者取得营业收入款凭据的当天，因此第三笔收入的纳税义务发生时间为2010年11月21日。

7月份应纳营业税为：40×5%＝2(万元)

10月份应纳营业税为：20×5%＝1(万元)

11月份应纳营业税为：(100－40－20)×5%＝2(万元)

2010年11月份双方结算后，尽管甲企业尚有20万元价款未收到，但由于此项收入已经结算，取得了索取营业收入的凭证，因此，计税时并未将此20万元从甲方营业额中扣除。甲方不得不在尚未收到价款时就先行缴纳2万元的营业税，增加了甲方的税收负担。

从纳税筹划角度来讲，甲企业在尚未收到全部价款时，不应与新花园房地产企业进行结算。这样只有在新花园房地产企业支付20万预收款后，甲企业在收到预收款的当天，才发生纳税义务，避免了提前纳税。

4.9 利用税收优惠的筹划

营业税所涉及的行业较多，为了贯彻国家产业政策，照顾某些纳税人的困难，《中华人民共和国营业税暂行条例》及《中华人民共和国营业税暂行条例实施细则》对营业税的优惠项目主要设置了法定免税项目和起征点。营业税纳税人如果能妥善运用税收优惠政策，细致比较使企业符合税收优惠条件的成本与利用税收优惠政策带来的收益，当收益大于成本时，便可利用该项税收优惠政策，减轻企业的税收负担。利用营业税的优惠政策进行筹划主要通过以下方法：一是充分了解优惠政策的基本内容；二是掌握取得优惠所必须的条件；三是争取税务局的认可。

【税法引用】《中华人民共和国营业税暂行条例》(颁布时间 2008 年 11 月 10 日)第八条

下列项目免征营业税：

(一) 托儿所、幼儿园、养老院、残疾人福利机构提供的育养服务，婚姻介绍，殡葬服务；

(二) 残疾人员个人提供的劳务；

(三) 医院、诊所和其他医疗机构提供的医疗服务；

(四) 学校和其他教育机构提供的教育劳务，学生勤工俭学提供的劳务；

(五) 农业机耕、排灌、病虫害防治、植物保护、农牧保险以及相关技术培训业务，家禽、牲畜、水生动物的配种和疾病防治；

(六) 纪念馆、博物馆、文化馆、文物保护单位管理机构、美术馆、展览馆、书画院、图书馆举办文化活动的门票收入，宗教场所举办文化、宗教活动的门票收入；

(七) 境内保险机构为出口货物提供的保险产品。

除前款规定外，营业税的免税、减税项目由国务院规定。任何地区、部门均不得规定免税、减税项目。

《中华人民共和国营业税暂行条例实施细则》(颁布时间 2008 年 12 月 18 日)第二十二条

条例第八条规定的部分免税项目的范围，限定如下：

(一) 第一款第(二)项所称残疾人员个人提供的劳务，是指残疾人员本人为社会提供的劳务。

(二) 第一款第(四)项所称学校和其他教育机构，是指普通学校以及经地、市级以上人民政府或者同级政府的教育行政部门批准成立、国家承认其学员学历的各类学校。

(三) 第一款第(五)项所称农业机耕，是指在农业、林业、牧业中使用农业机械进行耕作(包括耕耘、种植、收割、脱粒、植物保护等)的业务；排灌，是指对农田进行灌溉或排涝的业务；病虫害防治，是指从事农业、林业、牧业、渔业的病虫害测报和防治的业务；农牧保险，是指为种植业、养殖业、牧业种植和饲养的动植物提供保险的业务；相关技术培训，是指与农业机耕、排灌、病虫害防治、植物保护业务相关以及为使农民获得农牧保险知识的技术培训业务；家禽、牲畜、水生动物的配种和疾病防治业务的免税范围，包括与该项劳务有关的提供药品和医疗用具的业务。

(四) 第一款第(六)项所称纪念馆、博物馆、文化馆、文物保护单位管理机构、美术馆、展览馆、书画院、图书馆举办文化活动，是指这些单位在自己的场所举办的属于文化体育业税目征税范围的文化活动。其门票收入，是指销售第一道门票的收入。宗教场所举办文化、宗教活动的门票收入，是指寺院、宫观、清真寺和教堂举办文化、宗教活动销售门票的收入。

（五）第一款第（七）项所称为出口货物提供的保险产品，包括出口货物保险和出口信用保险。

《中华人民共和国营业税暂行条例》（颁布时间 2008 年 11 月 10 日）第十条　纳税人营业额未达到国务院财政、税务主管部门规定的营业税起征点的，免征营业税；达到起征点的，依照本条例规定全额计算缴纳营业税。

《中华人民共和国营业税暂行条例实施细则》（颁布时间 2008 年 12 月 18 日）第二十三条　条例第十条所称营业税起征点，是指纳税人营业额合计达到起征点。营业税起征点的适用范围限于个人。

营业税起征点的幅度规定如下：

（一）按期纳税的，为月营业额 1000－5000 元；

（二）按次纳税的，为每次（日）营业额 100 元。

省、自治区、直辖市财政厅（局）、税务局应当在规定的幅度内，根据实际情况确定本地区适用的起征点，并报财政部、国家税务总局备案。

除此之外，还有一些其他的优惠政策。根据《财政部国家税务总局关于贯彻落实（中共中央国务院关于加强技术创新，发展高科技，实现产业化的决定）有关税收问题的通知》（财税字〔1999〕273 号）以及《国家税务总局关人于取消“单位和个从事技术转让、技术开发业务免征营业税审批”后有关税收管理问题的通知》（国税函〔2004〕825 号）的规定，对单位和个人从事技术转让、技术开发业务和与之相关的技术咨询、技术服务业务取得的收入，免征营业税。此项优惠政策的具体内容如下。

（1）财政部国家税务总局规定，对单位和个人（包括外商投资企业、外商投资设立的研究开发中心、外国企业和外籍个人）从事技术转让、技术开发业务和与之相关的技术咨询、技术服务业务取得的收入，免征营业税。与技术转让、技术开发相关的技术咨询、技术服务业务是指转让方（或受托方）根据技术转让或开发合同的规定，为帮助受让方（或委托方）掌握所转让（或委托开发）的技术，而提供的技术咨询、技术服务业务。且这部分技术咨询、服务的价款与技术转让（或开发）的价款是开在同一张发票上的。

（2）免征营业税的技术转让、开发的营业额的确定方法。

① 以图纸、资料等为载体提供已有技术或开发成果的，其免税营业额为向对方收取的全部价款和价外费用。

② 以样品、样机、设备等货物为载体提供已有技术或开发成果的，其免税营业额不包括货物的价值。对样品、样机、设备等货物，应当按有关规定征收增值税。转让方（或受托方）应分别反映货物的价值与技术转让、开发的价值，如果货物部分价格明显偏低，应按《中华人民共和国增值税暂行条例实施细则》第 16 条的规定，由主管税务机关核定计税价格。

③ 提供生物技术时附带提供的微生物菌种母本和动、植物新品种，应包括在免征营业税的营业额内。但批量销售的微生物菌种，应当征收增值税。

【例 4-16】 万象公司的经营范围是生物技术研发，该公司与一家单位签订技术转让合同，包括技术转让有关的资料转让费 200 万，技术培训费、咨询费、入门费（即派驻相关专家和技术人员派驻甲方生产现场对甲方实施该项技术提供技术帮助和指导）合计 100 万，分开了两张发票，一张是 200 万的技术转让费，一张是 100 万的技术培训费、咨询费、入门费。结果技术转让费不用征缴营业税，而同样在技术合同条款里的技术培训费、咨询费、入门费要缴纳营业税。请问该公司应该如何进行纳税筹划?

【解答过程】

筹划前：应纳营业税额=100万元×5%=5万元

筹划方法：根据税法规定，万象公司的技术转让收入可以免营业税。技术培训费、入门费应属于技术服务项目，与技术转让相关的技术咨询、技术服务的价款与技术转让价款开在同一张发票上的，属于免营业税的范围，否则应交营业税。因此，万象公司应该将技术咨询、服务费100万与技术转让收入200万开在同一张发票上，则可以一并免交营业税。

筹划后应纳营业税额=0，通过该方法筹划，该公司可以节税50万元。

对安置残疾人的单位，根据《关于促进残疾人就业税收优惠政策的通知》(财税〔2007〕92号)的规定，实行由税务机关按单位实际安置残疾人的人数减征营业税的办法，具体内容如下。

(1) 实际安置的每位残疾人每年减征的营业税的具体限额，由县级以上税务机关根据单位所在区县(含县级市、旗，下同)适用的经省(含自治区、直辖市、计划单列市，下同)级人民政府批准的最低工资标准的6倍确定，但最高不得超过每人每年3.5万元。

(2) 主管地税机关应按月减征营业税，本月应缴营业税不足减征的，可结转本年度内以后月份减征，但不得从以前月份已交营业税中退还。

(3) 上述营业税优惠政策仅适用于提供“服务业”税目(广告业除外)取得的收入占增值税业务和营业税业务收入之和达到50%的单位，但不适用于上述单位提供广告业劳务以及不属于“服务业”税目的营业税应税劳务取得的收入。单位应当分别核算上述享受税收优惠政策和不得享受税收优惠政策业务的营业收入，不能分别核算的，不得享受本通知规定的营业税优惠政策。

(4) 兼营本通知规定享受增值税和营业税税收优惠政策业务的单位，可自行选择退还增值税或减征营业税，一经选定，一个年度内不得变更。

(5) 如果既适用促进残疾人就业税收优惠政策，又适用下岗再就业、军转干部、随军家属等支持就业的税收优惠政策的，单位可选择适用最优惠的政策，但不能累加执行。

(6) 本条所述“单位”是指税务登记为各类所有制企业(包括个人独资企业、合伙企业和个体经营户)、事业单位、社会团体和民办非企业单位。

安置残疾人就业的单位(包括福利企业、盲人按摩机构、工疗机构和其他单位)，同时符合以下条件并经过有关部门的认定后，均可申请享受上述税收优惠政策。

(1) 单位依法与安置的每位残疾人签订了一年以上(含一年)的劳动合同或服务协议，并且安置的每位残疾人在单位实际上岗工作。

(2) 月平均实际安置的残疾人占单位在职职工总数的比例应高于25%(含25%)，并且实际安置的残疾人人数多于10人(含10人)。

(3) 为安置的每位残疾人按月足额缴纳了单位所在区县人民政府根据国家政策规定的基本养老保险、基本医疗保险、失业保险和工伤保险等社会保险。

(4) 通过银行等金融机构向安置的每位残疾人实际支付了不低于单位所在区县适用的经省级人民政府批准的最低工资标准的工资。

(5) 具备安置残疾人上岗工作的基本设施。

【案例】某企业原是街道自办的小旅店，由于经营有方，随着市政建设与旅游业的发展现在已颇具规模。为了提供更加完善的服务，扩大经营范围，开展多元化业务，该企业又新建了一个快餐店和一个国内旅行社。由于该企业在最初经营时，为解决街道残疾居民的就业困难，招收了不少聋哑人员从事后勤工作，属于民政福利企业，因此企业在员工福利与劳保等方面的负担较重。现在，新业务刚开展，还没有步入正轨。由于各方面负担较重，该企业深切感到应进行纳税筹划，尽量减轻企业的税收负担，达到节税的效果。

该企业通过向税务专家进行咨询，敏锐地意识到自己现有员工 80 人，其中包括聋哑员工 18 人，已占员工总数的 22.5%，且实际安置的残疾人人数多于 10 人，因此，只需再招收 2 名聋哑员工，达到 20 名残疾员工，就可使残疾员工占企业员工比例达到 25%，从而符合税法关于营业税减免优惠的规定，最高可按每人每年减征营业税 3.5 万元，则全年一共可以减征营业税 3.5×20=70(万元)，大大降低企业的税收负担。

本案例就是利用税法中关于营业税减免税优惠政策进行节税，降低税负的典型案例。一方面该企业通过纳税筹划，使自己符合月平均实际安置的残疾人占单位在职职工总数的比例高于 25%(含 25%)，并且实际安置的残疾人人数多于 10 人的标准；另一方面该企业经营的旅店、快餐店和旅行社分别属于服务业营业税税目中的旅店业、饮食业和旅游业，完全符合税收减免政策的规定，从而成功地降低了企业的税收负担。

本章小结

本章主要探讨营业税的纳税筹划方法与技巧。在兼营和混合销售行为中，可采用增值率判断法或抵扣率判断法来选择作为增值税纳税人还是营业税纳税人身份比较节税；对营业额进行筹划主要采用降低应税项目金额、分解营业额、增大扣除项目金额、减少流转环节、改变收入性质、促销方式选择等方法；此外，本章还分行业从营业额、纳税人和税率及特殊业务事项等方面进行纳税筹划；对纳税时间进行筹划，通过推迟纳税时间，获得资金时间价值；最后，介绍了利用国家税收优惠政策，享受减免税优惠待遇进行节税筹划。

职业能力训练

一、思考题

1. 如何采用增值率判断法进行增值税纳税人与营业税纳税人身份的选择?
2. 简述兼营与混合销售行为的互相转化筹划技巧。
3. 如何对营业额进行纳税筹划?
4. 如何利用工程承包合同进行纳税筹划?
5. 娱乐业的征税范围包括哪些? 如何对娱乐业进行纳税筹划?
6. 谈谈以无形资产和不动产进行投资的征税规定及筹划方法。

二、单选题

1. 某企业为一般纳税人，该企业销售建筑材料并代顾客装修。当年其承包的装修工程总收入为 1 300 万元，为装修购进材料为 1 000 万元(均不含增值税)，销售建筑材料的增值税适用税率为 17%，装修的营业税适用税率为 3%。则该企业的增值率是(　　)。

A. 23.07%　　B. 23.53%　　C. 17.65%　　D. 30.00%

2. 假设某企业为增值税一般纳税人时，其产品全部适用 13%的增值税税率，且其购进项目全部可以抵扣进项税，为营业税纳税人时，产品全部适用 3%的营业税税率。若销售额不含税，则当增值率为(　　)时，该企业作为增值税纳税人与营业税纳税人的负担相等。

A. 20.65%　　B. 26.08%　　C. 34.41%　　D. 43.46%

3. 如果纳税人经常从事混合销售，而且混合销售的销售额增值率在大多数情况下都是(　　)平衡点增值率的，就要注意使其年增值税应税销售额小于其全部营业额的50%，从而使混合销售行为缴纳纳营业税。

A. 大于　　B. 小于　　C. 等于　　D. 不等于

4. 营业额中往往包含某些费用，而这些费用并不是企业真正意义上的收入，而要转手支付给其他提供这些服务的单位，如果能够使收取的非经营业务性质收入避免成为计税依据，将会取得很好的节税效益。这种筹划方法称为(　　)。

A. 降低应税项目定价　　B. 分解营业额

C. 增大扣除项目金额　　D. 减少流转环节

5. 通过降低材料费用和建设方购买安装工程设备的方法进行营业税的纳税筹划也能起到比较好的效果，这种方法称为(　　)。

A. 工程承包合同的筹划　　B. 建筑安装业的筹划

C. 科学利用营业额项目　　D. 施工企业纳税时间筹划

6. 我国娱乐业执行(　　)的浮动税率，企业可利用此政策，在选择经营、赢利的场所时注意在不同地区之间加以选择。

A. 5%～20%　　B. 10%～25%　　C. 15%～30%　　D. 20%～35%

7. 下列哪项不是娱乐业营业税的筹划方法？(　　)

A. 利用幅度税率进行投资筹划　　B. 通过另立门户筹划

C. 促销方式的筹划　　D. 联运业务的纳税筹划

8. 现行营业税法规定：以(　　)投资入股，参与接受投资方的利润分配、共同承当投资风险的行为，不征收营业税。

A. 固定资产　　B. 无形资产　　C. 现金　　D. 银行存款

三、多选题

1. 兼营企业兼营几种适用不同税率的娱乐项目，应注意哪些地方？(　　)

A. 应统一核算营业额　　B. 应分别核算营业额

C. 未分别核算营业额的，从低适用税率　　D. 未分别核算营业额的，从高适用税率

2. 对营业额进行筹划时主要有以下哪些方法？(　　)

A. 降低应税项目定价　　B. 分解营业额

C. 增大扣除项目金额　　D. 减少流转环节

3. 以下对营业税可以实行抵扣的情形规定正确的有(　　)。

A. 金融企业(包括银行和非银行金融机构，下同)从事股票、债券买卖业务以股票、债券的卖出价减去买入价后的余额为营业额

B. 旅游企业组织旅游团在中国境内旅游的，以收取的全部旅游费减去替旅游者支付给其他单位的房费、餐费、交通、门票或支付给其他接团旅游企业的旅、游费后的余额为营业额

C. 从事广告代理业务的，以其全部收入减去支付给其他广告公司或广告发布者(包括媒体、载体)的广告发布费以及广告制作费后的余额为营业额

D. 单位和个人在提供营业税应税劳务、转让无形资产、销售不动产时，如果将价款与折扣额在同一张发票上注明的，以折扣后的价款为营业额

4. 下列哪些促销方式的选择有利于节税？(　　)

A. 以买一赠一方式对客户发放奖金或奖品

B. 将赠免费消费券促销改为折扣销售

C. 将赠免费消费券促销改为一次性预收款项促销

D. 将免费赠送改为捆绑销售

5. 建筑业中营业税的纳税筹划有哪些方式？(　　)

A. 利用签订合同进行筹划　　B. 通过纳税时间进行筹划

C. 利用境外子公司进行筹划　　D. 通过营业额项目进行纳税筹划

6. 免征营业税的项目有哪些？(　　)

A. 托儿所、幼儿园、养老院、残疾人福利机构提供的育养服务，婚姻介绍，殡葬服务

B. 纪念馆、博物馆、文化馆、文物保护单位管理机构、美术馆、展览馆、书画院、图书馆举办文化活动的所有门票收入

C. 残疾人员个人提供的劳务

D. 医院、诊所和其他医疗机构提供的医疗服务

四、判断题

1. 如果缴纳营业税比缴纳增值税更能节税，则应该通过筹划，调整营业税营业额，使其占总销售额的比例在50%以上，报请税务机关批准缴纳营业税，从而达到节税的目的。(　　)

2. 一般来说，对于增值率高的企业，适于作增值税纳税人；反之，选择作营业税纳税人税负会较轻。(　　)

3. 纳税人采取降低应税项目定价的方式降低营业额，从而降低应纳税额，达到节税的目的，但降低定价意味着利润的降低。(　　)

4. 施工企业，特别是有境外子公司的施工企业，应该尽量将工程的设计业务转移到税负较低的境外子公司进行，并且要准确核算，从而规避营业税的税负。(　　)

5. 当被投资方经营较为稳定，投资企业每年分得的利润也比较稳定时，免除营业税的筹划方法是不要在投资合同上注明收取固定利润的条款，即使事后实际上收取的利润较为固定，也不要在投资合同上注明。(　　)

五、案例分析题

1. 某宾馆在从事客房、餐饮业务的同时，又设一保龄球馆对外提供娱乐服务。某年10月份，该宾馆业务收入如下：客房收入80万元，餐厅收入20万元，保龄球项目营业收入50万元。该宾馆所在地娱乐业税率为18%，服务业税率为5%。如果该宾馆不分别核算兼营项目，则应纳营业税为多少？如果该宾馆分别核算，则应纳营业税是多少？请写出依据。

2. 2008年7月，某展览公司在某展览馆举办了一期佛具展览会，吸引了100家客商参展，该展览公司对每家客商收取包括展位在内的费用共计2万元，当月营业收入共计200万元。同时，该公司为此次展销会支付展览馆120万元租金。请为该展览公司进行筹划，以减少营业税的缴纳。

3. 甲、乙公司均为工程承包公司，在一项建设工程的承包过程中，甲公司发包这一工程，并欲寻求一施工单位进行承建。乙公司没有承包该项工程，但它负责招标及工程建设中的组织协调业务，最终中标单位为施工单位丙。甲公司与施工单位丙签订了工程承包合同，总金额为1 500万元；由于乙公司与甲公司并没有实质上的业务关系，所以并未与甲公司签订任何承包建筑安装工程合同，而作为组织协调方，乙公司接受施工单位丙支付的服务费用200万元。那么，乙公司应纳营业税为：200万元×5%=10万元。作为中介方的乙公司该如何进行税收筹划呢？

4. 某建筑设计公司的主要业务是绘制图纸，但同时还承揽一些工程建设业务。2009年5月份，该设计公司承包了一项工程建设业务，负责承建某卷烟厂的卷烟厂房，合同整体款为3 500万元，其中卷烟设备的价格为2 000万元，实际取得的收入为1 500万元。根据税法规定，该设计公司必须按全额3 500万元缴税，请问该公司应该如何进行纳税筹划？节税额是多少？

5. 某歌舞厅9月份收取门票费20 000元，台位费30 000元，点歌费10 000元，烟酒、饮料费40 000元。舞厅税率为20%。如何对该歌舞厅进行纳税筹划？

6. 某内资企业准备与某外国企业联合投资设立中外合资企业，投资总额为8000万元，注册资本为4 000万元，中方1 600万元，占40%，外方2 400万元，占60%。

中方准备以自己使用过的机器设备1 600万元和房屋、建筑物600万元作为资本投入。投入方式有两

种：(1)以机器设备作价1 600万元作为注册资本投入，房屋、建筑物作价1 600万元作为其他投入，不共享利润、共担风险；(2)以房屋、建筑物作价1 600万元作为注册资本投入，参与利润分配，承担投资风险，机器设备作价1 600万元作为其他投入。城建税税率7%，教育费附加率3%。哪种投资方式更加节约税款？

第5章

企业所得税的纳税筹划

QIYE SUODESHUI DE NASHUI CHOUHUA

【学习目标】

(1) 掌握企业所得税筹划的基本思路及筹划方法。

(2) 掌握企业所得税纳税人的筹划方法。

(3) 掌握应税收入的几种筹划方法。

(4) 掌握扣除项目的几种筹划方法，如对固定资产折旧的筹划，存货计价方法的筹划等。

(5) 掌握亏损弥补的筹划方法。

(6) 掌握企业纳税时间的筹划方法。

(7) 掌握现行企业所得税的优惠政策，学会利用优惠政策进行筹划。

【引导案例】

某企业1～11月应纳税所得额为29万元，12月有一笔销售，价款5万元，产品成本3万元。企业可以选择分两期付款结算方式和一次付清的交款提货结算方式，请计算比较两种结算方式的企业所得税差异，并选择最节税的方案。

企业所得税是对我国境内的企业和组织取得的生产经营所得与其他所得征收的一种税。企业所得税法于2007年3月16日经十届人大五次会议通过，自2008年1月1日起，适用于内外资企业。对企业所得税进行筹划，主要可以通过以下方法：不同纳税人之间的合并、分立、集团公司内部设立子公司或分公司，适用较低的税率；减少、延迟收入总额的同时，尽可能地扩大、增加不征税收入与免税收入额；合理增加当期的扣除项目金额；尽量将盈利放在亏损年度之后，利用亏损弥补节税；确定最佳的预缴方法，达到延期纳税的目的；利用国家税收优惠政策，享受减免税优惠待遇。

5.1 企业所得税法概述

5.1.1 纳税义务人

企业所得税的纳税人是在中华人民共和国境内的企业和其他取得收入的组织。企业分为居民企业和非居民企业。不包括个人独资企业和合伙企业(适用个人所得税)。具体判定标准见表5-1。

表5-1 居民企业与非居民企业

纳税人	判定标准	举例	征收范围
居民企业	(1)依照中国法律、法规在中国境内成立的企业； (2)依照外国(地区)法律成立但实际管理机构在中国境内的企业	外商投资企业； 在其他国家和地区注册的公司，但实际管理机构在我国境内	来源于中国境内、境外的所得
非居民企业	(1)依照外国(地区)法律、法规成立且实际管理机构不在中国境内，但在中国境内设立机构、场所的企业； (2)在中国境内未设立机构、场所，但有来源于中国境内所得的企业	在我国设立有代表处及其他分支机构的外国企业	来源于中国境内的所得

5.1.2 企业所得税税率

企业所得税税率见表5-2。

表5-2 企业所得税各档税率

种类	税率
基本税率	25%
预提所得税税率	20%
两档优惠税率	(1)符合条件的小型微利企业：减按20% (2)国家重点扶持的高新技术企业：减按15%

【税法引用】《中华人民共和国企业所得税法实施条例》(颁布时间2007年12月6日)第九十二条　企业所得税法第二十八条第一款所称符合条件的小型微利企业，是指从事国家非限制和禁止行业，并符合下列条件的企业：

（一）工业企业，年度应纳税所得额不超过30万元，从业人数不超过100人，资产总额不超过3 000万元；

（二）其他企业，年度应纳税所得额不超过30万元，从业人数不超过80人，资产总额不超过1 000万元。

第九十三条　企业所得税法第二十八条第二款所称国家需要重点扶持的高新技术企业，是指拥有核心自主知识产权，并同时符合下列条件的企业：

（一）产品(服务)属于《国家重点支持的高新技术领域》规定的范围；

（二）研究开发费用占销售收入的比例不低于规定比例；

（三）高新技术产品(服务)收入占企业总收入的比例不低于规定比例；

（四）科技人员占企业职工总数的比例不低于规定比例；

（五）高新技术企业认定管理办法规定的其他条件。

《国家重点支持的高新技术领域》和高新技术企业认定管理办法由国务院科技、财政、税务主管部门商国务院有关部门制订，报国务院批准后公布施行。

5.1.3　应纳税所得额的计算

1. 居民企业应纳税所得额的计算

应纳税所得额＝每一纳税年度的收入总额－不征税收入－ 免税收入－各项扣除项目－允许弥补的以前年度亏损

1）收入总额的确定

（1）销售货物收入。

（2）提供劳务收入。

（3）转让财产收入：包括转让固定资产、有价证券、股权以及其他财产而取得的收入。

（4）股息、红利等权益性投资收益：包括纳税人对外投资入股分得的股息、红利收入。

（5）利息收入：不包括纳税人购买国债的利息收入。

（6）租金收入。

（7）特许权使用费收入：指纳税人提供或者转让无形资产的使用权而取得的收入。

（8）接受捐赠收入。

（9）其他收入：包括固定资产盘盈收入、罚款收入、因债权人缘故确实无法支付的应付款项，物资及现金的溢余收入，教育费附加返回款，包装物押金收入以及其他收入。

2）不征税收入(收入总额中的下列收入为不征税收入)

（1）财政拨款。

（2）依法收取并纳入财政管理的行政事业性收费、政府性基金。

（3）国务院规定的其他不征税收入。

3）免税收入

（1）国债利息收入。

（2）符合条件的居民企业之间的股息、红利等权益性投资收益。

（3）在中国境内设立机构、场所的非居民企业从居民企业取得与该机构、场所有实际联系的股息、红利等权益性投资收益。

（4）符合条件的非营利组织的收入。

4）准予扣除项目

（1）纳税年度企业实际发生的与取得收入有关的、合理的支出，包括成本、费用、税金、损失和其他支出。

（2）限额扣除项目。

① 企业发生的公益性捐赠支出，在年度利润总额12%以内的部分，准予在计算应纳税所得额时扣除。通过中国境内的非营利性的社会团体或国家机关向教育、灾区、贫困地区的捐赠，如果直接捐赠，不能在所得税前扣除。

公益性捐赠扣除限额＝年度利润总额×12%

② 企业发生的职工福利费支出，不超过工资薪金总额14%的部分，准予扣除。

企业拨缴的工会经费，不超过工资薪金总额2%的部分，准予扣除。

除国务院财政、税务主管部门另有规定外，企业发生的职工教育经费支出，不超过工资薪金总额2.5%的部分，准予扣除；超过部分，准予在以后纳税年度结转扣除。

③ 企业发生的与生产经营活动有关的业务招待费支出，按照发生额的60%扣除，但最高不得超过当年销售(营业)收入的5‰。

④ 企业发生的符合条件的广告费和业务宣传费支出，除国务院财政、税务主管部门另有规定外，不超过当年销售(营业)收入15%的部分，准予扣除；超过部分，准予在以后纳税年度结转扣除。

⑤ 非金融企业向非金融企业借款的利息支出，不超过按照金融企业同期同类贷款利率计算的数额的部分。

（3）两个加计扣除项目。

① 开发新技术、新产品、新工艺发生的研究开发费用。

研究开发费用的加计扣除，是指企业为开发新技术、新产品、新工艺发生的研究开发费用，未形成无形资产计入当期损益的，在按照规定据实扣除的基础上，按照研究开发费用的50%加计扣除；形成无形资产的，按照无形资产成本的150%摊销。

② 安置残疾人员及国家鼓励安置的其他就业人员所支付的工资。

企业安置残疾人员所支付的工资的加计扣除，是指企业安置残疾人员的，在按照支付给残疾职工工资据实扣除的基础上，按照支付给残疾职工工资的100%加计扣除。

5）不得扣除项目

在计算应纳税所得额时，下列支出不得扣除。

（1）向投资者支付的股息、红利等权益性投资收益款项。

（2）企业所得税税款。

（3）税收滞纳金。

（4）罚金、罚款和被没收财物的损失。

（5）企业发生的公益性捐赠支出，在年度利润总额12%以外的捐赠支出。

（6）赞助支出。

（7）未经核定的准备金支出。

（8）与取得收入无关的其他支出。

2. 非居民企业应纳税所得额的计算

（1）股息、红利等权益性投资收益和利息、租金、特许权使用费所得，以收入全额为应纳税所得额。

（2）转让财产所得，以收入全额减除财产净值后的余额为应纳税所得额。

（3）其他所得，参照前两项规定的方法计算应纳税所得额。

5.2 企业所得税纳税人的筹划

企业所得税纳税人的筹划思路是：通过不同纳税人之间的合并、分立、集团公司内部设立子公司或分公司，从而达到规避高税率、享受税收优惠的目的。

5.2.1 企业合并的纳税筹划

企业合并是指两个或两个以上的企业按照规定程序合并为一个企业的法律行为。企业合并包括吸收合并与新设合并两种形式。吸收合并指一个企业吸收其他企业，被吸收的企业解散。新设合并指两个或两个以上企业合并成一个新企业，合并各方解散。按照有关税收法规的定义，企业合并包括被合并企业(指一家或多家不需要经过法律清算程序而解散的企业)将其全部资产和负债转让给另一家现存或新设企业(以下简称合并企业)，为其股东换取合并企业的股权或其他财产，实现两个或两个以上企业的依法合并。

企业合并可能会使不能享受企业所得税优惠的企业因为合并而改变成为国家“重点扶持和鼓励发展的产业和项目”，从而享受税收优惠。此外，一家盈利的企业选择一家亏损企业实行合并，可以实现其盈利与亏损的抵消，降低应纳税所得额，从而降低企业整体税负。如果合并中出现亏损还可以实现延迟纳税的好处。

【税法引用】《中华人民共和国企业所得税法》(颁布时间 2007 年 3 月 16 日)第二十五条 国家对重点扶持和鼓励发展的产业和项目，给予企业所得税优惠。

【案例】 甲企业于 2009 年 12 月合并乙企业，乙企业当时有 2 000 万元的经营性亏损需递延至以后年度由税前利润弥补。合并前甲企业第 1～3 年度盈亏情况见表 5-3。

表 5-3 甲企业合并前盈亏情况表 单位：万元

	第 1 年	第 2 年	第 3 年	合计
利润总额	800	900	1 200	2 900
减：所得税(25%)	200	225	300	725
所有者净资金流入	600	675	900	2 175

甲企业与乙企业合并后，其第 1～3 年度盈亏情况见表 5-4。

表 5-4 甲乙企业合并后盈亏情况表 单位：万元

	第 1 年	第 2 年	第 3 年	合计
利润总额	800	900	1 200	2 900
减：亏损	800	900	300	2 000
应税利润总额	0	0	900	900
减：所得税(25%)	0	0	225	225
所有者净资金流入	800	900	975	2 675

通过上表可以看出，通过企业合并的税收筹划，甲、乙两企业 3 年内的整体税负由原来的 725 万元降低到 225 万元，减少了 500 万元，归属于所有者的资金流入相应增加了 500 万

元。需要注意的是，在运用此项税收筹划策略时，被兼并企业的纳税人资格必须消灭。按照国家税务总局的有关规定，被兼并企业尚未弥补的经营性亏损有以下两种处理办法：一是被兼并企业兼并后继续具有独立的纳税人资格的，其兼并前尚未弥补的经营亏损，在税收法规规定的期限内，由其以后年度的所得逐年延续弥补，不得用兼并企业的所得弥补；二是被兼并企业在被兼并后不具有独立纳税人资格的，其兼并前尚未弥补的经营亏损，在税收法规规定的期限内，可由兼并企业用以后年度的所得逐年延续弥补。因此，在企业兼并的税收筹划中，必须取消被兼并企业的独立纳税人资格，才能适用弥补亏损的政策。

5.2.2 企业分立的纳税筹划

企业分立是指一个企业依照有关法律、法规的规定，分立为两个或两个以上的企业。其中，原企业解散，分立出的各方分别设立为新的企业，为新设分立(也称解散分立)；原企业存续，而其一部分分出设立为一个或数个新的企业，为派生分立(也称存续分立)。企业不论采取何种方式分立，均不须经清算程序。分立前企业的股东(投资者)可以决定继续全部或部分作为各分立后企业的股东；分立前企业的债权和债务，按法律规定的程序和分立协议的约定，由分立后的企业承继。总之，原企业从本质上并没有消灭，只是有了新的变化，也正是这种实质上的存续，为进行税收筹划提供了可能。

通过企业分立进行纳税筹划的思路是：企业可以利用所得税的优惠税率，通过企业分立分解所得额，使原来适用高税率的一个企业分化成两个或两个以上适用低税率的企业，使其总体税负得以减轻，实现合理避税。我国 2008 年 1 月 1 日起实施的企业所得税税率，名义上虽采用 25%的比例税率，但对小型微利企业制定了特殊的 20%优惠税率，对国家需要重点扶持的高新技术企业减按 15%的税率征收企业所得税。这样企业分立后，年应纳税所得额不超过 30 万元，就有可能适用相对较低的 20%税率级次，从而降低企业整体税负。

【例 5-1】 某生产企业拥有员工 120 人，资产总额为 5 000 万元，适用所得税率为 25%，2008 年企业应纳税所得额为 50 万元，应纳税企业所得税额=50×25%=12.5(万元)该企业内有两个车间，一个生产半成品，另一个生产产成品，其中半成品除了供应本企业生产原材料之外，还有少量外销。该企业的产成品和半产品的价格及市场稳定。如何进行纳税筹划?

【解答过程】

将企业的两个车间分立为两个独立核算的生产企业，使其符合微利企业的认定条件，即年度应纳税所得额不超过 30 万元，从业人数不超过 100 人，资产总额不超过3 000 万元，则可享受 20%优惠税率。两个生产企业合计缴纳企业所得税为 50×20%=10(万元)，减少所得税支出 2.5 万元(50×5%)。

企业分立的动因很多，提高管理效率、提高资源利用效率、突出企业的主营业务等都是企业分立的动因，获取税收方面的利益也是企业分立的一个动因。企业分立并不能单纯地以追求税收利益为目的，还应综合考虑分立的成本和收益、市场、财务、经营等多个方面的因素，只有全面分析后，才能作出对企业最有利的选择。

5.2.3 子公司与分公司的选择筹划

当一个企业进行国外或外地投资时，它就面临着设立分公司或子公司的选择。子公司与分公司在税收上有不同的规定，在税率、税收优惠方面也有差别，正是这种差别的存在，为我们对子公司与分公司进行选择筹划提供了条件。

子公司是指被另一家公司(母公司)有效控制的下属公司，或者母公司直接或者间接控制的一系列公司中的一家公司。子公司是独立法人，与母公司分别纳税，子公司可单独享受当地的税率与税收优惠。

分公司不具备法人地位，只是作为总公司的分支机构存在，按总公司所在地的税率与优惠政策，与总公司合并纳税。税法规定，在我国境内设立不具备法人资格营业机构的居民企业，应当汇总纳税，这意味着不具备法人资格的分支机构必须和总机构、其他分支机构合并纳税。合并纳税可以互相弥补亏损，从而减轻整个企业的税收负担。

如果单纯从税收的角度考虑，可以按照以下思路来选择设立子公司或分公司。

(1) 当企业扩大经营规模处于起步或尝试阶段，发生亏损的可能性较大时，首先选择设立分公司。因为分公司必须与总公司合并纳税，合并纳税可使分公司发生的亏损在总公司得到冲减，减轻整个公司的税收负担。一旦生产经营走向正轨，产品打开销路，可以盈利时，应考虑转为子公司，在盈利时享受当地税收优惠政策。

(2) 若新设组织机构所在地适用所得税税率较高，首先选择设立分公司。这样分公司将按照总公司所在地的税率与优惠政策，与总公司合并纳税，不需适用分公司所在地较高的税率，从而节约了税收。

(3) 当拟设立的组织机构所在地适用较低的税率或有其他税收优惠政策时，应首先考虑设立子公司，从而子公司可单独享受当地的税率与税收优惠。

【例5-2】 某公司2010年年底拟在外市新设A、B两个下属公司，A公司主要从事快递业务，B公司从事手机零配件的销售。若2011年预计该公司实现利润50万元。而新设立的A公司实现利润30万元，B公司亏损20万元。假设各地适用的所得税税率均为25%，且无所得税纳税调整项目。假设该国税法规定，对新办的、独立核算的从事交通运输业、邮电通信业的企业或经营单位，自开业之日起，第1年免税，第2年减半征税。请问，从企业所得税税负的角度出发，A、B两公司各自应为子公司还是分公司？

【解答过程】

【方案一】 A、B两公司均为分公司。由于A公司不是独立经济核算单位，故不能享受第1年免税，第2年减半征税的税收优惠。B公司亏损额可与总公司利润汇总，先弥补亏损后纳税。

公司应纳所得税＝(50＋30－20)×25%＝15(万元)

【方案二】 A公司为子公司、B公司为分公司。则A公司可享受开业第1年免征所得税的优惠，B公司亏损可在税前弥补。

公司应纳所得税＝(50－20)×25%＝7.5(万元)

【方案三】 A、B两公司均为子公司。则A公司可享受开业第1年免征所得税的优惠，而B公司亏损额不得抵减母公司税前利润。

公司应纳所得税＝50 × 25%＝12.5(万元)

【方案四】 A为分公司，B为子公司。则A公司不能享受开业第1年免征所得税的优惠，B公司亏损额不得在税前弥补，也无须纳税。

公司应纳所得税＝(50＋30)×25%＝20(万元)

由此可见，方案二所得税税负最轻，原因是方案二既弥补了亏损，又适用了所得税的免税优惠政策。因此，从企业所得税税负角度考虑，该公司应选择方案二。

5.3 应税收入的纳税筹划

税法规定，企业每一纳税年度的收入总额减除不征税收入、免税收入、各项扣除以及允许弥补的以前年度亏损后的余额，为应纳税所得额。由此可知，企业所得税应税收入总额是应纳税所得额最基础的内容，减少企业的应税收入总额将可以直接减少应纳税所得额，实现少缴甚至不缴企业所得税的目的。因而，对纳税人来说，有效开展应税收入总额筹划的基本思路即是在不违反税法规定的前提下，尽一切可能减少、延迟应税收入总额。此外，根据税法规定，不征税收入以及免税收入实际上也构成企业的收入总额，但都是收入总额的减项。因此，基于收入总额筹划的基本原则即是减少、延迟收入总额的同时，纳税人应当尽可能地扩大、增加不征税收入与免税收入额。

5.3.1 降低盈利年度的收入总额

企业所得税依据各年度的盈利情况计算缴纳，盈利年度需要缴纳所得税，而亏损年度则无须缴纳所得税。然而，企业亏损年度只能通过冲抵以后年度的应纳税所得加以弥补，而不能从以前盈利年度已纳所得税款中进行退税加以弥补。以前年度的盈利对企业而言即意味着预缴税款。如果企业对积压的库存产品进行削价处理，则可以减少当期的应纳税所得额，进而降低应纳所得税(也可以降低当期应纳的增值税)。关联企业之间则可以通过转让定价的方式降低总体税负水平。

5.3.2 正确界定不征税收入

企业所得税不征税收入是那些能够流入企业但按照企业所得税法的规定却不需要承担企业所得税纳税义务、不纳入企业所得税课税范围的经济利益。按照税法规定，企业所得税的不征税收入主要包括3个方面的内容：财政拨款；依法收取并纳入财政管理的行政事业性收费、政府性基金；国务院规定的其他不征税收入。

【税法引用】《中华人民共和国企业所得税法实施条例》(颁布时间2007年12月6日)第二十六条　企业所得税法第七条第(一)项所称财政拨款，是指各级人民政府对纳入预算管理的事业单位、社会团体等组织拨付的财政资金，但国务院和国务院财政、税务主管部门另有规定的除外。

企业所得税法第七条第(二)项所称行政事业性收费，是指依照法律法规等有关规定，按照国务院规定程序批准，在实施社会公共管理，以及在向公民、法人或者其他组织提供特定公共服务过程中，向特定对象收取并纳入财政管理的费用。

企业所得税法第七条第(二)项所称政府性基金，是指企业依照法律、行政法规等有关规定，代政府收取的具有专项用途的财政资金。

企业所得税法第七条第(三)项所称国务院规定的其他不征税收入，是指企业取得的，由国务院财政、税务主管部门规定专项用途并经国务院批准的财政性资金。

税法对不征税收入都有明确的界定，纳税人也就必须按照税法的规定，对相关收入是否属于不征税收入作出明确的定性，既不能将应税收入误为不征税收入而发生不缴税与少缴税问题，也不能将不征税收入误作应税收入多缴所得税。另外，《财政部、国家税务总局关于专项用途财政性资金有关企业所得税处理问题的通知》(财税〔2009〕87号)规定：对企业在2008年1月1日至2010年12月31日期间从县级以上各级人民政府财政部门及其他部门取得的应计入收入总额的财政性资金，凡同时符合以下条件的，可作为不征税收入，在计算应纳税所得额时从收入总额中减除：(1)企业能够提供资金拨付文件，且文件中规定该资金的专项用途；(2)财政部门或其他拨付资金的政府部门对该资金有专门的资金管理办法或具体管理要求；(3)企业对该资金以及以该资金发生的支出单独进行核算。因而，对纳税人来说，为了避免将某些财政性资金纳入应税收入，企业应当尽量取得并保存好政府文件资料。

5.3.3 尽量投资免税收入

企业对外投资时应设法增加免税收入或低税收入，可以考虑购买免税的国债或进行直接投资。新税法规定来自于所有非上市企业以及连续持有上市公司股票12个月以上取得的股息、红利收入，给予免税，不再实行补税率差的做法。这将刺激企业直接投资的热情，同时也给居民企业通过转让定价安排，将利润转移到适用低税率的关联企业提供了筹划空间。

【税法引用】《中华人民共和国企业所得税法》(颁布时间2007年3月16日)第二十六条 企业的下列收入为免税收入：

（一）国债利息收入；

（二）符合条件的居民企业之间的股息、红利等权益性投资收益；

（三）在中国境内设立机构、场所的非居民企业从居民企业取得与该机构、场所有实际联系的股息、红利等权益性投资收益；

（四）符合条件的非营利组织的收入。

《中华人民共和国企业所得税法实施条例》(颁布时间2007年12月6日)第八十二条 企业所得税法第二十六条第(一)项所称国债利息收入，是指企业持有国务院财政部门发行的国债取得的利息收入。

第八十三条　企业所得税法第二十六条第(二)项所称符合条件的居民企业之间的股息、红利等权益性投资收益，是指居民企业直接投资于其他居民企业取得的投资收益。企业所得税法第二十六条第(二)项和第(三)项所称股息、红利等权益性投资收益，不包括连续持有居民企业公开发行并上市流通的股票不足12个月取得的投资收益。

第八十四条　企业所得税法第二十六条第(四)项所称符合条件的非营利组织，是指同时符合下列条件的组织：

（一）依法履行非营利组织登记手续；

（二）从事公益性或者非营利性活动；

（三）取得的收入除用于与该组织有关的、合理的支出外，全部用于登记核定或者章程规定的公益性或者非营利性事业；

（四）财产及其孳息不用于分配；

（五）按照登记核定或者章程规定，该组织注销后的剩余财产用于公益性或者非营利性目的，或者由登记管理机关转赠给与该组织性质、宗旨相同的组织，并向社会公告；

（六）投入人对投入该组织的财产不保留或者享有任何财产权利；

（七）工作人员工资福利开支控制在规定的比例内，不变相分配该组织的财产。

前款规定的非营利组织的认定管理办法由国务院财政、税务主管部门会同国务院有关部门制定。

第八十五条　企业所得税法第二十六条第(四)项所称符合条件的非营利组织的收入，不包括非营利组织从事营利性活动取得的收入，但国务院财政、税务主管部门另有规定的除外。

5.3.4 推迟收入确认的时间

《中华人民共和国企业所得税法》根据销售结算方式的不同，分别对收入确认的时间作出了相应的规定，一旦确认收入，不管资金是否回笼，都要上缴税款。所以，企业应根据情况选择适当的销售结算方式，避免先垫支税款，同时尽量推迟确认销售收入，以达到延缓纳税的目的。例如，在签订销售合同时选择分期收款销售商品就可以合法地在不同时期确认收入，实现递延纳税。当然，部分资金被客户较长时间占用也会给企业带来损失，需权衡利弊。

【税法引用】《中华人民共和国企业所得税法实施条例》(颁布时间2007年12月6日)第二十三条　企业的下列生产经营业务可以分期确认收入的实现：

（一）以分期收款方式销售货物的，按照合同约定的收款日期确认收入的实现；

（二）企业受托加工制造大型机械设备、船舶、飞机，以及从事建筑、安装、装配工程业务或者提供其他劳务等，持续时间超过12个月的，按照纳税年度内完工进度或者完成的工作量确认收入的实现。

企业可以通过选择合适的结算方式，将收入纳入不同的会计期间，和各期费用发生额相协调，以达到减税或延缓纳税的目的。比如税法对小型微利企业的具体认定标准是：工业企业年度应纳税所得额不超过30万元，从业人数不超过100人，资产总额不超过3 000万元；其他企业，年度应纳税所得额不超过30万元，从业人数不超过80人，资产总额不超过1 000万元。因此，如果企业应纳税所得额略高于30万元，并且其他条件均符合小型微利企业的标准，则可以通过分期收款筹划，使得企业当年的应纳税所得额不超过30万元，成为小型微利企业，适用优惠税率，达到节税的目的。当然在具体操作时要针对性地具体分析，如果企业应纳税所得额远远大于30万元，则没有必要进行分期收款筹划，只有对于小型企业和应纳税所得额不是很高的企业，分期收款比较划算。

【例5-3】 某核定征收的工业企业，其他条件符合小型微利企业，1～11月销售收入为400万元，按核定应税所得率7%计算，应纳税所得为28万元，适用20%的照顾税率，需纳所得税5.6万元；如果该企业12月按正常销售方式，确认销售收入实现35万元，年终汇算收入总额为435万元，按7%核定应税所得率计算应纳税所得为30.45万元，适用的是25%的税率，需纳所得税7.612 5万元，请问该企业应该如何筹划？

【解答过程】 如果这家企业把12月份35万元的产品采取分期收款结算方式销售，按合同中约定分两次收回价款，第一期12月31日收回价款2/3，第二期收回价款1/3，那么，该企业12月确认的收入就是23.3万元，全年收入就为423.3万元，按7%应税所得率计算应纳税所得是29.63万元，适用的税率为优惠税率20%，需纳所得税是29.63×20%=5.926(万元)。另外的11.7×7%=0.82(万元)在以后年度，如按同样方法计算适用20%税率的话，也只需缴0.164万元，合计缴纳0.164+5.926=6.09(万元)，相比之下，同样的435万元的销售，因收入确认方式不同分别适用按25%和20%计算，企业就可节税1.522 5(7.612 5−6.09)万元。

5.4　扣除项目的纳税筹划

根据企业所得税的计算公式可知，应纳税所得额等于企业每一纳税年度的收入总额减除不征税收入、免税收入、各项扣除以及允许弥补的以前年度亏损后的余额。也就是说应税所得额与扣除项目呈反方向变动，当扣除的项目金额增大时，应税所得额减少，所得税税负减轻，因此合理增加当期的扣除项目金额是减轻当期所得税税负的途径之一。新《企业所得税法》放宽了成本费用的扣除标准和范围，从而扩大了税收筹划的空间，成为企业所得税筹划的重点。

5.4.1 固定资产折旧的筹划

1. 利用折旧年限进行筹划

一般说来，折旧年限取决于固定资产的使用年限。由于使用年限本身就是一个预计的经验值，使得折旧年限容纳了很多人为的成分，为税收筹划提供了可能性。缩短折旧年限(不低于法定年限)有利于加速成本收回，可以使后期成本费用前移，从而使前期会计利润发生后移。在税率稳定的情况下，所得税的递延交纳相当于向国家取得了一笔无息贷款，获得了资金的时间价值。

【税法引用】《中华人民共和国企业所得税法实施条例》(颁布时间 2007 年 12 月 6 日)第六十条　除国务院财政、税务主管部门另有规定外，固定资产计算折旧的最低年限如下：

(一) 房屋、建筑物，为 20 年；

(二) 飞机、火车、轮船、机器、机械和其他生产设备，为 10 年；

(三) 与生产经营活动有关的器具、工具、家具等，为 5 年；

(四) 飞机、火车、轮船以外的运输工具，为 4 年；

(五) 电子设备，为 3 年。

【例 5-4】 某企业有一辆价值 500 000 元的货车，残值按原价的 4%估算，估计使用年限为 8 年。该企业适用 25%的企业所得税税率。该企业的资金成本为 10%，按直线法计提折旧额。为使企业获取较大的税收利益，企业应如何确定其折旧年限？

【解答过程】如果企业处于稳定的盈利期，且未享受任何的税收优惠，对比以下两种方案。

【方案一】企业以 8 年为折旧年限计提折旧：

每年计提的折旧额＝500 000×(1－4%)/8＝60 000(元)

折旧减少所得税＝60 000×25%×8＝120 000(元)

折旧减少所得税的现值＝60 000×25%×5.335＝80 025(元)

注：式中 5.335 是指利率为 10%，期限为 8 年的年金现值系数，也可用(P/A，10%，8)来表示。

【方案二】企业将折旧期限缩短为 6 年：

每年计提的折旧额＝500 000×(1－4%)/6＝80 000(元)

折旧减少所得税＝80 000×25%×6＝120 000(元)

折旧减少所得税的现值＝80 000×25%×4.355＝87 100(元)

注：式中 4.355 是指利率为 10%，期限为 6 年的年金现值系数，也可用(P/A，10%，6)来表示。

尽管折旧期限的改变并未从数字上影响到企业所得税税负的总和，但考虑到资金的时间价值，后者对企业更为有利。

但是，如果税率发生变动或企业正处在所得税优惠期间，则应尽量延长折旧年限，避免在税收优惠期间折旧费用抵税效应的流失。

【例 5-5】 同例 5-4，如果该企业正享受两年免税的优惠政策，且货车是企业第一个免税年度购入的。

【方案一】企业以 8 年为折旧年限计提折旧时，则其每年仍计提折旧 60 000 元，但折旧各年减少的税收额却不相同：

第 1、2 年：由于处于免税期，折旧减少的所得税为 0；

第 3～8 年：企业因计提折旧每年减少的所得税＝60 000×25%＝15 000(元)

折旧节约所得税＝15 000×6＝90 000(元)

折旧节约所得税的现值＝15 000×(5.335－1.736)＝53 985(元)

注：式中 1.736 是指利率为 10%，期限为 2 年的年金现值系数，也可用(P/A，10%，2)来表示。

【方案二】企业将折旧期限缩短为 6 年，则其年计提折旧额 80 000 元，折旧各年节约的所得税为：

第1、2年：0元；

第3～6年：每年节约的所得税为：80 000×25%＝20 000(元)

节约税款总和＝20 000×4＝80 000(元)

节约税款的现值＝20 000×(4.355－1.736)＝52 380(元)

因此，如果企业处于减免税时期，企业应选择8年为其折旧年限，这时无论是税款节约的总额还是现值都会较大。折旧年限的延长虽然不改变折旧总额，但会导致折旧总额在不同会计期间的分摊数额不同，从而使企业前期折旧费用减少而后期折旧费用增加，进而影响所得税的缴纳。特别是当企业处在税收减免优惠期间时，通过延长折旧年限，使得前期尽量少提折旧，而将折旧费推迟扣除，以在后期得到更大的抵税效应。

2. 利用折旧方法进行筹划

固定资产的折旧方法有两种，即直线折旧法和加速折旧法。直线折旧法包括平均年限法、工作量法等；加速折旧法包括年数总和法和双倍余额递减法。税法一般只允许选用直线折旧法即平均年限法或工作量法，但允许部分因技术进步，产品更新换代较快以及常年处于强震动、高腐蚀状态的固定资产缩短折旧年限或使用加速折旧法。任何固定资产在原值既定的情况下，其折旧总额是不变的。选择不同的折旧方法改变的只是折旧总额在不同年份之间的分配，从而改变折旧额在不同年份的抵税款，进而影响到企业所得税税负。同时，差异的存在也为利用折旧方法进行税收筹划提供了空间。

【税法引用】《中华人民共和国企业所得税法》(颁布时间2007年3月16日)第三十二条　企业的固定资产由于技术进步等原因，确需加速折旧的，可以缩短折旧年限或者采取加速折旧的方法。

《中华人民共和国企业所得税法实施条例》(颁布时间2007年12月6日)第九十八条　企业所得税法第三十二条所称可以采取缩短折旧年限或者采取加速折旧的方法的固定资产，包括：

(一) 由于技术进步，产品更新换代较快的固定资产；

(二) 常年处于强震动、高腐蚀状态的固定资产。

采取缩短折旧年限方法的，最低折旧年限不得低于本条例第六十条规定折旧年限的60%；采取加速折旧方法的，可以采取双倍余额递减法或者年数总和法。

通过折旧方法的选择进行所得税筹划，关键是怎样使折旧费用的抵税效应得到最大、最早的发挥。不同的企业可通过选择不同的折旧方法，使其所得税税负向后延迟，当期所得税税负降到最低。

(1) 一般情况，当企业处于盈利持续状况时，应尽可能地选择加速折旧法。因为加速折旧法可使企业前期的折旧费用加大，应税所得额减小，这样，企业则获取延迟缴纳税款资金的时间价值。

【例5-6】 某企业2008年账面固定资产原值300 000元，预计残值率为5%，使用年限5年，假设该企业近5年未扣除折旧前的预计利润见表5-5，且按规定该企业计提折旧时，既可采用直线折旧法又可采用加速折旧法。该企业所得税税率为25%，试分析比较不同方法下折旧额对所得税的影响。

表5-5　企业近五年未扣除折旧前的利润表　　单位：元

年限	第1年	第2年	第3年	第4年	第5年	合计
未扣除折旧前的利润	140 000	110 000	120 000	150 000	130 000	650 000

【解答过程】第一步，首先计算各折旧方法下每年的折旧额，见表 5－6。

表 5－6　企业近五年不同折旧方法下每年计提的折旧额　　单位：元

年限	直线法	双倍余额递减法	年数总和法
第 1 年	57 000	120 000	95 000
第 2 年	57 000	72 000	76 000
第 3 年	57 000	43 200	57 000
第 4 年	57 000	24 900	38 000
第 5 年	57 000	24 900	19 000
合计	285 000	285 000	285 000

第二步，再计算不同折旧方法下的应纳所得税税额，见表 5－7。

表 5－7　企业近五年不同折旧方法下的应纳所得税税额　　单位：元

年限	直线法	双倍余额递减法	年数总和法
第 1 年	20 750	5 000	11 250
第 2 年	13 250	9 500	8 500
第 3 年	15 750	19 200	15 750
第 4 年	23 250	31 275	28 000
第 5 年	18 250	26 275	27 750
合计	91 250	91 250	91 250

由表 5－7 可以看出，用 3 种不同折旧方法计算出来的累计应纳所得税税额是相等的，都是 91 250 元。然而从不同的纳税年度来看，第 1 年运用双倍余额递减法计算折旧时应纳税额最小，年数总和法次之，直线法最大。总之，运用加速折旧法计算折旧，开始的年份可以少纳税，把较多的税款推迟到以后年份缴纳，从而使企业获得资金的时间价值。为了便于比较，可以把资金的时间价值考虑进来，假定当时银行利率为 10%，复利现值系数为(P/S，10%，1)＝0.909；(P/S，10%，2)＝0.826；(P/S，10%，3)＝0.751；(P/S，10%，4)＝0.683；(P/S，10%，5)＝0.621，将表 5－7 中各年的应纳税额都折算成现值，并累计起来，计算结果如下。

（1）运用直线法计算折旧时，应纳税额现值为 68 847.5 元。

（2）运用双倍余额递减法时，应纳税额现值为 64 488.8 元。

（3）运用年数总和法计算时，应纳税额现值为 65 432.25 元。

从应纳税额的现值来看，运用双倍余额递减法计算折旧时，将 5 年合计应纳的税款折合为现在的资金价值，其数额最小，年数总和法次之，而运用直线法计算折旧时，税额的现值最大。因此，在允许的情况下，该企业选择双倍余额递减法最为有利。

（2）当企业处于税收减免优惠期间时，可尽量少提折旧，而将折旧费推迟扣除，以在后期得到更大的抵税效应。

【例 5－7】 仍以例 5－6 的资料为例，假设该企业在 2008 年年末购置用于环境保护、节能节水、安全生产等专用设备，该企业从事符合条件的环境保护、节能节水项目的所得，自项目取得的第一笔生产经营收入所属纳税年度起，第一年至第三年免征企业所得税，第四年至第六年减半征收企业所得税。固定资产按税法规定可享受自项目取得的第一笔生产经营收入所属纳税年度起免征所得税 3 年，以后年份按 12.5%的税率纳税的税收优惠。请分析比较不同折旧方法下折旧额对所得税的影响。

【解答过程】根据案例5-6所计算的数据可以看出，不同折旧方法下，企业享受的免税额不一样。

企业若采用直线法计提折旧，前3年可享受免征所得税的税额为49 750元(20 750+13 250+15 750)。

企业若采用双倍余额递减法计提折旧，前3年可享受免征所得税的税额为33 700元(5 000+9 500+19 200)。

企业若采用年数总和法计提折旧，前3年可享受免征所得税的税额为35 500元(11 250+8 500+15 750)。

经比较可以看出，企业采用直线法计提折旧时，前两年计提的折旧最少，应税所得额最大，可享受的减免税额最多。此时企业应采用直线法计提折旧。也就是说，当企业处于减免税优惠期间时，应尽量少提折旧，而将折旧额推迟到非税收优惠期间扣除。这样可使折旧的抵税效应最大，享受的减免税优惠最多。

3. 固定资产几种比较常用的折旧方法

固定资产几种比较常用的折旧方法的公式应用如下所示。

1）年限平均法

年折旧额=(原价-预计净残值)÷预计使用年限
=原价×(1-预计净残值/原价)÷预计使用年限
=原价×年折旧率

2）工作量法

单位工作量折旧额=固定资产原价×(1-预计净残值率)÷预计总工作量

某项固定资产月折旧额=该项固定资产当月工作量×单位工作量折旧额

3）双倍余额递减法

年折旧额=期初固定资产净值×2÷预计使用年限

【提示】应用这种方法计算折旧额时，由于每年年初固定资产净值没有扣除预计净残值，所以在计算固定资产折旧额时，应在其折旧年限到期前两年内，将固定资产净值扣除预计净残值后的余额平均摊销。

4）年数总和法

年折旧额=(原价-预计净残值)×年折旧率

年折旧率——用递减分数来表示，将逐期年数相加作为递减分数的分母，将逐期年数倒转顺序分别作为各年递减分数的分子。

5.4.2 工资薪金筹划

工资薪金是指企业每一纳税年度支付给在本企业任职或者受雇的员工的所有现金形式或者非现金形式的劳动报酬，包括基本工资、奖金、津贴、补贴、年终加薪、加班工资，以及与员工任职或者受雇有关的其他支出。新《企业所得税法》取消了计税工资制度，规定企业实际发生的合理的职工工资薪金，准予扣除。当然，相应的职工福利费、工会经费和职工教育经费的扣除限额也提高了。企业发生的职工教育经费支出，不超过工资薪金总额2.5%的部分，准予扣除；超过部分，准予在以后纳税年度结转扣除。这意味着职工教育经费可全额扣除。

【税法引用】《中华人民共和国企业所得税法实施条例》(颁布时间2007年12月6日)

第四十条　企业发生的职工福利费支出，不超过工资薪金总额14%的部分，准予扣除。

第四十一条　企业拨缴的工会经费，不超过工资薪金总额2%的部分，准予扣除。

第四十二条　除国务院财政、税务主管部门另有规定外，企业发生的职工教育经费支出，不超过工资薪金总额2.5%的部分，准予扣除；超过部分，准予在以后纳税年度结转扣除。

对工资薪金进行纳税筹划，基本思路是尽可能多地列支工资薪金支出、扩大税前扣除，从而降低应纳企业所得税。可采用的措施有：(1)提高职工工资，超支福利以工资形式发放；(2)持内部职工股的企业，把向职工发放的股利改为绩效工资或年终奖金；(3)企业股东、董事等兼任管理人员或职工，将报酬计入工资；(4)增加职工教育、培训机会；(5)建立工会组织，改善职工福利。在筹划时应注意职工工资需缴纳个人所得税，增加工资幅度时需权衡利弊，必要时可采用增加人数，提高退休金、住房公积金、增加职工福利等替代方案。

5.4.3　广告费、业务宣传费和业务招待费筹划

1. 税法规定

《中华人民共和国企业所得税法实施条例》没有区分广告费和业务宣传费，规定企业发生的符合条件的广告费和业务宣传费支出，不超过当年销售(营业)收入15%的部分，准予扣除；超过部分，准予在以后纳税年度结转扣除。广告费扣除限额较以前的基本扣限2%和8%有所提高，业务宣传费扣除限额较以前的5‰明显提高，且可向以后年度结转。财税〔2009〕72号文件规定，对化妆品制造、医药制造和饮料制造(不含酒类制造，下同)企业发生的广告费和业务宣传费支出，不超过当年销售(营业)收入30%的部分，准予扣除；超过部分，准予在以后纳税年度结转扣除。烟草企业的烟草广告费和业务宣传费支出，一律不得在计算应纳税所得额时扣除。

《中华人民共和国企业所得税法实施条例》规定企业发生的与生产经营活动有关的业务招待费支出，按照发生额的60%扣除，但最高不得超过当年销售(营业)收入的5‰。即业务招待费的扣除标准有所下降，且超支部分不得向以后年度结转，因此筹划时要特别关注业务招待费的发生额。

2. 筹划方案

1）正确选择广告形式，统筹安排广告费支出

企业可选用的广告形式很多，除了报纸、杂志、广播和电视等四大媒体广告外，还有橱窗广告、霓虹灯广告、路牌广告、交通广告、电子广告、传真广告、网络广告等。企业在进行广告宣传策划时，应当考虑所采用的宣传方式，因为不同的广告形式可能导致企业的税收负担不同，因此广告宣传策划有必要进行纳税筹划，使企业既达到宣传产品的效果，又可以节约税收成本。

由于企业发生的广告费和业务宣传费在会计核算上计入营业费用，直接减少本年利润，广告宣传支出应适度；在确保广告宣传效果的前提下，正确选择广告形式，依据销售计划合理安排广告费、业务宣传费支出预算，合理安排广告费、业务宣传费支出金额，确保税前扣除最大化。尽管广告费和业务宣传费超出比例部分可无限期向以后纳税年度结转，但是过度的广告费支出不仅会抵减年度利润，而且会因超出比例而进行纳税调整，从而加重当期税收负担。因此，企业应正确选择广告形式，优化广告费、业务宣传费支出，注意控制其支出，最好不要超过限额，因为超过限额的广告费支出需调增应纳税所得额，意味着提前纳税。

【例5-8】 甲企业从事电动车生产，为了在某地区打开市场，制定了两种宣传方案，年度销售计划为2 200万元。方案一：通过当地电视台在每天新闻联播前后播出两次，连续播出360天，需广告费支出360万元。方案二：通过当地电视台在每天新闻联播前后播出两次，连续播出300天，需广告费支出300万元；通过到当地居民区现场悬挂标幅，需要宣传费支出30万元。通过该两种方式结合同样达到方案一的效果。请问采用哪种方案对企业比较有利？

【解答过程】 方案一中，该企业广告费超出扣除标准2 200×15%＝330(万元)，当年需要纳税调整360－330＝30(万元)，但可在以后年度补扣回来。

方案二广告费支出300＋30万元正好在扣除限额，不需要纳税调整。方案二比方案一少交纳所得税30×25%＝7.5（万元），虽然这笔税款在以后年度也需要交纳，但是考虑资金的时间价值，还是方案二比方案一更优。

按照现行企业所得税法规定可知，广告费和业务宣传费统一扣除标准，按年销售收入的15%在税前扣除。因此现在企业的部分宣传完全可以不再通过广告公司策划，而是将自行生产或经过委托加工的印有企业标志的礼品、纪念品当作礼品赠送给客户，即采用自行策划并实施，以达到广告的目的，同时又可降低成本。

【例5-9】 2010年3月，梦龙食品有限公司向市场推出新产品，需要进行广告宣传。公司管理层对以下两个方案进行讨论。第一个方案决定委托广告公司进行广告策划，加强产品宣传，促进产品销售。如果委托广告公司进行策划、设计并通过电视台播出，则需要花费100万元。第二个方案是由公司自己的营销部门进行策划、实施，则需要花费92万元。梦龙公司2010年实现销售收入12 000万元，所得税税率为25%。应该选择哪一个方案比较有利？

【解答过程】

企业所得税前准予扣除的广告费和业务宣传费为12 000×15%＝1 800（万元）。广告公司策划的广告费支出100万元可在税前全部扣除，作为营业费用可抵扣100×25%＝25（万元）；而在同样的宣传效果下企业自身策划的直接费用支出92万元也可在税前全部扣除，比委托广告公司策划节约费用8万元，可抵税92×25%＝23（万元）。

通过以上分析，从抵税效果看，在其他条件相同的情况下，委托广告公司策划可以少纳税2万元，但从现金流出量看，企业自身策划可以减少现金流出6万元。可见，在不影响宣传效果的前提下，通过自身策划、设计进行产品宣传应是梦龙公司的最佳选择。

2)设立独立核算销售公司，提高扣除费用额度

由于企业发生的广告费用可能绝对数额或相对数都较大，特别是在企业创立初期，或者新产品开拓市场初期和产品市场占有率出现下降趋势时，可能需要加大广告宣传支出，因此在不违法的前提下，应尽可能加大扣除费用的额度。企业可以成立单独核算的销售分公司，这样同一种产品在总公司和分公司之间作两次销售，销售额增大一倍，加大了企业集团的商品(劳务)流转总额，从而增加企业集团的广告费和业务宣传费的扣除限额。但这种筹划方法需付出设立销售公司的相关费用，因此需要企业权衡利弊。

【例5-10】 某工业企业2011年度实现产品销售收入6 000万元，企业当年账面列支广告费1 000万元，业务宣传费100万元，税前会计利润总额为200万元(假设无其他纳税调整项)。请为该企业进行所得税的税收筹划。

【解答过程】

按税法规定，企业可扣除的广告费和业务宣传费限额＝6 000×15%＝900(万元)

企业广告费和业务宣传费超支额＝1 000＋100－900＝200(万元)

该企业总计应纳税所得额＝200＋200＝400(万元)

应纳所得税额＝400×25%＝100(万元)

税后利润＝200－100＝100(万元)

如果该企业设立一个独立核算的销售公司，将产品以5 500万元的价格销售给销售公司，销售公司再以6 000万元的价格对外销售，并使广告费与业务宣传费在工业企业与销售公司间进行分配。假设工业企业承担广告费和业务宣传费为800万元，销售公司承担广告费和业务宣传费为300万元。假设工业企业的税前利润为90万元，销售公司的税前利润为100万元，则：

A. 工业企业可列支的广告费和业务宣传费限额＝5 500×15％＝825(万元)

广告费和业务宣传费总额未超过税法规定的标准。

应纳企业所得税＝90×25％＝22.5(万元)

企业税后利润＝90－27.5＝67.5(万元)

B. 销售公司可列支的广告费和业务宣传费限额＝6 000×15％＝900(万元)

广告费和业务宣传费总额未超过税法规定的标准。

应纳企业所得税＝100×25％＝25(万元)

企业税后利润＝100－25＝75(万元)

C. 整个企业集团共计缴纳企业所得税＝22.5＋25＝47.5(万元)

企业集团税后利润合计＝67.5＋75＝142.5(万元)

由此可知，企业设立销售公司后，缴纳的企业所得税减少了52.5万元(100－47.5)，企业利润也因此增加了42.5万元(142.5－100)。

需要注意的是，交易价格一定要仔细核算确定，以免发生不必要的损失。并且要兼顾成本与效益原则，从长远利益考虑来决定是否设立独立核算的销售公司。

3)扣除超限额，转变形式增加扣除

财税〔2009〕72号文件规定，对化妆品制造、医药制造和饮料制造(不含酒类制造)企业发生的广告费和业务宣传费支出，不超过当年销售(营业)收入30％的部分，准予扣除；超过部分，准予在以后纳税年度结转扣除。对化妆品制造、医药制造和饮料制造这3个行业出台此项优惠政策，在一定程度上也是在为企业减负。对于这3个广告和宣传费的比例在企业的销售收入中占的比重比较大行业来说，该政策是一项重大利好。在进行纳税筹划时，一方面要充分利用扣除限额，另一方面如果超出限额标准，则可以通过转变形式增加扣除。可以创新广告宣传样式，如对于饮料制作业，可以通过雇员到现场宣传支付工资的形式，或改变单一产品，实行多元化经营，扩大品种同时生产饮料等，推出统一品牌战略，用饮料产品宣传，在品牌饮料宣传中，从侧面受益，这样以点带面来达到宣传效果。

【案例】某家饮料企业年初计划推出新产品，经本厂企划部提出两个宣传方案，预计销售额2 000万元。

【方案一】 通过新闻媒体作广告，年需广告费支出650万元。

【方案二】 派出250名雇员，身穿特制服装，服装上印制本厂商标和本厂厂名以及宣传口号，到需要宣传的地区的各大酒店和商场，在酒店和商场进行促销12个月。此方案服装制作费需支出50万元，250名雇员每月支付工资2 000元，两项合计支出50＋250×2 000×12＝650(万元)。

分别对两方案分析如下。

【方案一】中国饮料企业广告费税前扣除为30％，扣除限额2 000×30％＝600(万元)，需纳税调整650－600＝50(万元)，负担所得税50×25％＝12.5(万元)。超过限额部分，准予在以后纳税年度结转扣除。

【方案二】中特制的服装制作费为业务宣传费，50万元小于扣除限额600万元，因此准予全部扣除；该项雇员工资按税法规定可全额扣除，因《企业所得税法实施条例》第三十四条规定，企业发生的合理的工资、薪金支出，准予全额扣除。因此方案二与方案一相比，不需纳税调整，比方案一少交纳所得税 12.5 万元，虽然这笔税款在以后年度也需要交纳，但是考虑资金的时间价值，还是方案二更优。

4）业务招待费与业务宣传费部分内容可相互替代

业务招待费与业务宣传费部分内容有时可以相互替代。一般情况下，外购礼品用于赠送应作为业务招待费，但如果礼品印有企业标记，对企业的形象、产品有宣传作用的，也可作为业务宣传费；相反，企业因产品交易会、展览会等发生的餐饮、住宿费等也可以列为业务招待费支出。因此，可以适当规划广告费、业务宣传费、业务招待费的列支比例，当其中某一项费用超支时，及时进行调整。例如，当业务招待费可能超过限额时，则应以业务宣传费名义列支。企业在日常的产品宣传活动中，应尽量做好广告宣传和业务招待的安排，避免出现以下情况：一方面业务招待费抵扣限额不足，业务招待费大量超支无法在税前列支；另一方面广告费和业务宣传费抵扣限额又用不完，从而造成企业政策资源浪费，税收负担增加。

总之，企业在进行广告费、业务宣传费和业务招待费的筹划时，应结合每个企业所处的不同行业、不同规模以及自身经营条件，根据国家相关税收政策，筛选对企业有效的广告形式和方案，切忌片面追求降低税负而顾此失彼。一个好的税收筹划方案，不仅仅是纳税最小，而应当是充分考虑了成本效益原则，且实施的广告宣传活动很好地配合了企业的发展战略，对企业的可持续发展有利。

5.4.4 借款利息筹划

税法对于利息支出的规定如下：纳税人在生产、经营期间，向金融机构借款的利息支出，按照实际发生数扣除；向非金融机构借款的利息支出，包括纳税人之间相互拆借的利息支出，按照不高于金融机构同类、同期贷款利率计算的数额以内的部分，准予扣除。但是，建造、购进的固定资产在尚未竣工决算投产前的利息，应全部计入该项固定资产原值，不得扣除、此外，纳税人经批准集资的利息支出，凡不高于同期、同类商业银行贷款利率的部分也允许扣除，超过部分不得扣除。

【税法引用】《中华人民共和国企业所得税法实施条例》(颁布时间 2007 年 12 月 6 日)第三十八条　企业在生产经营活动中发生的下列利息支出，准予扣除：

（一）非金融企业向金融企业借款的利息支出、金融企业的各项存款利息支出和同业拆借利息支出、企业经批准发行债券的利息支出；

（二）非金融企业向非金融企业借款的利息支出，不超过按照金融企业同期同类贷款利率计算的数额的部分。

对借款利息进行纳税筹划的思路是：当企业有职工集资款，且支付的利息高于同期银行利率标准，而职工工资的发放低于计税工资标准时，可将超标准支付的利息变相列支在工资项目中，以增加抵税效应；企业向非金融机构借款的利息支出，如果高于金融机构同类、同期贷款利率计算金额，则在进行税收筹划时应该避开借款的形式，通过其他形式融通资金，如吸收投资、向金融机构贷款等，避免缴纳额外的税款。

【例 5－11】 某企业职工人数为 1 000 人，人均月工资为 3 000 元。该企业 2011 年度向职工集资人均 10 000 元，年利率为 10%，同期同类银行贷款利率为年利率 7%。当年企业税前会计利润为 300 000 元(利息支出全部扣除)。由于企业所得税法规定，向非金融机构借款的利息支出，不高于按照银行金融同类同期贷款利率计算的数额以内部分准予扣除，因此，超过部分不能扣除，应调整应纳税所得额 1 000×10 000×(10%－7%)＝300 000(元)。企业应纳企业所得税额＝(300 000＋300 000)×25%＝150 000(元)，同时，代扣代缴企业职工个人所得税：10 000×10%×20%×1 000＝200 000(元)。如何进行纳税筹划？

【解答过程】可以考虑将集资利率降低到同期同类贷款利率即 7%，这样，每位职工的利息损失为：10 000×(10%－7%)＝300(元)。企业可以通过提高工资待遇的方式来弥补职工在利息上收到的损失，即将职工的平均工资提高到 3 300 元，仍低于计税工资标准 3 500 元，工资薪金不需缴纳个人所得税。通过筹划：

企业应纳所得税额＝300 000×25%＝75 000(元)

节约企业所得税＝150 000－75 000＝75 000(元)

减少代扣代缴个人所得税＝10 000×1 000×(10%－7%)×20%＝60 000(元)

对于企业而言，节约了企业所得税，对于职工而言，减少了个人所得税的支出，实现双赢。

5.4.5 公益救济性捐赠筹划

企业为了提高其产品在市场上的竞争力，树立良好的社会形象，往往会发生捐赠的行为。捐赠采取的方式不同，抵税的金额也会不同。公益、救济性捐赠的纳税筹划是理智思考后的结果，纳税是义务，捐赠是美德，两者相互并不冲突。在力所能及履行社会责任，进行公益性捐赠之时，进行纳税筹划符合企业和社会发展的双重需要。

《中华人民共和国企业所得税法》为扩大税收支持社会公益捐赠的力度，将捐赠企业的捐赠税前扣除比例由原先一般情况下的 3%提高至 12%。如果直接捐赠，则不能在所得税前扣除。

公益性捐赠扣除限额＝年度利润总额×12%

因此，纳税人在为社会做善事时，可以根据自己的实际情况，结合税法规定，尽量选择可最大限度地扣除公益、救济性捐赠项目来安排自己的善事，一方面能树立良好的社会形象，另一方面又可节约税款。

【税法引用】《中华人民共和国企业所得税法》(颁布时间 2007 年 3 月 16 日)第九条　企业发生的公益性捐赠支出，在年度利润总额 12%以内的部分，准予在计算应纳税所得额时扣除。

《中华人民共和国企业所得税法实施条例》(颁布时间 2007 年 12 月 6 日)第五十一条　企业所得税法第九条所称公益性捐赠，是指企业通过公益性社会团体或者县级以上人民政府及其部门，用于《中华人民共和国公益事业捐赠法》规定的公益事业的捐赠。

第五十二条　本条例第五十一条所称公益性社会团体，是指同时符合下列条件的基金会、慈善组织等社会团体：

(一) 依法登记，具有法人资格；

(二) 以发展公益事业为宗旨，且不以营利为目的；

(三) 全部资产及其增值为该法人所有；

(四) 收益和营运结余主要用于符合该法人设立目的的事业；

(五) 终止后的剩余财产不归属任何个人或者营利组织；

(六) 不经营与其设立目的无关的业务；

(七) 有健全的财务会计制度；

(八) 捐赠者不以任何形式参与社会团体财产的分配；

(九) 国务院财政、税务主管部门会同国务院民政部门等登记管理部门规定的其他条件。

第五十三条 企业发生的公益性捐赠支出，不超过年度利润总额12%的部分，准予扣除。

年度利润总额，是指企业依照国家统一会计制度的规定计算的年度会计利润。

【例5-12】 某工业企业2009年度预计可实现会计利润(假设等于应纳税所得额)1 000万元。企业所得税税率为25%。企业为提高其产品知名度及市场竞争力，树立良好的社会形象，决定向有关单位捐赠200万元。企业提出两套方案，第一套方案：进行非公益性捐赠或不通过我国境内的非营利的社会团体、国家机关作公益性捐赠；第二套方案：通过我国境内的非营利的社会团体、国家机关进行公益性捐赠，并且在当年全部捐赠。如何进行纳税筹划?

【解答过程】

第一种方案不符合税法规定的公益性捐赠条件，捐赠不能在税前扣除。该企业2009年度应当缴纳企业所得税：1 000×25%=250(万元)。

第二种方案，捐赠可在法定扣除限额内部分据实扣除，超过部分不得扣除。捐赠可以扣除的限额标准是1 000×12%=120万元，实际捐赠额超出限额，因此只能抵扣限额部分120万元，企业应纳所得税额=(1 000-120)×25%=220(万元)。

进一步筹划如下。

为了最大限度地将捐赠支出予以扣除，企业可将该捐赠分两次进行，2009年捐赠100万元，2010年再捐赠100万元，假设2010年预计可实现利润也为1 000万元，则2009和2010年这两年的捐赠额均不超过扣除限额120万，总的捐赠额200万元可以全部抵扣。该方案比第二种方案减少企业所得税支出：(200-120)×25%=20(万元)。

5.5 亏损弥补的筹划

在计算应纳税所得额时，将纳税年度的收入总额减除不征税收入、免税收入和各项扣除后，其结果有可能小于零，这小于零的数额即税法所称亏损。这里应注意区分财务会计中的亏损和税务会计的亏损的不同含义。税务会计中的亏损称为应税亏损，它是对财务会计亏损按税法调整后的金额。按现行企业所得税的规定，纳税人发生年度亏损的，可以在以后5年内逐年延续弥补。5年内不论是盈利或亏损，都作为实际弥补期限计算。如连续发生年度亏损，也必须从第一个亏损年度算起，先亏先补，按顺序连续计算亏损弥补期，不得将每个亏损年度的连续弥补期相加，更不得断开计算。纳税人当年实现利润，可以先弥补不超法定弥补期的以前年度亏损，按弥补亏损后的利润为应纳税所得额，以适用的税率，计算年度应缴所得税额。

【税法引用】《中华人民共和国企业所得税法》(颁布时间2007年3月16日)第十七条 企业在汇总计算缴纳企业所得税时，其境外营业机构的亏损不得抵减境内营业机构的盈利。

第十八条 企业纳税年度发生的亏损，准予向以后年度结转，用以后年度的所得弥补，但结转年限最长不得超过五年。

这一法规适用于不同经济成分、不同经营组织形式的企业。由此可见，国家允许企业用下一年度损的政策，充分照顾了企业的利益。如何利用亏损弥补进行纳税筹划?下面我们通过一个案例进行讲解。

【案例】 某企业2008年度盈利(假定为应纳税所得额)为40万元，以前年度没有需要弥补的亏损。接下来年度应纳税所得额见表5-8。

表 5-8　筹划前的应纳税所得额　　单位：万元

年度	2008	2009	2010	2011	2012	2013	2014
应纳税所得额	40	－40	－30	－20	10	20	30

该企业 2008 年度应纳税所得额为 40 万元，由于以前年度没有需要弥补的亏损，因此，2008 年度应纳税额＝40×25％＝10(万元)；2009—2011 年度亏损，不需要缴纳企业所得税；2012 年应纳所得税额为 10 万元，弥补以前年度亏损后没有余额，无须缴税；2013 年度应纳税所得额为 20 万元，此时，前 5 年尚有 80 万元亏损尚未弥补，因此，2013 年度也无须缴税。2014 年度应纳税所得额为 30 万元，此时，前 5 年上有 60 万元亏损尚未弥补，弥补损失后，2014 年度企业也无须缴税。所以，2008—2014 年度企业应纳所得税额＝40×25％＝10(万元)。请问，该企业应该如何对亏损弥补进行纳税筹划？

筹划方案如下。

这类企业的特征是先盈利后亏损，这种状况会导致企业在以后年度的亏损不可能用以前年度的盈利来弥补。而企业能否盈利在很大程度上是可以预测到的，因此，如若企业已经预测到某些年度会发生无法避免的亏损，那么，就尽量将盈利放在亏损年度之后。

本案例中，企业可以在 2008 年度多开支 40 万元，也就是将 2009 年度的部分开支提前进行，而将 2008 年的某些收入延迟到 2009 年度来实现，这样，企业 2008 年度、2009 年度的应纳所得税额就变为 0，以后年度的生产经营不变。应纳税所得额见表 5-9。

表 5-9　筹划后的应纳税所得额　　单位：万元

年度	2008	2009	2010	2011	2012	2013	2014
应纳税所得额	0	0	－30	－20	10	20	30

通过筹划，2010—2011 年度亏损，不需要缴纳企业所得税，2012 年应纳所得税额为 10 万元，首先弥补 2010 年度亏损后没有余额，无须缴税；2013 年度应纳税所得额为 20 万元，将 2010 年度剩余 20 万的亏损弥补后没有余额，无须纳税；2014 年度应纳税所得额为 30 万元，2011 年有 20 万元亏损尚未弥补，弥补损失后，2014 年度剩余应纳税所得额 10 万元，应纳企业所得税额 2.5 万元(10×25％)。

筹划效果：减少纳税支出 7.5 万元(10－2.5)。

需要说明的是，企业年度亏损额是按照税法规定计算出来的，不是采用虚报成本、费用或隐瞒收入或虚报亏损得到。如果企业采用违法的手段多列成本、费用而多报亏损，税务机关将依法对企业的纳税所得进行调整，经调整后无论企业仍是亏损还是变为盈利的，应视为查出相同数额的应纳税所得，一律按法定税率计算出相应的应纳税所得额，并以此作为偷税罚款的依据。如果企业多报亏损，经主管税务机关检查调整后有盈余的，还应就调整后的应纳税所得，按适用税率补缴企业所得税。如果企业多报亏损已用以后年度的应纳税所得进行了弥补，则还应对多报亏损已弥补部分按适用税率计算补缴企业所得税。因此，企业必须按税法规定计算纳税所得并依法向这管税务机关申报，才能做到合法地利用现行税收政策法规来取得合法权益。

5.6 递延纳税的筹划

企业所得税采取按年计算、分期预缴、年终汇算清缴的办法征收。预缴是为了保证税款及时、均衡入库的一种手段。但是企业的收入和费用列支要到一个会计年度结束后才能完整计算出来，平时在预缴中不管是按照上年应纳税所得额的一定比例预缴，还是按纳税期的实际数预缴，都存在不能准确计算当期应纳税所得额的问题。因此，国家税务总局规定：企业在预缴中少缴的税款不应作为偷税处理。可见，因正当原因少预缴的税款不会被视为偷税。少预缴的企业所得税将在以后月份或年终汇算清缴，纳税义务的滞后使企业获得这笔税款的时间价值，相当于享受国家的无息贷款。

【税法引用】《中华人民共和国企业所得税法》（颁布时间 2007 年 3 月 16 日）第五十四条 企业所得税分月或者分季预缴。

企业应当自月份或者季度终了之日起十五日内，向税务机关报送预缴企业所得税纳税申报表，预缴税款。

企业应当自年度终了之日起五个月内，向税务机关报送年度企业所得税纳税申报表，并汇算清缴，结清应缴应退税款。

企业在报送企业所得税纳税申报表时，应当按照规定附送财务会计报告和其他有关资料。

《中华人民共和国企业所得税法实施条例》（颁布时间 2007 年 12 月 6 日）第一百二十八条 企业所得税分月或者分季预缴，由税务机关具体核定。

企业根据企业所得税法第五十四条规定分月或者分季预缴企业所得税时，应当按照月度或者季度的实际利润额预缴；按照月度或者季度的实际利润额预缴有困难的，可以按照上一纳税年度应纳税所得额的月度或者季度平均额预缴，或者按照经税务机关认可的其他方法预缴。预缴方法一经确定，该纳税年度内不得随意变更。

第一百二十九条 企业在纳税年度内无论盈利或者亏损，都应当依照企业所得税法第五十四条规定的期限，向税务机关报送预缴企业所得税纳税申报表、年度企业所得税纳税申报表、财务会计报告和税务机关规定应当报送的其他有关资料。

企业的会计利润是按照企业会计准则的规定计算的，而企业所得税应纳税所得额是在会计利润的基础上，按照税法规定进行纳税调整而确定的。目前纳税调整只是在每年预缴所得税之后，年终后 45 天内进行。如何既节省成本又增加可流动的资金、既不违反会计惯例又不违反税收法规，从而达到节税的目的，这就需要在预缴所得税和纳税调整上进行筹划，合法地在预缴期间尽可能少预缴，确定最佳的预缴方法，达到延期纳税的目的。筹划的基本思路是：(1)当企业利润处于上升时期，即预计今年的效益比上一年度要好，按照上一纳税年度应纳税所得额的月度或者季度平均额预缴可少预缴，从而递延缴纳所得税，反之，则应按实际数预缴。(2)从递延缴纳所得税的角度，按季预缴相对于按月预缴又较为有利，虽然预缴总额相同，但按季预缴可以递延缴纳。(3)企业可以在纳税年度终了后 5 个月内尽量延迟申报缴纳所得税，在年度终了之日起 5 个月内的最后一天纳税。(4) 企业要避免汇算清缴时发现多预缴税款从而退税的情况，从而获得货币的时间价值和流动资金。

【例 5-13】 某公司 2008 年每月实现利润 1 万元，每月都有超过税法扣除标准的业务招待费 2 000 元。预计其 2008 年的利润不会高于 2007 年，假设 2007 年度的应纳税所得额为 24 万元，则企业应选择何种方式预缴所得税？

【解答过程】

【方案一】如果企业选择按月预缴，按照实际利润申报预缴企业所得税，则每月应申报纳税为：(10 000+2 000)×25%=3 000(元)

【方案二】如果企业选择按季预缴，按照实际利润申报预缴企业所得税，则每季应申报纳税为：(30 000+6 000)×25%=9 000(元)

【方案三】如果每月按1万元(或每季按3万元)申报，只需申报2 500元(或7 500元)；等到年度终了后一次汇算清缴，在年度终了之日起5个月内的最后一天，向税务机关报送年度企业所得税纳税申报表，并汇算清缴，结清应缴应退税款，税务机关也不会加收滞纳金。相比前两种方案，该方案可以少预缴，到年度汇算清缴再补税，因此可以获得少纳税款的时间价值。而且应尽量选择按季预缴，即每个季度预缴7 500元，这一方案最优。

【方案四】如果选择按上年度应纳税所得额的1/12进行预缴，即按月预缴，则企业每月应申报纳税为：240 000/12×25%=5 000(元)

【方案五】如果选择按上年度应纳税所得额的1/4进行预缴，即按季预缴，则企业每季应申报纳税为：240 000/4×25%=20 000(元)

由于该公司预计2008年的利润不会高于2007年，即企业利润处于下降趋势，则应该按照实际数预缴比较有利。方案四和方案五按照上一纳税年度应纳税所得额的月度或者季度平均额预缴，其预缴额要大于方案一和方案二中按照实际数的预缴额，占用了企业资金，为较差选择。综上可知，采用方案三是最佳选择，这样企业在一年的大部分经营期间里可拥有更多的流动资金，对企业生产经营的资金使用较为有利。

5.7 利用优惠政策进行筹划

企业所得税法对现行企业所得税优惠政策进行了详细规定，主要内容在《中华人民共和国企业所得税法》(颁布时间2007年3月16日)第四章第二十五条至第三十六条；《中华人民共和国企业所得税法实施条例》(颁布时间2007年12月6日)第四章第八十二条至第一百零二条。

1. 高新技术企业

新企业所得税法规定，国家需要重点扶持的高新技术企业，减按15%的税率征收企业所得税。因此新企业所得税法下企业所得税筹划思路是：从注册区域筹划转变为企业性质的筹划。旧企业所得税法规定，只有在国家级高新技术产业开发区内注册的高新技术企业方可享受15%的优惠税率，因此，不在此类地区的高新技术企业在纳税筹划时，可以通过公司分立或关联交易将利润转移给位于此类地区并享受税收优惠的关联企业，甚至利用“区内注册、区外经营”来谋求税负的减轻。新企业所得税法对国家需要重点扶持的高新技术企业减按15%的税率征收所得税，对重点扶持和鼓励发展的产业和项目给予企业所得税优惠，不再有地域性的要求。因此，企业的纳税筹划必须从纳税地点的筹划转移到企业性质的筹划上来。

《中华人民共和国企业所得税法实施条例》提高了高新技术企业的认定标准。界定的首要条件是拥有“核心自主知识产权”，认定的具体指标有：研发费用占销售收入的比例、高新技术产品收入占总收入的比例、科技人员占职工总数的比例等，体现了新税法技术创新的导向。据此规定，企业所得税筹划的侧重点应从筹划高新企业的纳税地点转移到自主创新、培养核心竞争能力上来，设立自己的研发机构，组建稳定的研发队伍，自主开发新产品、新技术，制订中长期研发计划。这既符合企业的发展需求，又符合新税法的立法精神。

2. 研究开发费用的税收优惠

企业为开发新技术新产品新工艺发生的研究开发费用，未形成无形资产计入当期损益的，在按照规定据实扣除的基础上，按照研究开发费用的50%加计扣除；形成无形资产的，按照无形资产成本的150%摊销。

因此，企业在职工从事研究开发期间，可多安排工资、奖金(包括全年一次性奖金)，从而更多地享受加计扣除。需要注意的是，多安排工资、奖金相应增加的个人所得税负担不能超过加计扣除部分减少的企业所得税负担，否则将得不偿失。

3. 技术转让所得

一个纳税年度内，居民企业技术转让所得不超过500万元的部分，免征企业所得税；超过500万元的部分，减半征收企业所得税。注意此项优惠政策仅限居民企业，企业取得的技术转让、技术咨询、技术服务、技术培训、技术承包等技术性服务收入中，享受税收优惠的仅限于技术转让所得。

4. 安置残疾人员的税收优惠

企业安置残疾人员的，在按照支付给残疾职工工资据实扣除的基础上，按照支付给残疾职工工资的100%加计扣除。如果企业在进行组织设计时能将残疾职工安排在合适的岗位上，就可以获得减少税负的好处。使残疾职工占全部职工的比例达到优惠比例以上，从而让企业能够享受增值税和营业税定额减免的优惠政策。

单位实际支付给残疾人的工资加计扣除部分，如大于本年度应纳税所得额的，可准予扣除其不超过应纳税所得额的部分，超过部分本年度和以后年度均不得扣除。亏损单位不适用上述工资加计扣除应纳税所得额的办法。

5. 资源综合利用的税收优惠

企业以《资源综合利用企业所得税优惠目录》规定的资源作为主要原材料，生产国家非限制和禁止并符合国家和行业相关标准的产品取得的收入，减按90%计入收入总额。《企业所得税法》配套政策出台，企业生产的属于列入新目录的共生伴生矿产资源，废水(液)废气、废渣和再生资源3个类别的16种产品可以享受减计90%应税收入的优惠政策，但其所使用的综合利用资源及技术标准必须符合新目录的规定。2008年以前，资源综合利用企业所得税优惠政策仅限于内资企业，且企业享受此政策不能超过5年。《中华人民共和国企业所得税法》将此政策扩大到外资企业执行，且没有时间的限制。

如果企业所使用的原材料正好符合税法规定的资源，可以酌情调整该资源作为原材料的使用比例以符合国家规定，享受税收优惠。但进行该项筹划时要注意考虑筹划的成本，因为该筹划可能对企业的日常生产经营活动产生直接影响，筹划成本往往会比较大。

6. 环境保护、节能节水项目的税收优惠

企业从事符合条件的环境保护、节能节水项目的所得，自项目取得的第一笔生产经营收入所属纳税年度起，第一年至第三年免征企业所得税，第四年至第六年减半征收企业所得税。可以享受优惠的是环境保护、节能节水项目，包括公共污水处理、公共垃圾处理、沼气综合开发利用、节能减排技术改造和海水淡化等。因此，即使企业的主营业务不在优惠范围之内，但主要从事了本项规定的优惠项目的，也可以享受相应的优惠政策。

享受优惠的项目在减免税期限内转让的，受让方自受让之日起，可以在剩余期限内享受规定的减免税优惠；减免税期限届满后转让的，受让方不得就该项目重复享受减免税优惠。

7. 购置环境保护、节能节水、安全生产专用设备的税收优惠

企业购置用于环境保护、节能节水、安全生产等专用设备的投资额的10%可以从企业当年的应纳税额中抵免；当年不足抵免的，可以在以后5个纳税年度结转抵免。需要注意的是：可以享受设备购置抵免优惠的企业必须实际购置并自身实际投入使用前款规定的专用设备；企业购置上述专用设备在5年内转让、出租的，应当停止享受企业所得税优惠，并补缴已经抵免的企业所得税税款。享受优惠的项目在减免税期限内转让的，受让方自受让之日起，可以在剩余期限内享受规定的减免税优惠；减免税期限届满后转让的，受让方不得就该项目重复享受减免税优惠。利用此优惠政策进行筹划的思路是：正确选择设备的购置时间，从而充分享受税收抵免的权利。一般而言，在企业亏损时期，同时预计未来5年内无法弥补亏损，或弥补亏损后应缴纳的企业所得税少于设备购置抵免额，则应在企业需要的限度内尽量推迟设备的购置时间。

【例5-14】 某企业集团于2008年8月成立一家全资子公司，为保障生产安全，准备于2008年12月购置一大型安全生产专用设备，该设备价款为300万元。企业按规定可于2008—2013年5年期限内抵免所得税300×10%=30(万元)。因该企业生产产品为新型产品，预计未来3年企业将面临亏损，至第四年起企业将逐渐盈利，2008年及未来6年的预计利润额(假设无任何纳税调整事项)见表5-10。该企业应如何进行筹划，才能最大程度地节税？

表5-10　企业2008—2014年预计利润额　　单位：万元

年度	2008年	2009年	2010年	2011年	2012年	2013年	2014年
利润额	-200	-120	-50	80	130	250	400

【解答过程】 如果企业于2008年12月购置该安全生产设备，则企业未来各年应缴纳的企业所得税如下：2008—2010年为亏损年度，不需要缴纳企业所得税；2011～2012年弥补前3年的亏损后仍未有盈利，也不需要缴纳企业所得税；2013年弥补以前年度亏损后利润额为90万元，应缴纳企业所得税为：90×25%=22.5(万元)，扣除购置安全生产专用设备抵免额后，不需缴纳企业所得税；2014年应缴纳企业所得税400×25%=100(万元)。

如果企业经过筹划，将该安全生产设备的购置时间推迟一个月，即在2009年1月份购买，则企业2008—2013年应缴纳的企业所得税不发生变化；企业2014年应缴纳的企业所得税还可以扣减安全生产设备的剩余抵免额7.5万元，应缴纳的企业所得税减少为92.5万元，企业由此获得7.5万元的节税收益。

8. 小型微利企业，减按20%的税率征收企业所得税

对小型微利企业的界定，《中华人民共和国企业所得税法》采用了应纳税所得额、从业人数、资产总额3个指标相结合的方式。具体认定标准是：工业企业年度应纳税所得额不超过30万元，从业人数不超过100人，资产总额不超过3 000万元；其他企业年度应纳税所得额不超过30万元，从业人数不超过80人。资产总额不超过1 000万元。因此，小型企业在设立时首先需认真规划企业的规模和人数，规模较大时，可考虑分立为两个独立的纳税企业；其次要关注年应税所得额，当应税所得额处于临界点时，需采用推迟收入实现、加大扣除等方法，降低适用税率。

9. 选择投资方向

《企业所得税法》税收优惠的方向主要是：促进技术创新和科技进步、鼓励基础设施建设、鼓励农业发展和节能环保、促进公益事业、照顾弱势群体等，企业应根据政策来调整投

资和经营决策，如多上一些技术创新、节能节水、环保、农业开发等领域的项目，加大对技术开发的投入，充分享受税法给予的节税空间。

本章小结

企业所得税的应纳所得税税额等于应税所得额乘以税率，因此企业所得税的筹划主要是围绕应税所得额和税率而展开。对企业所得税纳税人进行筹划，主要通过不同纳税人之间的合并、分立、集团公司内部设立子公司或分公司，从而达到适用较低税率的目的。对应税收入进行纳税筹划可以通过降低盈利年度的收入总额、正确界定不征税收入、尽量投资免税收入、推迟收入确认的时间来实现。对扣除项目进行纳税筹划包括对固定资产折旧的筹划、工资薪金筹划、广告费、业务宣传费和业务招待费筹划、借款利息筹划、公益救济性捐赠筹划等。亏损弥补的筹划应尽量将盈利放在亏损年度之后，利用亏损弥补节税。递延纳税的筹划方法是合法地在预缴期间尽可能少预缴，确定最佳的预缴方法，达到延期纳税的目的。此外，纳税人的应纳所得税还会受税收优惠政策的影响，因此税收优惠政策的筹划也是本章的重点之一。

职业能力训练

一、思考题

1. 通过企业合并和企业分立进行纳税筹划的思路是什么?
2. 如何对应税收入进行纳税筹划?
3. 关于固定资产折旧的筹划方法有哪些?
4. 简述广告费、业务宣传费和业务招待费的筹划方法。
5. 在企业所得税的筹划中，哪些方法考虑了资金的时间价值，给纳税人带来的好处是延迟纳税?
6. 企业应如何利用所得税的税收优惠政策开展纳税筹划?

二、单选题

1. 下列哪项不属于企业所得税纳税人的筹划方法?(　　)

A. 企业合并　　B. 企业分立

C. 选择设立子公司或分公司　　D. 选择合适的收入结算方式

2. 下列哪项是企业所得税的免税收入?(　　)

A. 财政拨款

B. 国债利息收入

C. 依法收取并纳入财政管理的行政事业性收费

D. 依法收取并纳入财政管理的行政事业性收费、政府性基金

3. 一般地，如果各年的所得税税率不变，则选择(　　)可以使企业获得延期纳税的好处。

A. 平均年限法　　B. 工作量法　　C. 直线折旧法　　D. 加速折旧法

4. 在预测购进货物价格下降的情况下，应当采用(　　)企业所得税税负最低。

A. 后进先出法　　B. 加权平均法　　C. 先进先出法　　D. 移动平均法

5. 依据《企业所得税法》的规定，企业发生的公益性捐赠支出，在年度利润总额(　　)以内的部分，准予在计算应纳税所得额时扣除。

A. 12%　　B. 10%　　C. 3%　　D. 15%

6. 享受所得税优惠政策的企业，折旧方法的选择应(　　)。

A. 选择减免税期折旧少、非减免税期折旧多的折旧方法

B. 选择减免税期折旧多、非减免税期折旧少的折旧方法

C. 采用加速折旧法

D. 尽量缩短折旧年限

7. 企业预计今年的效益比上一年度要好，则可选择按(　　)预缴。

A. 实际数

B. 上一年度应纳税所得额的一定比例

C. 预计今年发生数

D. 任意方法预缴无差异

8. 税法规定："纳税人发生年度亏损，可以用下一年度的所得弥补；下一纳税年度的所得不足以弥补的，可以逐年延续弥补，但是延续弥补期最长不得超过(　　)年。"

A. 四　　B. 五　　C. 六　　D. 七

9. 企业所得税法所称符合条件的技术转让所得免征、减征企业所得税，是指一个纳税年度内，居民企业技术转让所得不超过(　　)万元的部分，免征企业所得税；超过的部分，减半征收企业所得税。

A. 300　　B. 400　　C. 500　　D. 600

三、多选题

1. 企业所得税在实行25%基础税率的基础上，还实行哪两档优惠税率？(　　)

A. 30%　　B. 20%　　C. 15%　　D. 10%

2. 利用企业合并进行纳税筹划时，应该注意以下哪些问题？(　　)

A. 以前享受优惠的企业应注意合并后是否还符合条件

B. 合并不应仅从税收上考虑，而应该结合企业合并的主要动因

C. 合并企业应该全面分析合并的成本和收益

D. 企业合并时应结合各种影响因素，综合权衡，以获取合并后整体净收益的最大化

3. 下列哪些属于企业所得税应税收入的筹划方法？(　　)

A. 降低盈利年度的收入总额　　B. 正确界定不征税收入

C. 尽量投资免税收入　　D. 推迟收入确认的时间

4. 企业在纳税筹划中，应尽量选择免税的收入，例如(　　)。

A. 在投资中选择股票　　B. 进行技术改造

C. 在投资中选择国库券　　D. 进行技术转让

5. 利用固定资产折旧进行企业所得税纳税筹划，下列说法正确的是(　　)。

A. 如果税率发生变动或企业正处在所得税优惠期间，则应尽量延长折旧年限

B. 在税率稳定的情况下，应尽量延长折旧年限

C. 当企业处于盈利持续状况时，应尽可能地选择加速折旧法

D. 当企业处于税收减免优惠期间时，可尽量少提折旧，而将折旧费推迟扣除

6. 对存货计价方法进行选择，必须充分考虑市场物价变化趋势因素的影响。在不同情况下，应如何选择存货计价方法？(　　)

A. 当存货价格持续上涨时，采用加权平均法的企业税负最低

B. 不同的物价环境对企业存货计价方法的选择会产生相同的影响

C. 在物价持续下降的情况下，则应选择先进先出法对企业存货进行计价，才能提高企业本期的存货成本，相对减少企业当期收益，减轻企业所得税负担

D. 纳税人在选择存货计价方法时应着眼于使成本费用的抵税效应最大化

7. 税法规定，国家需要重点扶持的高新技术企业，减按15%的税率征收企业所得税。这里的高新技术企业，是指拥有核心自主知识产权，并同时符合下列哪些条件的企业？(　　)

A. 研究开发费用占销售收入的比例不低于规定比例

B. 高新技术产品(服务)收入占企业总收入的比例不低于规定比例

C. 科技人员占企业职工总数的比例不低于规定比例

D. 产品(服务)属于《国家重点支持的高新技术领域》规定的范围

四、判断题

1. 当企业扩大经营规模处于起步或尝试阶段，发生亏损的可能性较大时，首先选择设立子公司。 ( )

2. 基于收入总额筹划的基本原则即是减少、延迟收入总额的同时，纳税人应当尽可能地扩大、增加不征税收入与免税收入额。 ( )

3. 存货计价方法一经选用，不得随意改变，确实需要改变计价方法的，应当在下一纳税年度开始前报主管税务机关备案。 ( )

4. 一般来说，在税率不变的情况下，固定资产折旧宜选择直线法。 ( )

5. 企业在进行广告费、业务宣传费和业务招待费的筹划时，应结合每个企业所处的不同行业、不同规模以及自身经营条件，筛选对企业有效的广告形式和方案。 ( )

6. 从递延缴纳所得税的角度，按月预缴相对于按季预缴较为有利。 ( )

7. 一般而言，在企业亏损时期，同时预计未来5年内无法弥补亏损，或弥补亏损后应缴纳的企业所得税少于设备购置抵免额，则应在企业需要的限度内尽量提前设备的购置时间。 ( )

五、案例分析题

1. 某交通运输公司，资产总额为500万元，从业人员50人。2008年该公司的税务审计显示其年度应纳税所得额为31万元，所以该企业不符合小型微利企业的标准，应按25%的税率缴纳所得税。该公司有大量联运业务。问该企业应如何进行相应的税收筹划?

2. 某企业2008年年底购入了一台新设备，成本为30万元，净残值率为5%。该设备从2009年起计提折旧。2009年扣除此台设备折旧前的账面利润为15.5万元。要求：(1)若企业该固定资产的使用年限为10年，且可以采用加速折旧法计提折旧，计算比较分析3种折旧方法(直线法、双倍余额递减法、年数总和法)中，企业选择哪种折旧方法会使2009年的应纳所得税最低?(2)若企业采用直线法计提折旧，将折旧年限由10年缩短为8年，则2009年会给企业带来多大的减税效应?

3. 某企业拥有固定资产原值100 000元，预计净残值为4 000元，预计使用年限5年，该企业在未来5年预计折旧前的应税收益以及产量见表5-11，该企业所得税税率为30%，试分析比较直线法、工作量法、双倍余额递减法、年数总和法这4种方法，哪种方法下所得税负最低，节税效果最好?(换算成现值，市场利率为10%)【(P/S，10%，1)＝0.909；(P/S，10%，2)＝0.826；(P/S，10%，3)＝0.751；(P/S，10%，4)＝0.683；(P/S，10%，5)＝0.621】

表5-11 折旧前应税收益及产量表 单位：元

年 度	第1年	第2年	第3年	第4年	第5年	合计
扣除折旧前的应税收益/元	100000	100000	100000	80000	80000	460000
产量/件	1000	1000	1000	900	900	4800

4. 某工业企业其他条件符合小型微利企业，1～11月应纳税所得额为29万元，12月有一笔销售收入5万元，产品成本为3万元，假设没有其他纳税调整事项，该企业可以选择分两期付款结算方式和一次付清的交款提货结算方式，请计算比较两种结算方式的所得税差异，为其进行纳税筹划。

5. 北方地区某新建企业主要生产儿童食品，适用广告费扣除率15%，企业所得税税率25%，企业年初推出一种新产品，预计年销售收入8 000万元(假若本地销售1 000万元＋南方地区销售7 000万元)，需要广告费支出1 500万元。现有以下两个方案可以选择。方案一：产品销售统一在本公司核算，需要在当地电视台、南方地区电视台分别投入广告费500万元、1 000万元。方案二：鉴于产品主要市场在南方，可在南方设立独立核算的销售公司，销售公司设立以后，与甲企业联合起来做广告宣传。成立公司估算需要支付场地、人员工资等相关费用30万元，向当地电视台、南方地区电视台分别支付广告费500万元、1 000万元，其中：南方销售公司销售额7 000万元，甲企业向南方销售公司按照出厂价6 000万元作销售，甲企业当地销售额1 000万元。请问该企业应该选择何种方案？

6. 某企业年度预计利润总额为200万元，无其他纳税调整项目。适用的企业所得税税率为25%。为了优化企业形象、提高社会知名度，准备在该年度向社会捐赠30万元。该企业有以下两种捐赠方案可以选择。

方案一：纳税人不通过境内非营利的社会团体、国家机关进行公益、救济性捐赠或非公益、救济性捐赠。

方案二：纳税人通过境内非营利的社会团体、国家机关，向教育、民政等公益事业进行公益、救济性的捐赠。

请问，从节税角度出发企业应选择何种方案？

解答：

两种捐赠方案比较分析如下。

方案一：其应纳税所得额不能作任何扣除，故其应纳所得税税额200×25%＝50（万元）；

方案二：其捐赠支出在扣除限额内的部分可以据实扣除，扣除限额为200×12%＝24（万元），故其应纳所得税税额为(200－200×12%)×25%＝44(万元)。

对比可知应选择方案二比较节税。

7. 甲是2005年创立的工业型企业，创办初期投入较大，需要采购较多物资和固定资产，所以亏损较大（－40万元）。假设甲公司年度应纳税所得额资料见表5－12(2008年度以后的应纳税所得额为预计值，单位万元)。

表5－12　甲公司年度应纳税所得额　　单位：万元

年度	2005	2006	2007	2008	2009	2010	2011
应纳税所得额	－40	－10	－8	－2	10	20	30

请问如何对该公司进行纳税筹划？

第 6 章

个人所得税的纳税筹划

GEREN SUODESHUI DE NASHUI CHOUHUA

【学习目标】

(1) 掌握个人所得税筹划的基本思路及基本方法。
(2) 理解纳税人身份的划分标准，掌握身份筹划的方法。
(3) 理解工资、薪金所得的税收规定，掌握具体筹划的方法。
(4) 理解个体工商户生产经营所得的税收规定，掌握具体筹划的方法。
(5) 理解劳务报酬所得的税收规定，掌握具体筹划的方法。
(6) 理解稿酬所得的税收规定，掌握具体筹划的方法。
(7) 掌握个人所得税的优惠政策，学会利用优惠政策进行筹划。

【引导案例】

王进是一名技术工人，2012 年 1～6 月在某企业提供技术指导服务，每月获取收入 4 500 元。现有两种方案可供王进自行选择，一种方案是与该企业签订雇佣劳动关系，另一种方案是不与该企业签订雇佣劳动关系。请问，哪种方案对王进更为有利?

个人所得税是以个人(自然人)取得的各种所得为征税对象征收的一种税。个人所得税采用的是分类征收模式，即对工资薪金所得、个体工商户的生产经营所得、劳动报酬所得、稿酬所得和利息、股息、红利所得以及财产租赁所得、财产转让所得、偶然所得等 11 项应税所得项目分别按税法规定的费用扣除标准和适用税率计算纳税。对工资薪金所得和个体工商户的生产经营所得以及企业、事业单位的承包、承租经营所得，采用累进税率，对劳务报酬、稿酬等其他所得，采用比例税率。

对个人所得税进行筹划，可以运用以下方法：通过转移住所、恰当安排离境时间对纳税人身份进行选择筹划；对工资薪金所得采取提高职工福利水平、降低名义收入，均衡发放月工资，掌握奖金发放技巧，工资薪金与劳务报酬相互转化进行筹划；对个体工商户生产经营所得采用分散、递延收入及费用筹划；对企事业单位承包、承租经营所得，应尽量改变企业性质，避免双重征税；对劳务报酬所得，采用费用转移、分项计算、增加支付次数进行筹划；对稿酬所得，采用费用转移、集体创作、系列丛书等方法进行筹划；对特许权使用费所得，应对比转让与投资的税费、收益，选择最有利的方案；对利息、股息、红利所得进行筹划，应优先考虑将资金投资于免税项目，利用股息进行再投资；对财产租赁所得，应掌握税法对扣除费用的规定及顺序；利用国家税收优惠政策，享受减免税优惠待遇，对公益性捐赠应尽量使得捐赠扣除限额最大化。

6.1 纳税人身份的筹划

6.1.1 居民纳税人与非居民纳税人的划分标准

我国缴纳个人所得税的纳税义务人，按照国际惯例被分为居民纳税人和非居民纳税人两种，分别承担不同的纳税义务。根据税法规定，判断居民纳税人与非居民纳税人有两个并列性标准，即住所标准和居住时间标准。个人只要符合或达到其中一个标准，就可以被认定为居民纳税人，要就其来源于中国境内与境外的所得依法缴纳所得税。非居民纳税人则仅就其来源于中国境内的所得缴纳个人所得税。由此可知，非居民纳税人的纳税义务远轻于居民纳税人的纳税义务，因而纳税筹划的关键是将居民纳税人的身份变成非居民纳税人的身份，从而减轻自己的税负。

【税法引用】《中华人民共和国个人所得税法》(修订时间 2011 年 6 月 30 日)第一条　在中国境内有住所，或者无住所而在境内居住满一年的个人，从中国境内和境外取得的所得，依照本法规定缴纳个人所得税。

在中国境内无住所又不居住或者无住所而在境内居住不满一年的个人，从中国境内取得的所得，依照本法规定缴纳个人所得税。

《中华人民共和国个人所得税法实施条例》(修订时间 2011 年 7 月 19 日)第二条　税法第一条第一款所说的在中国境内有住所的个人，是指因户籍、家庭、经济利益关系而在中国境内习惯性居住的个人。

注：这里的“户籍”是指拥有中国户口；这里的“经济利益”标准一般考虑主要经营活动地和主要财产所在地；所谓“习惯性居住”是判定纳税义务人为居民纳税人和非居民纳税人的法律标准，通常理解为一个纳税人因学习、工作、探亲等原因消除后，所要回到的地方。

第三条 税法第一条第一款所说的在境内居住满一年，是指在一个纳税年度中在中国境内居住365日。临时离境的，不扣减日数。

前款所说的临时离境，是指在一个纳税年度中一次不超过30日或者多次累计不超过90日的离境。

注：这里的纳税年度是指从公历1月1日到12月31日的期间。即如果一个纳税人在中国境内实际居住时间已超过365天，但从每一纳税年度看都没有居住满一年，则该个人不能被认定为中国的居民纳税人。

6.1.2 纳税人身份的筹划方法

对纳税人身份进行筹划的思路是对住所和居住时间进行合理筹划，一是改变自己的居住地，二是利用临时离境的规定恰当安排离境时间，尽量避免成为居民纳税人，以实现少缴税款的目的。

1. 转移居住地

转移居住地，是指个人通过个人的住所或居住地跨越税境的迁移，以实现减轻税负的目的。纳税人把自己的居所迁出某一国，但又不在任何地方取得住所，从而躲避所在国对其纳税人身份的确认，进而免除个人所得税的纳税义务。此外，纳税人可以把自己的居住地由高税国向低税国转移，以躲避高税国政府对其行使居民管辖权。

国际上，通常采用住所迁移的人多是已离退休的纳税人和在一国居住而在另一国工作的纳税人。已离退休的纳税人从原高税国居住地搬迁至低税国居住地，以便在支付退休金和财产、遗产税收方面获得好处，如将住所迁移到避税港或自由贸易区、经济开发区等；在一国居住而在另一国工作的纳税人以躲避高税负为目的，例如某人是一高税国居民，在低税国工作，该个人便可以通过移居，使自己成为低税国居民。

2. 恰当安排离境时间

对个人居民身份的确立，除了住所标准外，还采用时间标准，即以在一国境内连续或累计停留时间达到一定标准为界限，这就给纳税人进行税收筹划提供了机会。纳税人可以不停地从这个国家向那个国家流动，确保自己不成为任何一个国家的居民，这样纳税人既能从这些国家取得收入，又可避免承担其中任何一个国家的居民纳税义务。

【案例】汤姆为避免成为任何一国的居民，便根据各国在居民身份判定方面的标准不同来避税。A国规定在该国居住满1年的为该国居民，B国规定在该国居住满半年的为该国居民，C国规定在该国居住满半年为该国居民。汤姆就选择在A国居住7个月，B国居住3个月，C国居住2个月，从而避免三国居民身份的认定，不负担各该国的税负。可见，由于对自然人居民身份判定的标准不同，在同样实行居民管辖权的国家里，其居住时间长短规定不一。有的人可以通过多国间旅行，甚至长期居住在船上或游艇上的方式来避免纳税，从而成为“税收难民”。

对跨国纳税人来说，主要应注意在收入来源地居住天数的计算，因为居住天数的多少是判断居民还是非居民的主要标准，而非居民有利于节税。如税法规定，计算实际居住天数时，临时离境的不扣减天数。因此，纳税者要善于利用临时离境的规定进行节税，根据各国具体规定的临时离境日期恰当地安排自己的离境时间，增加离境次数或离境天数。如我国为30天标准，具体做法是一次离境超过30日，或累计离境超过90日，便可以使自己从居民纳税人变成非居民纳税人，达到节税目的。

【例 6-1】 美国公民卡宾与广州某公司签订了一份为期两年的工作合同，合同的起讫期为 2010 年 9 月至 2012 年 9 月。2010 年 9 月 1 日起，卡宾开始在该公司工作，每月工资 10 800 元，由中国企业支付。2011 纳税年度内，卡宾于 1 月份离境和 6 月份两次离境回美国探亲，离境天数均为 20 天。离境期间，卡宾为另一家中国公司提供专利技术使用权，一次性取得特许权使用费折合人民币 30 000 元。根据以上提供的资料，计算卡宾在 2011 年 12 月份应纳的个人所得税情况，卡宾是否可以通过事先的筹划降低其个人所得税税负？

【解答过程】 由于卡宾在 2011 年的纳税年度内累计临时离境时间为 40 天，未超过 90 天，而且没有一次临时离境超过 30 天，因此，2011 年度应被认定为我国居民纳税义务人。

卡宾 12 月份的个人所得税纳税情况如下。

中国企业支付的工薪所得需纳个人所得税＝(10 800－1 600－3 200)×20%－375＝825(元)

特许权使用费需纳个人所得税＝30 000×(1－20%)×20%＝4 800(元)

卡宾 12 月份合计应纳个人所得税＝825＋4 800＝5 625(元)

如果卡宾将某次回国的时间延长超过至 30 天，就可以使自己成为中国个人所得税税法中的非居民纳税人，其境外的所得就无须向我国政府缴税。假设经过事先的安排，卡宾把第一次离境时间从原来的 20 天延长至 30 天，这样，卡宾就不符合我国个人所得税税法的居民纳税人的条件，其境外的特许权使用费所得就不需要向我国政府缴税，可以节税 4 800 元。

【国外筹划趣闻】 乔治、布莱克和史密斯三位先生均是美国人，而且都是美国科通技术发展有限公司高级雇员。因工作需要，乔治和布莱克两位先生于 2008 年 12 月 8 日被美国总公司派往中国的分公司工作，在北京业务区。紧接着 2009 年 2 月 10 日史密斯先生也被派往中国工作，在上海业务区。其间，各自因工作需要，三人均回国述职一段时间。乔治先生于 2009 年 7～8 月回国两个月，布莱克和史密斯两位先生于 2009 年 9 月回国 20 天。

2010 年 1 月 20 日，发放年终工资、薪金。乔治先生领得中国分公司支付的工资、薪金 10 万元，美国总公司支付的工资、薪金 1 万美元。布莱克和史密斯先生均领得中国分公司的 12 万元和美国总公司的 1 万美元。公司财务人员负责代扣代缴个人所得税，其中乔治和史密斯两人仅就中国分公司支付的所得缴税，而布莱克先生则两项所得均要缴税。布莱克先生不明白，便问财务人员。财务人员的答复是布莱克先生为居民纳税人，而乔治和史密斯两先生是非居民纳税人。

在本案例中，乔治等三人均习惯性居住在美国，而且其户籍和主要经济利益地也为美国，中国只不过是临时工作地，因而均不能被认定为在中国境内有住所。乔治先生一次性出境两个月，明显超过 30 天的标准，因而应定为居住不满一年，为非居民纳税人；史密斯先生于 2009 年 2 月 10 日才来中国，在一个纳税年度内(1 月 1 日到 12 月 31 日)没居住满一年，因而也不是居民纳税人；只有布莱克先生在 2009 年纳税年度 1 月 1 日至 12 月 31 日期间，除临时离境 20 天外，其余时间全在中国，居住满一年，因而属于居民纳税人，其全部所得均应缴纳个人所得税。

筹划方法是：如果布莱克先生离境时间再长一点，比如在美国多工作 10 天，便可以使自己少缴很多税款。这种情况对个人来说比较多见，这也是国际上出现大量税收难民的原因，这些难民在各国之间旅游，避免成为任何国家的居民纳税人。

6.2 工资、薪金所得的纳税筹划

6.2.1 工资、薪金所得的税收规定

工资、薪金所得是指个人任职或者受雇而取得的工资、薪金、年终加薪、劳动分红、津贴、补贴以及与任职、受雇有关的其他所得。对工资、薪金所得涉及的个人生计费用，采取定额扣除的办法，以个人每月收入固定减除 3 500 元费用后的余额为应纳税所得额。其计算公式为：

应纳税所得额=月工资、薪金收入-3 500 元

自 2008 年 3 月 1 日起，个人所得税工薪所得费用扣除标准从每月 1 600 元提高为每月 2 000 元。自 2011 年 9 月 1 日起，个人所得税工薪所得费用扣除标准从每月 2 000 元提高为每月 3 500 元。

对在中国境内无住所而在中国境内取得工资、薪金所得的纳税人和在中国境内有住所而在中国境外取得工资、薪金所得的纳税义务人，每月减除 4 800 元。其应纳税所得额计算公式为：

应纳税所得额=月工资、薪金收入-4 800 元

附加减除费用所适用的具体范围是：(1)在中国境内的外商投资企业和外国企业中工作的外籍人员；(2)应聘在中国境内企业、事业单位、社会团体、国家机关中工作的外籍专家；(3)在中国境内有住所而在中国境外任职或受雇取得工资、薪金所得的个人；(4)国务院财政、税务主管部门确定的其他人员。

工资、薪金所得适用七级超额累进税率，税率为 3%～45%。原工资薪金所得适用的是 5%～45%的九级超额累进税率，根据全国人大常委会 2011 年 6 月 30 日决议，将超额累进税率中第 1 级由原来的 5%降低到 3%，九级改为七级，修改后的个税法将于 2011 年 9 月 1 日起施行。工资、薪金的应税所得额越大，所适用的税率就越高，其应纳所得税额就越多。最新的个人所得税税率表见表 6-1。

表 6-1 工资、薪金所得税率表

级数	全月应纳税所得额税率	税率(%)	速算扣除数
1	不超过 1 500 元的	3	0
2	超过 1 500～4 500 元的部分	10	105
3	超过 4 500～9 000 元的部分	20	555
4	超过 9 000～35 000 元的部分	25	1 005
5	超过 35 000～55 000 元的部分	30	2 755
6	超过 55 000～80 000 元的部分	35	5 505
7	超过 80 000 元的部分	45	13 505

注：本表所称全月应纳税所得额是指以每月收入额减除费用 3 500 元及附加减除费用后的余额。

6.2.2 工资、薪金所得的纳税筹划概述

近年来随着人民生活水平提高、工资收入逐年增加，如何对工资薪金的个人所得税进行筹划，最大程度节税成为人们关注的重点。对工资薪金所得进行纳税筹划的具体方法有以下几种。

1. 提高职工的福利水平，降低名义收入

把企业应支付给个人的一部分收入转换成提供消费服务的形式，是一种有效规避个人所得税的方法，因为这样在不影响个人消费的前提下减少了个人的工资、薪金所得。利用企业进行应税所得项目转换的一种很重要的方式就是收入项目福利化。

（1）按规定扣除法定福利项目。按国务院相关规定，企业和个人按照国家或地方政府规定的比例提取并向金融机构实际缴付的住房公积金、医疗保险金、养老保险金、失业保险金不计入个人当期的工资、薪金收入，免征个人所得税。根据此规定，雇佣企业在发放工资时应尽量为职工缴付法定福利项目，一方面可以降低企业和个人的各种风险，为职工谋福利；另一方面可以降低工资、薪金所得的计税依据，以达到降低个人所得税税负的目的。

（2）企业向职工提供福利。比如，企业免费提供或收取部分租金提供住房、由企业提供办公用品和设施、提供公用设施、提供免费就餐服务、提供免费的医疗保障及文化、教育、生活等服务设施，由企业向职工提供交通工具，减少工资中的交通补贴。这样可以在职工收入没有增加的情况下使生活和消费水准得到较大幅度的提高，以减少纳税人的现金收入水平，降低应纳税所得额，从而减轻税负。所有这些福利的提供都将大大地提高职工的实得利益，但由于降低了名义工资额，个人所得税得以降低。

【例 6-2】 某公司部门经理 2012 年每月从公司获取工资、薪金收入 6 800 元，由于租住房屋，每月向外支付房租 1 500 元、上下班交通费约 300 元，每月可实际支配收入 5 000 元，则经理应纳个人所得税是多少？若该公司为部门经理免费提供住房，上下班有班车免费接送，将每月工资下调为 5 000 元，则部门经理应纳个人所得税是多少？哪种方法节约税款？

【解答过程】

（1）原来经理缴纳个人所得税是：

$$(6\,800-3\,500)\times10\%-105=225(\text{元})$$

（2）提供福利，减少工资后，个人所得税为：

$$(5\,000-3\,500)\times3\%=45(\text{元})$$

每月可以少纳个人所得税 180 元，全年可以少纳税 180×12＝960(元)。将工资转化为福利，一方面可以提高企业凝聚力，另一方面可以减少纳税。

2. 均衡发放月工资

我国个人所得税对工资、薪金所得采用的是七级超额累进税率，随着应纳税所得额的增加，其适用的税率也随之攀升。因此，某个时期的收入越多，其相应的个人所得税税负比重就越大。为了避免各月收入差异过大，在高收入月份适用个人所得税税率过高的情况发生，有必要平时尽量均衡各月收入，对工资、薪金的筹划就可以采用平均分摊的方法。具体筹划办法为：采取推延或提前获得收入的方式，将各月的工资收入大致拉平；在尽可能长的时间内分期领取劳务报酬收入；通过改变收入支付方式，将一次付给改为多次付给；采用多人获取所得等方法，使纳税者的收入尽可能在各个纳税期限内保持均衡。这样不仅避免了在某些月份被课以较高税率的重税，还能分享每个月税法提供的费用扣除和费用宽免等优惠，从而

在总体上达到减轻纳税义务的节税效果。

此种方法主要适用于季节性较强的企业或企业中的特殊岗位，如果职工的月工资不均衡，每月工资忽高忽低则其税负较重，因为工资高的月份可能适用相对较高的税率，而工资低的月份适用的税率也较低，甚至连法定免征额都没有达到，无须纳税。那么进行筹划时可以将生产旺季的较高工资与生产淡季的较低工资进行均匀分摊，使其工资整体适用较低档次的税率，从而降低工资薪金所得的税负。

【案例】某企业为季节性生产企业，该企业职工实行计件工资，一年中只有4个月生产。2012年在4个生产月期间，职工平均工资为6 000元/月，若按其企业实际情况，则在生产的4个月中，企业每位职工每月应缴个人所得税为(当地准予扣除费用标准为3 500元/月)(6 000－3 500)×10%－105＝145(元)，4个月每人应纳个人所得税共580元。若企业将每名职工年工资24 000元(6 000元×4)平均分摊到各月，即在不生产月份照发工资，则每月工资为2 000元，该企业职工的工资收入达不到起征点，无须交税。

实际生活中，有些企业对职工实行基本工资(或底薪)加提成工资的做法，例如销售人员的收入与销售额挂钩，在旺季收入很高而淡季收入较低，很容易使职工的月工资大幅波动。企业可以制订收入计划，即对其近期内的收入情况进行预计，做出一种精心安排，使各月收入尽量均衡，而不致因为业绩变动导致收入大幅度波动。这时可以考虑将旺季的部分收入均衡到淡季发放，从而降低纳税负担。

【案例】李文是一家公司的促销员，该公司实行绩效工资制，每月工资按照基本工资加提成的方式发放。2009年李文各月工资收入如下：1 000、1 000、1 500、3 700、4 500、7 900、9 000、8 200、4 000、3 000、1 300、1 100元。假设不考虑“三险一金”，每月费用扣除额为2 000元，计算李文一年的应纳税额为3 340元。如果公司根据李文以往年度的业绩估计其年工资收入，按月均衡发放，到年底再根据其实际业绩结算工资，可以使李文节约一定的税款。比如，公司平时每月向李文支付3 800元，12月份再支付4 400元，李文一年收入不变但只需缴税1 910元，比未筹划前少缴税1 430元。

3. 奖金发放技巧

企业发放的奖金形式主要有全年一次性奖金、其他各种名目奖金(如半年奖、季度奖、加班奖、先进奖、考勤奖等)这两大类，两类奖金计算个人所得税的方法不同。《关于调整个人取得全年一次性奖金等计算征收个人所得税方法问题的通知》(国税发〔2005〕9号)详细规定了全年一次性奖金与其他各种奖金的计税方法。

【税法引用】《国家税务总局关于调整个人取得全年一次性奖金等计算征收个人所得税方法问题的通知》(国税发〔2005〕9号)

一、全年一次性奖金是指行政机关、企事业单位等扣缴义务人根据其全年经济效益和对雇员全年工作业绩的综合考核情况，向雇员发放的一次性奖金。

上述一次性奖金也包括年终加薪、实行年薪制和绩效工资办法的单位根据考核情况兑现的年薪和绩效工资。

二、纳税人取得全年一次性奖金，单独作为一个月工资、薪金所得计算纳税，并按以下计税办法，由扣缴义务人发放时代扣代缴：

(一) 先将雇员当月内取得的全年一次性奖金，除以12个月，按其商数确定适用税率和速算扣除数。

如果在发放年终一次性奖金的当月，雇员当月工资薪金所得低于税法规定的费用扣除额，应将全年一次性奖金减除“雇员当月工资薪金所得与费用扣除额的差额”后的余额，按上述办法确定全年一次性奖金的适用税率和速算扣除数。

（二）将雇员个人当月内取得的全年一次性奖金，按本条第（一）项确定的适用税率和速算扣除数计算征税，计算公式如下：

1. 如果雇员当月工资薪金所得高于（或等于）税法规定的费用扣除额的，适用公式为：

应纳税额＝雇员当月取得全年一次性奖金×适用税率－速算扣除数

2. 如果雇员当月工资薪金所得低于税法规定的费用扣除额的，适用公式为：应纳税额＝（雇员当月取得全年一次性奖金－雇员当月工资薪金所得与费用扣除额的差额）×适用税率－速算扣除数

三、在一个纳税年度内，对每一个纳税人，该计税办法只允许采用一次。

四、实行年薪制和绩效工资的单位，个人取得年终兑现的年薪和绩效工资按本通知第二条、第三条执行。

五、雇员取得除全年一次性奖金以外的其他各种名目奖金，如半年奖、季度奖、加班奖、先进奖、考勤奖等，一律与当月工资、薪金收入合并，按税法规定缴纳个人所得税。

企业如何发放奖金才能实现个人所得税最小化，下面将举例分析不同奖金发放方式下的税额，以寻求最佳的个税筹划途径。

1）其他各种名目奖金

对于除全年一次性奖金以外的其他各种名目奖金，如半年奖、季度奖、加班奖、先进奖、考勤奖等，税法规定一律与当月工资、薪金收入合并缴纳个人所得税。因此同量的奖金随着发放次数的增加，纳税人应缴的个人所得税会逐渐减少，在对该类奖金进行筹划时要注意均衡发放。

【例6－3】 刘某为某县国有企业的负责人，2011年月工资收入4 500元，12月份企业发给其下半年奖金2 000元，同时县政府因其企业经营得好，又发给其3 000元奖励金。(1)若刘某在12月份一次性领取5 000元奖金，那么刘某12月、1月、2月应纳个人所得税是多少？(2)如果刘某在12月和1月分两次领取政府奖3 000元，在1月和2月分两次领取本单位奖金2 000元，那么应纳个人所得税为多少？

【解答过程】

(1) 12月应纳所得税为(4 500＋5 000－3 500)×20％－555＝645(元)；1月应纳所得税为(4 500－3 500)×3％＝30(元)；2月应纳所得税为同上30元。这样，刘某3个月共缴纳个人所得税705元。

(2) 如果刘某在12月和1月分两次领取政府奖3 000元，在1月和2月分两次领取本单位奖金2 000元，那么应纳个人所得税分别计算如下。

12月应纳所得税＝(4 500＋1 500－3 500)×10％－105＝145(元)

1月应纳所得税＝(4 500＋1 500＋1 000－3 500)×10％－105＝245(元)

2月应纳所得税＝(4 500＋1 000－3 500)×10％－105＝95(元)

三个月合计缴纳485元。

因此通过将各种名目的奖励均匀分摊，可以节约税额705－485＝220(元)。

2)全年一次性奖金

对于全年一次性奖金的发放方式，需要根据纳税人各月工资、全年一次性奖金金额来具体计算并确定最节税的方案。

(1) 如果月收入的适用税率不低于全年一次性奖金的适用税率(全年一次性奖金除以12个月，按其商数确定适用税率)，采用奖金年终一次性发放的方式税负较轻。

【例6－4】 2011年林先生的每月工资为5 500元，该年林先生的奖金预计共有36 000元。单位对奖金

有 3 种发放方案：按月发放、年中和年末两次发放、年终一次性发放，请通过计算对 3 种不同方案进行比较(扣除额按照个人所得税新标准 3 500 元计算，下同)，选择最节税的方案。

【解答过程】

每月工资应纳税所得为 5 500－3 500＝2 000（元），适用税率 10％；全年一次性奖金适用税率为 10％(根据36 000/12＝3 000(元)确定)，符合月收入的适用税率不低于全年一次性奖金的适用税率情况。下面进行具体计算。

【方案一】奖金按月发放，每月发放 3 000 元。则林先生每月应纳税所得额为：5 500＋3 000－3 500＝5 000(元)，适用的税率为 20％，速算扣除数 555，于是，每月应纳税额为 5 000×20％－555＝445(元)。

年应纳个人所得税总额＝445×12＝5 340(元)。

【方案二】年中 7 月份发放一次半年奖 10 000 元，年末再发放一次全年奖 26 000 元。则除 7 月外，林先生应纳税所得额为 5 500－3 500＝2 000(元)，2 000 元适用的税率为 10％，速算扣除数 105，每月应纳税额为 2 000×10％－105＝95(元)。

7 月份发放半年奖时，7 月应纳税所得额＝5 500＋10 000－3 500＝12 000(元)。

7 月份应纳税额＝12 000×25％－1 005＝1 995(元)。

由于全年一次性奖金的计税方法是一种优惠办法，一个纳税年度此法每人只许用一次，全年分次发放奖金的，也只能用一次。因此，年终奖金为 26 000 元，其适用税率和速算扣除数分别为 10％和 105(根据 26 000/12＝2 167 元确定)，此时，年终奖金应纳税额为 26 000×10％－105＝2 495(元)。

年应纳个人所得税总额＝95×11＋1 995＋2 495＝5 535(元)。

【方案三】年终一次性发放奖金 36 000 元。林先生每月应纳税所得额仍为 5 500－3 500＝2 000(元)，每月应纳税额为 2 000×10％－105＝95(元)。

年终一次性发放奖金 36 000 元的适用税率和速算扣除数分别为 10％和 105(根据 36 000/12＝3 000 元确定)。于是，年终一次性奖金应纳税额为 36 000×10％－105＝3 495(元)。

年度应纳个人所得税总额＝95×12＋3 495＝4 635(元)。

由此可见，奖金年终一次性发放税负最轻，其次是按月发放，年中和年末两次发放的税负最重。那么是否还有比全年一次性将奖金全额发放更加节税的方案呢？下面讨论第四种奖金发放方式。

(2) 通过合理分配奖金，将奖金分出部分在每月作为月奖发放，降低年终奖的适用税率，同时保持月收入适用的税率不变，可以降低税负。尤其是在求得(年终奖金/12)的商数高出较低一档税率的临界值不多的时候，减少年终奖金发放金额，使其商数调减至该临界值，可以降低适用税率。这种筹划方法节税效果极为明显。

【例 6－5】 同例 6－4，2011 年林先生的每月工资为 5 500 元，该年林先生的奖金预计共有 36 000 元。单位对奖金有第四种发放方案：月奖与年终一次性奖金结合，月奖为每月 1 500 元，年终一次性发放奖金 18 000 元。请通过计算，对第 4 种方案与例 6－4 中的 3 种方案进行比较，选择最节税的方案。

【解答过程】

林先生的奖金发放分成两部分，一部分为月奖，每月 1 500 元，另一部分为年终一次性发放奖金 18 000 元，则总的奖金数额仍然为 1 500×12＋18 000＝36 000(元)。

每月应纳税所得额为 5 500＋1 500－3 500＝3 500(元)，3 500 元适用的税率为 10％，速算扣除数 105，每月应纳税额为 3 500×10％－105＝245(元)。

年终一次性发放奖金 18 000 元适用税率为 3％(根据 18 000/12＝1 500 确定)，年终一次性奖金应纳税额为 18 000×3％＝540(元)。

这样，年应纳个人所得税总额＝245×12＋540＝3 480(元)。

由此可以看到，第 4 种方案比例 6－4 中的 3 种方案都更加节税，比年终一次性发放奖金的方式少纳税 4 635－3 480＝1 155(元)，是所有方案中最节税的，是最优的筹划方案，节税效果相当明显。税款降低的关键在于将部分奖金于每月发放，减少年终一次性奖金的发放金额，可以使得年终奖的适用税率降低一个级次，由10%降低至3%。需要注意的是，年终一次性奖金若要适用3%的低税率，需要满足以下条件：年终一次性奖金/12≤1 500，将年终一次性奖金确定为1 500×12=18 000(元)，可以使年终一次性奖金与12的商数满足该条件同时达到该条件的临界值1 500元，最大限度地利用了3%的低税率。与此同时，每月收入并没有因为增加了部分奖金而使得适用的最高税率提高，仍保持10%。因此采用该种方法将使得个人所得税达到最低。

(3) 如果月收入的适用税率低于全年一次性奖金的适用税率(全年一次性奖金除以12个月，按其商数确定适用税率)，采用奖金按月发放的方式税负较轻。

【例6-6】 2011年林先生的每月工资为4 500元，该年林先生的奖金预计共有36 000元。单位对奖金有3种发放方案：按月发放、年中和年末两次发放、年终一次性发放，请通过计算对3种不同方式进行比较(扣除额按照个人所得税新标准3 500元计算，下同)，选择最节税的方案。

【解答过程】 每月工资应税所得为4 500−3 500=1 000(元)，适用税率3%；全年一次性奖金适用税率为10%(根据36 000/12=3 000(元)确定)，符合月收入的适用税率低于全年一次性奖金的适用税率情况。下面进行具体计算。

【方案一】 奖金按月发放，每月发放3 000元。则林先生每月应纳税所得额为4 500+3 000−3 500=4 000(元)，4 000元适用的税率为10%，速算扣除数105，于是，每月应纳税额为4 000×10%−105=295(元)。

年应纳个人所得税总额=295×12=3 540(元)。

【方案二】 年中7月份发放一次半年奖10 000元，年末再发放一次全年奖26 000元。则除7月外，林先生应纳税所得额为4 500−3 500=1 000(元)，1 000元适用的最高税率为3%，每月应纳税额为1 000×3%=30(元)。

7月份发放半年奖时，7月应纳税所得额=4 500+10 000−3 500=11 000(元)。

7月份应纳税额=11 000×25%−1 005=1 745(元)。

由于全年一次性奖金的计税方法是一种优惠办法，一个纳税年度此法每人只许用一次，全年分次发放奖金的，也只能用一次。因此，年终奖金为26 000元，适用税率和速算扣除数分别为10%和105(根据26 000/12=2 167(元)确定)，此时，年终奖金应纳税额为26 000×10%−105=2 495(元)。

年应纳个人所得税总额=30×11+1 745+2 495=4 570(元)。

【方案三】 年终一次性发放奖金36 000元。林先生每月应纳税所得额仍为4 500−3 500=1 000(元)，每月应纳税额为1 000×3%=30(元)。

年终一次性发放奖金36 000元。适用税率和速算扣除数分别为10%和105(根据36 000/12=3 000元确定)。于是，年终一次性奖金应纳税额为36 000×10%−105=3 495(元)。

年度应纳个人所得税总额=30×12+3 495=3 855(元)。

由此可见，奖金按月发放税负最轻，其次是年终一次性发放，年中和年末两次发放的税负最重。

同理，采用例6-5中第4种发放方式：月奖与年终一次性奖金结合，月奖为每月1 500元，年终一次性发放奖金18 000元。

每月应纳税所得额为4 500+1 500−3 500=2 500(元)，2 500元适用的税率为10%，速算扣除数105，每月应纳税额为2 500×10%−105=145(元)。

年终一次性发放奖金18 000元适用税率为3%(根据18 000/12=1 500(元)确定)，年终一次性奖金应纳税额为18 000×3%=540(元)。

这样，年应纳个人所得税总额=145×12+540=2 280(元)。

由此可以看到，第4种方式比按月平均发放奖金方式少纳税3 540−2 280=1 260（元），是最节税的方式。

总之，在对全年一次性奖金发放方式进行筹划时，要具体问题具体分析。本案例分析得出的各项结论不一定适用于所有的情况，但总的筹划原则是：在月收入适用税率不低于年终奖金适用税率条件下，只要不使年终奖金的适用税率提升一级，就应尽量将奖金放入年终奖金一起发放；在月收入适用税率低于年终奖金适用税率条件下，只要不使月收入的适用税率提升一级，就可以将奖金调换入工资收入；通常最优的筹划方案是将奖金按照一定的分配比例一分为二，一部分于每月平均发放，一部分于年终一次性发放，而临界点的计算是筹划的关键。

4. 工资薪金与劳务报酬相互转化

现行的个人所得税法规定，工资薪金所得实行3%～45%的七级超额累进税率，劳务报酬所得实行20%的比例税率；对劳务所得一次性收入畸高的，可以加成征收，劳务报酬所得实际上相当于实行20%、30%、40%的超额累进税率。工资、薪金所得与劳务报酬所得相比较，其应税所得额的确定不完全相同，适用的税率也不一样，从而导致个人的同一笔收入究竟是按工资、薪金所得纳税，还是按劳务报酬所得纳税，其税负不一样，因此这就为个人所得税的筹划提供了机会。

【税法引用】《中华人民共和国个人所得税法》(修订时间2011年6月30日)第三条　个人所得税的税率：四、劳务报酬所得，适用比例税率，税率为百分之二十。对劳务报酬所得一次收入畸高的，可以实行加成征收，具体办法由国务院规定。

第六条　应纳税所得额的计算：四、劳务报酬所得、稿酬所得、特许权使用费所得、财产租赁所得，每次收入不超过四千元的，减除费用八百元；四千元以上的，减除百分之二十的费用，其余额为应纳税所得额。

《中华人民共和国个人所得税法实施条例》(修订时间2011年7月19日)第十一条　税法第三条第四项所说的劳务报酬所得一次收入畸高，是指个人一次取得劳务报酬，其应纳税所得额超过2万元。

对前款应纳税所得额超过2万元至5万元的部分，依照税法规定计算应纳税额后再按照应纳税额加征五成；超过5万元的部分，加征十成。

工薪所得和劳务报酬所得的最大区别在于个人所取得的收入是从与其有固定雇佣关系的单位获得，还是从临时性的、没签订雇佣关系的单位获得。纳税人可以通过对雇佣关系的处理来安排所得性质，使所获收入被定位于最有利的税收位置，从而达到节税的目的。总体筹划思路是：若个人按工资、薪金所得纳税税负较轻，则个人应与取得收入的单位签订雇佣劳动关系；若个人按劳务报酬所得纳税税负较轻，则个人无须与取得收入的单位签订雇佣劳动关系。

不同的收入水平下选择以工资薪金的方式或以劳务报酬的方式缴纳个人所得税所承担的个人所得税税负是不同的。具体筹划方法主要有两种。(1)当个人的月应税所得额较低时，按工资、薪金所得纳税的税负会较低。由于工资、薪金所得前两个档次的税率分别是3%、10%，它们均低于劳务报酬所得的比例税率20%。工资、薪金所得第三档次的税率虽然等于劳务报酬所得的税率20%，但由于工资、薪金所得实行超额累进税率，在计算应纳税额时，可减去速算扣除数555元，而劳务报酬所得却不能，故当应税所得额较低时，按工资、薪金所得项目纳税的税负会较低。(2)当个人的月应税所得额较高时，则按劳务报酬所得纳税税负较轻。

【例6-7】　王聪是一技术工人，2012年1～6月在某企业提供技术指导服务，每月获取收入4 500元。

现有两种方案可供王聪自行选择，一种方案是与该企业签订雇佣劳动关系，第二种方案是不与该企业签订雇佣劳动关系。问哪种方案对王聪更为有利?

【解答过程】

【方案一】与企业签订雇佣劳动关系

其应纳个人所得税=(4 500－3 500)×3%×6=180(元)

【方案二】不与企业签订雇佣劳动关系。

其应纳个人所得税=4 500×(1－20%) ×20%×6=4 320(元)

方案一与方案二相比，半年中王聪少交个人所得税 4 140 元。因此。王聪从个人所得税税负的角度出发，应与该企业签订雇佣劳动关系，使所得按照工资薪金纳税。

【例 6－8】 纳税人于先生是一高级软件开发工程师，每月获得某公司的工资类收入 25 500 元。请问，于先生是否应该与该公司建立固定的雇佣关系?

【解答过程】

(1) 如果于先生和该公司存在稳定的雇佣与被雇佣关系，则应按工资、薪金所得缴税，其应纳税所得额为 25 500－3 500=22 000(元)

其应纳税额=22 000×25%－1 005=4 495(元)

(2) 如果于先生和该公司不存在稳定的雇佣与被雇佣关系，则该项所得应按劳务报酬所得缴税，其应纳税所得额为 25 500×(1－20%)=20 400(元)

其应纳税额=20 400×30%－2 000=4 120(元)

因此，如果于先生与该公司不存在稳定的雇佣关系，即按照劳务报酬所得纳税，则他每月可以节省税收 4 495－4 120=375 (元)，全年可以节约税额 375×12=4 500 (元)。于先生每月所得越高，则选择作为劳务报酬比工资薪金能够节约的税额越多，节税效应越明显。

6.3 个体工商户生产、经营所得的纳税筹划

6.3.1 个体工商户生产、经营所得的税收规定

公民在法律允许的范围内，依法经核准登记，从事工商业经营的，为个体工商户。个体工商户的生产经营所得是指通过工商业的生产经营活动取得的收益所得。个人独资、个人合伙企业比照个体工商户征收个人所得税。

【税法引用】《中华人民共和国个人所得税法》(修订时间 2011 年 6 月 30 日)第三条　个人所得税的税率：二、个体工商户的生产、经营所得和对企事业单位的承包经营、承租经营所得，适用百分之五至百分之三十五的超额累进税率。

第六条　应纳税所得额的计算：二、个体工商户的生产、经营所得，以每一纳税年度的收入总额减除成本、费用以及损失后的余额，为应纳税所得额。

《中华人民共和国个人所得税法实施条例》(修订时间 2011 年 7 月 19 日)第八条　税法第二条所说的各项个人所得的范围：

(二) 个体工商户的生产、经营所得，是指：

1. 个体工商户从事工业、手工业、建筑业、交通运输业、商业、饮食业、服务业、修理业以及其他行业生产、经营取得的所得；

2. 个人经政府有关部门批准，取得执照，从事办学、医疗、咨询以及其他有偿服务活动取得的所得；

3. 其他个人从事个体工商业生产、经营取得的所得；

4. 上述个体工商户和个人取得的与生产、经营有关的各项应纳税所得。

第十七条　税法第六条第一款第二项所说的成本、费用，是指纳税义务人从事生产、经营所发生的各项直接支出和分配计入成本的间接费用以及销售费用、管理费用、财务费用；所说的损失，是指纳税义务人在生产、经营过程中发生的各项营业外支出。

从事生产、经营的纳税义务人未提供完整、准确的纳税资料，不能正确计算应纳税所得额的，由主管税务机关核定其应纳税所得额。

核定征收与查账征收是个体工商户应纳税额计算的两种方法。实行核定应税所得率征收方式的，先按照应税所得率计算其应税所得额，再按其应税所得额计算应纳所得税。但实际中，绝大多数个体工商户采用查账征收方式。对于实行查账征收的个体工商户，其生产、经营所得以每一纳税年度的收入总额减除成本、费用以及损失后的余额，为应纳税所得额。个体工商户生产、经营所得的税率为5%～35%的五级超额累进税率，见表6-2。

表6-2　个体工商户的生产、经营所得和对企事业单位的承包经营、承租经营所得税率表

级数	全年应纳税所得额	税率(%)	速算扣除数
1	不超过15 000元的	5	0
2	超过15 000～30 000元的部分	10	750
3	超过30 000～60 000元的部分	20	3 750
4	超过60 000～100 000元的部分	30	9 750
5	超过100 000元的部分	35	14 750

注：本表所称全年应纳税所得额是指以每一纳税年度的收入总额减除成本、费用及损失后的余额。

6.3.2　个体工商户生产、经营所得的纳税筹划概述

个体工商户(包括合伙企业、个人独资企业，下同)缴纳个人所得税的应纳税所得额为收入减去发生的成本、费用、损失，适用五级超额累进税率，因此筹划的总体思路是分散收入或递延收入，合理扩大成本、费用开支，增加准予扣除项目的金额，从而降低应纳税所得额，也可能会降低适用的税率，进而减少税额。

1. 收入筹划

1）分散收入

不同性质的收入分别适用不同的税目，个体工商户取得与生产、经营无关的其他各项应税所得，应分别按照其他应税项目的有关规定计算征收个人所得税，如取得银行存款的利息所得，对外投资取得的股息所得，应按“利息、股息、红利”税目的规定单独计算个人所得税。此外，个体工商户还可以借助分支机构和关联机构将收入分散。首先，机构分设可以使所得分散，从而排除档次爬升所带来的税负急剧增长，使总体税负相对较轻。其次，关联机构之间可以通过转让定价等方法平均分配各机构之间的利润，也可以起到“削山头”的作用，其总体税负下降便成为可能，或者通过分设机构进行转让定价等筹划，将所得转移到低税地，以减轻税负。

【案例】陈某开了一家小饭馆，由于经营不善，只得缩小经营规模，空出一间房另行出租。假设陈某的饭馆年经营净收益80 000元，房屋出租取得净收益30 000元。若陈某未将

租金收入区分，而一并计入饭馆年经营收入中，则应纳个人所得税额=(80 000+30 000)×35%-14 750=23 750(元)。若陈某将租金收入单独区分，不计入饭馆的经营收入，而作为陈某的个人财产租赁所得，则饭馆经营应纳个人所得税额=80 000×30%-9 750=14 250(元)；出租房屋应纳个人所得税额=30 000×(1-20%)×20%=4 800(元)；应纳个人所得税额合计=14 250+4 800=19 050(元)。

通过区分收入性质来分散收入，陈某减轻税负 4 700 元(23 750-19 050)，达到了节税的目的。

2）递延收入

个体工商户缴纳个人所得税采取的是每月预缴、年终汇算清缴的管理模式。如果个体工商户某一纳税年度的应纳税所得额过高，就要按较高的税率纳税，此时，个体工商户可以通过采取递延收入的方式起到延期纳税的作用或使纳税人当期适用较低的税率的作用。具体筹划方法可以是让客户延期支付货款和劳务费用，或者改一次性收款销售为分期收款销售。

【税法引用】《中华人民共和国个人所得税法》(修订时间 2011 年 6 月 30 日)第九条　个体工商户的生产、经营所得应纳的税款，按年计算，分月预缴，由纳税义务人在次月十五日内预缴，年度终了后三个月内汇算清缴，多退少补。

【案例】个体工商户小于经营一家加盟蛋糕店。第一年由于小店位置优越，产品口感质量好，销售火爆，甚至在圣诞前夕有几个客户订购了 20 000 元的蛋糕，第一年取得净收益 70 000 元。第二年，在小于店旁又开了 2 家蛋糕店，竞争异常激烈，小于只得调低商品售价，即便如此，第二年的生意还是不怎么好，净收益只有 20 000 元。

根据这一情况，第一年应纳个人所得税额=70 000×30%-9 750=11 250(元)；第二年应纳个人所得税额=20 000×10%-750=2 750(元)；两年合计应纳个人所得税额=11 250+2 750=14 000(元)。

现假设小于在第一年与其客户商议圣诞前夕的那部分货款 20 000 元延至第二年支付。则第一年应纳个人所得税额=50 000×20%-3 750=6 250(元)；第二年应纳个人所得税额=40 000×20%-3 750=4 250(元)；两年合计应纳个人所得税额=6 250+4 250=10 500(元)。共可减轻税负=14 000-10 500=3 500(元)。

2. 费用筹划

个人所得税应税所得额等于收入总额减去扣除项目金额，在收入总额既定的前提下，扣除项目金额与应税所得额之间反方向变动，若增加扣除项目金额，则降低了应税所得额，也可能会降低适用的税率，从而减少个人所得税。因此，在不违反税法规定的前提下，个体工商户应合理扩大成本、费用开支，通过尽量地多列支费用来进行个人所得税的筹划。在现实中，可通过以下途径实现。

(1) 尽量将家庭成员列为个体工商户的雇员，一方面可增加家庭收入，另一方面通过增加雇员数量多列税前工资、加班费、福利费，增加了税前列支费用，从而降低了应纳税所得额。需要注意的是，由于个人的工资、薪金所得也要缴纳个人所得税，因此这种纳税筹划需要经过缜密的计划，尽可能将支付转化为不需要缴纳个人所得税的方法。比如为职工购买国债，发放实物、提供福利等。

(2) 对于水电费、电话费、房租等，在家庭和生产、经营之间均有发生且较难划分的，应尽量分开并计入生产、经营的支出中，在税前列支。尽量把一些收入转换成费用开支，因为个人收入主要用于家庭的日常开支，而家庭的很多日常开支事实上很难与其经营支出区分开。所以，电话费、水电费、交通费等支出也应计入个体工商户经营成本中。这样，个体工商户就可以把本来应由其收入支付的家庭开支转换成其经营开支，从而既能满足家庭开支的正常需要，又可减少应纳税所得额。

(3) 个体工商户如果使用自己的房产进行经营，可以采用收取租金的方法扩大经营费用支出。虽然收取租金会增加个人的应纳税所得额，但租金作为一项经营费用可以冲减个人的应纳税经营所得额，减少个人经营所得的纳税额；同时自己的房产维修保养费用也可列入经营费用支出，这样既扩大了经营费用支出，又保证了自己房产的完整。一般来说，年租金所得的个人所得边际税率的变化应不超过个体工商户所得税所适用的边际税率。

(4) 对于一些限额扣除项目，要尽量通过筹划使得每年扣除额能够达到最大值。

【税法引用】《财政部、国家税务总局关于调整个体工商户个人独资企业和合伙企业个人所得税税前扣除标准有关问题的通知》(财税〔2008〕65号)

二、个体工商户、个人独资企业和合伙企业向其从业人员实际支付的合理的工资、薪金支出，允许在税前据实扣除。

三、个体工商户、个人独资企业和合伙企业拨缴的工会经费、发生的职工福利费、职工教育经费支出分别在工资薪金总额2%、14%、2.5%的标准内据实扣除。

四、个体工商户、个人独资企业和合伙企业每一纳税年度发生的广告费和业务宣传费用不超过当年销售(营业)收入15%的部分，可据实扣除；超过部分，准予在以后纳税年度结转扣除。

五、个体工商户、个人独资企业和合伙企业每一纳税年度发生的与其生产经营业务直接相关的业务招待费支出，按照发生额的60%扣除，但最高不得超过当年销售(营业)收入的5‰。

《财政部、国家税务总局关于调整个体工商户业主个人独资企业和合伙企业自然人投资者个人所得税费用扣除标准的通知》(财税〔2011〕62号)

一、对个体工商户业主、个人独资企业和合伙企业自然人投资者的生产经营所得依法计征个人所得税时，个体工商户业主、个人独资企业和合伙企业自然人投资者本人的费用扣除标准统一确定为42 000元/年(3 500元/月)。

【例6-9】 个体工商户小何开了一家装饰材料批发店，第一年经营所得400 000元，发生准予扣除的成本费用(不包含业务招待费)150 000元，另发生业务招待费4 000元；第二年经营所得500 000元，发生准予扣除的成本费用(不包含业务招待费)200 000元，另发生业务招待费500元。小何两年需缴纳的个人所得税如何计算？能否通过筹划减少缴纳的个税？

【解答过程】 根据税法规定，个体工商户发生的与生产经营有关的业务招待费，按照发生额的60%扣除，但最高不得超过当年销售(营业)收入的5‰。

(1) 若小何未进行纳税筹划，则按税法规定第一年可扣除的业务招待费＝400 000×5‰＝2 000(元)。因为4 000×60%＝2 400(元)大于2 000元，故按照2 000元进行扣除。

但因其实际发生业务招待费4 000元＞2 000元，故第一年实际扣除的业务招待费为2 000元，另外2 000元由于超出了规定限额，无法扣除。

第一年应纳个人所得税额＝(400 000－150 000－2 000)×35%－14 750＝72 050(元)。

按税法规定第二年可扣除的业务招待费＝500×60%＝300 (元)，小于500 000×5‰＝2 500(元)。因此第二年最多可以扣除300元。

第二年应纳个人所得税额＝(500 000－200 000－300)×35%－14 750＝90 145(元)。

两年共纳个人所得税额＝72 050＋90 145＝162 195(元)。

(2) 若小何进行纳税筹划，第一年业务招待费只申报 2 000 元，余下 2 000 元作为第二年的业务招待费，则按税法规定第一年可扣除的业务招待费＝400 000×5‰＝2 000(元)。因其实际只申报 2 000 元，故第一年 2 000 元可以全部扣除。

第一年应纳个人所得税额＝(400 000－150 000－2 000)×35%－14 750＝72 050(元)。

因第二年的业务招待费＝2 000(上年转入)＋500(本年发生)＝2 500(元)，按税法规定 2 500×60%＝1 500 元，小于 500 000×5%＝2 500(元)，因此可以扣除 1 500 元的业务招待费。

第二年应纳个人所得税额＝(500 000－200 000－1 500)×35%－14 750＝89 725(元)。

两年共纳个人所得税额＝72 050＋89 725＝161 775(元)。

共可减轻税负＝162 195－161 775＝420(元)。

6.4 劳务报酬所得的纳税筹划

6.4.1 劳务报酬所得的税收规定

劳务报酬所得是指个人从事非雇用的各种劳务取得的所得，包括设计、装潢、安装、制图、化验、测试、医疗、法律、会计、咨询、讲学、新闻、广播、翻译、审稿、书画、雕刻、影视、录音、录像、演出、表演、广告、展览、技术服务、介绍服务、经纪服务、代办服务以及其他劳务取得的所得。劳务报酬所得一般属于个人独立从事自由职业取得的所得，或属于独立个人劳动所得。

劳务报酬所得以个人每次取得的收入定额或定率减除规定费用后的余额为应纳税所得额。每次收入不超过 4 000 元的，定额减除费用 800 元；每次收入在 4 000 元以上的，定率减除 20%的费用。其计算公式如下。

(1) 每次收入不超过 4 000 元的，应纳税额＝(每次收入额－800 元)×20%。

(2) 每次收入在 4 000 元以上的，应纳税额＝每次收入额×(1－20%)×20%。

(3) 每次收入的应纳税所得额超过 20 000 元的，

应纳税额＝每次收入额×(1－20%) ×适用税率－速算扣除数

关于劳务报酬次收入的界定，属于一次性收入的，以取得该项收入为一次；属于同一项目连续性收入的，以一个月内取得的收入为一次。这里所说的同一项目是指个人所得税税法中列举的劳务报酬所得的 29 个明细项目。

劳务报酬所得的适用税率为比例税率 20%。但对一次收入畸高的，在适用 20%税率的基础上，实行加成征收。对应税所得额超过 20 000 元至 50 000 元的部分，依照税法规定计算应纳税额后，再按照应纳税额加征五成；对超过 50 000 元的部分，按应纳税额加征十成。这等于对应税所得额超过 20 000 元和超过 50 000 元的部分分别适用 30%和 40%的税率。劳务报酬所得税率见表 6－3。

表 6－3 劳务报酬所得税率表

级数	每次应纳税所得额	税率(%)	速算扣除数
1	不超过 20 000 元的部分	20	0
2	超过 20 000～50 000 元的部分	30	2 000
3	超过 50 000 元的部分	40	7 000

【税法引用】《中华人民共和国个人所得税法》(修订时间2011年6月30日)第三条　个人所得税的税率：四、劳务报酬所得，适用比例税率，税率为百分之二十。对劳务报酬所得一次收入畸高的，可以实行加成征收，具体办法由国务院规定。

第六条　应纳税所得额的计算：四、劳务报酬所得、稿酬所得、特许权使用费所得、财产租赁所得，每次收入不超过四千元的，减除费用八百元；四千元以上的，减除百分之二十的费用，其余额为应纳税所得额。

《中华人民共和国个人所得税法实施条例》(修订时间2011年7月19日)第十一条　税法第三条第四项所说的劳务报酬所得一次收入畸高，是指个人一次取得劳务报酬，其应纳税所得额超过2万元。对前款应纳税所得额超过2万元至5万元的部分，依照税法规定计算应纳税额后再按照应纳税额加征五成；超过5万元的部分，加征十成。

6.4.2　劳务报酬所得的纳税筹划概述

由于劳务报酬实行加成征收，实际相当于适用三级超额累进税率，因此一次收入数额越大，其适用的税率就越高。所以对劳务报酬所得筹划的思路是，通过增加费用开支尽量减少应纳税所得额，或者通过增加支付次数、平分收入等方法，将每一次的劳务报酬所得安排在较低税率的范围内。

1. 费用转移

为他人提供劳务以取得报酬的个人，可以考虑由对方提供一定的服务或福利，将本应由自己负担的费用改由对方提供。如由对方提供餐饮服务，报销办公、交通开支，提供办公用具、实验设备，提供住宿等，扩大费用开支范围，相应减少自己的名义劳务报酬总额，应税所得额降低，从而使该项劳务报酬所得适用较低的税率，减少应纳税款，但个人实际获取的利益并未下降。

【例6-10】 高级工程师赵某从北京到深圳为某公司进行一项工程设计，双方签订合同并规定：公司给赵某支付工程设计费5万元人民币，往返交通费、住宿费、伙食费等一概由赵某自负。请问，在该笔收入中，赵某是否存在个人所得税的筹划空间?

【解答过程】

(1) 未进行筹划时，赵某应缴纳个人所得税＝50 000×(1－20%)×30%－2 000＝10 000(元)

赵某实际得到的税后所得＝50 000－10 000＝40 000(元)

假设往返的飞机票、住宿费、伙食费等必要开支共计10 000元，则赵某最后的净收入为30 000元。

(2) 如果在签订合同时，赵某与对方商议，让对方承担交通费、住宿费和伙食费等，并相应地把劳务报酬降为40 000元。

此时，赵某缴纳的个人所得税＝40 000×(1－20%)×30%－2 000＝7 600(元)

实际净收入＝40 000－7 600＝32 400(元)

税收筹划后，尽管赵某的名义收入减少了10 000元，但净收入却增加了32 400－30 000＝2 400(元)。

2. 分项计算

税法规定，劳务报酬所得以每次收入减除一定费用后的余额为应纳税所得额。当个人兼有不同劳务项目(即税法中列举的29种形式的劳务报酬所得项目)的所得时，应分项目确定次收入，分别减除费用，计算缴纳个人所得税。这样可通过增加扣除额降低税率档次，从而降低税负。

【例6-11】 纳税人蒋先生2010年8月分别给几家公司提供劳务，同时取得多项收入：给某设计院设计了一套工程图纸，获得设计费 1 万元；给某外资企业当 15 天兼职翻译，获得 1.5 万元的翻译报酬；给某民营企业提供技术帮助，获得该企业的 2 万元报酬。

蒋先生应该如何进行纳税筹划？

【解答过程】

（1）如果蒋先生不懂税法，将各项所得综合申报缴纳个人所得税款，则

应纳税所得额＝(10 000＋15 000＋20 000)×(1－20%)＝36 000(元)

应纳税额＝36 000×30%－2 000＝8 800(元)

（2）如果蒋先生分项申报，分项计算，则可节省大块税收，计算如下。

设计费应纳税额＝10 000×(1－20%)×20%＝1 600(元)

翻译费应纳税额＝15 000×(1－20%)×20%＝2 400(元)

技术服务费应纳税额＝20 000×(1－20%)×20%＝3 200(元)

总计应纳税额＝1 600＋2 400＋3 200＝7 200(元)

通过分项目分别申报纳税，蒋先生就可以少纳“冤枉税”8 800－7 200＝1 600(元)。

3. 增加支付次数

根据个人所得税法的规定，对于同一项目取得连续性收入的，以每月的收入为一次。但在现实生活中，由于种种原因，某些行业收入的获得具有一定的阶段性，即在某个时期收入可能较多，而在另一些时期收入可能会很少甚至没有收入。这样就有可能在收入较多时适用较高的税率，而在收入较少时适用较低的税率，甚至可能低于免征额，造成总体税负较高。因此，纳税人可以和支付劳务报酬的对方单位进行商议，在不改变总体数额的前提下，通过合理安排，增加支付次数，并且使每次支付金额比较平均，从而适用较低的税率，降低税负。

【税法引用】《中华人民共和国个人所得税法实施条例》(修订时间 2011 年 7 月 19 日)第二十一条　税法第六条第一款第四项、第六项所说的每次，按照以下方法确定：

（一）劳务报酬所得，属于一次性收入的，以取得该项收入为一次；属于同一项目连续性收入的，以一个月内取得的收入为一次。

【例 6－12】 张某为某学校会计学老师，获得注册会计师资格，和某会计师事务所商定每年年终到该事务所兼职 3 个月。年底 3 个月可能会得到 12 000 元劳务报酬。如何筹划可以使得缴纳的个人所得税最少？

【解答过程】如果张某和该事务所按实际工作期限签约，则张某应纳税额的计算如下：

月应纳税额＝4 000×(1－20%)×20%＝640(元)

总共应纳税额＝640×3＝1 920(元)

如果张某和该会计师事务所商定，年终的劳务费在以后的一年中分月支付，每月支付 1 000 元。则：

月应纳税额＝(1 000－800)×20%＝40(元)

总计应纳税额＝40×12＝480(元)

经过筹划，张某可以少缴税款 1 920－480＝1 440(元)。

6.5　稿酬所得的纳税筹划

6.5.1　稿酬所得的税收规定

稿酬所得是指个人因其作品以图书、报刊形式出版、发表而取得的所得。这里所说的作

品包括文学作品、书画作品、摄影作品以及其他作品。稿酬所得以个人每次取得的收入定额或定率减除规定费用后的余额为应纳税所得额。费用扣除方法与劳务报酬所得相同，每次收入不超过 4 000 元的，定额减除费用 800 元；每次收入在 4 000 元以上的，定率减除 20%的费用。

稿酬所得按次征收个人所得税。稿酬所得的“次”可细分为：个人每次以图书、报刊形式出版、发表同一作品时，不论出版单位是预付还是分笔支付稿酬，或者加印该作品后再付稿酬，均应合并为一次征税；在两处或两处以上出版、发表或再版同一作品而取得的稿酬，则可以分别按各处取得的所得或再版所得分次征税；个人的同一作品在报刊上连载的，应合并其因连载而取得的所得为一次。连载后又出书取得稿酬的，或先出书后连载取得稿酬的，应视同再版稿酬分次征税。

稿酬所得适用 20%的比例税率，并按规定对应纳税额减征 30%，即其实际税率为 14%。因此，稿酬应纳税额的计算公式如下。

（1）每次收入不超过 4 000 元的，应纳税额=(每次收入额−800 元)×20%×(1−30%)

（2）每次收入在 4 000 元以上的，应纳税额=每次收入额×(1−20%) ×20% ×(1−30%)

【税法引用】《中华人民共和国个人所得税法》(修订时间 2011 年 6 月 30 日)

第三条　个人所得税的税率：三、稿酬所得，适用比例税率，税率为百分之二十，并按应纳税额减征百分之三十。

第六条　应纳税所得额的计算：四、劳务报酬所得、稿酬所得、特许权使用费所得、财产租赁所得，每次收入不超过四千元的，减除费用八百元；四千元以上的，减除百分之二十的费用，其余额为应纳税所得额。

《中华人民共和国个人所得税法实施条例》(修订时间 2011 年 7 月 19 日)　第二十一条　税法第六条第一款第四项、第六项所说的每次，按照以下方法确定：

稿酬所得，以每次出版、发表取得的收入为一次。

6.5.2　稿酬所得的纳税筹划概述

1. 费用转移

通过减少名义稿酬收入，纳税人就可以减少应纳税所得额，从而减少税额。一般的做法是通过和出版社协商，将自己创作作品过程中发生的实际费用如交通费、餐费、住宿费、调研费等转移给报刊社、出版社负担，而同时从报刊社、出版社取得的收入中减去报刊社、出版社为其负担的费用，作者取得的收入数量少了，因此应税所得额就会下降，这样就能适量减轻稿酬所得的个人所得税税负。

【例 6-13】 某经济学家欲创作一本关于我国物流业发展状况与趋势的专业书籍，需要到上海、广东等物流发达地区进行实地考察研究。由于该经济学家在国内知名度很高，预计该书出版后销路不错。出版社与他达成协议，全部稿费 18 万元，预计到上海等地考察费用支出 4.5 万元。他应该如何筹划呢？

【解答过程】

【方案一】该经济学家自己负担实地考察费用，出版社全额支付其稿费 18 万元。

应纳税额=180 000×(1−20%)×20%×(1−30%)=20 160(元)

实际收入=180 000−20 160−45 000=114 840(元)

【方案二】该经济学家与出版社商定，考察研究费用改由出版社负责支付，限额为 4.5 万元，出版社实际支付给该经济学家的稿费为 13.5 万元。

应纳税额=135 000×(1−20%)×20%×(1−30%)=15 120(元)

实际收入=135 000−15 120=119 880(元)

由此可见，方案二与方案一相比，可以节省税收 5 040 元(20 160−15 120)，该经济学家实际取得的收入也增加了 5 040 元(119 880−114 840)。

2. 集体创作

如果一项稿酬所得预计数额较大，还可以考虑使用集体创作法，即改一本书由一个人写作为多个人合作。税法规定，两人以上共同取得同一项目收入的，应当对每个人取得的收入分别按照税法规定减除费用后计算纳税。集体创作法可以将每部作品的稿酬先分配到不同的个人身上，再分别减除费用。这样，通过分解收入，增加减除费用，可以减少个人的应税所得额，降低税负。需要注意的是，该种筹划方法利用的是低于 4 000 元稿酬的 800 元费用抵扣，因此要保证集体创作后每人稿酬均小于 4 000 元，因为这种筹划法利用的是抵扣费用的临界点，即在稿酬所得小于 4 000 元时，定额减除费用 800 元，这项抵扣的效果是大于 20% 抵扣标准的，否则筹划就失去了意义。

【税法引用】《中华人民共和国个人所得税法实施条例》(修订时间 2011 年 7 月 19 日)第二十三条　两个或者两个以上的个人共同取得同一项目收入的，应当对每个人取得的收入分别按照税法规定减除费用后计算纳税。

【案例】某财经大学专家张教授准备写一本财政学教材，出版社初步同意该书出版之后支付稿费 24 000 元。如果张教授单独著作，则可能的纳税情况为：

应纳税额=24 000×(1−20%)×20%×(1−30%)=2 688(元)

如果张教授采取集体创作法，并假定该著作组共 10 人，则可能的纳税情况为：

应纳税额=(2 400−800)×20%×(1−30%)×10=2 240(元)

通过集体创作的方法，整体可以节约税收 2 688−2 240=448(元)。

3. 系列丛书

税法规定，个人以图书、报刊方式出版、发表同一作品(文字作品、书画作品、摄影作品以及其他作品)，不论出版单位是预付还是分笔支付稿酬，或者加印该作品再付稿酬，均应合并其稿酬所得按一次计征个人所得税。但对于不同的作品却是分开计税，这也为稿酬所得的纳税筹划提供了空间。如果一本书可以分成几个部分，以系列丛书的形式出现，则该作品将被认定为几个单独的作品分别计算纳税，税前可以多次扣除费用，从而减轻税负。

【例 6-14】 王教授准备出版一本关于税务筹划的著作，预计将获得稿酬所得 12 000 元。他可以以 1 本书的形式出版该著作，也可以以 4 本一套的形式出版一套系列丛书，试问，王教授应如何筹划？

【解答过程】

(1) 如果以 1 本书的形式出版该著作，则：

应纳税额=12 000×(1−20%)×20%×(1−30%)=1 344(元)

(2) 如果在可能的情况下，以 4 本一套的形式出版一套系列丛书，则该纳税人的纳税情况如下：

每本稿酬=12 000/4=3 000(元)

每本应纳税额=(3 000−800)×20%×(1−30%)=308(元)

总共应纳税额=308×4=1 232(元)

由此可见，在这种情况下，如果王教授采用系列丛书筹划可以节省税款 112 元，他可以考虑选择这种筹划法。

6.6 利用个人所得税优惠政策的筹划

6.6.1 个人所得税的优惠政策

1. 免征、减征个人所得税

我国个人所得税法及实施条例对现行个人所得税优惠政策进行了详细规定，以下列举的是免税、减税政策的主要内容。

【税法引用】《中华人民共和国个人所得税法》（修订时间 2011 年 6 月 30 日）第四条　下列各项个人所得，免纳个人所得税：

一、省级人民政府、国务院部委和中国人民解放军军以上单位，以及外国组织、国际组织颁发的科学、教育、技术、文化、卫生、体育、环境保护等方面的奖金；

二、国债和国家发行的金融债券利息；

三、按照国家统一规定发给的补贴、津贴；

四、福利费、抚恤金、救济金；

五、保险赔款；

六、军人的转业费、复员费；

七、按照国家统一规定发给干部、职工的安家费、退职费、退休工资、离休工资、离休生活补助费；

八、依照我国有关法律规定应予免税的各国驻华使馆、领事馆的外交代表、领事官员和其他人员的所得；

九、中国政府参加的国际公约、签订的协议中规定免税的所得；

十、经国务院财政部门批准免税的所得。

第五条　有下列情形之一的，经批准可以减征个人所得税：

一、残疾、孤老人员和烈属的所得；

二、因严重自然灾害造成重大损失的；

三、其他经国务院财政部门批准减税的。

《中华人民共和国个人所得税法实施条例》（修订时间 2011 年 7 月 19 日）第十二条　税法第四条第二项所说的国债利息，是指个人持有中华人民共和国财政部发行的债券而取得的利息；所说的国家发行的金融债券利息，是指个人持有经国务院批准发行的金融债券而取得的利息。

第十三条　税法第四条第三项所说的按照国家统一规定发给的补贴、津贴，是指按照国务院规定发给的政府特殊津贴、院士津贴、资深院士津贴，以及国务院规定免纳个人所得税的其他补贴、津贴。

第十四条　税法第四条第四项所说的福利费，是指根据国家有关规定，从企业、事业单位、国家机关、社会团体提留的福利费或者工会经费中支付给个人的生活补助费；所说的救济金，是指各级人民政府民政部门支付给个人的生活困难补助费。

第十五条　税法第四条第八项所说的依照我国法律规定应予免税的各国驻华使馆、领事馆的外交代表、领事官员和其他人员的所得，是指依照《中华人民共和国外交特权与豁免条例》和《中华人民共和国领事特权与豁免条例》规定免税的所得。

第十六条　税法第五条所说的减征个人所得税，其减征的幅度和期限由省、自治区、直辖市人民政府规定。

《财政部、国家税务总局关于基本养老保险费、基本医疗保险费、失业保险费、住房公积金有关个人所得税政策的通知》(财税〔2006〕10号)

一、企事业单位按照国家或省(自治区、直辖市)人民政府规定的缴费比例或办法实际缴付的基本养老保险费、基本医疗保险费和失业保险费，免征个人所得税；个人按照国家或省(自治区、直辖市)人民政府规定的缴费比例或办法实际缴付的基本养老保险费、基本医疗保险费和失业保险费，允许在个人应纳税所得额中扣除。

企事业单位和个人超过规定的比例和标准缴付的基本养老保险费、基本医疗保险费和失业保险费，应将超过部分并入个人当期的工资、薪金收入，计征个人所得税。

二、根据《住房公积金管理条例》、《建设部、财政部、中国人民银行关于住房公积金管理若干具体问题的指导意见》(建金管〔2005〕5号)等规定精神，单位和个人分别在不超过职工本人上一年度月平均工资12%的幅度内，其实际缴存的住房公积金，允许在个人应纳税所得额中扣除。单位和职工个人缴存住房公积金的月平均工资不得超过职工工作地所在设区城市上一年度职工月平均工资的3倍，具体标准按照各地有关规定执行。

单位和个人超过上述规定比例和标准缴付的住房公积金，应将超过部分并入个人当期的工资、薪金收入，计征个人所得税。

三、个人实际领(支)取原提存的基本养老保险金、基本医疗保险金、失业保险金和住房公积金时，免征个人所得税。

《对储蓄存款利息所得征收个人所得税的实施办法》(国务院令1999年第272号)第五条对个人取得的教育储蓄存款利息所得以及国务院财政部门确定的其他专项储蓄存款或者储蓄性专项基金存款的利息所得，免征个人所得税。

前款所称教育储蓄是指个人按照国家有关法规在指定银行开户、存入法规数额资金、用于教育目的的专项储蓄。

《国家税务总局关于住房公积金医疗保险金、基本养老保险金、失业保险基金个人账户存款利息所得免征个人所得税的通知》

按照国家或省级地方政府规定的比例缴付的下列专项基金或资金存入银行个人账户所取得的利息收入免征个人所得税：一、住房公积金；二、医疗保险金；三、基本养老保险金；四、失业保险基金。

2. 暂免征收个人所得税

根据《财政部、国家税务总局关于个人所得税若干政策问题的通知》和有关文件的规定，对以下列举的所得暂免征收个人所得税。

【税法引用】《财政部、国家税务总局关于个人所得税若干政策问题的通知》(财税字〔1994〕20号)　二、下列所得，暂免征收个人所得税

(一) 外籍个人以非现金形式或实报实销形式取得的住房补贴、伙食补贴、搬迁费、洗衣费。

(二) 外籍个人按合理标准取得的境内、外出差补贴。

(三) 外籍个人取得的探亲费、语言训练费、子女教育费等，经当地税务机关审核批准为合理的部分。

(四) 个人举报、协查各种违法、犯罪行为而获得的奖金。

(五) 个人办理代扣代缴税款手续，按规定取得的扣缴手续费。

（六）个人转让自用达五年以上、并且是唯一的家庭生活用房取得的所得。

（七）对按国发〔1983〕141号《国务院关于高级专家离休退休若干问题的暂行规定》和国办发〔1991〕40号《国务院办公厅关于杰出高级专家暂缓离退休审批问题的通知》精神，达到离休、退休年龄，但确因工作需要，适当延长离休退休年龄的高级专家（指享受国家发放的政府特殊津贴的专家、学者），其在延长离休退休期间的工资、薪金所得，视同退休工资、离休工资免征个人所得税。

（八）外籍个人从外商投资企业取得的股息、红利所得。

（九）凡符合下列条件之一的外籍专家取得的工资、薪金所得可免征个人所得税：

1. 根据世界银行专项贷款协议由世界银行直接派往我国工作的外国专家；

2. 联合国组织直接派往我国工作的专家；

3. 为联合国援助项目来华工作的专家；

4. 援助国派往我国专为该国无偿援助项目工作的专家；

5. 根据两国政府签订文化交流项目来华工作两年以内的文教专家，其工资、薪金所得由该国负担的；

6. 根据我国大专院校国际交流项目来华工作两年以内的文教专家，其工资、薪金所得由该国负担的；

7. 通过民间科研协定来华工作的专家，其工资、薪金所得由该国政府机构负担的。

《财政部、国家税务总局关于个人取得体育彩票中奖所得征免个人所得税问题的通知》（财税字〔1998〕12号）

对个人购买体育彩票中奖收入的所得税政策作如下调整：凡一次中奖收入不超过1万元的，暂免征收个人所得税；超过1万元的，应按税法规定全额征收个人所得税。

3. 其他税收优惠

1）公益救济性捐赠扣除

我国个人所得税税法规定，个人将其所得通过中国境内的社会团体、国家机关向教育和其他社会公益事业以及遭受自然灾害的地区和贫困地区捐赠的，应纳税所得额30%以内的捐赠额，可以冲减其应纳税所得额。其计算公式为：

捐赠扣除限额＝申报的应纳税所得额×30%

当实际捐赠额小于等于捐赠扣除限额时，按照实际捐赠额扣除；当实际捐赠额大于捐赠扣除限额时，只能按捐赠扣除限额扣除。

应纳个人所得税额＝（应纳税所得额－允许扣除的捐赠额）×适用税率－速算扣除数

【税法引用】《中华人民共和国个人所得税法》（修订时间2011年6月30日）第六条　应纳税所得额的计算：

个人将其所得对教育事业和其他公益事业捐赠的部分，按照国务院有关规定从应纳税所得中扣除。

《中华人民共和国个人所得税法实施条例》（修订时间2011年7月19日）第二十四条　税法第六条第二款所说的个人将其所得对教育事业和其他公益事业的捐赠，是指个人将其所得通过中国境内的社会团体、国家机关向教育和其他社会公益事业以及遭受严重自然灾害地区、贫困地区的捐赠。

捐赠额未超过纳税义务人申报的应纳税所得额30%的部分，可以从其应纳税所得额中扣除。

2）对境外所得的税额扣除

【税法引用】《中华人民共和国个人所得税法》（修订时间 2011 年 6 月 30 日）第七条　纳税义务人从中国境外取得的所得，准予其在应纳税额中扣除已在境外缴纳的个人所得税税额。但扣除额不得超过该纳税义务人境外所得依照本法规定计算的应纳税额。

《中华人民共和国个人所得税法实施条例》（修订时间 2011 年 7 月 19 日）第三十二条　税法第七条所说的已在境外缴纳的个人所得税税额，是指纳税义务人从中国境外取得的所得，依照该所得来源国家或者地区的法律应当缴纳并且实际已经缴纳的税额。

第三十三条　税法第七条所说的依照税法规定计算的应纳税额，是指纳税义务人从中国境外取得的所得，区别不同国家或者地区和不同所得项目，依照税法规定的费用减除标准和适用税率计算的应纳税额；同一国家或者地区内不同所得项目的应纳税额之和，为该国家或者地区的扣除限额。

纳税义务人在中国境外一个国家或者地区实际已经缴纳的个人所得税税额，低于依照前款规定计算出的该国家或者地区扣除限额的，应当在中国缴纳差额部分的税款；超过该国家或者地区扣除限额的，其超过部分不得在本纳税年度的应纳税额中扣除，但是可以在以后纳税年度的该国家或者地区扣除限额的余额中补扣。补扣期限最长不得超过五年。

第三十四条　纳税义务人依照税法第七条的规定申请扣除已在境外缴纳的个人所得税税额时，应当提供境外税务机关填发的完税凭证原件。

6.6.2　个人所得税优惠政策的筹划

运用税法的税收优惠政策进行纳税筹划，不仅有利于减轻纳税人的税收负担，获得最大的税收利益，而且有利于国家宏观调控意图的实现。

1. 利用免征额进行筹划

免征额是指征税对象的全部数额中免予征税的数额。对纳税人来说，在其收入没有超过免征额的情况下，不征税；当纳税人收入超过免征额时，就要按其超过免征额的收入征税；而当纳税人收入恰好与免征额相同时，则免于征税。个人所得税对工资、薪金所得规定的普遍适用的费用减除标准即免征额为每月 3 500 元(2011 年 9 月 1 日前为每月 2 000 元)。对劳务报酬所得、稿酬所得、财产租赁所得规定每次收入不超过 4 000 元的，定额减除费用即免征额为 800 元；每次收入在 4 000 元以上的，定率减除 20%的费用。因此，利用免征额进行税收筹划时，应充分了解个人所得税中对免征额的具体规定，使纳税人的应税所得额不高于免征额，以便制定最优纳税方案。

【案例】刘先生有一套面积为 100 平方米的闲置空房，该房屋地处本市重点高中附近。每年高考前房屋租赁市场供小于求，导致房屋租金在每年的 3～6 月高涨，一般为月租金 1 800 元。9～12 月月租金仅为 600 元，而寒假和暑假则无人租赁。刘先生每年实际收取租金 9 600 元，假设相关税费为 0。

按税法相关规定，在计算财产租赁所得时，可从月租金收入中扣除的项目有 3 项，一是定额或定率减除的费用。每次收入不超过 4 000 元，定额减除费用 800 元；每次收入在 4 000 元以上，定率减除 20%的费用。二是出租财产过程中缴纳的相关税费。三是出租人发生的修缮费，但以每次 800 元为限，一次扣除不完的，准予在下一次继续扣除，直到扣完为止。税法规定，个人出租住房取得的所得减按 10%的税率征收个人所得税。

筹划前，该业主只需要在 3～6 月缴纳个人所得税，全年应纳个人所得税=(1 800－800)

$\times 10\% \times 4 = 400$(元)

根据财产租赁所得免征额的规定，可以为该业主提出3种筹划方案。

【方案一】若3～6月与9～12月承租人不变，则在签订租赁合同时，可将租赁期从8个月延长为12个月，收取的房屋租金总额仍为9 600元，但每月的租金均为800元，没超出免征额800元，不用纳税，与筹划前相比可节税400元。

【方案二】若3～6月与9～12月承租人不同，此时，由于9～12月每月租金为600元，低于免征额，不用纳税，也不用筹划；而3～6月租金超出免征额，应该纳税。但如果将3～6月的房屋租赁合同由4个月延长为8个月(从1月到8月)，这样每月租金由1 800元降为900元，应纳税额为80元[(900－800)×10%×8]，与筹划前相比可节税400－80＝320(元)。

【方案三】该业主如果在当年有对房屋进行修缮的必要，则应将修缮费在租金较高的月份列支，然后配合延长租期的方法，使3～6月的应税收入也不超出起征点，从而达到不纳税的目的。

2. 对公益救济性捐赠进行筹划

对公益救济性捐赠进行纳税筹划，关键在于如何在符合税法规定的情况下，使得捐赠扣除限额最大化，增加允许税前扣除的捐赠额，从而减少应纳税所得额，达到节税的目的。如果用单项收入进行捐赠，则应根据该项收入捐赠限额的多少分次安排捐赠数额，以享受捐赠扣除的最大值。

【例6-15】 李教授2011年11月份共取得工资、薪金收入15 000元，本月打算向社会公益事业捐赠5 000元，请问，如何筹划可以使李教授对外捐赠数额不变，缴纳的个人所得税减少呢？

【解答过程】 允许税前扣除的捐赠额＝(15 000－3 500) ×30%＝3 450(元)

如果11月一次性对外捐赠5 000元，

11月应纳税额＝(15 000－3 500－3 450)×20%－555＝1 055(元)

假设李教授12月份的工资、薪金所得仍为15 000元，则

12月份应纳税额＝(15 000－3 500)×25%－1 005＝1 870(元)

11、12月合计缴纳税款为2 925元。

如果李教授改变做法，11月份捐赠3 450元，剩余的1 550元改在12月份捐赠。则11月份黄教授应纳税额仍然为1 055元，

12月份黄教授应纳税额＝(15 000－3 500－1 550) ×25%－1 005＝1 482.5(元)

11、12月合计缴纳税款为2 537.5元。

由此可见，同样是捐赠5 000元，重新安排捐赠额后，纳税人可以少缴2 925－2 537.5＝387.5元的个人所得税。

纳税人在进行捐赠时需要注意避免直接性捐赠。根据税法的规定，纳税人直接对受益人的捐赠不得在税前扣除，因此纳税人应尽量避免直接性捐赠，选择通过中国境内的社会团体、国家机关等进行捐赠。

3. 充分利用各项税收优惠政策

个人所得税优惠政策具体包含免税、减税、税项扣除和税收抵免4个方面，其中具体包括：国债和国家发行的金融债券利息免征个人所得税；按照国家统一规定发给的补贴、津贴免征个人所得税；福利费、抚恤金、救济金免征个人所得税；企业和个人按照国家或地方政府规定的比例提取并向指定的金融机构为个人缴付的住房公积金、基本医疗保险费、基本养老保险费、失业保险费免征个人所得税；个人领取原来提存的上述款项及其利息免征收个人

所得税；对个人取得的教育储蓄存款利息所得以及国务院、财政部门确定的其他专项储蓄存款或储蓄性专项基金存款的利息所得，免征个人所得税；个人转让自用达 5 年以上，并且是唯一的家庭生活用房取得的所得暂免征收个人所得税等。

在合法的情况下，纳税人应充分利用这些优惠政策进行税收筹划，尽量争取减免税待遇，争取尽可能多的项目获得减免税待遇。

（1）当个人用闲置资金购买债券时，购买国债或国家金融债券取得的利息可免征个人所得税。此外可以将个人的存款以教育基金或其他免税基金的形式存入金融机构，以减轻自己的税收负担，利用税法的优惠，合理安排子女的教育资金等支出。

（2）对于个人所得税来说，住房公积金、医疗保险费、基本养老保险金、失业保险费都是可以在收入中抵免的。特别是合理增加每个月的住房公积金，可以起到降低适用税率、节约税收支出的作用。因此在不增加单位负担的情况下，提高公积金计提比例，可以减少个人所得税应纳税额，从而提高职工的实际收入水平。

（3）税法中规定个人转让自用达 5 年以上，且是家庭唯一生活住房的房产所取得的所得，可免征个人所得税。如果个人不急需资金，自用 4 年转让就不如自用满 5 年之后再转让合算。

本章小结

我国现行的个人所得税实行分类征收模式，对应税所得项目分别按税法规定的费用扣除标准和适用税率计算纳税。因此，本章以所得项目为线索，阐述工资、薪金所得，个体工商户生产经营所得，劳务报酬所得，稿酬所得的不同税收规定以及相应的纳税筹划方法。另外，本章还讲解了个人所得税纳税人身份的划分标准，介绍纳税人身份筹划的方法。同其他税种一样，本章也介绍了怎样利用税收优惠政策，合理减轻或规避个人所得税的税负。

职业能力训练

一、思考题

1. 简述个人所得税纳税人身份划分标准，对纳税人身份筹划的方法有哪些？
2. 简述对工资薪金所得进行纳税筹划的具体方法。
3. 个体工商户增加费用支出的税收筹划是如何实现的？
4. 如何对劳务报酬所得进行筹划？
5. 稿酬所得有哪几种筹划方法？

二、单选题

1. 居住在中国境内的外国人、海外侨胞和香港、澳门、台湾同胞，一个公历年度内，一次离境不超过 30 日，或者多次离境累计不超过（　　）日的，应被判定为居民纳税义务人。

A. 183　　B. 90　　C. 182　　D. 60

2. 对实行超额累进税率的个人收入进行税收筹划，基本方法是（　　）。

A. 通过改变支付次数、收入均衡支付等方法，以降低每次的应纳税所得额

B. 集中收入，以提高每次的应税所得

C. 尽量降低收入总额

D. 隐瞒收入

3. 个体工商户如果使用自己的房产进行经营，可以采用(　　)方法扩大经营费用支出。

A. 自有自用财产经营　　B. 计提折旧

C. 收取租金　　D. 各方法无差异

4. 个人对企事业单位承包、承租经营后，工商登记改为个体工商户的，应(　　)。

A. 按个体工商户的生产经营所得计征个人所得税，不再征收企业所得税

B. 按工资、薪金所得计征个人所得税，不再征收企业所得税

C. 先按照企业所得税的有关规定缴纳企业所得税，再按个体工商户的生产经营所得计征个人所得税

D. 先按照企业所得税的有关规定缴纳企业所得税，再按工资、薪金所得计征个人所得税

5. 个人出书时，如果该书可以分为几个部分，可通过(　　)进行税收筹划。

A. 一次出版　　B. 分次刊印

C. 分笔支付稿酬　　D. 以系列丛书的形式出现

6. 对个人出租住房取得的所得按(　　)的税率征收个人所得税。

A. 5%　　B. 10%　　C. 20%　　D. 30%

7. 个人将其所得通过中国境内的社会团体、国家机关向教育和其他社会公益事业以及遭受严重自然灾害地区、贫困地区的捐赠，允许从应纳税所得额中扣除，其扣除标准一般以不超过纳税人申报应纳税所得额的(　　)为限。

A. 10%　　B. 12%　　C. 30%　　D. 20%

8. 下列哪一项不是免征个人所得税的？(　　)

A. 个人领取提存的住房公积金　　B. 残疾、孤老人员和烈属的所得

C. 个人领取提存的医疗保险金　　D. 福利费、抚恤金、救济金

三、多选题

1. 个人所得税纳税人身份的筹划通过对(　　)实现。

A. 工作性质　　B. 薪酬的取得方式

C. 时间　　D. 住所

2. 个人所得税中，(　　)实行超额累进税率。

A. 工资、薪金所得　　B. 承包、承租所得

C. 个体工商户所得　　D. 特许权使用费所得

3. 工资、薪金所得的税收筹划有以下方法：(　　)。

A. 企业将住房费直接支付给个人

B. 提高福利水平，降低名义收入

C. 将各种福利转化为工资直接发放给职工

D. 工资按月均衡发放

4. 个体工商户通过分散收入，可以使其适用较低的税率，从而达到节税的目的。常用的方法有(　　)。

A. 区分收入的性质　　B. 借助分支机构和关联机构将收入分散

C. 一人投资变更为多人投资　　D. 借助信托公司

5. 劳务报酬的税收筹划，包括以下几种筹划方法(　　)。

A. 分项计算　　B. 合理安排支付次数

C. 费用转移　　D. 避免取得应税收入

6. 对稿酬进行纳税筹划的方法有(　　)。

A. 分项计算　　B. 集体创作　　C. 费用转移　　D. 系列丛书

7. 下列哪些属于利息、股息、红利所得的纳税筹划方法？(　　)

A. 购买国债或国家发行的金融债券　　B. 购买公司债券

C. 以股票形式发放股利　　D. 利用股息进行投资以扩大再生产

8. 下列情况中，哪些情况经批准可以减征个人所得税？（　　）

A. 农民参加抽奖活动获得的奖金　　B. 获取的意外所得

C. 残疾、孤老人员和烈属的所得　　D. 因严重自然灾害造成重大损失的

四、判断题

1. 纳税者要善于利用临时离境的规定进行节税，根据各国具体规定的临时离境日期，恰当地安排自己的离境时间，减少离境次数或离境天数。（　　）

2. 由企业免费提供或收取部分租金提供住房，而不是支付含有购房费用或房租补贴的高工资可减轻税负。（　　）

3. 如果月收入的适用税率低于全年一次性奖金的适用税率(全年一次性奖金除以 12 个月，按其商数确定适用税率)，采用全年一次性奖金发放的方式税负较轻。（　　）

4. 个体工商户递延收入的方式有两种：一是让客户暂缓支付货款和劳务费用；二是改一次性收款销售为分期收款销售。（　　）

5. 承包、承租人按合同(协议)规定只向发包方、出租人缴纳一定费用，缴纳承包、承租费后的企业的经营成果归承包、承租人所有的，应按工资、薪金所得征收个人所得税。（　　）

6. 根据个人所得税法的有关规定，个人以图书、报刊方式出版、发表同一作品，或者加印该作品，均应分开按稿酬所得计征个人所得税。（　　）

7. 特许权使用费所得的税收筹划应从长远考虑，全方位地进行筹划。如果纳税人不急于获取现金，可以选择投资入股的形式。（　　）

8. 如果纳税人各项收入适用的税率高低不等，则纳税人应尽量先用税率低的收入进行捐赠。（　　）

五、案例分析题

1. 某市一家空调安装公司，其生产经营季节性较强，一般情况下，每年的 6～9 月业务规模较大。该公司在向一线生产职工发放工资时，6～9 月为每月 5 000 元，而其他月份为每月 800 元，假设当地工资、薪金所得的税前扣除标准为 3 500 元/月。请问，如何降低其一线职工的个人所得税税负？比较分析筹划前后税负的区别。

2. 宋某是一家公司的销售代表，每月工资 6 000 元。2012 年初，按照公司的奖金制度，宋某根据上年的销售业绩估算今年可能得到 24 000 元奖金，公司可以采用全年一次性发放或按月平均发放两种方式，请问宋某选择哪一种方式比较节税？

3. 林教授在某名牌大学广告系任教，2009 年月工资收入 4 200 元，同时应某广告制作公司邀请，每月为该公司广告制作人员讲学一次，每次收入 5 000 元。假设工资、薪金所得的税前扣除标准为 2 000 元/月，如何帮林教授筹划每月应缴纳的个人所得税？

4. 某纳税人在 2012 年 1 月份同时给几家公司提供劳务，取得多项收入：提供技术咨询获得报酬 20 000 元，给某外资企业当翻译，获得 20 000 元的翻译报酬，代广告公司设计广告，取得报酬 15 000 元。请问该纳税人应该将各项所得综合报税，还是分项申报？哪种更加节税？

5. 居民甲为某行政单位软件开发员，利用业余时间为某电脑公司开发软件并提供一年的维护服务，按约定可得劳务报酬 36 000 元，甲可要求对方事先一次性支付该报酬，也可要求对方按软件维护期 12 个月支付，即每月支付 3 000 元，尽管后一种付款方式会有一定的违约风险，但考虑个人所得税因素后，两种付款方案利弊会有新变化。该居民甲应该选用哪一种付款方式呢？

6. 某作家欲创作一本小说，需要到外地去体验生活。预计全部稿费收入 20 万元，体验生活等费用支出 5 万元。该作家应该如何进行纳税筹划？

7. 甲从事发明创造获得了专利，现有一公司欲以 50 万元购买其专利，同时另一公司欲成立一高新技术企业，邀请甲以其专利投资入股，该专利权可折价 50 万元，占公司 10%的股份，预计该高新技术公司的盈利能力为每年 50 万元。甲该如何选择呢？请用数据说明。

8. 张先生是某公司的高级管理人员，每月取得的工薪收入所得为 23 000 元，本月打算向社会公益事业

捐赠 8 000 元，假设工资、薪金所得的税前扣除标准为 3 500 元/月，请问，如何筹划可以使张先生对外捐赠数额不变，缴纳的个人所得税减少呢？

9. 管先生 2012 年 5 月份取得各项收入 22 000 元，其中工资、薪金所得约 8 000 元，特许权使用费所得 10 000 元，稿酬所得约 4 000 元。管先生热心公益事业，准备向希望工程捐赠 5 000 元。管先生可以全部用特许权使用费进行捐赠，也可以采用其他所得捐赠，如何捐赠可以使管先生缴纳的个人所得税最少？

第7章 其他税种的纳税筹划

QITA SHUIZHONG DE NASHUI CHOUHUA

【学习目标】

(1) 了解其他税种筹划的基本思路，掌握筹划的基本方法。
(2) 了解现行关税的税收规定，掌握关税的筹划方法。
(3) 了解现行资源税的税收规定，掌握资源税的筹划方法。
(4) 了解现行土地增值税的税收规定，掌握土地增值税的筹划方法。
(5) 了解现行房产税的税收规定，掌握房产税的筹划方法。
(6) 了解现行车船税的税收规定，掌握车船税的筹划方法。
(7) 了解现行印花税的税收规定，掌握印花税的筹划方法。

【引导案例】

某房地产公司建成一栋普通标准住宅准备出售，扣除项目金额为800万元，当地同类住宅的市场售价约1 000万元，假如除土地增值税外不考虑其他因素，该房地产公司应该如何定价使得自己的利润最大化？

7.1 关税的纳税筹划

7.1.1 关税的税收规定

关税是海关对进出国境或关境的货物、物品征收的一种税，属于流转税类。关税分为进口关税、出口关税。关税的征税范围包括国家准许进出口的货物、进境物品，但法律、法规有特殊规定的除外。关税的纳税义务人包括进口货物的收货人、出口货物的发货人、进境物品的所有人。关税税率分为进口关税税率、出口关税税率和特别关税。

关税的计税依据是关税完税价格。进出口货物的完税价格由海关以该货物的成交价格为基础审查确定。进口货物的完税价格包括货物的货价、货物运抵中华人民共和国境内输入地点起卸前的运输及其相关费用、保险费；出口货物的完税价格包括货物的货价、货物运至中华人民共和国境内输出地点装载前的运输及其相关费用、保险费，但是其中包含的出口关税税额应当予以扣除。进出境物品的完税价格由海关依法确定。

【税法引用】《中华人民共和国进出口关税条例》（颁布时间 2003 年 11 月 23 日）

第十八条　进口货物的完税价格由海关以符合本条第三款所列条件的成交价格以及该货物运抵中华人民共和国境内输入地点起卸前的运输及其相关费用、保险费为基础审查确定。

进口货物的成交价格，是指卖方向中华人民共和国境内销售该货物时买方为进口该货物向卖方实付、应付的，并按照本条例第十九条、第二十条规定调整后的价款总额，包括直接支付的价款和间接支付的价款。

进口货物的成交价格应当符合下列条件：

（一）对买方处置或者使用该货物不予限制，但法律、行政法规规定实施的限制、对货物转售地域的限制和对货物价格无实质性影响的限制除外；

（二）该货物的成交价格没有因搭售或者其他因素的影响而无法确定；

（三）卖方不得从买方直接或者间接获得因该货物进口后转售、处置或者使用而产生的任何收益，或者虽有收益但能够按照本条例第十九条、第二十条的规定进行调整；

（四）买卖双方没有特殊关系，或者虽有特殊关系但未对成交价格产生影响。

第十九条　进口货物的下列费用应当计入完税价格：

（一）由买方负担的购货佣金以外的佣金和经纪费；

（二）由买方负担的在审查确定完税价格时与该货物视为一体的容器的费用；

（三）由买方负担的包装材料费用和包装劳务费用；

（四）与该货物的生产和向中华人民共和国境内销售有关的，由买方以免费或者以低于成本的方式提供并可以按适当比例分摊的料件、工具、模具、消耗材料及类似货物的价款，以及在境外开发、设计等相关服务的费用；

（五）作为该货物向中华人民共和国境内销售的条件，买方必须支付的、与该货物有关的特许权使用费；

（六）卖方直接或者间接从买方获得的该货物进口后转售、处置或者使用的收益。

第二十条　进口时在货物的价款中列明的下列税收、费用，不计入该货物的完税价格：

（一）厂房、机械、设备等货物进口后进行建设、安装、装配、维修和技术服务的费用；

（二）进口货物运抵境内输入地点起卸后的运输及其相关费用、保险费；

（三）进口关税及国内税收。

第二十六条　出口货物的完税价格由海关以该货物的成交价格以及该货物运至中华人民共和国境内输出地点装载前的运输及其相关费用、保险费为基础审查确定。

出口货物的成交价格，是指该货物出口时卖方为出口该货物应当向买方直接收取和间接收取的价款总额。

出口关税不计入完税价格。

关税应纳税额的计算包括从价税计算、从量税计算、复合税计算、滑准税计算。

（1）从价税是指以进(出)口货物的完税价格作为计税依据的一种关税计征方法。计算公式为：

关税应纳税额＝应税进(出)口货物完税价格×适用税率

（2）从量税是指以进(出)口货物的数量作为计税依据的一种关税计征方法。计算公式为：

关税应纳税额＝应税进(出)口货物数量×关税单位税额

（3）复合税是指对某种进(出)口货物同时使用从价计征和从量计征的一种关税计征方法。计算公式为：

关税应纳税额＝应税进(出)口货物完税价格×适用税率
＋应税进(出)口货物数量×关税单位税额

（4）滑准税是指关税的税率随着进口货物价格的变动而反方向变动的一种税率形式，即价格越高，税率越低，税率为比例税率。因此，对实行滑准税率的进口货物应纳税额的计算方法与从价税的计算方法相同。目前，我国对新闻纸实行滑准税。其计算公式为：

关税应纳税额＝应税进(出)口货物完税价格×滑准税税率

对进出口货物关税的减免优惠，关税条例也进行了详细规定。

【税法引用】《中华人民共和国进出口关税条例》（颁布时间 2003 年 11 月 23 日）

第四十五条　下列进出口货物，免征关税：

（一）关税税额在人民币 50 元以下的一票货物；

（二）无商业价值的广告品和货样；

（三）外国政府、国际组织无偿赠送的物资；

（四）在海关放行前损失的货物；

（五）进出境运输工具装载的途中必需的燃料、物料和饮食用品。

在海关放行前遭受损坏的货物，可以根据海关认定的受损程度减征关税。

法律规定的其他免征或者减征关税的货物，海关根据规定予以免征或者减征。

第四十六条　特定地区、特定企业或者有特定用途的进出口货物减征或者免征关税，以及临时减征或者免征关税，按照国务院的有关规定执行。

7.1.2　关税的筹划方法

关税在税目、税基、税率以及减免税优惠等方面都有详细规定，税负弹性较小，但关税计税依据的确定方式和税率形式均存在可选择性，这为关税的纳税筹划提供了条件，下面从关税完税价格、转让定价、优惠税率等方面进行筹划分析。

1. 完税价格筹划

凡是适用从价计征的物品，关税等于完税价格乘以适用税率。在同一税率下，完税价格越高，则关税税负越重，完税价格越低，则关税税负越轻，所以关税价格对筹划起到关键作用。进口货物的完税价格由海关以正常成交价格以及该货物运抵中华人民共和国境内输入地点起卸前的运输及其相关费用、保险费为基础审查确定。因此，如何缩小进口货物的申报价格而又能为海关审定认可为“正常成交价格”就成为该项纳税筹划的关键所在。其具体做法是在同类产品中选择成交价格比较低，运费、保费、杂费等相对少的货物进口，以此降低完税价格，达到纳税筹划节税的目的。

【案例】丰城钢铁公司急需进口一批铁矿石，在可供选择的进货渠道中有两家：一是澳大利亚，一是加拿大。如果进口需求为 10 万吨，从澳大利亚进口优质高品位铁矿石，其价格为 20 美元一吨，运费 10 万美元；若从加拿大进口较低品位的铁矿石，价格为 19 美元一吨，但由于其航程为从澳洲进口的两倍，又经过巴拿马运河，故运费及杂项费用高达 25 万美元，且其他费用比前者只高不低，在此种情况下，丰城钢铁公司应选择何种进货渠道呢?

分析：

$$\text{澳大利亚铁矿石完税价格}=20\times10+10=210(\text{万美元})$$

$$\text{加拿大铁矿石完税价格}=19\times10+25=215(\text{万美元})$$

由计算可知，丰城钢铁公司应该选择从澳大利亚进口铁矿石。若按 20%征收进口关税的话，至少可以节税 5×20%=1(万美元)。

对于某些货物的成交价格经海关审查未能确定的，须由海关按照相关方法估定成交价格。这类货物主要是目前市场上还没有或很少出现的产品，如高新技术、特种资源、新产品等。由于这些货物进口没有确定的市场价格，而且其预期市场价格一般要远远高于通常市场类似产品的价格，这就为进口完税价格的申报留下筹划的空间。筹划的关键在于怎样充分运用海关估定完税价格的有关规定，尽量使海关估定的价格低于实际成交价格。

【案例】某科学技术研究所经批准投资建立一个新能源实验室，其中的核心设备是一种高新技术产品，需从国外进口。由于这种新产品刚刚走出实验室，其确切的市场价格尚未形成，该科学技术研究所已确认其未来的市场价格将远远高于目前市场上的类似产品。该科学技术研究所以 1 800 万美元的价格购得该设备，而其类似产品的市场价格仅为 1 000 万美元，关税税率为 25%。由于该科学技术研究所处于筹建期间，经费比较紧张，筹建组希望在经费上得到各方面的帮助，减免关税是他们考虑的一个重点。目前的问题是，虽然该项目是有关部门特批的，但是没有对关税减免的依据，这样，在报关环节还应该照章征收关税。如果按照交易的实际情况进行申报，则该项设备在进口环节应缴纳的关税为：1 800×25%=450(万美元)。

研究所筹建组成员觉得这个数目的关税难以承担，于是请来税务筹划专家为他们出谋划策。税务筹划专家对该业务的情况进行了全面的调研之后，为他们提出了一个申报方案：以 900 万美元的价格向海关申报。

当该科学技术研究所向当地海关进行申报进口时，海关认为其资料不真实，于是立案调查。经过调查，海关当局发现与该设备相近的产品的市场价格 1 000 万美元。而该设备是一种刚刚研制开发出来的新产品，其价格应当高于 1 000 万美元，于是，海关对这种进口新产品的完税价格进行估定，比照类似货物成交价格依法进行估价，确定其价格为 1 000 万美元。这样，研究所进口这套设备应当缴纳关税实际为：1 000×25%=250(万美元)。

通过筹划，该科学技术研究所实际节约关税 200 万美元。

2. 转让定价筹划

关税的高低与完税价格有很大的关系，因而大多数企业在对关税进行筹划时，一般采用的方法就是尽量降低完税价格。为配合价格下调节省关税的筹划，企业经常的做法就是在相应国家设立自己的子公司，进行国际间转让定价的筹划。

【案例】日本丰美汽车公司生产的汽车在世界汽车市场上占有一席之地，近期该公司决定进入中国市场，公司召开董事会商议此事并初步拟定两套方案。

【方案一】在中国设立一家销售企业作为丰美汽车公司的子公司，通过国际间转让定价，压低汽车进口到中国的价格，从而节省关税，这样使得中国境内子公司利润增大，以便于扩大规模，占领中国汽车市场。

【方案二】在中国境内设立一家总装配公司作为子公司，通过国际间转让定价，压低汽车零部件的进口价格，从而节省关税。这样也可以使中国境内子公司利润增大，以便更好地占领中国市场。

筹划分析：两种方案初看起来没有太多的区别，但细看起来却有着不同的经济效果。

根据第一种方案，企业可以利用转让定价进行筹划。由于我国沿海地带有较多的税收优惠，利润从高税国转到低税国会节省税款，当然关税也能节省。

根据第二种方案，企业除了能够获得第一种方案的好处外，由于零部件的进口关税比成品汽车的税率要低很多，低的关税税率可以帮助企业节省不少税款；其次由于零部件比较分散，进行转让定价筹划更加容易，这也使筹划经济效果有所增加。

虽然关税税率是不可变的，但是不同货物的关税税率却是不同的，原材料和零部件的关税税率最低，半成品税率次之，产成品的税率最高。因而跨国公司若计划将产品打入某国市场，可以考虑进口原材料及零部件到欲投资国进行加工生产，从而节省税款。

3. 优惠税率筹划

关税条例规定，进口税率分设有普通税率和优惠税率。对于原产地是与我国未签订关税互惠协议的国家或地区的进口货物，按普通税率征税；对于原产地是与我国签订有关税互惠协议的国家或地区的进口货物，按优惠税率征税。因此，筹划关键在于如何避免普通税率的重负，获取优惠税率的利益。也就是要选择合适的原产地，即选择与中华人民共和国签有关税互惠协议的国家和地区作为原产地。关于原产地的确认，中华人民共和国海关总署在《关于进口货物原产地的暂行规定》中设定了两种标准：一种是全部产地标准，即对于完全在一个国家内生产或制造的进口货物，其生产或制造国就是该货物的原产国；另一种是实质性加工标准，指经过几个国家加工、制造的进口货物，以最后一个对货物进行经济上可以视为实质性加工的国家作为有关货物原产国。这里所说的实质性加工是指产品经过加工后，在《海关税则》中已不按原有的税目税率征税，而应归入另外的税目征税，或者其加工增值部分所占新产品总值的比例已经超过30%以上的。两个条件具备其中之一，即被视为实质性加工。对于第一个标准即全部产地标准，进行关税税务筹划的可能性较小；第二个标准即实质性加工标准则有节税的可能。

【案例】某跨国企业在新加坡、韩国、菲律宾、马来西亚和越南设有零部件供应企业，新加坡的子公司生产汽车仪表，韩国的子公司生产汽车轴承和发动机，菲律宾的子公司生产阀门，马来西亚的子公司生产轮胎，越南的子公司供应玻璃，而制造汽车产品的应该是总装配厂，总装配厂的生产国就是原产地。如果该企业的主要销售市场在中国并在中国建立了自己销售公司，那么这个总装配厂应该设在哪里才能使得中国的汽车销售公司在进口汽车时最节税呢？

按优惠税率筹划法，总装配厂的设置选择应该考虑是否与中国签有关税互惠协议，并仔细比较与中国签订关税互惠协定的国家或地区中哪一个更优惠，哪一个在经济成本上更为有利可图，从而做出最佳选择。这样，在中国的汽车销售公司在进口汽车时能享受最优惠税率而少交关税。当然除了考虑关税因素外，还要兼顾该国家或地区是否实行外汇管制和出口配额控制、政治经济形势是否稳定以及其他一些影响因素。

从实质性加工标准来看，其加工增值部分所占新产品总值的比例已经超过30%以上的，可视为实质性加工。如果该跨国企业已经选择了一个非常有利于降低税负的国家和地区，并建立了总装配厂，可是总装配厂的加工增值部分在技术和价值含量上达不到产品总值的30%，对此无须扩大生产规模加大技术比重，只需通过转让定价的方法降低其他地区的零部件生产价格，从而加大总装配厂增值部分占产品总值的比重，使之达到或超过30%，成为实质性加工。这样，该跨国企业的产品仍然可以享受到税率上的优惠，由于正确、合理地运用了原产地标准，选择了合适的地点，从而达到了减轻税负的目的。

7.2 资源税的纳税筹划

7.2.1 资源税的税收规定

资源税是指对在中华人民共和国领域及管辖海域开采本条例规定的矿产品或者生产盐(以下称开采或者生产应税产品)的单位和个人征收的一种税，是以各种自然资源为课税对象、为了调节资源级差收入并体现国有资源有偿使用而征收。

资源税的纳税范围应包括自然界存在的一切自然资源，如矿产资源、土地资源、动植物资源、淡水资源、太阳能资源等。但由于我国的资源税开征较晚，资源乃至资源税的计量无法解决，因此目前资源税的缴纳范围只包括矿产品和盐等。资源税应税产品的具体适用税率见表7-1。

表7-1 资源税税目税率表

税目		税率
一、原油		销售额的5%～10%
二、天然气		销售额的5%～10%
三、煤炭	焦煤	每吨8～20元
	其他煤炭	每吨0.3～5元
四、其他非金属矿原矿	普通非金属矿原矿	每吨或者每立方米0.5～20元
	贵重非金属矿原矿	每千克或者每克拉0.5～20元
五、黑色金属矿原矿		每吨2～30元
六、有色金属矿原矿	稀土矿	每吨0.4～60元
	其他有色金属矿原矿	每吨0.4～30元
七、盐	固体盐	每吨10～60元
	液体盐	每吨2～10元

【税法引用】《中华人民共和国资源税暂行条例》(修订时间2011年9月30日)

第二条 资源税的税目、税率，依照本条例所附《资源税税目税率表》及财政部的有关规定执行。税目、税率的部分调整，由国务院决定。

《中华人民共和国资源税暂行条例实施细则》（修订时间2011年10月28日） 第二条 条例所附《资源税税目税率表》中所列部分税目的征税范围限定如下：

（一）原油，是指开采的天然原油，不包括人造石油。

（二）天然气，是指专门开采或者与原油同时开采的天然气。

（三）煤炭，是指原煤，不包括洗煤、选煤及其他煤炭制品。

（四）其他非金属矿原矿，是指上列产品和井矿盐以外的非金属矿原矿。

（五）固体盐，是指海盐原盐、湖盐原盐和井矿盐。

液体盐，是指卤水。

资源税的应纳税额按照从价定率或者从量定额的办法，分别以应税产品的销售额乘以纳税人具体适用的比例税率或者以应税产品的销售数量乘以纳税人具体适用的定额税率计算。其应纳税额的计算公式为：

应纳资源税税额＝销售额×比例税率

或者 应纳资源税税额＝销售数量×定额税率

【税法引用】《中华人民共和国资源税暂行条例实施细则》（修订时间2011年10月28日）

第五条 条例第四条所称销售额为纳税人销售应税产品向购买方收取的全部价款和价外费用，但不包括收取的增值税销项税额。

价外费用，包括价外向购买方收取的手续费、补贴、基金、集资费、返还利润、奖励费、违约金、滞纳金、延期付款利息、赔偿金、代收款项、代垫款项、包装费、包装物租金、储备费、优质费、运输装卸费以及其他各种性质的价外收费。但下列项目不包括在内：

（一）同时符合以下条件的代垫运输费用：

1. 承运部门的运输费用发票开具给购买方的；

2. 纳税人将该项发票转交给购买方的。

（二）同时符合以下条件代为收取的政府性基金或者行政事业性收费：

1. 由国务院或者财政部批准设立的政府性基金，由国务院或者省级人民政府及其财政、价格主管部门批准设立的行政事业性收费；

2. 收取时开具省级以上财政部门印制的财政票据；

3. 所收款项全额上缴财政。

第七条 纳税人申报的应税产品销售额明显偏低并且无正当理由的、有视同销售应税产品行为而无销售额的，除财政部、国家税务总局另有规定外，按下列顺序确定销售额：

（一）按纳税人最近时期同类产品的平均销售价格确定；

（二）按其他纳税人最近时期同类产品的平均销售价格确定；

（三）按组成计税价格确定。组成计税价格为：

组成计税价格＝成本×(1＋成本利润率)÷(1－税率)

公式中的成本是指：应税产品的实际生产成本。公式中的成本利润率由省、自治区、直辖市税务机关确定。

第八条 条例第四条所称销售数量，包括纳税人开采或者生产应税产品的实际销售数量和视同销售的自用数量。

第九条 纳税人不能准确提供应税产品销售数量的，以应税产品的产量或主管税务机关确定的折算比换算成的数量为计征资源税的销售数量。

纳税人开采或者生产不同税目应税产品的，应当分别核算不同税目应税产品的销售额或者销售数量；未分别核算或者不能准确提供不同税目应税产品的销售额或者销售数量的，从高适用税率。纳税人开采或者生产应税产品，自用于连续生产应税产品的，不缴纳资源税；自用于其他方面的，视同销售，缴纳资源税。

现行的资源税最大限度地减少了享受资源税减免的纳税人及纳税范围，但如有下列情况，仍然可以享受减免资源税：(1)开采原油过程中用于加热、修井的原油可享受免税；(2)纳税人开采或者生产应税产品过程中，因意外事故或者自然灾害等原因遭受重大损失的，由省、自治区、直辖市人民政府酌情决定减税或者免税；(3)国务院规定的其他减税、免税项目。

7.2.2 资源税的筹划方法

1. 利用折算比例

税法规定，纳税人不能准确提供应税产品销售数量或移送使用数量的，以应税产品的产量或主管税务机关确定的折算比换算成的数量为课税数量。由于税务机关确定折算比一般是按同行业的平均水平确定的，因此对于生产某种矿产品或连续加工生产某种矿产品的企业来说，如果其加工技术相对落后，估算的实际综合回收率或选矿比相对同行业平均水平略低，就无需准确核算并提供应税产品的销售数量或移送使用数量，而直接采用税务机关按确定的折算比换算出的课税数量。这样的筹划方法一方面减少了企业为确定销售数量或移送数量花费的成本，另一方面因为同行业企业的平均综合回收率相对较高，折算出的应税产品数量相对较少，从而可以减少应纳资源税额。

【税法引用】《国家税务总局关于发布修订后的〈资源税若干问题的规定〉的公告》(国家税务总局公告2011年第63号)

二、自产自用产品的课税数量

资源税纳税人自产自用应税产品，因无法准确提供移送使用量而采取折算比换算课税数量办法的，具体规定如下：

煤炭，对于连续加工前无法正确计算原煤移送使用量的，可按加工产品的综合回收率，将加工产品实际销量和自用量折算成的原煤数量作为课税数量。

金属和非金属矿产品原矿，因无法准确掌握纳税人移送使用原矿数量的，可将其精矿按选矿比折算成的原矿数量作为课税数量。

【例7-1】 某铜矿企业1月份销售铜矿石原矿40万吨，移送入选20万吨，假定该铜矿企业的实际选矿比为20%，税务机关确定的选矿比为25%，铜矿石原矿适用单位税额为1.2元/吨，问如何计算应纳的资源税？

【解答过程】

按实际选矿比计算的资源税税额为：

$$40\times1.2+20\div20\%\times1.2=168(\text{万元})$$

按税务机关确定的选矿比计算应纳的资源税税额为：

$$40\times1.2+20\div25\%\times1.2=144\ (\text{万元})$$

纳税人选择税务机关确定的选矿比计算就可以节税24万元。

相反，如果企业的加工技术相对先进，使得本企业产品的加工生产综合回收率相对于同行业较高，便应准确进行核算，给税务机关提供准确的应税产品销售数量或移送数量，这样可以达到节税的目的。

【例7-2】 辽宁某煤炭企业本月对外销售原煤1 000万吨，用企业的原煤加工洗煤420万吨销售，已知该企业加工的矿产品的综合回收率为70%，税务机关确定的综合回收率为60%，原煤适用单位税额为2元/吨。问该企业应如何计算本月的应纳税额？

【解答过程】

按企业实际的综合回收率计算本月应纳的资源税税额为：

$$1\ 000\times2+420\div70\%\times2=3\ 200(\text{万元})$$

按税务机关确定的综合回收率计算应纳的资源税税额为：

$$1\ 000\times2+420\div60\%\times2=3\ 400(\text{万元})$$

显然，按实际综合回收率计算可以为企业节税200万元。

综上可知，利用折算比例进行筹划，主要是通过企业自身估计的实际综合回收率或选矿比与税务机关确定的综合回收率或选矿比进行比较，哪一方确定的比例高就选择哪一方的比例核算应缴纳的资源税，从而实现缴纳税款最小化。

2. 分开核算

税法规定，纳税人的减税、免税项目应当单独核算销售额或者销售数量；未单独核算或者不能准确提供销售额或者销售数量的，不予减税或者免税。纳税人开采或者生产不同税目应税产品的，应当分别核算不同税目应税产品的销售额或者销售数量；未分别核算或者不能准确提供不同税目应税产品的销售额或者销售数量的，从高适用税率。

因此，纳税人可以通过准确核算各税目的销售额或销售数量，清楚区分哪些应该纳税，应该纳税的适用何种税率或单位税额，以便充分地享受到税收优惠，达到节省资源税税款的目的。

【例7-3】 河南某油田1月份生产原油30万吨，其中用于加热、修井2万吨，其余全部按照每吨3 750元对外销售，另外，该油田在采油过程中回收天然气3 000万立方米，以每千立方米1 100元对外销售，试计算该油田1月份应纳的资源税。(原油税率为8%，天然气税率为6%)

【解答过程】 如果该油田没有分别核算对外销售的原油、用于加热、修井的原油、回收的天然气，则不能享受免税优惠，并且天然气要从高税率8%交税，应纳的资源税为：

$$(300\ 000\times3\ 750+30\ 000\times1\ 100)\times8\%=9\ 264\ (\text{万元})$$

如果该油田对原油及天然气分别核算，但未对用于加热、修井的原油单独核算，则不能享受免税优惠，此时应纳的资源税为：

$$300\ 000\times3\ 750\times8\%+30\ 000\times1\ 100\times6\%=9\ 198(\text{万元})$$

如果该油田能对所有不同项目分开核算，原油开采中用于加热、修井的2万吨就可以免税。应纳的资源税为：

$$(300\ 000-20\ 000)\times3\ 750\times8\%+30\ 000\times1\ 100\times6\%=8\ 598(\text{万元})$$

因此，如果纳税人可以将所有不同项目分开核算，可以节税9 264－8 598＝666(万元)。

需要注意的是，纳税人不仅要将不同税目的产品分别核算，还应单独核算同一税目下有减免税项目的产品。纳税人只有熟悉资源税税法中有关不同的应税项目、适用税率(税额)及其免税项目的规定，才能正确和合理地运用该筹划方法。

3. 利用税收优惠政策

我国税法目前已经减少了享受资源税减免的纳税人及纳税范围，财税〔2005〕168号文件取消了对有色金属矿资源税减征30%的优惠政策，恢复按全额征收；调整对冶金矿山铁矿石资源税减征政策，暂按规定税额标准的60%征收，自2006年1月1日起实施。因此，纳税人要充分了解资源税相关的税收优惠政策，特别对于减免税项目要充分利用，才能达到节税的目的。

【例7-4】 某冶金矿山6月份共开采铁矿石50 000吨，销售铁矿石40 000吨，适用的单位税额为15元/吨，计算该企业6月份应缴纳的资源税。

【解答过程】

(1) 未利用税收优惠时，6月份应缴的资源税为：

$$40\ 000\times15=600\ 000\text{（元）}$$

(2) 如果该纳税人充分了解资源税的税收优惠政策，利用税收优惠时，6月份应缴的资源税为：

$$40\ 000\times15\times60\%=360\ 000\text{(元)}$$

因此，企业只要利用税收优惠就能少缴600 000－360 000＝240 000(元)税款。

7.3 土地增值税的纳税筹划

7.3.1 土地增值税的税收规定

土地增值税是对转让国有土地使用权、地上建筑物及其附着物并取得收入的单位和个人就其转让房地产所取得的增值额征收的一种税。土地增值税属于资源税类。

【税法引用】《中华人民共和国土地增值税暂行条例》(颁布时间1993年12月13日)

第二条 转让国有土地使用权、地上的建筑物及其附着物(以下简称转让房地产)并取得收入的单位和个人，为土地增值税的纳税义务人(以下简称纳税人)，应当依照本条例缴纳土地增值税。

《中华人民共和国土地增值税暂行条例实施细则》(颁布时间1995年1月27日)

第二条 条例第二条所称的转让国有土地使用权、地上的建筑物及其附着物并取得收入，是指以出售或者其他方式有偿转让房地产的行为。不包括以继承、赠与方式无偿转让房地产的行为。

第三条 条例第二条所称的国有土地，是指按国家法律规定属于国家所有的土地。

第四条 条例第二条所称的地上的建筑物，是指建于土地上的一切建筑物，包括地上地下的各种附属设施。条例第二条所称的附着物，是指附着于土地上的不能移动，一经移动即遭损坏的物品。

第五条 条例第二条所称的收入，包括转让房地产的全部价款及有关的经济收益。

第六条 条例第二条所称的单位，是指各类企业单位、事业单位、国家机关和社会团体及其他组织。条例第二条所称个人，包括个体经营者。

土地增值税的征收对象是有偿转让国有土地使用权及地上建筑物和其他附着物产权所取得的增值额。在实际中，通过以下3条标准来判定是否征收土地增值税。(1)转让的土地使用权是否属于国有土地使用权。(2)国有土地使用权及其房地产是否发生产权转让。国家出让国有土地使用权不用征税。房地产的出租、抵押，由于房地产的产权未发生转让，不缴纳土地增值税。(3)转让房地产是否取得转让收入。以继承、赠与方式“无偿”转让房地产的行为，不缴纳土地增值税。这3个标准必须同时具备，才征收土地增值税。

土地增值税的计税依据是纳税人转让房地产所取得的增值额。增值额是指纳税人转让房地产取得的收入减去准予扣项目金额后的余额。增值额的计算公式是：

增值额＝转让房地产取得的收入－扣除项目

上式中，转让房地产取得的收入包括转让房地产取得的全部价款及有关的经济收益，从收入的形式上看，包括货币收入、实物收入和其他收入。土地增值税暂行条例及实施细则对土地增值税的扣除项目做了具体规定。

【税法引用】《中华人民共和国土地增值税暂行条例》（颁布时间 1993 年 12 月 13 日）

第六条　计算增值额的扣除项目：

（一）取得土地使用权所支付的金额；

（二）开发土地的成本、费用；

（三）新建房及配套设施的成本、费用，或者旧房及建筑物的评估价格；

（四）与转让房地产有关的税金；

（五）财政部规定的其他扣除项目。

《中华人民共和国土地增值税暂行条例实施细则》（颁布时间 1995 年 1 月 27 日）

第七条　条例第六条所列的计算增值额的扣除项目，具体为：

（一）取得土地使用权所支付的金额，是指纳税人为取得土地使用权所支付的地价款和按国家统一规定交纳的有关费用。

（二）开发土地和新建房及配套设施(以下简称房地产开发)的成本，是指纳税人房地产开发项目实际发生的成本(以下简称房地产开发成本)，包括土地征用及拆迁补偿费、前期工程费、建筑安装工程费、基础设施费、公共配套设施费、开发间接费用。

土地征用及拆迁补偿费，包括土地征用费、耕地占用税、劳动力安置费及有关地上、地下附着物拆迁补偿的净支出、安置动迁用房支出等。

前期工程费，包括规划、设计、项目可行性研究和水文、地质、勘察、测绘、“三通一平”等支出。

建筑安装工程费，是指以出包方式支付给承包单位的建筑安装工程费，以自营方式发生的建筑安装工程费。

基础设施费，包括开发小区内道路、供水、供电、供气、排污、排洪、通信、照明、环卫、绿化等工程发生的支出。

公共配套设施费，包括不能有偿转让的开发小区内公共配套设施发生的支出。

开发间接费用，是指直接组织、管理开发项目发生的费用，包括工资、职工福利费、折旧费、修理费、办公费、水电费、劳动保护费、周转房摊销等。

（三）开发土地和新建房及配套设施的费用(以下简称房地产开发费用)，是指与房地产开发项目有关的销售费用、管理费用、财务费用。

财务费用中的利息支出，凡能够按转让房地产项目计算分摊并提供金融机构证明的，允许据实扣除，但最高不能超过按商业银行同类同期贷款利率计算的金额。其他房地产开发费用，按本条(一)、(二)项规定计算的金额之和的 5％以内计算扣除。

凡不能按转让房地产项目计算分摊利息支出或不能提供金融机构证明的，房地产开发费用按本条(一)、(二)项规定计算的金额之和的 10％以内计算扣除。

上述计算扣除的具体比例，由各省、自治区、直辖市人民政府规定。

（四）旧房及建筑物的评估价格，是指在转让已使用的房屋及建筑物时，由政府批准设立的房地产评估机构评定的重置成本价乘以成新度折扣率后的价格。评估价格须经当地税务机关确认。

（五）与转让房地产有关的税金，是指在转让房地产时缴纳的营业税、城市维护建设税、印花税。因转让房地产交纳的教育费附加，也可视同税金予以扣除。

（六）根据条例第六条(五)项规定，对从事房地产开发的纳税人可按本条(一)、(二)项规定计算的金额之和，加计20%的扣除。

土地增值税的税率实行四级超率累进税率，为简化计算过程，可按照速算扣除率进行计算，见表7-2。

表7-2　土地增值税税率表

级次	增值额与扣除项目金额比例	税率(%)	速算扣除率(%)
1	50%及其以下的部分	30	0
2	超过50%未超过100%的部分	40	5
3	超过100%未超过200%的部分	50	15
4	超过200%及其以上部分	60	35

上述四级超率累进税率，每级增值额未超过扣除项目金额的比例，均包括该比例数本身。

土地增值税应纳税额的计算过程分为如下5个步骤。

(1) 计算转让房地产取得的收入。

(2) 计算扣除项目。

(3) 计算增值额=转让房地产的收入一扣除项目。

(4) 计算增值额与扣除项目金额比例。

(5) 根据步骤(4)的结果查表，计算土地增值税的应纳税额。

土地增值税的应纳税额=增值额×适用税率一扣除项目金额×速算扣除系数

现行税法规定，有下列情形之一的，免征土地增值税。

(1) 纳税人建造普通标准住宅出售，增值额未超过扣除项目金额20%的。

(2) 因国家建设需要依法征用收回的房地产。

(3) 因城市规划、国家建设需要而搬迁由纳税人转让原房地产的，比照有关规定免征土地增值税。

(4) 个人因工作调动或改善居住条件而转让原自用住房，经向税务机关申报核准，凡居住满5年或5年以上的，免予征收土地增值税；居住满3年未满5年的，减半征收土地增值税；居住未满3年的，按规定计算征收土地增值税。

7.3.2　土地增值税的筹划方法

土地增值税是对房地产企业收益影响最大的税种之一，对房地产企业来说，进行有效的土地增值税纳税筹划对企业的生存发展意义重大，下面介绍土地增值税的几个筹划方法。

1. 收入筹划

税法规定，土地增值额是纳税人转让房地产所取得的收入减去规定扣除项目金额后的余额。在扣除项目金额一定的情况下，转让收入越少，土地增值额就越小，适用税率和税额就越低。因此，分散收入是进行筹划的关键。通常的筹划方法是将可以分开单独处理的部分，如房屋里的各种设施，从整个房地产中分离，分次单独签订合同，通过减少应税收入来达到减轻税负的目的。由于很多房地产在出售时已经进行了简单装修，因此企业可以分两次签订合同，先签房屋买卖合同，等装修时再签装修合同，则纳税人只需就房屋买卖合同上注明的金额缴纳土地增值税，而装修合同上注明的金额属于营业税征税范围，不用缴纳土地增值税，这样就使应纳税额减少，达到节税的目的。

【案例】广州比达房地产公司出售一栋房屋，房屋总售价为 1 000 万元，该房屋进行了简单装修并安装了简单必备设施。根据相关税法的规定，该房地产开发业务允许扣除的费用为 400 万元，增值额为 600 万元。比达房地产公司应该缴纳土地增值税、营业税、城市维护建设税、教育费附加以及企业所得税。土地增值率为：600/400×100％＝150％。根据《中华人民共和国土地增值税暂行条例实施细则》的规定，增值额超过扣除项目金额 100％，未超过 200％的土地增值税税额＝增值额×50％－扣除项目金额×15％。因此，该公司应当缴纳土地增值税：600×50％－400×15％＝240(万元)。

如果进行收入筹划，将该房屋的出售分为两个合同，即：第一个合同为房屋出售合同，不包括装修费用，房屋出售价格为 700 万元，允许扣除的成本为 300 万元；第二个合同为房屋装修合同，装修费用 300 万元，允许扣除的成本为 100 万元。则土地增值率为：400/300×100％＝133％，比达房地产公司应该缴纳土地增值税：400×50％－300×15％＝155(万元)。根据计算结果可以看出经过筹划后可以节约土地增值税 240－155＝85(万元)。

2. 利息支出筹划

房地产开发企业属于高负债的行业，一般都会发生大量的借款，从而产生利息支出，利息支出的不同扣除方法也会对企业的应纳税额产生很大的影响。根据税法规定，与房地产开发有关的利息支出分两种情况确定：凡能够按转让房地产项目计算分摊并提供金融机构证明的，允许据实扣除，但最高不能超过按商业银行同类同期贷款利率计算的金额，其房地产开发的其他费用还可按该项目地价款和开发成本之和的 5％再扣除；凡不能按转让房地产项目计算分摊利息支出或不能提供金融机构证明的，房地产开发费用按该项目地价款和开发成本之和的 10％直接扣除成本，其实际利息支出就不能扣除了。这给纳税人提供了可供选择的余地。

【税法引用】《中华人民共和国土地增值税暂行条例实施细则》(颁布时间 1995 年 1 月 27 日)第七条　条例第六条所列的计算增值额的扣除项目，具体为：

(三) 开发土地和新建房及配套设施的费用(以下简称房地产开发费用)，是指与房地产开发项目有关的销售费用、管理费用、财务费用。

财务费用中的利息支出，凡能够按转让房地产项目计算分摊并提供金融机构证明的，允许据实扣除，但最高不能超过按商业银行同类同期贷款利率计算的金额。其他房地产开发费用，按本条(一)、(二)项规定计算的金额之和的 5％以内计算扣除。

凡不能按转让房地产项目计算分摊利息支出或不能提供金融机构证明的，房地产开发费用按本条(一)、(二)项规定计算的金额之和的 10％以内计算扣除。

对利息支出进行筹划的思路是：如果房地产开发企业在开发过程中主要依靠借款筹资，利息费用较高，则应尽可能提供金融机构贷款证明，并按房地产项目计算分摊利息支出，实现利息据实扣除，降低税额；反之，如果开发过程中借款不多，利息费用较低，则可不计算应分摊的利息支出或不提供金融机构的贷款证明，这样就可多扣除房地产开发费用，以实现企业利润最大化。

【例7-5】 嘉宝房地产开发公司开发一批商业用房，支付的地价款1 000万元，开发成本1 200万元，财务费用中可以按转让房地产项目计算分摊利息的利息支出为200万元，不超过商业银行同类同期贷款利率。请问该公司是否应该提供金融机构证明，如何进行土地增值税的筹划呢？

【解答过程】

对于是否提供金融机构证明，公司财务人员通过核算发现，如果不提供金融机构证明，则该公司所能扣除费用的最高额为：(1 000＋1 200)×10％＝220(万元)；如果提供金融机构证明，该公司所能扣除费用的最高额为：200＋(1 000＋1 200)×5％＝310(万元)。可见，在这种情况下，公司提供金融机构证明是有利的选择。

【例7-6】 嘉宝房地产开发公司开发一批商业用房，支付的地价款1 000万元，开发成本1 200万元，财务费用中可以按转让房地产项目计算分摊利息的利息支出为80万元，不超过商业银行同类同期贷款利率。请问该公司是否应该提供金融机构证明，如何进行土地增值税的筹划呢？

【解答过程】

同例7-5一样，如果不提供金融机构证明，则该公司所能扣除费用的最高额为：(1 000＋1 200)×10％＝220(万元)；如果提供金融机构证明，该公司所能扣除费用的最高额为：80＋(1 000＋1 200)×5％＝190(万元)。可见，在这种情况下，公司不提供金融机构证明是有利的选择。

企业判断是否提供金融机构证明，关键在于看所发生的能够扣除的利息支出是否达到临界点，下面计算推导利息支出的临界点。

(1) 能够按转让房地产项目计算分摊并提供金融机构证明的：

房地产开发费用最高额＝允许扣除的利息＋(取得土地使用权支付的金额＋房地产开发成本)×5％　　(7-1)

(2) 不能按转让房地产项目计算分摊利息支出或不能提供金融机构证明的：

房地产开发费用最高额＝(取得土地使用权支付的金额＋房地产开发成本)×10％　　(7-2)

令式(7-1)＝式(7-2)，则可以算出利息支出的临界点，在该临界点上，不论是否提供金融机构证明，房地产开发费用的最高额相等，即：

允许扣除的利息＋(取得土地使用权支付的金额＋房地产开发成本)×5％
＝(取得土地使用权支付的金额＋房地产开发成本)×10％

化简得：

允许扣除的利息＝(取得土地使用权所支付的金额＋房地产开发成本)×(10％－5％)

这一计算结果便是利息支出的临界点。筹划时可通过实际可扣除利息与利息支出临界点的比较选择最佳方案。如果允许扣除的利息大于利息支出临界点，则式(7-1)大于式(7-2)，企业应正确分摊利息支出并提供金融机构证明，从而使得可以扣除的开发费用最大化；如果允许扣除的利息小于利息支出临界点，则式(7-1)小于式(7-2)，企业可以不按照转让房地产开发项目计算分摊利息支出，或不提供金融机构证明以增加扣除开发费用金额。

据此可以计算例7-5和例7-6的利息支出临界点为：(1 000＋1 200)×(10％－5％)＝110(万元)。当允许扣除的利息支出为200万元时(大于临界点110万元)，应该选择提供金融机构证明；当允许扣除的利息支出为80万元时(小于临界点110万元)，应该选择不提供金融机构证明。

3. 增值率筹划

土地增值率是纳税人的土地增值额占扣除项目金额的比例，其大小会影响土地增值税适用税率的大小，纳税人通过控制土地增值率就能达到节税的目的。税法规定，若纳税人建造、出售的是普通标准住宅，增值额未超过扣除项目金额的20％，免征土地增值税；增值额超过扣除项目金额20％，应就其全部增值额按规定计税。所以纳税人在出售普通标准住宅时，可以充分利用20％这一临界点的税负效应进行筹划。筹划的方法有两种。一是利用合理定价，如在销售过程中通过适当降低价格可以减少增值额，降低土地增值税的适用税率，从而减轻税负。二是增加扣除费用，通过加大投入，适当地提高房地产开发成本来提高市场竞争力。纳税人可以通过改善住房环境，提高房产的质量来适当增加扣除项目，以高质低价来占领市场，同时取得节税的好处，实得收益不减反增。如果能够通过筹划使得土地增值率降低，甚至不超过 20%，就能享受减免税的优惠。

【税法引用】《中华人民共和国土地增值税暂行条例》（颁布时间 1993 年 12 月 13 日）

第八条　有下列情形之一的，免征土地增值税：

（一）纳税人建造普通标准住宅出售，增值额未超过扣除项目金额 20%的。

《中华人民共和国土地增值税暂行条例实施细则》（颁布时间 1995 年 1 月 27 日）

第十一条　条例第八条(一)项所称的普通标准住宅，是指按所在地一般民用住宅标准建造的居住用住宅。高级公寓、别墅、度假村等不属于普通标准住宅。普通标准住宅与其他住宅的具体划分界限由各省、自治区、直辖市人民政府规定。

纳税人建造普通标准住宅出售，增值额未超过本细则第七条(一)、(二)、(三)、(五)、(六)项扣除项目金额之和 20%的，免征土地增值税；增值额超过扣除项目金额之和 20%的，应就其全部增值额按规定计税。

【例 7-7】 广西桂林新世纪房地产公司建成一栋普通标准住宅准备出售，扣除项目金额为 800 万元，当地同类住宅的市场售价约 1 000 万元，假如除土地增值税外不考虑其他因素，新世纪房地产公司应该如何定价将使得自己的利润最大化?

【解答过程】

(1) 假如定价 1 000 万元，则

增值额＝1 000－800＝200(万元)

增值率＝200/800＝25%

查表可知，适用税率 30%，速算扣除率为 0，

应纳土地增值税＝200×30%＝60(万元)

营业税＝1 000×5%＝50(万元)

城市维护建设税和教育费附加＝50×10%＝5(万元)

假如不考虑其他因素，获利为 1 000－800－60－50－5＝85(万元)。

(2) 如果定价 960 万元(根据 $X-800/800=20\%$计算反推)，则

增值额＝960－800＝160(万元)

增值率＝160/800＝20%

由于纳税人建造的是普通标准住宅出售，且增值额未超过扣除项目金额的 20%，所以就可以免征土地增值税。

营业税＝960×5%＝48(万元)

城市维护建设税和教育费附加＝48×10%＝4.8(万元)

假如不考虑其他因素，获利为 960－800－48－4.8＝107.2(万元)。

二者相比，降低定价反而使得税后利润增加 107.2－85＝22.2(万元)。通过这个例子可以看出，企业在出售普通标准住宅时，通过合理定价进行纳说筹划，完全可以使自己保持较低价格并获得较高的利润。

当然，如果实际价格可以卖得较高，则一味降低价格的税后利润不一定高。比如同类市场售价如果可以达到 1 400 万元，扣除项目金额不变，则：

增值额＝1 400－800＝600(万元)

增值率＝600/800＝75%

查表可知，适用税率 40%，速算扣除率为 5%，

应纳土地增值税=600×40%−800×5%=200(万元)。

营业税=1 400×5%=70(万元)

城市维护建设税和教育费附加=70×10%=7(万元)

假如不考虑其他因素，获利为1 400−800−200−70−7=323(万元)。

在这种情况下的获利将高于免征土地增值税的107.2万元。另外需要注意的是，如果项目不符合普通住宅标准，则降低定价可能会导致获利的减少。

除了采用适当降低价格来减少增值额外，筹划时还可以通过增加扣除项目使得房地产的增值率不超过20%，从而享受免税待遇。

【案例】利源房地产公司开发一栋普通标准住宅，房屋售价为1 000万元，按照税法规定可扣除费用为800万元。增值额为200万元，增值率为：200/800×100%=25%，利源房地产公司需要缴纳土地增值税：200×30%=60(万元)，营业税：1 000×5%=50(万元)；城市维护建设税和教育费附加：50×10%=5(万元)。不考虑企业所得税，利源房地产公司的利润为：1 000−800−60−50−5=85(万元)。如果利源房地产公司进行税收筹划，加大投入，适当地提高房地产开发成本，将该房屋进行简单装修，费用为200万元，房屋售价增加至1 200万元。则按照税法规定可扣除项目增加为1 000万元，增值额为200万元，增值率为：200/1 000×100%=20%。不需要缴纳土地增值税。利源房地产公司需要缴纳营业税：1 200×5%=60(万元)；城市维护建设税和教育费附加：60×10%=6(万元)。如不考虑企业所得税，则利源房地产公司的利润为：1 200−1 000−60−6=134(万元)。比筹划前增加利润49万元(134−85)。

7.4 房产税的纳税筹划

7.4.1 房产税的税收规定

房产税是以房产为征税对象，依据房产余值或房产租金收入向房产所有人或经营人征收的一种财产税。房产税的具体征税范围是位于城市、县城、建制镇和工矿区的房屋，坐落在农村的房屋暂不征收房产税。

房产税的纳税人是房产的产权所有人。产权属于全民所有的，由经营管理的单位缴纳。产权出典的，由承典人缴纳。产权所有人、承典人不在房产所在地的，或者产权未确定及租典纠纷未解决的，由房产代管员或者使用人缴纳。外商投资企业、外国企业以及外籍个人原是城市房地产税的纳税人，2009年1月1日起政务院公布的《城市房地产税暂行条例》废止，自2009年1月1日起，外商投资企业、外国企业和组织以及外籍个人依照《中华人民共和国房产税暂行条例》缴纳房产税。

房产税的计税依据是房产的计税价值或租金收入，按照房产计税价值征税的，称为从价计征；按照房产租金收入计征的，称为从租计征。

(1) 从价计征。它是指以房产原值一次减除10%至30%后的余值为计税依据。具体减除幅度由各省、自治区、直辖市人民政府确定。对依照房产原值计税的房产，不论是否记载在会计账簿固定资产科目中，均应按照房屋原价计算缴纳房产税。房屋原价应根据国家有关会计制度规定进行核算。对纳税人未按国家会计制度规定核算并记载的，应按规定予以调整或重新评估。

（2）从租计征。它是指以房屋出租取得的租金收入为计税依据。

（3）3种特殊情况下的计征：以房产投资联营的，投资者参与投资企业盈利分红，共担风险的，以房产原值作为计税依据；对投资者以房产投资收取固定收入，不承担联营风险的，应以租金收入(固定收入)为计税依据；融资租赁的房产，由承租人自融资租赁合同约定开始日的次月起依照房产余值缴纳房产税。合同未约定开始日的，由承租人自合同签订的次月起依照房产余值缴纳房产税。

房产税以房产原值一次减除10%至30%后的余值或房产租金计征，税率见表7-3。

表7-3 房产税税率表

计税方法	计税依据	税率	税额计算公式
从价计征	房产余值	1.2%	全年应纳税额＝应税房产原值×(1－扣除比例)×1.2%
从租计征	房产租金	12%	全年应纳税额＝租金收入×12%(或4%) (注：对个人按市场价格出租的居民住房，暂减按4%的税率征收房产税)

依据《中华人民共和国房产税暂行条例》及有关规定，目前房产税的减免税优惠主要包括如下几点。(1)国家机关、人民团体、军队自用的房产。(2)国家财政部门拨付事业经费的单位自用的房产。(3)宗教寺庙、公园、名胜古迹自用的房产。(4)个人拥有的非营业用的房产。(5)经财政部批准免税的其他房产。

根据原财政部税务总局关于房产税若干具体问题的解释和暂行规定(财政部税务总局〔1986〕财地税字008号)，下列房产可免征房产税。

（1）实行差额预算管理的事业单位，虽然有一定的收入，但收入不够本身经费开支的部分还要由国家财政部门拨付经费补助。因此，实行差额预算管理的事业单位也属于由国家财政部门拨付事业经费的单位，对其本身自用的房产免征房产税。

（2）由国家财政部门拨付事业经费的单位，其经费来源实行自收自支后，应征收房产税，但为了鼓励事业单位经济自立，由国家财政部门拨付事业经费的单位，其经费来源实行自收自支后，从事业单位经费实行自收自支的年度起，免征房产税3年。

（3）企业办的各类学校、医院、托儿所、幼儿园自用的房产可以比照由国家财政部门拨付事业经费的单位自用的房产，免征营业税。

（4）经有关部门鉴定，对毁损不堪居住的房屋和危险房屋，在停止使用后，可免征房产税。

（5）对微利企业和亏损企业的房产，可由地方根据实际情况在一定期限内暂免征收房产税。

（6）企业停产、撤销后，其原有的房产闲置不用的，经省、自治区、直辖市税务局批准可暂不征收房产税；如果这些房产转给其他征税单位使用或者企业恢复生产，则应依照规定征收房产税。

（7）凡是在基建工地为其服务的各种工棚、材料棚、休息棚和办公室、食堂、茶炉房、汽车房等临时性房屋，无论是施工企业自行建造还是由基建单位出资建造交施工企业使用的，在施工期间，一律免征房产税。但是如果在基建工程结束以后，施工企业将这种临时性房屋交还或者估价转让给基建单位的，应当从基建单位接收的次月起，依照规定征收房产税。

（8）房屋大修停用在半年以上的，经纳税人申请，税务机关审核，在大修期间可免征房产税。

（9）纳税单位与免税单位共同使用的房屋，按各自使用的部分划分，分别征收或免征房产税。

7.4.2 房产税的筹划方法

1. 计税依据筹划

房产税有按房产余值计税和以租金收入计税两种方法，两种方法的计税依据分别是房产余值和租金收入。如果要降低房产税，对税率进行筹划的空间是极小的，通常筹划的思路是降低计税依据。

1）合理确定房产原值

以房产余值计税的，适用于自己生产经营而不是出租收取租金的情况。房产余值是房产原值一次减除10%～30%后的余额(减除比例由各省、自治区、直辖市人民政府自行确定)。房产原值指房屋的造价，包括与房屋不可分割的各种附属设备或一般不单独计算价值的配套设施。

【税法引用】《财政部、国家税务总局关于房产税和车船使用税几个业务问题的解释与法规》(财税地字〔1987〕3号)

一、关于“房产”的解释

“房产”是以房屋形态表现的财产。房屋是指有屋面和围护结构(有墙或两边有柱)，能够遮风避雨，可供人们在其中生产、工作、学习、娱乐、居住或储藏物资的场所。

独立于房屋之外的建筑物，如围墙、烟囱、水塔、变电塔、油池油柜、酒窖菜窖、酒精池、糖蜜池、室外游泳池、玻璃暖房、砖瓦石灰窑以及各种油气罐等，不属于房产。

根据总局(86)财税地字第008号文法规，“房产原值是指纳税人按照会计制度法规，在账簿‘固定资产’科目中记载的房屋原价”。因此，凡按会计制度法规在账簿中记载有房屋原价的，即应以房屋原价按法规减除一定比例后作为房产余值计征房产税；没有记载房屋原价的，按照上述原则，并参照同类房屋，确定房产原值，计征房产税。

二、关于房屋附属设备的解释

房产原值应包括与房屋不可分割的各种附属设备或一般不单独计算价值的配套设施。主要有：暖气、卫生、通风、照明、煤气等设备；各种管线，如蒸气、压缩空气、石油、给水排水等管道及电力、电信、电缆导线；电梯、升降机、过道、晒台等。

属于房屋附属设备的水管、下水道、暖气管、煤气管等从最近的探视井或三通管算起，电灯网、照明线从进线盒连接管算起。

《国家税务总局关于进一步明确房屋附属设备和配套设施计征房产税有关问题的通知》(国税发〔2005〕173号)

一、为了维持和增加房屋的使用功能或使房屋满足设计要求，凡以房屋为载体，不可随意移动的附属设备和配套设施，如给排水、采暖、消防、中央空调、电气及智能化楼宇设备等，无论在会计核算中是否单独记账与核算，都应计入房产原值，计征房产税。

二、对于更换房屋附属设备和配套设施的，在将其价值计入房产原值时，可扣减原来相应设备和设施的价值；对附属设备和配套设施中易损坏、需要经常更换的零配件，更新后不再计入房产原值。

本通知自2006年1月1日起执行。

《财政部、国家税务总局关于具备房屋功能的地下建筑征收房产税的通知》(财税〔2005〕181号)

凡在房产税征收范围内的具备房屋功能的地下建筑，包括与地上房屋相连的地下建筑以及完全建在地面以下的建筑、地下人防设施等，均应当依照有关规定征收房产税。

上述具备房屋功能的地下建筑是指有屋面和维护结构，能够遮风避雨，可供人们在其中生产、经营、工作、学习、娱乐、居住或储藏物资的场所。

本通知自2006年1月1日起执行。

对房产税进行纳税筹划，要合理地划分房产界限。分开核算，确定房产原值，通过减少房产原值来减少房产余值，进而减少房产税。通过将除厂房、办公用房以外的建筑物建成露天的，并且把这些独立建筑物的造价同厂房、办公用房的造价分开，单独核算，则这部分建筑物的造价不计入房产原值，不缴纳房产税。

【案例】某企业欲新建一座工厂，企业除厂房、办公用房外，还包括厂区围墙、烟囱、水塔、变电塔、游泳池、停车场等建筑物，总计工程造价10亿元，除厂房、办公用房外的建筑设施工程造价2亿元。假设当地政府规定的扣除比例为30%。现有两套方案可供选择。

【方案一】将所有建筑物都作为房产计入房产原值。应纳房产税＝100 000×(1－30%)×1.2%＝840(万元)。

【方案二】将除厂房、办公用房外的建筑物，如停车场、游泳池等建成露天的，并且把这些独立建筑物的造价同厂房、办公用房的造价分开，在会计账簿上单独记载，那么这部分建筑物的造价就可以不计入房产原值，不缴纳房产税。

应纳房产税＝(100 000－20 000)×(1－30%)×1.2%＝672(万元)。

由此可见，方案二比方案一每年少缴房产税168万元。

2）间接降低租金收入

房产出租的，房产税采用从租计征方式，以租金收入作为计税依据，按12%税率计征。对于出租方的代收项目收入，应当与实际租金收入分开核算，分开签订合同，从而间接降低租金收入，降低从租计征的计税依据。

【案例】广东佛山市万利房地产公司拥有一写字楼对外出租，全年租金共3 000万元，其中含代收的物业管理费300万元，水电费为500万元。

【方案一】万利房地产公司与承租方签订租赁合同，租金为3 000万元。应纳房产税＝3 000×12%＝360(万元)。

【方案二】将各项收入分别由各相关方签订合同，如物业管理费由承租方与物业公司签订合同，水电费按照承租人实际耗用的数量和规定的价格标准结算、代收代缴。该方案应纳房产税＝(3 000－300－500)×12%＝264(万元)。

由此可见，方案二比方案一少缴房产税96万元。

2. 选址筹划

税法规定，房产税仅就位于城市、县城、建制镇、工矿区的房产，依据房产余值或房产租金收入征收。对上述范围外的房产，无论是经营自用还是对外出租，均不征房产税；同时，也无须缴纳城镇土地使用税，城建税按最低档的税率1%计算征税。

房产税的征收范围不包括农村，这主要是为了减轻农民的负担，有利于农业发展，繁荣农村经济。因此，企业在选址时应该考虑将厂房建在农村，不仅可以免交房产税，还可以免交城镇土地使用税，还可按最低的税率1%缴纳城市维护建设税，达到节税的目的。

【案例】广东某高新技术企业欲投资建厂，房产原值为2 000万元，占地面积为15 000平方米，平均每年应缴增值税800万元。现有两种方案可供选择：一是建在镇里；二是建在离镇不远的农村。假设该厂不论建在哪里都不影响企业生产经营。请为该厂选择最优的厂址方案。(该镇土地使用税的征收标准为3元/平方米，县城、镇的城建税税率为5%，房产原值减除比例为30%)

【解答过程】

(1) 如果将厂址选在镇里，应纳的房产税为2 000×(1－30%)×1.2%＝16.8(万元)，应纳城镇土地使用税为15 000×3＝4.5(万元)，城建税为800×5%＝40(万元)。

(2) 如果将厂址选在农村，该企业就无需缴纳房产税、城镇土地使用税，城建税按最低税率1%征收。则每年应纳的房产税为零，城镇土地使用税为零，应纳城建税为800×1%＝8(万元)。

通过比较分析发现，将厂址选在镇上比选在农村多交了(16.8＋4.5＋40)－8＝53.3(万元)的税。本案例是假设该厂不论建在哪里都不影响企业生产经营作出的最优选择，但在实际中，建厂选址还需要考虑业务发展及客户群等因素，进行综合评判。

3. 计征方式选择筹划

房产税的计征方式有两种，一是从价计征，二是从租计征。从价计征的房产税是以房产余值为计税依据，即按房产原值一次减除10%～30%后的余值的1.2%计征。从租计征的房产税是以房屋出租取得的租金收入为计税依据，税率为12%。企业可以根据实际情况选择计征方式，通过比较两种方式税负的大小选择税负低的计征方式，以达到节税的目的。

【案例】甲企业现有5栋闲置库房，房产原值为2 000万元，企业经研究提出以下两种利用方案：一是将闲置库房出租收取租赁费，年租金收入为200万元；二是配备保管人员将库房改为仓库，为客户提供仓储服务，收取仓储费，年仓储收入为200万元，但需每年支付给保管人员2万元。当地房产原值的扣除比例为30%。

【方案一】采用出租方案。应纳房产税＝200×12%＝24(万元)；应纳营业税＝200×5%＝10(万元)；应交城建税及教育费附加＝10×(7%＋3%)＝1(万元)。共支出35万元。

【方案二】采用仓储方案。应纳房产税＝2 000×(1－30%)×1.2%＝16.8(万元)；应纳营业税＝200×5%＝10(万元)；应交城建税及教育费附加＝10×(7%＋3%)＝1(万元)；应支付给保管人员2万元。共支出29.8万元。

由此可见，方案二比方案一少支出5.2万元，将仓储改为租赁比较有利。但在实际中需要具体问题具体分析，也有可能出现相反的情况。

【案例】新星公司在该省的开发区内投资一处房产，经营仓储业务，其原值为3 000万元。由于新星公司所在城市规划后来发生重大变化，故其经营的仓储业务逐渐冷落，每年收入均不足80万元。现有一专业物流公司需租赁该房产，双方约定年租金收入为80万元。新星公司所在省份规定“从价计征”房产税时的减除比例为30%。在这种情况下，假设新星公司能获得等于租金收入的仓储收入，从税收的角度分析可以发现：在经营仓储业务时，该处房产每年应缴的房产税为：3 000×(1－30%)×1.2%＝25.2(万元)；在对外出租时，该幢房产每年应缴的房产税为：80×12%＝9.6(万元)。显然，此时新星公司采取将仓储业务改为租赁业务比较明智。

4. 投资联营筹划

税法规定，对投资联营房产，如果投资者参与投资利润分红、共担风险，按房产余值作为计税依据计征房产税；以房产投资，收取固定收入，不承担联营风险的，由出租方按租金收入作为计税依据计征房产税。

【税法引用】《国家税务总局关于安徽省若干房产税业务问题的批复》（国税函发〔1993〕368号）

对于投资联营的房产，应根据投资联营的具体情况，在计征房产税时予以区别对待。对于以房产投资联营，投资者参与投资利润分红，共担风险的情况，按房产原值作为计税依据计征房产税；对于以房产投资，收取固定收入，不承担联营风险的情况，实际上是以联营名义取得房产的租金，应根据《中华人民共和国房产税暂行条例》的有关规定由出租方按租金收入计缴房产税。

若只从房产税的角度考虑，通常共同承担风险比不共同承担风险的投资联营要节约房产税，但共同承担风险会增加纳税人的风险系数，所以在选择这种方法来筹划房产税的时候，应该从多方面综合考虑，从企业整体角度选择最佳方案。

【案例】东方制药有限公司将原值500万元的房产与南方制药公司投资联营，在不考虑其他因素的情况下，只从房产税考虑，对比共同承担风险和不共同承担分担风险两种方案下，企业应缴纳房产税的额度。（假设当地规定的扣除率为30%）

【方案一】如果东方制药有限公司与南方制药公司采用共同承担风险的模式，投资者参与投资利润分红，则按房产原值作为计税依据从价计征房产税，年应纳的房产税为：

$$500\times(1-30\%)\times1.2\%=4.2(\text{万元})$$

【方案二】如果东方制药有限公司与南方制药公司采用非共同承担风险的模式，即双方在合同中明确规定投资者每年能收回的利润为60万元，不参与投资利润分红、共担风险。那么实际上是以联营名义取得房产的租金，按照从租计征的方法计征房产税，年应纳的房产税为：

$$60\times12\%=7.2(\text{万元})$$

可以看到，共同承担风险比不共同承担风险要节省3万元的税款，但承担的风险要更高一些。在实际分析中还需要考虑其他税种，如营业税、所得税等，并根据企业实际情况选择对自己最有利的方案。

5. 优惠政策筹划

优惠政策筹划就是利用房产税的减免等优惠政策达到减少税负目的的方法。例如，微利企业和亏损企业的房产，或者企业停产、撤销后其原有房产闲置不用的，或者房屋大修停用在半年以上的，经企业申请，税务机关批准，可在一定期限内暂免征收房产税。企业办的各类学校、医院、托儿所、幼儿园自用的房产，可以比照由国家财政部门拨付事业经费的单位自用的房产，免征营业税。因此企业应合理利用这些优惠政策，以减少税负。

7.5 车船税的纳税筹划

7.5.1 车船税的税收规定

车船税是在我国境内对拥有或者管理车辆、船舶的纳税人依法征收的一种财产税。1951

年原政务院就颁布了《车船使用牌照税暂行条例》；1986 年国务院颁布了《中华人民共和国车船使用税暂行条例》，开征车船使用税，但对外商投资企业、外国企业及外籍个人仍征收车船使用牌照税；2006 年 12 月，国务院制定了《中华人民共和国车船税暂行条例》，对包括外资企业和外籍个人在内的各类纳税人统一征收车船税。2011 年 2 月 25 日，第十一届全国人大常委会第十九次会议通过车船税法，自 2012 年 1 月 1 日起施行，原暂行条例同时废止。

车船税的纳税义务人是车船的所有人或者管理人。其中，所有人是指在我国境内拥有车船的单位和个人；管理人是指对车船具有管理权或者使用权，不具有所有权的单位。

车船税的征税范围包括依法应当在车船登记管理部门登记的机动车辆和船舶，也包括依法不需要在车船登记管理部门登记的在单位内部场所行驶或者作业的机动车辆和船舶。上述机动车辆包括乘用车、商用车(包括客车、货车)、挂车、专用作业车、轮式专用机械车、摩托车。拖拉机不需要缴纳车船税。船舶是指各类机动、非机动船舶以及其他水上移动装置，但是船舶上装备的救生艇筏和长度小于 5 米的艇筏除外。

最新车船税法采用与车辆在价值上存在着正相关关系的“排气量”作为计税依据，对乘用车按“排气量”划分为 7 个档次征收。车船税采用定额税率，《车船税税目税额表》规定的车辆税额幅度具体如下。

1. 乘用车

按照排气量区间划分为 7 个档次，每辆每年税额见表 7－4。

表 7－4 乘用车每辆每年税额表

排气量区间	税额
1.0 升(含)以下的	税额为 60～360 元
1.0 升以上至 1.6 升(含)的	税额为 300～540 元
1.6 升以上至 2.0 升(含)的	税额为 360～660 元
2.0 升以上至 2.5 升(含)的	税额为 660～1 200 元
2.5 升以上至 3.0 升(含)的	税额为 1 200～2 400 元
3.0 升以上至 4.0 升(含)的	税额为 2 400～3 600 元
4.0 升以上的	税额为 3 600～5 400 元

2. 商用车

商用车划分为客车和货车。其中，客车(核定载客人数 9 人以上，包括电车)每辆每年税额为 480～1 440 元；货车(包括半挂牵引车、三轮汽车和低速载货汽车等)按整备质量每吨每年税额为 16～120 元。

3. 挂车

按相同整备质量的货车税额的 50%计算应纳税额。

4. 其他车辆

包括专用作业车和轮式专用机械车，按整备质量每吨每年税额为 16～120 元。

5. 摩托车

每辆每年税额为 36～180 元。

6. 机动船舶

按净吨位每吨每年税额为3～6元。备注：拖船、非机动驳船分别按照机动船舶税额的50%计算。

7. 游艇

按艇身长度每米每年税额为600～2 000元。

7.5.2 车船税的筹划方法

1. 临界点筹划

我国税法对船舶税额采取分类分级、全国统一的固定税额，以体现合理负担、公平税负的税收政策。

【税法引用】《中华人民共和国车船税法实施条例》(颁布时间2011年12月9日)

第四条　机动船舶具体适用税额为：

(一) 净吨位不超过200吨的，每吨3元；

(二) 净吨位超过200吨但不超过2 000吨的，每吨4元；

(三) 净吨位超过2 000吨但不超过10 000吨的，每吨5元；

(四) 净吨位超过10 000吨的，每吨6元。

拖船按照发动机功率每1千瓦折合净吨位0.67吨计算征收车船税。

税法对船舶采用全额累进税额，即应纳车船使用税的税额随着其净吨位的增加而增加，吨位数越大，适用税额也越大，由此产生了应纳车船使用税税额相对吨位数变化的临界点。在临界点附近，吨位数虽然相差不大，但临界点两边的税额却有很大变化，这为纳税人进行筹划提供了机会。

【例7-8】 蓝天运输公司欲添置一艘机动船，有两种机动船可供选择，一种净吨位数2 000吨，适用单位数额为4元/吨，另一种净吨位数2 010吨，适用单位数额为5元/吨，请计算蓝天运输公司为了购置一艘机动船每年应纳的车船税，并为其作出选择。

【解答过程】

如果蓝天运输公司购买的是第一种船，则每年应纳的车船税为：

$$2\ 000\times4=8\ 000(\text{元})$$

如果蓝天运输购买的是第二种船，则每年应纳的车船税为：

$$2\ 010\times5=10\ 050(\text{元})$$

可见，虽然第一种船的净吨位数仅比第二种船少10吨，但由于其适用全额累进税率，致使其每年应纳车船使用税的税额有显著的变化，购买第一种船每年能使蓝天运输公司节省车船税10 050－8 000＝2 050(元)。

2. 分别核算

车船税法规定，乘用车要按发动机排气量大小分为7个等级计征车船税，税额幅度从1.0升(含)以下的60元至360元到4.0升以上的3 600元至5 400元。此外，车船税法对节约能源、使用新能源的车船做出免征或者减征车船税的规定，这一新变化体现了国家促进节能减排和保护环境的政策导向。因此，如果单位或个人拥有不同排量的乘用车，或既有高能耗、高污染的车船，又有节约能源、使用新能源的车船，则一定要分开核算，分别征免车船税，以便最大限度地节省税款，否则应一律从高征收车船税。

【案例】 广东泰隆房地产企业共有7辆乘用车，其中有4辆是排气量1.6升的宝来，1辆是1.0升的奇瑞QQ，还有两辆是4.0升的奔驰、宝马。当地政府对乘用车的车船税税额规定为，1.0升(含)以下的每辆每年税额为60元，1.0升以上至1.6升(含)的每辆每年税额为300元，3.0升以上至4.0升(含)的每辆每年税额为2 400元。如果不能划分清楚，则该企业全年应纳车船税税额为：

$$应纳税额=7\times 2\ 400=16\ 800(元)$$

如果能够准确划分，则该企业每年应纳车船税税额为：

$$应纳税额=4\times 300+1\times 60+2\times 2\ 400=6\ 060(元)$$

显然，通过筹划泰隆房地产企业可以节约税款16 800－6 060＝10 740(元)。

3. 利用税收优惠

我国车船税的税收优惠政策主要包括以下内容。

1）车船税法规定的法定免税车船

（1）捕捞、养殖渔船：指在渔业船舶登记管理部门登记为捕捞船或者养殖船的船舶。

（2）军队、武装警察部队专用的车船：指按照规定在军队、武装警察部队车船登记管理部门登记，并领取军队、武警牌照的车船。

（3）警用车船：指公安机关、国家安全机关、监狱、劳动教养管理机关和人民法院、人民检察院领取警用牌照的车辆和执行警务的专用船舶。

（4）依照法律规定应当予以免税的外国驻华使领馆、国际组织驻华代表机构及其有关人员的车船。

2）实施条例规定的减免税项目

（1）节约能源、使用新能源的车船可以免征或者减半征收车船税。

（2）按照规定缴纳船舶吨税的机动船舶，自车船税法实施之日起5年内免征车船税。

（3）依法不需要在车船登记管理部门登记的机场、港口、铁路站场内部行驶或者作业的车船，自车船税法实施之日起5年内免征车船税。

3）授权省、自治区、直辖市人民政府规定的减免税项目

（1）省、自治区、直辖市人民政府根据当地实际情况，可以对公共交通车船，农村居民拥有并主要在农村地区使用的摩托车、三轮汽车和低速载货汽车定期减征或者免征车船税。

（2）对受地震、洪涝等严重自然灾害影响纳税困难以及其他特殊原因确需减免税的车船，可以在一定期限内减征或者免征车船税。

另外，对纯电动乘用车、燃料电池乘用车、非机动车船(不包括非机动驳船)、临时入境的外国车船和香港特别行政区、澳门特别行政区、台湾地区的车船，不征收车船税。

如果企业或个人的车船能够满足以上免税条件，无疑可以节省不少税款，在必要时需要企业或个人为自己创造条件来配合税法对车船的调整方向，达到利用优惠政策合理节税的目的。

7.6 印花税的纳税筹划

7.6.1 印花税的税收规定

印花税是指对经济活动和经济交往中书立、使用、领受具有法律效力凭证的单位和个人

征收的一种行为税。印花税的纳税人是指在中国境内书立、领受、使用税法所列凭证的单位和个人，主要包括：立合同人、立账簿人、立据人、领受人和使用人。印花税的征税对象是指税法所列举的各种应纳印花税的凭证，具体有以下 6 类。

（1）各类经济技术合同。包括购销合同、加工承揽合同、建设工程勘察设计合同、建筑安装工程承包合同、财产租赁合同、货物运输合同、仓储保管合同、借款合同、财产保险合同、技术合同等及其他具有合同性质的凭证。

（2）产权转移书据。即指单位和个人产权的买卖、继承、赠与、交换、分割等所立的书据。产权转移书据包括财产所有权和著作权、商标专用权、专利权、专有技术使用权等转移书据。土地使用权出让合同、土地使用权转让合同、商品房销售合同按照产权转移书据征收印花税。

（3）营业账簿。指单位或者个人记载生产经营活动的财务会计核算账簿。包括记载资金账簿和其他账簿。记载资金的账簿是指载有固定资产原值和自有流动资金的总分类账簿，或者专门设置的记载固定资产原值和自有流动资金的账簿。其他账簿是指除上述账簿以外的账簿，包括日记账簿和各明细分类账簿。

（4）权利许可证照。包括房屋产权证、工商营业执照、商标注册证、专利证、土地使用证。

（5）股权转让书据。包括上市股票和企业内部发行的股票买卖、继承、赠与等转让书据。

（6）经财政部确定征税的其他凭证。

印花税按照不同征税项目，分别采用从价计征和从量计征两种方法。

（1）采用从价计征的，其计税依据为应税凭证上记载的金额。这类凭证有各类经济技术合同、财产转移书据、股份转让书据、营业账簿中的资金账簿。计算公式为：

应纳税额＝凭证所载金额×适用比例税率

（2）采用从量计征的，其计税依据为应税凭证的数量。这些应税凭证有权利许可证照、营业账簿中除资金账簿外的其他账簿。计算公式为：

应纳税额＝应税凭证件数×适用单位税额

印花税的税率有两种形式，即比例税率和定额税率，税率表见表 7－5。

表 7－5　印花税税率表

	税目	范围	税率	纳税人
1	购销合同	包括供应、预购、采购、购销、结合及协作、调剂、补偿、易货等合同	按购销金额 0.3‰贴花	立合同人
2	加工承揽合同	包括加工、定作、修缮、修理、印刷广告、测绘、测试等合同	按加工或承揽收入 0.5‰贴花	立合同人
3	建设工程勘察设计合同	包括勘察、设计合同	按收取费用 0.5‰贴花	立合同人
4	建筑安装工程承包合同	包括建筑、安装工程承包合同	按承包金额 0.3‰贴花	立合同人
5	财产租赁合同	包括租赁房屋、船舶、飞机、机动车辆、机械、器具、设备等合同	按租赁金额 1‰贴花。税额不足 1 元，按 1 元贴花	立合同人

续表

	税目	范围	税率	纳税人
6	货物运输合同	包括民用航空运输、铁路运输、海上运输、内河运输、公路运输和联运合同	按运输费用0.5‰贴花	立合同人
7	仓储保管合同	包括仓储、保管合同	按仓储保管费用1‰贴花	立合同人
8	借款合同	银行及其他金融组织和借款人(不包括银行同业拆借)所签订的借款合同	按借款金额0.05‰贴花	立合同人
9	财产保险合同	包括财产、责任、保证、信用等保险合同	按保险费收入1‰贴花	立合同人
10	技术合同	包括技术开发、转让、咨询、服务等合同	按所载金额0.3‰贴花	立合同人
11	产权转移书据	包括财产所有权和版权、商标专用权、专利权、专有技术使用权等转移书据、土地使用权出让合同、土地使用权转让合同、商品房销售合同	按所载金额0.5‰贴花(股权转让书据的税率为1‰)	立据人
12	营业账簿	生产、经营用账册	记载资金的账簿，按实收资本和资本公积的合计金额0.5‰贴花。其他账簿按件贴花5元	立账簿人
13	权利、许可证照	包括政府部门发给的房屋产权证、工商营业执照、商标注册证、专利证、土地使用证	按件贴花5元	领受人

印花税税法中的主要优惠政策有：对已缴纳印花税凭证的副本或者抄本免税；对财产所有人将财产赠给政府、社会福利单位、学校所书立的书据免税；对国家指定的收购部门与村民居委会、农民个人书立的农副产品收购合同免税；对无息、贴息贷款合同免税；对外国政府或在国际金融组织向我国政府及国家金融机构提供优惠贷款所书立的合同免税；对房地产管理部门与个人签订的用于生活居住的租赁合同免税；对农牧业保险合同免税；对特殊货运凭证免税，具体包括军事物资运输凭证；抢险救灾物资运输凭证；新建铁路的工程临管线运输凭证；对个人出租、承租住房签订的租赁合同，免征印花税。

7.6.2 印花税的筹划方法

1. 减少流转环节

印花税是一种行为税，只要有应税行为发生，就应按税法规定纳税。在劳务的流转环节中，每一次订立合同均需缴纳一次印花税，所以减少流转环节是节省印花税的一种方法。

以建筑安装工程承包合同为例，该种合同的计税依据为合同上记载的承包金额，其适用税率为0.3‰。税法规定，施工单位将自己承包的建筑项目分包或转包给其他施工单位所签订的分包合同或转包合同，应按照新的分包或转包合同上记载的金额再次计算应纳税额。尽管总承包合同已依法计税贴花，但新的分包或转包合同又是一种新的应税凭证，又发生了新的纳税义务。筹划思路是：减少分包或转包行为的流转环节，尽可能地减少书立应税凭证，从而达到节约部分应缴税款的目的。

【案例】佛山顺德城建公司A与某商城签订一建筑合同，总计金额为1亿元，该城建公司因业务需要又分别与建筑公司B和C签订分包合同，其合同记载金额分别为4 000万元和4 000万元，B和C又分别将2 000万元转包给D和E。则各方印花税应纳税额分别为：(1)A与商场签合同时，双方各应纳税：10 000×0.3‰=3(万元)；(2)A与B、C签合同时，各方应纳税额：A应纳税额=(4 000+4 000)×0.3‰=2.4(万元)，B、C各应纳税额=4 000×0.3‰=1.2(万元)；(3)B、C与D、E签合同时，各方应纳税额为：2 000×0.3‰=0.6(万元)；(4)这5家建筑公司共应纳印花税：3+2.4+1.2×2+0.6×4=10.2(万元)。

分析：如果这几方进行合理筹划，减少转包环节，采取商城分别与A、B、C、D、E 5家建筑公司签订2 000万元承包合同的策略，则这5家公司共应纳印花税为：2 000×0.3‰×5=3(万元)，从而可以节省7.2万元税款。

2. 减少交易金额

在订立经济合同时，印花税的纳税人是订立合同的双方或多方当事人，其计税依据是合同所载的金额。从共同利益出发，双方或多方当事人可以经过合理筹划，使各项费用及原材料等的金额通过非违法的途径从合同所载金额中得以减除，从而减少合同表面的交易金额，达到少缴税款的目的。

【例7-9】 必达设备公司有一项加工产品配件的业务需要由民安机械厂承担，于是双方签订一份加工承揽合同，合同金额为400万元，其中包括由受托方民安机械厂提供的辅助材料费用200万元。就此双方各自应对其签订的合同按照加工承揽合同缴纳印花税：400×0.5‰=0.2(万元)。两家企业希望能有办法减少该项业务的印花税支出，对于这项业务应该如何筹划？

【解答过程】由于加工承揽合同的计税依据是加工承揽收入，加工承揽收入是指合同中规定的受托方的加工费收入和提供的辅助材料金额之和。如果双方能想办法将辅助材料金额压缩，便可减少印花税的计税依据。具体做法是由委托方必达设备公司自己提供辅助材料。如果委托方自己无法提供或是无法完全自己提供，也可以由受托方民安机械厂提供，这时的筹划就要分两步进行。

第一步，双方签订一份购销合同，由于购销合同的适用税率为0.3‰，比加工承揽合同适用税率0.5‰要低，因此只要双方将辅助材料先行转移所有权，加工承揽合同和购销合同要缴纳的印花税之和便会下降。

第二步，双方签订加工承揽合同，其合同金额仅包括加工承揽收入，而不包括辅助材料金额。按照这种思路，该项业务可以如下操作。

(1) 民安机械厂将辅助材料卖给必达设备公司，双方就此签订购销合同，就此各自缴纳印花税：200×0.3‰=0.06(万元)

(2) 双方企业再签订加工合同，合同金额200万元。这时各自应缴纳的印花税为：200×0.5‰=0.1(万元)

可见，通过这种筹划，双方各自能节省印花税支出0.04万元。如果这种合同的数量较多的话，将为企业节省一笔不小的税收支出。

在日常生活中，如果经济交易活动能当面解决，一般是不用签订合同的，上面所说的筹划中，辅助材料的购销不用订立购销合同，将会省去0.06万元的税款。需要注意的是，不订立合同的经济当事人必须双方信誉较好。通常情况下常年客户可以采取此方法，如果信誉不好，则不能使用此方法，防止产生不必要的经济纠纷。减少交易金额在印花税的筹划中可以广泛地应用，但要注意限度，以免被税务机关调整价格以致得不偿失。

3. 分开核算

税法规定，同一凭证，因载有两个或两个以上经济事项而适用不同税目税率，如分别记载金额的，应分别计算应纳税额，相加后按合计税额贴花；如未分别记载金额的，按税率高的计税贴花。因此，纳税人对载有两个或两个以上经济事项的合同，一定要将不同的金额明确分开，然后分别核算。

【案例】某企业2011年9月与铁道部门签订运输合同，合同中所载运输费及保管费共计400万元。由于该合同中涉及货物运输合同和仓储保管合同两个印花税税目，而且两者税率不相同，前者为0.5‰，后者为1‰。根据税法规定，未分别记载金额的，按税率高的计税贴花，即按1‰税率计算应贴印花，其应纳税额为：400×1‰=0.4(万元)。

分析：纳税人只要进行一下简单的筹划，便可以节省不少税款。假定这份运输保管合同包含货物运输费250万元，仓储保管费150万元，如果纳税人能在合同上详细地注明各项费用及具体数额，便可以分别适用税率，其印花税应纳税额为：250×0.5‰+150×1‰=0.275(万元)，订立合同的双方均可节省1250元税款。

4. 递延纳税

纳税人在签订合同时，有时会遇到计税金额无法最终确定的情况，如技术转让合同中的转让收入是按销售收入的一定比例收取或按其实现利润多少进行分成的，纳税人的应纳印花税税额也就相应地无法确定。对于在签订时无法确定计税金额的合同的征税问题，税法规定：在签订合同时先按定额5元贴花，以后结算时再按实际金额计税补贴印花。这一规定为纳税人递延缴纳印花税提供了筹划空间。筹划的思路是：企业在签订数额较大的合同时，有意地使合同上所载金额在能够明确的条件下不最终确定，以达到少缴印花税税款目的。

【案例】上海某设备租赁公司和A企业签订了一租赁合同，将一批进口设备租给A企业使用，合同约定租金每年300万元。如果在签订合同时明确规定租金300万元，则两企业均应交纳印花税，其计算如下：

各自应纳税额=3 000 000×1‰=3 000(元)

这时，如果两企业在签订合同仅规定每天的租金数，而不具体确定租赁合同的执行时限，则根据上述规定，两企业只需各自缴纳5元的印花税，余下部分等到结算时才缴纳，从而达到了节省税款的目的。虽然节约的税款以后仍然需要缴纳，但获得了货币时间价值，对企业来说是有利无弊的。

本章小结

本章系统阐述了关税、资源税类(资源税、土地增值税)、财产税类(房产税、车船税)行为税类(印花税)的最新税收规定，包括纳税义务人、征税范围、计税依据、税率、计算方法及公式、税收优惠等。根据其他税种各自的税收规定以及特点，分别介绍了它们的纳税筹划方法。

职业能力训练

一、思考题

1. 简述关税的筹划方法。

2. 对资源税如何利用折算比例筹划？请举例阐述。

3. 土地增值税的优惠临界点是多少？如何进行筹划？

4. 什么是房产税的选址筹划？

5. 简述车船税有哪些筹划要点。

6. 分析印花税的税收筹划方法有哪些。

二、单选题

1. 下列哪项不属于进口关税税率范畴？（　　）

A. 最惠国税率　　B. 报复性税率　　C. 协定税率　　D. 普通税率

2. 对于生产某种矿产品或连续加工生产某种矿产品的企业来说，如果估算的实际综合回收率或选矿比（　　）同行业平均水平，就无须准确核算应税产品的销售数量，而直接采用税务机关按确定的折算比换算出的课税数量。

A. 低于　　B. 等于　　C. 高于　　D. 不等于

3. 在对土地增值税进行筹划时，纳税人出售普通标准住宅，可以充分利用临界点的税负效应进行筹划，这里的临界点是指增值额超过扣除项目金额的（　　）。

A. 5%　　B. 10%　　C. 20%　　D. 30%

4. 营业用房产税是按房产余值的 1.2%按年征收，这里的房产余值是依照房产原值一次减除 10%至 30%后的余额计算缴纳；出租房屋的房产税是按租金收入的（　　）按年征收。

A. 11%　　B. 12%　　C. 13%　　D. 14%

5. 下列哪项不属于房产税的征收范围？（　　）

A. 城市　　B. 县城　　C. 建制镇　　D. 农村

6. 我国税法对船舶税额采取分类分级、全国统一的固定税额，实际上对船舶采用的是（　　）。

A. 全额累进税额　　B. 超额累进税率

C. 超率累进税率　　D. 超倍累进税率

7. 对于在签订时无法确定计税金额的合同的征税问题，税法规定在签订合同时先（　　），以后结算时再按实际金额计税补贴印花。

A. 按所载金额 0.5‰贴花　　B. 按所载金额 1‰贴花

C. 按定额 5 元贴花　　D. 按所载金额 0.3‰贴花

三、多选题

1. 对关税完税价格的筹划主要通过（　　）实现。

A. 选择成交价格比较低的货物

B. 选择运费、保费、杂费等相对少的货物

C. 尽量使海关估定的价格低于实际成交价格

D. 选择合适的原产地

2. 国家对资源税的优惠政策包括（　　）。

A. 对有色金属矿资源税减征 30%

B. 开采原油过程中用于加热、修井的原油可享受免税

C. 纳税人开采或者生产应税产品过程中，因意外事故或者自然灾害等原因遭受重大损失的，由省、自治区、直辖市人民政府酌情决定减税或者免税

D. 对冶金矿山铁矿石资源税暂按规定税额标准的 60%征收

3. 土地增值税的税收筹划有以下方法：（　　）。

A. 分散转让房地产的收入

B. 把实际发生的期间费用转移到房地产开发项目直接成本中

C. 优惠临界点筹划

D. 当两类房产增值率相差很大时，合并核算

4. 以下房产税的优惠政策正确的是(　　)。

A. 企业办的各类学校、医院、托儿所、幼儿园自用的房产，可以比照由国家财政部门拨付事业经费的单位自用的房产，免征营业税

B. 经有关部门鉴定，对毁损不堪居住的房屋和危险房屋，在停止使用后，可免征房产税

C. 对微利企业和亏损企业的房产，可由地方根据实际情况在一定期限内暂免征收房产税

D. 房屋大修停用在半年以上的，经纳税人申请，税务机关审核，在大修期间可免征房产税

5. 对房产税进行筹划的方法正确的有(　　)。

A. 将除厂房、办公用房以外的建筑物建成露天的，并且把这些独立建筑物的造价同厂房、办公用房的造价分开，在会计账簿中单独核算

B. 对于出租方的代收项目收入，应当与实际租金收入合并核算，签订合同

C. 根据实际情况选择计征方式，通过比较两种方式税负的大小，选择税负低的计征方式

D. 利用房产税的减免等优惠政策

6. 我国车船税的税收优惠政策主要包括(　　)。

A. 依法需要在车船登记管理部门登记的机场、港口、铁路站场内部行驶或者作业的车船，自车船税法实施之日起5年内免征车船税

B. 节约能源、使用新能源的车船可以免征或者减半征收车船税

C. 依法不需要在车船登记管理部门登记的机场、港口、铁路站场内部行驶或者作业的车船，自车船税法实施之日起5年内免征车船税

D. 按照规定缴纳船舶吨税的机动船舶，自车船税法实施之日起3年内免征车船税

7. 对印花税进行筹划的方法有(　　)。

A. 减少流转环节　　B. 减少交易金额

C. 合并核算　　D. 递延纳税

四、判断题

1. 跨国公司若计划将产品打入某国市场，可以考虑进口原材料及零部件到欲投资国进行加工生产，从而节省税款。(　　)

2. 如果企业的加工技术相对先进，使得本企业产品的加工生产综合回收率相对于同行业较高，就无须准确核算并提供应税产品的销售数量或移送使用数量，而直接采用税务机关按确定的折算比换算出的课税数量。(　　)

3. 如果房地产开发企业在开发过程中主要依靠借款筹资，利息费用较高，则可不计算应分摊的利息支出或不提供金融机构的贷款证明，这样就可多扣除房地产开发费用，以实现企业利润最大化。(　　)

4. 对土地增值税进行优惠临界点筹划时，如果项目不符合普通住宅标准，则降低定价可能会导致获利的减少。(　　)

5. 在对房产税进行筹划时，对于出租方的代收项目收入，应当与实际租金收入合并核算，签订同一合同比较节税。(　　)

6. 若只从房产税的角度考虑，通常不共同承担风险比共同承担风险的投资联营要节约房产税。(　　)

7. 如果单位或个人拥有不同排量的乘用车，或既有高能耗、高污染的车船，又有节约能源、使用新能源的车船，则一定要分开核算。(　　)

8. 企业在签订数额较大的合同时，有意地使合同上所载金额在能够明确的条件下不最终确定，可以达到少缴印花税税款目的。(　　)

五、案例分析题

1. 某煤矿11月份对外销售原煤500万吨，使用本矿生产的原煤加工洗煤100万吨，已知该矿加工产品的综合回收率为80%，税务机关确定的同行业综合回收率为60%，原煤适用单位税额为每吨2元。问该企

业应如何计算本月的应纳税额?

2. 某房地产开发公司开发一批商业用房，支付的地价款为600万元，开发成本为1 000万元，假设按房地产开发项目分摊利息且能提供金融机构证明的应扣除利息为100万元，请问如何通过利息扣除为该公司进行土地增值税的筹划呢？如果应扣除的利息支出为70万元时，又如何筹划呢？假设当地政府规定的两类扣除比例分别为5%和10%。

3. 某房地产开发公司同时开发A、B两幢商业用房，且处于同一片土地上，销售A房产取得收入300万元，允许扣除的金额为200万元；销售B房产共取得收入400万元，允许扣除的项目金额为100万元。对这两处房产，公司是分开核算还是合并核算能带来节税的好处呢?

4. 某企业欲投资建厂，该厂拥有土地面积3万平方米，房产原值40万元，当年缴纳的增值税为36万元。选址有两种方案可供选择：一是建在镇里；二是建在离镇不远的农村。该厂负责人考虑到房产税、城镇土地使用税等的税收筹划问题，将厂址选在离镇不远的农村。请计算由于将厂址定在农村，给企业带来的节税额。(该镇土地使用税的征收标准为1元/平方米，县城、镇的城建税税率为5%，房产原值减除比例为30%)

5. 某企业欲兴建一座花园式工厂，除厂房、办公用房外还包括厂区围墙、水塔、变电塔、停车场、露天凉亭、喷泉设施等建筑物，总计造价为1.5亿元。如果1.5亿元都作为房产原值的话，该企业自工厂建成的次月就应缴纳房产税，每年应纳房产税(扣除比例假设为30%)为15 000×(1－30%)×1.2%＝126(万元)，即只要该工厂存在，每年就要缴纳126万元的房产税。该企业感到税负沉重，请问能否为该企业进行适当的筹划，降低其税负呢?

6. 碧宛公司是一家集房产开发、酒店、物业管理、度假村及租赁于一体的综合型企业。公司秉持全新的经营理念，以客户的发展作为自身发展的前提，以高素质、高发展为奋斗目标，业务范围及客户网络遍布全国。目前，碧宛公司拥有一处闲置库房，原值1 500万元，净值1 000万元。甲公司拟承租该库房存放商品，初步商定年租金为120万元。碧宛公司的管理当局发现，对每年的租金收入除了要缴纳5%的营业税和相应的城建税和教育费附加以外，还要缴纳12%的房产税，即120×12%＝14.4(万元)。碧宛公司认为税负较高，因此，请教税务专家进行税收筹划。假如你是这位税务专家，如何进行筹划?(当地的房产税扣除标准为30%)

7. 某工程建筑公司甲与某商场要签订一份建筑合同，总的计税金额为1亿元，甲因业务需要又打算将其中2 000万元工程分包给乙公司，3 000万元工程分包给丙公司，那么，应如何筹划使该建筑公司甲缴纳的印花税最少呢?

8. 某电子企业与某工厂签订加工承揽合同，受托加工一批电子部件，由电子企业提供原材料3 000万元，同时收取加工费150万元，请问合同应该如何记载加工费金额和原材料金额，才能使得双方缴纳的印花税最少?

第 8 章

企业经济活动中的纳税筹划

QIYE JINGJI HUODONG ZHONG DE NASHUI CHOUHUA

【学习目标】

(1) 掌握企业经济活动中筹划的基本思路及方法。

(2) 了解企业设立时对投资行业、注册地点、组织形式的筹划方法。

(3) 了解企业筹资过程中对筹资方式及资本结构的筹划方法。

(4) 了解企业投资的筹划技巧。

(5) 掌握企业生产经营活动中的筹划技巧，包括采购活动与销售活动的筹划方法。

(6) 了解企业财务成果分配的筹划方法。

【引导案例】

微笑百货公司为增值税一般纳税人，购货均能取得增值税的专用发票，近期微笑百货公司对某一商品开展促销活动，该款商品正常售价 2 000 元，成本 1 400 元，为促销欲采取 3 种方式：一是商品 9 折销售；二是每购买一件该商品赠送价值 200 元的特定商品(成本 140 元)；三是每购买一件该商品返还现金 200 元。

请问，该商场选择哪种销售方式最为有利呢？(以上价格均为含税价；除增值税、个人所得税、企业所得税外，不考虑其他税种。)

8.1 企业设立的纳税筹划

8.1.1 投资行业的筹划

国家为了调节产业结构，扶持某些产业的发展，采用的一个重要方法就是制定不同的税收优惠政策引导投资者的投资方向。因此在选择投资行业时，要认真研究国家税收政策，顺应国家现行的政策导向，进行适当的纳税筹划，可以减少税收负担。

1. 税收优惠政策

在运用该方法筹划前，首先必须了解不同行业的税收优惠政策，下面选择对企业影响较大的几个主要税种增值税、营业税、企业所得税，列举税法对这几个税种在不同行业或投资方向的优惠政策。

【税法引用】《中华人民共和国增值税暂行条例》(颁布时间 2008 年 11 月 10 日)

第十五条　下列项目免征增值税：

(一) 农业生产者销售的自产农产品；

(二) 避孕药品和用具；

(三) 古旧图书；

(四) 直接用于科学研究、科学试验和教学的进口仪器、设备；

(五) 外国政府、国际组织无偿援助的进口物资和设备；

(六) 由残疾人的组织直接进口供残疾人专用的物品；

(七) 销售的自己使用过的物品。

《中华人民共和国增值税暂行条例实施细则》第三十五条 条例第十五条规定的部分免税项目的范围，限定如下：

第一款第(一)项所称农业，是指种植业、养殖业、林业、牧业、水产业。

农业生产者，包括从事农业生产的单位和个人。

农产品，是指初级农产品，具体范围由财政部、国家税务总局确定。

《中华人民共和国营业税暂行条例》(颁布时间 2008 年 11 月 10 日)

第八条　下列项目免征营业税：

(一) 托儿所、幼儿园、养老院、残疾人福利机构提供的育养服务，婚姻介绍，殡葬服务；

(二) 残疾人员个人提供的劳务；

(三) 医院、诊所和其他医疗机构提供的医疗服务；

(四) 学校和其他教育机构提供的教育劳务，学生勤工俭学提供的劳务；

(五) 农业机耕、排灌、病虫害防治、植物保护、农牧保险以及相关技术培训业务，家禽、牲畜、水生动物的配种和疾病防治；

(六) 纪念馆、博物馆、文化馆、文物保护单位管理机构、美术馆、展览馆、书画院、图书馆举办文化活动的门票收入，宗教场所举办文化、宗教活动的门票收入；

(七) 境内保险机构为出口货物提供的保险产品。

财政部、国家税务总局关于贯彻落实〈中共中央国务院关于加强技术创新，发展高科技，实现产业化的决定有关税收问题的通知〉(财税字〔1999〕273 号)

对单位和个人从事技术转让、技术开发业务和与之相关的技术咨询、技术服务业务取得的收入，免征营业税。

提供生物技术时附带提供的微生物菌种母本和动、植物新品种，应包括在免征营业税的营业额内。

《中华人民共和国企业所得税法》(颁布时间 2007 年 3 月 16 日)

第四章　税收优惠

第二十五条　国家对重点扶持和鼓励发展的产业和项目，给予企业所得税优惠。

第二十七条　企业的下列所得，可以免征、减征企业所得税：

(一) 从事农、林、牧、渔业项目的所得；

(二) 从事国家重点扶持的公共基础设施项目投资经营的所得；

(三) 从事符合条件的环境保护、节能节水项目的所得；

(四) 符合条件的技术转让所得；

(五) 本法第三条第三款规定的所得。

第二十八条　符合条件的小型微利企业，减按 20％的税率征收企业所得税。

国家需要重点扶持的高新技术企业，减按 15％的税率征收企业所得税。

第三十一条　创业投资企业从事国家需要重点扶持和鼓励的创业投资，可以按投资额的一定比例抵扣应纳税所得额。

第三十三条　企业综合利用资源，生产符合国家产业政策规定的产品所取得的收入，可以在计算应纳税所得额时减计收入。

第三十四条　企业购置用于环境保护、节能节水、安全生产等专用设备的投资额，可以按一定比例实行税额抵免。

2. 筹划思路与案例

对投资行业进行选择筹划的思路是：在企业设立之时充分考虑行业的税负情况，把税收优惠因素作为投资决策的重要因素，分析税收制度的行业导向型优惠，选择税收负担轻的行业进行投资。企业应该根据自身实际情况尽可能考虑各种综合条件，投资于国家鼓励发展的产业，既符合国家优惠政策的市场导向作用，又可以使企业获得更多经营效益。

【案例】北京信达电子器材公司打算进行 6 000 万元的投资，有两个投资方向：一是投入一个一般行业，预计年利润 300 万元，企业所得税税率是 25％，另一个投资方向是政府鼓励投资的行业，相对经营成本较高，年利润 200 万元，但所得税税率是 15％。经过简单计算就可得出投资选择结论。

投资一般行业税后利润＝300－300×25％＝225(万元)

投资政府鼓励行业税后利润＝200－200×15％＝170(万元)

在考虑税收优惠因素后，应选择有税收优惠的行业进行投资，税后利润增加 225－170＝55(万元)。

在对投资行业进行筹划时，也可考虑在高新技术开发区设立高新技术企业。为了鼓励高新技术企业的发展，各地纷纷设立高新技术开发区，并有相应的税收优惠政策。在这种情况下，企业既可在高新技术开发区内设立法律认可的高新技术企业，以享受税收优惠，也可通过适当使用价格转移法，转移一部分利润到该高新技术企业，降低整个集团的税负。

【案例】广州市某制药企业经批准在广州市高新技术开发区设立全资子公司，从设立起享受了两年免税优惠。目前该企业适用 15％的优惠所得税税率。集团公司年盈利 3 000 万元，所得税税率为25%。通过一些技术处理，集团公司转移500万元利润到该高科技企业，按15%的税率缴纳了所得税，从而使企业达到了降低整体税负的目的。

未设立高新技术企业时，集团公司应纳所得税税额＝3 000×25%＝750(万元)。

利润转移后，同样是3000万元的利润，应纳所得税税额＝(3 000－500)×25%＋500×15%＝700(万元)

通过将利润转移到高新技术企业，可以使得集团税后利润增加50万元。

8.1.2 注册地点的筹划

世界各国的发展不是同步的，每个国家内部的发展不可能是完全平衡的，所以反映经济发展要求的税法必然会体现出地区税收倾斜政策。也正是这种税收待遇的地域性差异，使企业设立时注册地点的筹划成为可能。从全球范围来讲，跨国纳税公司可以选择低税率国家进行公司注册；从一国范围来讲，公司可以选择到相对低税率的地区进行注册。

1. 国际注册地点的筹划

目前，世界各国税率存在较大差异，特别是所得税税率高低相差较大，这就为公司注册提供了选择的范围。国际避税地的存在为很多企业进行注册地点筹划提供了机会。国际避税地是指一国或地区的政府为促进国外资本流入，繁荣本国或本地区的经济，在本国或本地区划出一定区域或范围，在这里投资的企业可以享受不纳或少纳税的优惠待遇。在这些地方设立子公司或分公司，利用当地税收优惠来转移企业利润可以达到避税效果。

【案例】美国伊思雅跨国公司在避税地百慕大设立了一个伊美子公司。伊思雅公司向英国出售一批货物，销售收入2 000万美元，销售成本800万美元，美国所得税税率30%。按照正常交易原则，伊思雅公司在美国应纳公司所得税为：

(2 000－800)×30%＝360(万元)

而伊思雅公司通过“虚设避税地营业”，并未将此笔交易表现在本公司美国账面上，而是将此笔交易获得的收入转到百慕大公司的账上。因百慕大没有所得税，此项收入无须纳税。百慕大的伊美子公司虽有收入，但因为百慕大没有所得税，此项收入无须纳税。若伊美子公司利用这笔账面收入投资，获得收益也可免缴资本所得税；若伊美子公司将此笔收入赠与其他公司、企业，还可不缴纳赠与税。

2. 国内注册地点的筹划

为了实现我国的经济发展战略，国家制定了一系列针对不同地区的税收优惠政策，这就为纳税人进行纳税筹划提供了良好的契机。如设立在五特一新地区(五特指的是深圳、珠海、汕头、厦门、海南经济特区，一新指的是上海浦东新区)的公司都有可能享受到税收优惠。另外，国家又提出了西部大开发战略，相应地也有一些税收优惠政策出台，纳税人可以充分利用这些税收优惠政策为自己公司的设立及生产经营全过程服务。但是在利用区域税收政策选择注册地点时还须考虑企业自身的特点，依据自身条件选择可能的注册地点。

【税法引用】《国务院关于经济特区和上海浦东新区新设立高新技术企业实行过渡性税收优惠的通知》(国发〔2007〕40号)

一、法律设置的发展对外经济合作和技术交流的特定地区，是指深圳、珠海、汕头、厦门和海南经济特区；国务院已规定执行上述地区特殊政策的地区，是指上海浦东新区。

二、对经济特区和上海浦东新区内在2008年1月1日(含)之后完成登记注册的国家需要重点扶持的高新技术企业(以下简称新设高新技术企业)，在经济特区和上海浦东新区内取得的所得，自取得第一笔生产经营收入所属纳税年度起，第一年至第二年免征企业所得税，第三年至第五年按照25%的法定税率减半征收企业所得税。

国家需要重点扶持的高新技术企业，是指拥有核心自主知识产权，同时符合《中华人民共和国企业所得税法实施条例》第九十三条规定的条件，并按照《高新技术企业认定管理办法》认定的高新技术企业。

三、经济特区和上海浦东新区内新设高新技术企业同时在经济特区和上海浦东新区以外的地区从事生产经营的，应当单独计算其在经济特区和上海浦东新区内取得的所得，并合理分摊企业的期间费用；没有单独计算的，不得享受企业所得税优惠。

《关于深入实施西部大开发战略有关税收政策问题的通知》(财税〔2011〕58号)

一、对西部地区内资鼓励类产业、外商投资鼓励类产业及优势产业的项目在投资总额内进口的自用设备，在政策规定范围内免征关税。

二、自2011年1月1日至2020年12月31日，对设在西部地区的鼓励类产业企业减按15%的税率征收企业所得税。

上述鼓励类产业企业是指以《西部地区鼓励类产业目录》中规定的产业项目为主营业务，且其主营业务收入占企业收入总额70%以上的企业。《西部地区鼓励类产业目录》另行发布。

三、对西部地区2010年12月31日前新办的、根据《财政部国家税务总局海关总署关于西部大开发税收优惠政策问题的通知》(财税〔2001〕202号)第二条第三款规定可以享受企业所得税"两免三减半"优惠的交通、电力、水利、邮政、广播电视企业，其享受的企业所得税"两免三减半"优惠可以继续享受到期满为止。

【例8-1】 地处广州市某公司的内部研发部门有较强的科技攻坚实力。2010年该公司通过将其研发部门分离出来创建了一子公司，符合国家规定的高新技术企业认定标准，可以享受相关税收优惠政策。预计子公司2010—2014年连续5年的营业利润约为100万，企业子公司的设立地点可以在广州和深圳两处选择，请问企业应怎么筹划以达到最大的利益？

【解答过程】

(1) 如果把子公司设立在广州市，子公司将享受国家重点扶持的高新技术企业税收优惠，按15%的税率缴纳企业所得税，则连续5年每年应纳企业所得税为：

$$100\times15\%=15(\text{万元})$$

5年合计缴纳企业所得税为75万元。

(2) 如果把子公司设立在深圳市，根据税法规定：对经济特区在2008年1月1日(含)之后完成登记注册的国家需要重点扶持的高新技术企业(以下简称新设高新技术企业)，在经济特区和上海浦东新区内取得的所得，自取得第一笔生产经营收入所属纳税年度起，第一年至第二年免征企业所得税，第三年至第五年按照25%的法定税率减半征收企业所得税。那么，子公司前两年所得免征企业所得税，后3年按照25%的法定税率减半征收企业所得税，即按照12.5%缴纳企业所得税。

则5年合计应纳企业所得税为：

$$100\times12.5\%\times3=37.5(\text{万元})$$

该优惠期满后，该子公司还可以继续享受国家重点扶持的高新技术企业适用15%税率的税收优惠政策。子公司经营利润越大，筹划的利益也就越大。因此，该企业将子公司设立在深圳经济特区比较划算。

8.1.3 组织形式的筹划

企业在设立过程中，首先面临的就是对于组织形式的选择。税法对不同的企业组织形式的税收政策是不相同的，因此投资者在选择建立什么样的企业时，除了考虑市场经济的其他因素外，还需要对企业组织形式进行周密的筹划，才能取得最大的税收利益。从企业外部来看，企业组织形式可以分为3种：个人经营形式、合伙经营形式和公司制形式，一般将其称为企业性质的选择；从企业内部来看，企业组织形式分为两对公司关系，即总分公司和母子公司，一般将其称为分支机构的选择。下面主要从企业性质的选择筹划、分支机构的选择筹划两个方面介绍。

1. 企业性质的选择筹划

企业性质的选择包括3种形式：个人经营形式、合伙经营形式和公司形式。个人经营形式包括个体工商户和个人独资企业；合伙经营形式指合伙企业；公司组织形式可以分为有限责任公司和股份有限公司。个体工商户、个人独资企业、合伙企业均不需缴纳企业所得税，仅就其投资者的经营所得征收个人所得税；公司制企业缴纳企业所得税，税后利润作为股息分配给投资者后，投资者个人还需缴纳个人所得税。企业性质选择中涉及的税务筹划对象主要是增值税和所得税两大税种。

增值税方面，就纳税方式看，个人独资企业和个体工商业户可以申请定额纳税方式，税负相对于公司制企业来说要轻，而公司制企业则必须按规定及时足额缴纳增值税。所得税方面，按我国目前的税法规定，个体工商业户、个人独资企业和合伙企业按5%～35%的5级超额累进税率计征个人所得税。而公司制企业则缴纳25%的企业所得税，同时投资人从企业分得的利润、股利和红利还要缴纳20%的个人所得税，且不能扣除任何费用。可见，在收入相同的情况下，与前三者相比，公司制企业的税负更重。

综上可知，个人经营形式的税负最低，而公司形式的税负最重。

【案例】某纳税人甲经营一家商店，年盈利300 000元，该商店如按合伙人或个体工商户形式课征个人所得税，依现行税制税后利润为209 750元［300 000－(300 000×35%－14 750)］；该商店如按公司课征所得税，税率25%，税后利润225 000元(300 000－300 000×25%)全部作为股息分配，纳税人甲还要缴纳个人所得税45 000元(225 000×20%)。这样，其净得税后收益只有225 000－45 000＝180 000(元)。与前者相比，多负担所得税29 750元(209 750－180 000)。面对公司税负重于合伙企业税负的情况，纳税人作出了不组织公司，而办合伙企业(或以个体工商业户的形式设立)的决策。纳税人甲的这一举动是法律规定所许可的，在纳税行为未发生之前进行筹划，并达到了节税的效果。

【例8-2】 假定有3人合资创办一企业，该企业年收益70 000元(假定应纳税所得额也为70 000元，符合小型微利企业的标准，适用税率为20%)，企业将可支配收益的1/5发放现金股利，请分析企业及个人的纳税情况并为企业选择合适的组织形式。

【解答过程】

【方案一】选择公司企业的组织形式设立，则企业应纳的企业所得税为：

$$70\ 000\times 20\%=14\ 000(\text{元})$$

企业税后收益为：70 000－14 000＝56 000(元)

公司把净收益的1/5发放现金股利，每人可得股利为：

$$56\ 000\times 1/5\times 1/3=3\ 733.3(\text{元})$$

每一投资者应纳的个人所得税为：

$$3\ 733.3\times 20\%=746.7(\text{元})$$

合计应纳的所得税税额为：

$$14\ 000+746.7\times3=16\ 240(元)$$

【方案二】选择合伙制企业的组织形式设立，个人投资者应纳税所得额为：

$$70\ 000\times1/5=14\ 000(元)$$

个人投资者应纳个人所得税税额为：

$$14\ 000\times20\%-1\ 250=1\ 550(元)$$

合计应纳所得税税额为：1 550×3=4 650(元)

合伙制企业的税负比公司制企业的税负减少：

$$16\ 240-4\ 650=11\ 590(元)$$

因此，选择合伙制企业节税效果非常明显。

但是需要注意的是，公司制企业在发票的申购、纳税人的认定等方面占有优势，比较容易开展业务，经营范围也较广，并且可以享受国家的一些税收优惠政策，如在国务院批准的高新技术产业开发区内的高新技术企业可减按 15%的税率征收企业所得税。合伙企业由于由多方共同兴办，在资金的筹集方面存在优势。

因此，对于资金有限的新投资者或者规模不大的企业而言，采用个人经营形式或合伙形式比较有利，因为资金筹集容易、管理难度相对较小、税收负担低。对于资本比较雄厚的投资者或者规模大、管理水平要求高、业务扩展较广的企业来说，一般宜采用公司形式。总之，筹划时应该综合考虑企业的经营风险、经营规模、管理模式及筹资金额等因素，加以权衡，进而决定所投资的企业组织形式。

2. 分支机构的选择筹划

当一个企业要扩大规模、进行跨区经营时，其常见的做法就是在其他地区先设立分支机构，分支机构的选择包括分公司和子公司。这两种形式的分支机构在税收上待遇不同，各有利弊。子公司是独立的法人实体，在会计上单独记账，在税收上单独核算，自负盈亏，不允许与母公司合并纳税。而分支机构不具备独立法人资格，受总公司直接控制和领导，可以和总公司合并纳税，任何一方发生亏损都可以实现盈亏相抵以减轻税负。但是，设立子公司却可以得到全面税收优惠待遇，而且子公司通常比分公司更容易拓展业务，容易得到更多的客户。本书在企业所得税一章中 5.2.3 节已经介绍过子公司与分公司的选择筹划。下面以一个案例说明如何选择分支机构。

【案例】广州某食品加工集团企业 2008 年由于业务扩展并且急需向市场推出新产品，需要在深圳成立一家分支机构负责研发，该分支机构符合国家规定的高新技术企业认定标准。由于研发新产品初期需要大量投入设备费和科研费，估计在开办初期会面临亏损，于是该企业于 2009 年成立分公司，该分公司 2009 年亏损额为 100 万元。该集团总的应纳税所得额为 2 亿元，适用所得税税率为 25%，但通过分公司亏损额的合并计算，该集团当年可少缴所得税 25 万元(100×25%)。2011 年，该分公司步入正常经营轨道，开始盈利，于是广州集团企业将其改变为一个独立的子公司，预计经营期为 20 年。从 2011 年开始，该子公司连续盈利。2001 年至 2005 年盈利情况分别为：1 000 万元，1 500 万元，1 800 万元，2 000 万元和 2 500 万元。由于税法规定：对经济特区在 2008 年 1 月 1 日(含)之后完成登记注册的国家需要重点扶持的高新技术企业，在经济特区取得的所得，自取得第一笔生产经营收入所属纳税年度起，第一年至第二年免征企业所得税，第三年至第五年按照 25%的法定税率减半征收企业所得税。因此该子公司在这 5 年内享受税收优惠额为 1 412.5 万元 [(1 000+1 500)×25%+(1 800+2 000+2 500)×25%×50%]。

以上例子说明，该集团在决定分支机构组织形式时，通过及时有效的税务筹划获得了节税 25+1 412.5=1 437.5(万元)的效益。

因此，在进行分支机构选择筹划时，可以采用如下思路。

(1) 当刚进入某地开始设公司时，由于对当地情况不太熟悉，生产经营还处于起步阶段，发生亏损的可能性很大，此时可以在当地设立一个分公司，使其开业亏损额能在汇总纳税时减少总公司的应纳税额。

(2) 随着生产走向正轨，对当地环境逐渐熟悉，产品不断打开销路，开始盈利时，就有必要改建为子公司，以享受子公司独有的全面税收优惠，并以此促进企业的全方位业务发展。

不过，以上筹划思路并不绝对，还要受到国家税制、纳税人经营状况以及企业内部利润分配政策等多种因素的影响。如对于一些资金规模不大且产品生产周期较短的企业，如果新设立的子公司能享受税收优惠并能立即获利，此时在经营初期可以先设立子公司，这样可以最快地利用税收优惠政策少缴税款；当产品进入衰退期时，再改设为分公司，用分公司的亏损冲减总公司的应税所得。投资者在选择企业内部组织结构时要进行综合、充分考虑，这样才能获得最大的节税效益。

【例 8-3】 某市自来水总公司充分利用其人才优势和环境优势，综合利用本公司生产中产生的废水、废气、废渣等废弃物研制了一种新型实用产品，该产品符合企业所得税法第二十七条第(三)项所称符合条件的环境保护、节能节水项目，并利用其有限的资金于 2007 年兴办了一子公司。由于该产品在当地市场上处于绝对"垄断"地位，加上内部管理科学和政府社会的大力支持，子公司连续 3 年盈利，税前利润 2007 年至 2009 年分别为 80 万元、100 万元、120 万元。根据《中华人民共和国企业所得税暂行条例》规定，企业从事符合条件的环境保护、节能节水项目的所得，自项目取得第一笔生产经营收入所属纳税年度起，第一年至第三年免征企业所得税，第四年至第六年减半征收企业所得税。由此为自来水公司节税(80＋100＋120)×25％＝75(万元)。

但是好景不长，由于市场的激烈竞争和新型产品的出现，该子公司迅速陷入被动地位，并于 2010 年开始亏损，到 2012 年底累计亏损达 105 万元，甚至连员工工资都无力支付。于是，2012 年自来水公司为子公司支付了 10 万元的工资福利费，并在"管理费"中予以列支。没想到此行为遭到了税务部门的查处，责令补交所得税 2.5 万元(10×25％)，因为子公司作为独立的法人，总公司不能列支为子公司支付的管理费等有关费用。请问该总公司应该如何筹划才能获得最大收益？

【解答过程】

倘若自来水公司作如下筹划：2010 年将该子公司在法律上予以撤销，并改设为自己的一个分公司，这样子公司的亏损就转化为分公司的亏损，在法律上允许用总公司的利润予以弥补(假定总公司实现的利润足以弥补)。

从 2010 年到 2012 年累计可为自来水公司节税(105＋10)×25％＝28.75(万元)。对于一个资金规模不大的自来水公司来说此次筹划是比较成功的。

8.2 企业筹资的纳税筹划

筹集资金是企业开展经营活动的条件，企业可以从多种渠道筹集所需的资金，由于不同筹资方案的税负成本不同，这便为企业在筹资决策中运用税收筹划提供了可能。在筹资决策中进行税收筹划，有助于企业降低资金成本，优化资金结构，增加所有者收益。

8.2.1 筹资方式的筹划

企业的筹资方式主要有：企业自我积累、向金融机构借款、企业间自我拆借、企业内部集资、向社会发行债券和股票等。一般将上述筹资方式分为负债筹资(包括向金融机构借款、企业间自我拆借、企业内部集资、发行债券)和权益筹资(包括企业自我积累、发行股票)两种类型。不同的筹资方式资金成本各不相同，取得的难易程度也不同，对企业纳税产生不同的影响。资金成本包括资金占用费(借款利息、债券利息、股息等)和资金筹集费(股票发行费和上市费、债券注册费等)。因此，企业必须综合考虑包括税收在内的各方面因素，才能比较出哪种筹资方式更有利于企业利益。

1. 企业自我积累

企业自我积累是由企业税后利润所形成，积累速度慢，不适应企业规模的迅速扩大，而且自我积累存在双重征税问题。虽然这种筹资方式使业主权益增大，资金所有权与经营权合二为一，但税负却最重。

2. 借款筹资方式

借款筹资方式主要是指向金融机构(如银行)进行融资，其成本主要是利息负债。向银行的借款利息一般可以在税前冲减企业利润，从而减少企业所得税。向非金融机构及企业筹资(即企业间自我拆借)操作余地很大，但由于透明度相对较低，国家对此有限额控制。若从纳税筹划角度而言，企业借款即企业之间拆借资金效果最佳。

3. 企业内部集资

企业内部集资是指企业在自身的资金短缺时，在本单位内部职工中以债券等形式筹集资金的借贷行为。

4. 向社会发行债券和股票

向社会发行债券和股票属于直接融资，避开了中间商的利息支出。由于借款利息及债券利息可以作为财务费用，即企业成本的一部分而在税前冲抵利润，减少所得税税基，而股息的分配应在企业完税后进行，股利支付没有费用冲减问题，这相对增加了纳税成本。所以一般情况下，企业以发行普通股票方式筹资所承受的税负重于向银行借款所承受的税负，而借款筹资所承担的税负又重于向社会发行债券所承担的税负。

通常情况下，几种筹资方式承担税负的高低顺序为：自我积累＞发行股票＞金融机构贷款＞企业之间相互拆借＞企业内部集资。从纳税筹划角度看，企业内部筹集和企业之间拆借方式产生的效果最好，金融机构贷款次之，自我积累效果最差。内部集资和企业之间拆借涉及的人员和机构较多，容易使纳税利润规模降低，有助于实现“削山头”，企业在金融机构贷款时，可利用与机构的特殊联系实现部分税款的节省。自我积累由于资金的使用者和所有者合二为一，税收难以分摊和抵消，而且从税负和经营效益的关系来看，自我积累资金要经过很长时间才能完成，同时，企业投入生产和经营之后，产生的全部税负由企业自负。贷款则不一样，它不需要很长时间就可以筹足。而且投资产生收益后，出资机构实际上也要承担一定的税收，因而，企业实际税负被大大地降低了。

【例 8-4】 企业甲、乙各有 1 000 万元的自有资金可以用于各自项目的投资，它们可以采用相互拆借的形式进行投资。假设两个项目的投资报酬率都是 20%，甲企业所在地适用的所得税税率 25%，要求的资金利息率 6%；乙企业适用的所得税税率 15%，要求的资金利息率 10%。再假定银行利率是 10%。这样，甲乙之间的利息费用由于不超过同期的银行利率可以在税前全部扣除。请问，甲乙企业采用哪种形式投资比较有利?

【解答过程】【方案一】不拆借资金。

甲企业应缴所得税税额＝1 000×20%×25%＝50(万元)

乙企业应缴所得税税额=1 000×20%×15%=30(万元)

甲、乙两企业共缴所得税=50+30=80(万元)

【方案二】乙企业向甲企业拆借500万元资金。

甲企业应缴所得税税额=[(1 000-500)×20%+500×6%]×25%=32.5(万元)

乙企业应缴所得税税额=[(1 000+500)×20%-500×6%]×15%=40.5(万元)

甲、乙两企业共缴所得税=40.5+32.5=73(万元)

甲、乙作为一个利益共同体，所得税比起筹划前少缴7万元。

因此，科学选择筹资方式可以有效帮助企业减轻税负，获得税收利益。在筹资方式的筹划过程中必须充分考虑企业自身的特点以及风险承受能力。在实际操作中，多种筹资方式的交叉结合运用往往能解决多重经济问题，降低经营风险。

8.2.2 资本结构的筹划

资本结构是指企业的资金来源构成以及其比例关系，通常指的是负债与权益资本的构成关系。资本结构，特别是负债比率合理与否，不仅制约着企业风险、成本的大小，而且在相当大的程度上影响着企业纳税的负担以及企业权益资本税后收益实现的水平。企业如果能合理地配置其资本结构，就能在实现节税的同时取得筹资税后利润的最大化。

负债融资的财务杠杆效应主要体现在节税及提高权益资本收益率等方面。其中节税功能反映为负债利息计入财务费用抵减应税所得额，从而相对减少应纳税额。但需要注意的是，在息税前收益率不低于负债成本率的前提下，负债比率越高，其节税效果就越显著，企业的权益资本收益率随着负债比例的提高而提高，即是财务杠杆的正效应。然而随着负债比率的提高，企业的财务风险必然会相应增加。当负债的成本水平超过了息税前的投资收益率，就会产生财务杠杆的负效应。这时，权益资本收益率会随着负债比例的提高而下降。

【案例】某公司拟定资本结构备选见表8-1，5种方案的息税前投资收益率均为10%，随着负债比例的提高，利息成本呈现上升的态势，企业所得税率均为25%。通过计算对5种资本结构的税负、权益资本收益率和普通股每股收益进行比较。

表8-1 资本结构对比表

项目＼方案	方案1	方案2	方案3	方案4	方案5
债务资本：权益资本	0	1∶1	2∶1	3∶1	4∶1
负债额/万元	0	30	40	45	48
权益资本额/万元	60	30	20	15	12
负债成本率(%)	0	6	7	9	10.5
息税前投资收益率(%)	10	10	10	10	10
普通股股数	6 000	3 000	2 000	1 500	1 200
息税前利润/万元	6	6	6	6	6
负债利息成本/万元	0	1.8	2.8	4.05	5.04
税前利润/万元	6	4.2	3.2	1.95	0.96
应纳税额/万元	1.5	1.05	0.8	0.487 5	0.24
税后利润/万元	4.5	3.15	2.4	1.462 5	0.72
权益资本收益率(%)	7.5	10.5	12	9.75	6
普通股每股收益/元	7.5	10.5	12	9.75	6

由上表可以看到，方案 2、3、4 利用了负债融资，由于负债利息可以在税前扣除，因此，降低了所得税的税收负担，使得权益资本收益率以及普通股每股收益额水平超出了未使用负债的方案 1，充分体现出负债杠杆效应。但同时也可以看到，权益资本收益率及每股普通股收益额也并非总是与负债比率的升降正向相关，而是有一个临界点，超过这一界点则表现为反向杠杆效应，案例中方案 5 便是如此。

假设随着企业负债比例的不断提高，企业融资的成本也在不断提高，反映在表格中是负债成本率不断提高，这一假设是符合现实的。正是由于负债成本率的不断提高，增加的债务融资成本逐渐超过因其抵税作用带来的收益，这时，通过增加负债比例进行税收筹划的空间就走到尽头了。上述 5 种方案所带来的权益资本收益率和普通股每股收益额的变化充分说明了这一规律。从方案 1 到方案 3，随着企业负债比例的不断提高，权益资本收益率和普通股每股收益额也在不断提高，说明抵税效应处于明显的优势，但从方案 3 到方案 4 则出现了权益资本收益率和普通股每股收益额逐渐下降的趋势，这时起主导作用的因素已经开始向负债成本转移，债务成本抵税作用带来的收益增加效应已经受到削弱与抵消，但与完全采用股权性融资的方案相比，仍是有利可图的。但到方案 5 时，债务融资税收挡板作用带来的收益就完全被负债成本的增加所抵消，而且负债成本已经超过节税的效应了，因此，方案 5 的权益资本收益率和普通股每股收益额已经低于完全不进行负债融资时(即方案 1)的收益了，此时负债所带来的就不是收益而是成本了。

这一案例再次证明了上述结论：只有当企业息税前投资收益率高于负债成本率时，增加负债比例才能提高企业的整体效益，否则就会降低企业的整体效益。

总而言之，企业在筹资时应考虑以下内容。

(1) 债务资本的筹集费用和利息可以在所得税前扣除；而权益资本的股息不能作为费用列支，只能在企业税后利润中分配。因此，企业在确定资本结构时必须考虑债务资本的比例，通过举债方式筹集一定的资金，可以获得节税利益。

(2) 纳税人进行筹资筹划时，除了考虑企业的节税金额和税后利润外，还要对企业资本结构通盘考虑。比如过高的资产负债率除了会带来高收益外，还会相应加大企业的财务风险。

8.3 企业投资的纳税筹划

8.3.1 直接投资与间接投资

按投资对象的不同和投资者对被投资企业的生产经营是否实际参与控制与管理的不同，投资可分为直接投资和间接投资。直接投资一般指对经营资产的投资，即兴办企业，掌握被投资企业的实际控制权，从而获取经营利润。间接投资指对股票或债券等金融资产的投资。不同投资方式下取得投资收益的税收处理不同。直接投资下产生的生产经营成果既要被课征流转税，其纯收益还要被课征企业所得税，有时还要涉及财产税、行为税的课征等。间接投资一般只涉及所收取股息或利息的所得税，股票、债券资本收益需交纳的资本利得税以及买卖证券征收的印花税。

当企业选择直接投资时，投资方式一般有货币、固定资产、存货、无形资产等几种方式，不同的投资方式应缴纳的税种往往不同，企业需要在这几种投资方式上进行权衡。通常做法是选择设备投资和无形资产投资，而不应选择货币资金投资方式。原因如下。第一，设备投资其折旧费可以作为税前扣除项目，缩小所得税税基；无形资产摊销费也可以作为管理费用税前扣除，减小所得税税基。第二，用设备投资，在投资资产计价中，可以通过资产评估提高设备价值。在对外投资中，通过选择评估方法高估资产价值，不仅可以节省投资资本，还可以通过多列折旧费和无形资产摊销费缩小被投资企业所得税税基，达到节税的目的。

采用直接投资时，需要对投资项目进行综合评估，评估主要考虑投资回收期、投资的现金流出和现金流入的净现值、项目的内部报酬率等财务指标。投资者首先要判定其投资项目按照税法规定应征收哪些流转税、城市维护建设税和教育费附加，这将影响企业的税负并进一步影响税后收益。此外，投资者还要考虑企业所得税，充分利用税收优惠，比如，高新技术产业开发区内企业所得税的税率为15%。投资者应该在综合考虑投资项目的各种税收待遇的基础上进行项目选择，以获得最大的税后收益。

【例8-5】 广州一家高新技术企业现有A、B两个项目可投资，假设这两个项目的企业所得税税率没有差别。且预计两个项目投产以后，年含税销售收入均为100万元，含税购进额为90万元。已知A项目产品征收17%的增值税，B项目征收5%的营业税。选择哪一个项目收益更大呢?

【解答过程】 考虑税后销售收入净值:

A项目年应纳增值税=[(100-90)/(1+17%)]×17%=1.45(万元)

A项目税后销售净收入=(100-90)/(1+17%)=8.55(万元)

B项目年应纳营业税=100×5%=5(万元)

B项目税后销售净收入=100-90-5=5(万元)

通过以上比较可知，由于两个项目的应征税种和税率存在差异，在其他条件一致的情况下，A项目将为投资者带来更多的盈利8.55-5=3.55(万元)，故应该选择A项目。

间接投资依据具体投资对象的不同，可分为股票投资、债券投资及其他金融资产的投资。债券投资又可细分为国库券投资、金融债券投资、公司(企业)债券投资等。各具体投资方式下取得的投资收益的税收待遇又有所差别。例如，我国税法规定，股息收入必须计缴企业所得税，而国库券利息收入则可以免税。所以，投资者在进行间接投资时，除要考虑投资风险和投资收益等因素外，还必须考虑相关的税收规定，以便全面权衡和合理决策。

【例8-6】 广东某企业欲投资长期债券，现在有两种长期债券可供选择，其一是国家重点建设债券，其利率为3.7%；另一种为国债，利率为3%。企业应该投资于哪一种债券呢?

【解答过程】 表面看起来国家重点建设债券的利率要高于国债利率，但是由于前者要被征收25%的企业所得税，而后者不用缴纳企业所得税，实际的税后收益应该通过计算来评价和比较：3.7%×(1-25%)=2.775%<3%。也就是说，国家重点建设债券要低于国债的税后利率，故该企业应选择购买国债。

8.3.2 分期投资与一次性投资

在投资方式的选择上，还可以考虑是分期投资或是一次性投资的税收筹划。采用分期投资方式可以获得资金的时间价值，而且未到位的资金可通过金融机构解决，其利息支出可以部分在税前扣除，从而达到节税的目的。这样，分期投资方式不但能缩小所得税税基，而且还能充分利用财务杠杆效应。一般情况下选择分期投资方式要优于选择一次性投资方式。

【案例】 佛山鑫源投资企业有甲乙两个投资者，其投资额为100万元，税后利润对半分配。若甲投资者一次性投入100万元，而乙则在一年内分4次投入，每季度初投入25万元。设年利率8%。则乙投资者投资额现值$=25+25\times(P/A,2\%,3)=25+25\times2.884=$

97.1（万元）。

可见，佛山鑫源投资企业投资总额现值为 197.1 万元。其中，乙实际的投资额现值为 97.1 万元，比甲方少投资 2.9 万元，但其参与利润分配的份额却与甲方一样，显然，乙方采用分期拨付注册资本，就其参与企业利润分配的权益而言，比其他投资者略胜一筹。

8.4 企业生产经营活动中的纳税筹划

8.4.1 采购活动的筹划

1. 购货单位的筹划

对于小规模纳税人的企业，在采购货物时由于不能抵扣进项税额，只要直接比较进货价格，选择价格较低者即可。

对于一般纳税人的企业，在采购货物时，根据现行税法规定：一般纳税人可以开具增值税专用发票，小规模纳税人只能开具普通发票，或者由税务机关代开适用 3%征收率的增值税专用发票。因此，如果购入货物的价格相同，能够索取 17%基本税率的专用发票时，抵扣的进项税额最大，应纳税额最小；能索取 3%征收率专用发票时，应纳税额次之；不能索取专用发票时，应纳税额会最大。所以，企业采购时应尽量从一般纳税人客户那里购入货物，从而减少当期应纳的增值税税额，与增值税紧密相关的城市维护建设税、教育费附加也会随之减少。可参照 2.2.2 节增值税采购过程的纳税筹划。

由于小规模纳税人自身不得出具增值税专用发票，企业从小规模纳税人处购进材料承担的税款很难作为进项税额从销项税额中抵扣。为了弥补损失，一般纳税人必然要求小规模纳税人在价格上给予一定程度的折让。下面来计算一下价格折让临界点，在这一临界点上，从一般纳税人处采购或从小规模纳税人处采购货物，企业的净利润都是相同的。

假设某企业为增值税一般纳税人，当某货物的不含税销售额为 Q(适用 17%税率)时，该货物的采购情况分别为索取税率为 17%和征收率为 3%的专用发票，含税购进额分别为 A 和 B，城市维护建设税税率为 7%，教育费附加率为 3%，企业所得税税率为 25%，另外，两种情况的采购费用、供货质量都相同(即不考虑采购费用对所得税的影响)。这样，根据净利润计算公式，可以分别求出各采购情况的净利润。

净利润＝不含税销售额－(不含税购进货物成本＋应纳城建税＋应纳教育费附加＋应纳所得税)

(1) 当索取税率为 17%的专用发票时：

企业净利润$=Q-\{A\div1.17+(Q\times17\%-A\div1.17\times17\%)\times(7\%+3\%)+[Q-A\div1.17-(Q\times17\%-A\div1.17\times17\%)\times(7\%+3\%)]\times25\%\}$

(2) 当索取征收率为 3%的专用发票时：

企业净利润$=Q-\{B\div1.03+(Q\times17\%-B\div1.03\times3\%)\times(7\%+3\%)+[Q-B\div1.03-(Q\times17\%-B\div1.03\times3\%)\times(7\%+3\%)]\times25\%\}$

令两式相等可得：$B=A\times86.8\%$

也就是说，当供货方是小规模纳税人时，只要其含税价格为一般纳税人供货价格的 86.8%，采购企业就不会吃亏，这就是含税价格折让临界点。对于一般纳税人来说，在购货时应正确计算出折让临界点的价格，从而选择购货方，以获取较大的税后收益。

【例 8-7】 上海某服装生产企业(增值税一般纳税人)每年要外购大量棉布生产服装。如果从外省市棉纺厂(一般纳税人)购入，含税价为 234 万元；当地有几家规模较小的棉纺企业(小规模纳税人)，所生产棉布的质量可与该外省市棉纺厂生产的棉布相媲美，且价格浮度更大一些，同样的棉布含税价为 190 元，假定当地棉纺企业能从税务局开出 3%的增值税专用发票。若该服装企业当年生产服装销售额为 300 万元(不含税)，请计算分析该服装企业应该从何处购进棉布比较有利，并比较两套方案的税后收益。

【解答过程】

企业索取 3%专用发票时的价格折让临界点为 86.8%，即该服装生产企业只要以 203.112 元(234×86.8%)的价格购入，就不会吃亏。而该题目中小规模纳税人的采购价为 190 万元，小于价格折让临界点，因此该服装企业应该从小规模纳税人处购进棉布。

从一般纳税人购入时：

企业净利润＝300－{234/1.17＋(300×17%－234/1.17×17%)×(7%＋3%)＋[300－234/1.17－(300×17%－234/1.17×17%)×(7%+3%)]×25%}＝73.725(万元)

从小规模纳税人购入时：

企业净利润＝300－{190/1.03＋(300×17%－190/1.03×3%)×(7%＋3%)＋[300－190/1.03－(300×17%－190/1.03×3%)×(7%＋3%)]×25%} ＝83.24(万元)

比较两套方案，会发现从小规模纳税人处采购的产品税后利润比向一般纳税人采购多 9.515 万元。

综上可知，增值税一般纳税人在对购货单位进行筹划时，如果所购货物的质量符合要求，价格折让能够达到相应的临界点，则可以考虑从小规模纳税人处购货，由此能够获得更多的税后利润。此外，需要注意的是，小规模纳税人的信誉往往不及一般纳税人，从小规模纳税人处采购货物存在更大的风险，因此选择购货单位时还要综合考虑信誉、售后服务等其他因素。

2. 购货时间的筹划

企业采购以材料供应及时为原则，所以采购时间通常具有不确定性，而选择恰当的购货时间对于企业转嫁税负有着很大的帮助。采购货物的支付价格受到供求关系的影响，当供大于求时，商品价格下降；供小于求，则商品价格上升。企业采购时作为买方应该充分利用市场的供求关系获取利益，在不耽误正常生产的条件下选择供大于求时作为购货时间，采购方往往可以大幅度压低价格，而在供应不足时，采购方企业往往成为销售方转嫁税负的对象，所以充分做好市场分析预测是购货时间筹划的关键。

另外，选择恰当的购货时间还要考虑利用税法优惠政策。税制改革往往采取一定的过渡方式，企业可以利用这些过渡措施进行纳税筹划。在税制改革期间，企业应该及时掌握各类商品税率的变化，可以在购货时间上做相应的筹划安排，从而使得税负减轻。例如，国家为限制烟酒类消费品的消费，决定从 2009 年 6 月 1 日起提高甲类卷烟的税率。于是，商业性企业可以在 5 月初大批量购进甲类卷烟，于是就能部分地躲过增税的负担。

3. 购货合同的筹划

购货合同的筹划是企业整个采购筹划的落脚点，因为采购规模、采购单位、采购时间、结算方式等最后都会反映在购货合同上，合同一旦签订，就意味着其他筹划活动的结束。如果购货合同出错或不合理，就意味着以前所做的筹划成果不复存在，可见购货合同的筹划在企业整个税收筹划中的作用尤显重要。

在进行购货合同筹划时，总体应注意以下几个问题。(1)弄清合同性质，是属于商业性合同还是其他类型的合同。(2)对合同的任何环节都应分析清楚，使筹划的内容能够对号入座。(3)文字规范，用词准确。(4)充分利用合同保障自己的权益。

一般企业在进行货物采购时，经常在合同上使用这样的条款“付完全款，对方开出发票”。但在实际采购活动中，由于产品质量、验收标准等方面的原因，采购方往往不会付完货款，而根据合同条款这将无法取得发票，不能进行抵扣。因此筹划思路是：企业在购货物时，只要将合同条款改为“根据实际支付金额，由供货方开具发票”，就不会存在这样的问题了，要尽量避免在采购合同中出现诸如“全部款项付完后，由供货方开具发票”条款。

4. 采购结算方式的筹划

采购产品通常可分为两种结算方式：一是赊购，二是现金采购。一般来讲，结算方式由销售方自主决定，但是如果产品供应量充足甚至过剩，再加上采购方信用度高，实力强，在结算方式的谈判中，采购方也可以占据主动地位。作为采购方，在进行采购结算方式的筹划时，最关键的筹划点是：尽量延迟付款，为企业赢得一笔无息贷款。但是，购货款的结算方式不同，进项税额的抵扣时间也不同。如果采用赊购拖延付款，通常会导致无法尽早拿到增值税专用发票，从而进项税额也不能提前抵扣。因此在采用延期付款的同时，还需要将进项税额抵扣作为筹划的一个考虑要素，根据企业实际情况进项筹划分析。

【税法引用】《国家税务总局关于调整增值税扣税凭证抵扣期限有关问题的通知》(国税函〔2009〕617号)

一、增值税一般纳税人取得2010年1月1日以后开具的增值税专用发票、公路内河货物运输业统一发票和机动车销售统一发票，应在开具之日起180日内到税务机关办理认证，并在认证通过的次月申报期内，向主管税务机关申报抵扣进项税额。

二、实行海关进口增值税专用缴款书(以下简称海关缴款书)“先比对后抵扣”管理办法的增值税一般纳税人取得2010年1月1日以后开具的海关缴款书，应在开具之日起180日内向主管税务机关报送《海关完税凭证抵扣清单》(包括纸质资料和电子数据)申请稽核比对。

具体可以从以下几方面进行筹划。(1)未付出货款，先取得对方开具的发票，从而尽早抵扣进项税额。但这种方法在实际中比较难被销售方接受。(2)采取赊销和分期付款方式时，税法规定只有在所有款项支付完毕以后才能取得整个购进的增值税专用发票，申请进项税额的抵扣，如果支付期限很长，前期已经支付的货款就不能及时抵扣。筹划方法是将付款合同按日期开列为多个延期付款合同，这样每一次付款都被视为结算完毕，取得专用发票，也就可以抵扣进项税额。这样既获得了延期付款的资金时间价值，又能在最早时间内进行进项税额的抵扣。(3)对于享受阶段性优惠政策的企业，可以采用将购货款延迟到优惠期结束以后支付的结算方式，使进项税额在优惠期结束以后的征税期间抵扣，并实现延期付款。以上结算方式的筹划不能涵盖采购结算方式筹划的全部，但是延期付款是采购结算方式税收筹划的核心。需要注意的是，企业要合理利用延期付款，不能损害自身的商誉，丧失销售方对自己的信任。

【案例】广东顺德某商业企业购进一批货物，不含税价格为24万元，按其与供应商原来达成的协议，首先支付6万元，以后每两个月支付6万元，分3次支付完毕。这种分期付款的方式，按税法规定，该商业企业要在6个月以后，货款全部结清才能一次性取得增值税专用发票，抵扣进项税额。抵扣额为：24×17%=4.08(万元)。如果该企业与供应商签4个付款合同，后3个是延期付款合同，则每次付款都可以取得增值税专用发票，在当期抵扣进项税额。每次的抵扣额为：6×17%=1.02(万元)。通过这样的筹划方法，该企业获得了资金的时间价值。

8.4.2 销售活动的筹划

1. 产售规模的筹划

对企业销售活动进行纳税筹划，首先应该是科学合理地确定产销规模。通常情况下，产销规模越大，企业长期平均成本也会随着下降，但并不是规模越大就越有竞争力，规模大小必须与企业自身的资本、劳动、技术增长相适应，要避免盲目扩张。当企业产销规模过于庞大时，企业税前收益也会因此而快速增长，进而使得应纳税额增长。当增长额超过企业经营活动现金流量时，就会出现迟滞纳税、资金周转不灵等，还可能导致偿债能力、声誉等受到影响。所以企业的产销规模必须保持在适当水平，使得现金收益足以承担应纳税款。

对产销规模进行界定，关键在于企业的盈利能力和变现能力。对企业而言，开展某一项经营业务时，往往都要测算一下该业务活动的保本销售量，也就是要寻找出该项业务活动的盈亏平衡点，而在具体测算过程中的基本方法是利用量本利分析法。量本利分析是将成本划分为固定成本和变动成本，并假定产销量一致的情况下，根据成本、业务量、利润三者之间的关系进行预测和决策的一种技术方法。由于税收从本质上来讲是企业成本的构成部分，基于其计税依据的不同，可以分别归入变动成本和固定成本。如消费税，由于应纳税额＝应税销售额×税率，消费税与收入总数量呈正比例变动关系，因此，消费税可以归入变动成本；再如房产税，若采用公司应纳税额＝计税房产余值×1.2%来计税，房产税在一定时期内(计税房产余值不发生变化)不受业务量的增减变动影响而固定不变，可以归入固定成本。

量本利分析的计算公式是：

利润＝[(单位产品销售价格－单位变动成本)×产品销售数量]－固定成本总额

【例 8-8】 某公司拟将准备推出的新产品销售价格定为 100 元/台，其单位变动成本为 55 元/台，公司作为增值税一般纳税人增值税税率为 17%，固定成本为 200 万元，当市场销量达到多少时能实现盈亏平衡？若预测市场销量能达到 100 000 台，企业能实现多少盈利？

【解答过程】 由于应纳增值税随业务量增减变动呈正比例变化，因此可归入变动成本。

假设在利润为零的情况，计算出盈亏平衡时的市场销量：

[100－55－100/(1＋17%)×17%]×销售量－2 000 000＝0

解得：销售量＝65 638 台

这一结果表明，当市场销量为 65 638 台的时候，企业如果投入经营将处于盈亏临界状态。因此在销量达不到 65 638 台的情况下，该方案不可取。而在这个方案中若忽略税收变动成本影响，利润＝(100－55)×65 638－2 000 000＝953 710(元)，看起来有盈利，则会得出错误结论。

在市场销量为 100 000 台的条件下：

利润＝[100－55－100/(1＋17%)×17%]×100 000－2 000 000＝1 047 000(元)

可见，若市场销量为 100 000 台，该公司投产可获利 1 047 000 元，因此，该新产品的投资方案可取。

从以上计算可以看出，在将各种所缴纳税款分别归类并入固定成本和变动成本的前提下，量本利分析与税收筹划思路可以很好地结合，给企业管理决策提供重要的参考依据，从而最终实现提高企业经济效益的目的。

2. 销售定价的筹划

产品的销售价格并不是越高越好，必须根据税负等因素合理进行选择，关键要计算出价税平衡点临界价格。该种筹划方法适用于税法对于同种产品由于不同价格而规定不同税率的情况，如消费税、土地增值税。以卷烟为例，其消费税采取复合计税的办法，即先从量每标准箱(每箱250标准条)征收150元，再从价对每标准条(200支)调拨价为50元(含50元，不含增值税)以上的按45%的税率征收，对每标准条调拨价为50元以下的按30%的税率征收。因此，卷烟价格的提高会引起纳税人应缴纳的消费税税额的增加，如果价格的增长没有达到平衡点的临界价格，价格的提高将会减少企业的收益。因此纳税人在商品提价前，应事先计算价税平衡点的临界价格。

【案例】 某卷烟厂拟销售10标准箱卷烟(每标准箱250标准条)，将每一标准条的销售价格从48元提高到58.8元(城建税和教育费附加忽略不计)，每一标准条成本为20元，企业所得税税率为25%。

调价前，企业应缴纳的消费税和所得税税后净收益为：

应纳消费税＝10×(150＋250×48×30%)＝37 500(元)

税后净收益＝10×(250×48－20×250－3 750)×(1－25%)＝24 375(元)

而调价后，企业应缴纳的消费税和所得税税后净收益为：

应纳消费税＝10×(150＋250×58.8×45%)＝67 650(元)

税后净收益＝10×(250×58.8－5 000－6 765)×(1－25%)＝22 012.5(元)

因此可见，每一标准条卷烟的价格虽然提高了10.8元，但企业的税后净收益总额却下降了2 362.50元，其原因就是每一标准条卷烟的实际销售价格低于平衡点的临界价格63.636元。这一临界价格可以按如下方式计算得出，假定每标准条的临界价格为P，有：

$$P-P\times 45\%\geqslant 50-50\times 30\%$$

由此可以解得P为63.636元。因此，若定价超过50元，则应定在63.636元以上，价格的提高才会增加税后净收益，否则只会导致税负的增加和税后净收益的减少。若定价低于50元，同样可以找到平衡点的临界价格，可参照3.2.4节应税消费品定价的纳税筹划。

土地增值税采用5级超率累进税率，因此如在销售过程中增值率略高于两级税率档次交界的增值率，通过适当降低价格可以减少增值额，降低土地增值税的适用税率，从而减轻税负，提高税后收益。可参照7.3.2节土地增值税的纳税筹划中优惠临界点筹划方法。

对销售定价进行筹划，还可以采用转让定价的方法。转让定价又称转移价格，是指在经济活动中，有经济联系的企业各方为均摊利润或转移利润而在产品交换或买卖过程中，不依照市场买卖规则和市场价格进行交易，而依据它们之间的共同利益或为了最大限度地维护它们之间的收入进行的产品或劳务价格转让。转让定价普遍运用于母子公司、总分公司及有利益联系的关联企业之间。这种价格的制定一般不决定于市场供求，而是服务于公司整体利润的要求。

【例8-9】 广西桂林建材公司生产一种建筑材料生产模具，主要销往广东省等各地区，每件产品市场售价为31 000元，每单件产品基本费用如下：生产成本15 000元，销售费用3 000元，管理费、财务成本等综合费用暂不考虑。假设全年销售该模具100件，企业所得税率为25%，问如何进行纳税策划？

【解答过程】

(1) 进行纳税筹划前，建材公司应交企业所得税额为：

(31 000－15 000－3 000)×25%×100＝325 000 (元)

(2) 该公司决定在广州设一家全资子公司专门负责对公司产品的销售工作，建材公司只专注于生产。假定该销售子公司符合小型微利企业的认定标准。

建材公司给销售公司每件产品的价格为26 000元。

则该建材公司应交所得税＝(26 000－15 000)×25％×100＝275 000（元）

销售公司应交所得税＝(31 000－26 000－3 000)×20％×100＝40 000（元）

两公司共计纳税＝275 000＋40 000＝315 000元，比未设销售公司少交税：325 000－315 000＝10 000（元）。

(3) 现在，该集团经进一步策划分析，只要在税法准许的情况下，能够达到同行业一般生产型企业的平均利润水平，就可以将部分利润转让给广州销售公司，故将销售给广州公司的售价降到23 000元/件。

则建材公司应交所得税＝(23 000－15 000)×25％×100＝200 000（元）

销售公司应交所得税＝(31 000－23 000－3 000)×20％×100＝100 000（元）

两公司共计纳所得税＝200 000＋100 000＝300 000（元）。

由此可见，产品价格转让后比价格转让前少交所得税：315 000－300 000＝15 000（元）。比未设立销售公司时少交所得税：325 000－300 000＝25 000（元）。

3. 销售方式的筹划

企业常用的销售方式有折扣销售、销售折扣、销售折让、以旧换新、还本销售、赠品销售等，不同的销售方式适用不同的税收政策，税务处理也不相同。

折扣销售也称为商业折扣，是销货方为鼓励买者多买而给予的价格折让，应作如下税务处理：(1)销售额和折扣额在同一张发票上分别注明的，可按冲减折扣额后的销售额征收增值税；(2)将折扣额另开发票的，不论其在财务会计上如何处理，在征收增值税时，折扣额不得冲减销售额。

销售折扣也称为现金折扣，是销货方为鼓励买方在一定期限内早日付款而给予的一种折让优惠。销售折扣是一种融资性质的理财费用，折扣额不能从销售额中扣减，也不能从销项税额中扣减。

销售折让是由于商品的质量、规格等不符合要求，销售单位同意在商品价格上给予的减让。在核算时，折让额可以从销售额中减除，因此税额也可以抵减。

纳税人采取以旧换新方式销售货物时，应按新货物的同期销售价格确定销售额，不得扣减旧货物的回收价。

还本销售是指纳税人在销售货物后，到一定期限由销售方一次或分次退还给购货方全部或部分价款。税法规定，销售额就是货物的销售价格，不得从销售额中扣除还本支出。

纳税人销售货物给购货方的回扣，其支出不得在所得税前列支。赠品销售中的赠品需视同销售缴纳增值税。

在产品销售过程中，企业对销售方式有自主选择权，这为利用销售方式进行纳税筹划提供了可能。在销售方式的筹划过程中，有以下一些基本原则。(1)未收到货款不开发票。(2)尽量避免采用托收承付与委托收款的结算方式，防止垫付税款。(3)在赊销方式或分期收款结算方式中，避免垫付税款。(4)尽可能采用支票、银行本票和汇兑结算方式销售产品。(5)多用折扣销售刺激市场，少用销售折扣刺激市场。

【例8-10】 微笑百货公司为增值税一般纳税人，购货均能取得增值税的专用发票，近期微笑百货公司对某一商品开展促销活动，该款商品正常售价2 000元，成本1 400元，为促销欲采取3种方式：一是商品9折销售；二是每购买一件该商品赠送价值200元的特定商品(成本140元)；三是每购买一件该商品返还现金200元。

请问，该商场选择哪种销售方式最为有利呢？(以上价格均为含税价；除增值税、个人所得税、企业所得税外，不考虑其他税种。)

【解答过程】假定消费者同样是购买一件价值2 000元的商品，对于商家来说以上3种方式的应纳税情况及利润情况如下。

(1) 若采用第一种方式，即9折销售，价值2 000元的商品售价为1 800元。

商家应缴纳的增值税=1 800/(1+17%)×17%−1 400/(1+17%)×17%=58.12(元)

利润额=1 800/(1+17%)−1 400/(1+17%)=341.88(元)

应缴纳的企业所得税为：341.88×25%=85.47(元)

税后净利为：341.88−85.47=256.41(元)

(2) 若采用第二种方式，即每购买一件该商品赠送价值200元的特定商品。根据税法规定，赠送行为视同销售，应计算销项税额，缴纳增值税。视同销售的销项税由商场承担，赠送商品成本不允许在企业所得税前扣除。按照个人所得税制度的规定，企业还应代扣代缴个人所得税。其纳税及盈利情况如下。

销售一件该商品应缴纳的增值税为：

2 000/(1+17%)×17%−1 400/(1+17%)×17%=87.18(元)

赠送200元商品视同销售，应缴纳的增值税为：

200/(1+17%)×17%−140/(1+17%)×17%=8.72(元)

合计应缴增值税为：87.18+8.72=95.9(元)

根据个人所得税规定，为其他单位和部门的有关人员发放现金、实物等应按规定代扣代缴个人所得税，税款由支付单位代扣代缴。为保证让利顾客200元，商场赠送的价值200元的商品为不含个人所得税额的金额，该税应由商场承担。

商场需代顾客缴纳偶然所得的个人所得税为：

200/(1−20%)×20%=50(元)

赠送商品成本不允许在企业所得税前扣除，同时代顾客交纳的个人所得税款也不允许税前扣除，因此

企业利润额=2 000/(1+17%)−1 400/(1+17%)−140/(1+17%)−50=343.16(元)

应纳税所得额=2 000/(1+17%)−1 400/(1+17%)=512.82(元)

应纳企业所得税=512.82×25%=128.21(元)

税后净利=343.16−128.21=214.95(元)

(3) 若采用第三种方式，每购买一件该商品返还现金200元。

在这种方式下，返还的现金属于赠送行为，不允许在企业所得税前扣除，而且按照个人所得税制度的规定，企业还应代扣代缴个人所得税。为保证让顾客得到200元的实惠，商场赠送的200元现金应不含个人所得税，是税后净收益，该税应由商场承担。因此，和第二种方式一样，赠送现金的商场在缴纳增值税和企业所得税的同时还需为消费者代扣个人所得税。

销售一件该商品应缴纳的增值税=2 000/(1+17%)×17%−1 400/(1+17%)×17%=87.18(元)

代扣代缴个人所得税=200/(1−20%)×20%=50(元)

利润额=2 000/(1+17%)−1 400/(1+17%)−200−50=262.82(元)

商场应缴企业所得税=(2 000−1 400)/(1+17%)×25%=128.21(元)

税后净利=262.82−128.21=134.61(元)

显然，第一种方案最优，企业上缴的增值税最少，同时税后净利最大。

8.5 企业财务成果分配的纳税筹划

企业的财务成果是企业在一定时期内全部经营活动所取得的利润或发生的亏损。财务成果的分配亦即利润分配，是指将企业在一定时期内实现的利润总额，按照有关法规的规定，进行合理的分配。企业实现利润在进行调整后，依法缴纳所得税，此处所说的调整主要是指所得税税前弥补亏损和投资收益中已纳税的项目或按规定应需补交所得税的项目。财务成果的分配不仅关系到企业投资者利益和企业未来发展，而且关系到企业及投资者的税负负担。

对财务成果分配进行纳税筹划，对于降低企业及投资者的税负意义重大。

8.5.1 盈亏抵补的筹划

按现行企业所得税的规定，纳税人发生年度亏损的，可以在以后5年内用所得逐年延续弥补。若纳税人当年实现利润，可以先弥补不超法定弥补期的以前年度亏损，按弥补亏损后的利润为应纳税所得额，以适用的税率计算年度应缴所得税额。

【税法引用】《中华人民共和国企业所得税法》(颁布时间2007年3月16日)

第十八条　企业纳税年度发生的亏损，准予向以后年度结转，用以后年度的所得弥补，但结转年限最长不得超过五年。

对盈亏抵补进行筹划时，应尽可能地使企业发生的亏损最大限度地在前5年得到弥补，从而使企业在一定期间的企业所得税负降低。盈亏抵补筹划主要有以下几点。(1)提前确认收入。企业在有前5年亏损可供抵补的年度，可以提前确认收入。(2)延后列支费用。如呆账、坏账不计提坏账准备，采用直接核销法处理，将可列为当期费用的项目予以资本化，或将某些可控费用，如广告费等延后支付。(3)收购、兼并亏损企业。税法规定：企业以新设合并、吸收合并或兼并方式合并，被吸收或兼并企业已不具备独立纳税人资格的，各企业合并或兼并前尚未弥补的经营亏损，可在税法规定的弥补期限的剩余期间内，由合并或兼并后的企业逐年弥补。因此，兼并账面上有亏损的企业，将盈补亏，可以达到免缴企业所得税的目的。

8.5.2 税后利润分配的筹划

由企业自主进行的净利润分配，不管利润分配政策如何，都不会对企业本身的所得税负产生影响，但却会影响到企业的投资者的税收负担。因此，对税后利润分配进行筹划，关键在于使投资者分回的利润应补缴的税款减少，即为被投资企业选择合理的分配政策、使投资者尽量减少税收负担。具体做法有以下两种。

(1) 保留低税地区被投资企业的利润不予分配，减轻投资者的税负。如果投资企业是盈利企业，而且其所得税税率高于被投资企业，应尽可能地促使被投资企业不向或推迟对投资者分配利润(含股息、红利)，避免或推迟分回的利润(股息、红利)补缴所得税。要达到这一目的，投资企业可追加对被投资企业控股，从而控制被投资企业的利润分配政策。

【案例】广州某大型有限公司甲2011年度税前利润为400万元，适用所得税税率为25%。该公司在经济特区深圳设立的有限公司乙税前利润为300万元，适用所得税率为15%。该公司董事会决定收回有限公司乙的税后利润。

分析：根据我国现行企业所得税法规定，纳税人从其他企业分回的已缴纳所得税的利润，其已缴纳的税额可以在计算本企业所得税时予以调整，即联营企业投资方从联营企业分回的税后利润，如投资方所得税率低于联营企业，不退还所得税；如投资方企业所得税税率高于联营企业的，投资方分回的税后利润应按规定补缴所得税。有限公司甲作为投资方其适用税率为25%，比有限公司乙适用税率的15%要高，这样，有限公司甲从乙公司分回的已缴纳所得税的利润按税法规定应当以25%的适用所得税税率补缴应纳所得税额。按照董事会原来的分配方案，该年度有限公司乙税后利润全部分回有限公司甲，则有限公司甲来源于有限公司乙的所得，应补交所得税额。

有限公司乙应纳所得税额＝300×15%＝45(万元)

有限公司甲应补交所得税额为：

投资方分回的利润额/(1－联营企业所得税税率)×(投资方适用税率－联营企业所得税税率)＝(300－45)/(1－15%)×(25%－15%)

＝300×10%＝30(万元)

有限公司甲应纳所得税额＝400×25%＋30＝130(万元)

甲、乙有限公司合计所得税额＝45＋130＝175(万元)

假如董事会改变利润分配方案，使有限公司乙不向投产者分配利润，则投资者就可不必补缴所得税。2011年有限公司甲和有限公司乙的纳税情况为：

有限公司甲应纳所得税额＝400×25%＝100(万元)

有限公司乙应纳所得税额＝300×15%＝45(万元)

甲、乙有限公司合计所得税额为：100＋45＝145(万元)

两种情况相比较，保留税后利润于低税率地区，可较全部分回少纳税30万元(175－145)。

通过这一案例可知，企业收回全部利润与不收回利润在企业税负上有很大差别，计算结果充分体现了这一差别。在投资方税率高于被投资方税率时，投资方企业可利用利润分配方式从中节税。凡被投资企业利润不向投资方分配利润的，则不必补缴所得税。这样，保留低税率地区被投资企业的税后利润不进行分配并转为投资资本，可以减轻投资者的税收负担。如本案例，若有限公司甲不收回乙公司的税后利润，而是把它放在乙公司之内作追加投资，扩大乙公司的生产能力，那么不但有限公司甲的整体税负降低了，而且乙公司的生产规模得到了扩大，对于两公司今后的发展都是非常有利的。

(2) 股份公司可以采取不直接分配股息，而使股票增值的方法，从而避免投资者分回的利润补缴所得税。股份制企业可以把税后利润的大部分作为公司的追加投资，使公司的资产总额增加，在不增发股票的情况下，使公司的股票升值，为投资者带来更多的好处。对于法人股东来说，由于没有从股份公司分回股息，不存在对分回的股息按投资方所得税税率高于被投资方的部分补税；对于个人股东来说，由于没有从股份公司分回股息，不需要缴纳股息部分的个人所得税，其股息部分可以通过股票价格的上涨得到补偿；对于股份公司本身，也可以通过再投资壮大自身的实力。

本章小结

本章全面阐述了企业经济活动中的纳税筹划技巧与方法，包括企业设立时的纳税筹划(投资行业的筹划、注册地点的筹划、组织形式的筹划)、企业筹资的纳税筹划(筹资方式的筹划、资本结构的筹划)、企业投资的纳税筹划(直接投资与间接投资、分期投资与一次性投资)、企业生产经营活动中的纳税筹划(采购活动的筹划、销售活动的筹划)、企业财务成果分配的纳税筹划(盈亏抵补的筹划、税后利润分配的筹划)。这些筹划技巧与方法都涉及前面所介绍过的一些具体税种的筹划，但综合性更强，可以看成是对前面内容从另一个层面进行总结与回顾，使学生能更加全面地掌握纳税筹划。

职业能力训练

一、思考题

1. 对投资行业进行纳税筹划的思路是什么？

2. 简述企业组织形式的纳税筹划方法。

3. 对比分析不同筹资方式的纳税筹划空间。

4. 如何对采购结算方式进行筹划?

5. 简述企业销售活动中产销规模的筹划技巧。

6. 企业应如何对财务成果分配开展纳税筹划?

二、单选题

1. 国家需要重点扶持的高新技术企业减按(　　)税率征收企业所得税。

A. 10%　　B. 15%　　C. 20%　　D. 25%

2. 自2011年1月1日至2020年12月31日，对设在西部地区的鼓励类产业企业减按(　　)的税率征收企业所得税。

A. 10%　　B. 15%　　C. 20%　　D. 25%

3. 对于资本比较雄厚的投资者或者规模大、管理水平要求高、业务扩展较广的企业来说，一般易采用哪种组织形式比较有利?(　　)

A. 个人独资企业　　B. 合伙企业

C. 公司形式　　D. 个体工商户

4. 从纳税筹划角度看，下列哪种筹资方式产生的效果最差?(　　)

A. 自我积累　　B. 发行股票

C. 金融机构贷款　　D. 企业之间相互拆借

5. 当企业选择直接投资时，不同的投资方式应缴纳的税种往往不同，为了达到节税目的，最好不要选择(　　)投资方式。

A. 设备投资　　B. 存货投资

C. 无形资产投资　　D. 货币资金投资

6. 当供货方是小规模纳税人时，只要其含税价格为一般纳税人供货价格的(　　)，采购企业就不会吃亏，这就是含税价格折让临界点。

A. 85.8%　　B. 86.8%　　C. 95.5%　　D. 98.8%

7. 对企业销售活动进行纳税筹划，首先应该科学合理地确定(　　)。

A. 产销规模　　B. 销售定价　　C. 销售方式　　D. 销售合同

8. 由于商品的质量、规格等不符合要求，销售单位同意在商品价格上给予减少。在核算时，减少额可以从销售额中减除，因此税额也可以抵减。这种销售方式叫做(　　)。

A. 折扣销售　　B. 销售折扣　　C. 销售折让　　D. 还本销售

9. 税法规定："纳税人发生年度亏损，可以用下一年度的所得弥补；下一纳税年度的所得不足以弥补的，可以逐年延续弥补，但是延续弥补期最长不得超过(　　)年。"

A. 四　　B. 五　　C. 六　　D. 七

三、多选题

1. 下列哪些行业属于国家需要重点扶持的高新技术领域?(　　)

A. 电子信息　　B. 机械制造　　C. 航空航天　　D. 新材料

2. 从企业外部来看，企业组织形式可以分为(　　)。

A. 个人经营形式　　B. 合伙经营形式　　C. 公司制形式　　D. 母子公司形式

3. 进行直接投资筹划时，应该考虑哪些因素?(　　)

A. 投资回收期　　B. 投资的现金流出和现金流入的净现值

C. 项目的内部报酬率　　D. 相关税收政策

4. 企业对采购活动进行纳税筹划，主要从以下几个方面进行?(　　)

A. 购货单位的筹划　　B. 购货时间的筹划

C. 购货合同的筹划　　　　　　　　　　D. 采购结算方式的筹划

5. 在销售方式的筹划过程中，下列说法正确的是(　　)。

A. 尽量采用托收承付与委托收款的结算方式

B. 在赊销方式或分期收款结算方式中，避免垫付税款

C. 尽可能采用支票、银行本票和汇兑结算方式销售产品

D. 多用销售折扣刺激市场，少用折扣销售刺激市场

6. 对盈亏抵补进行筹划时，应尽可能地使企业发生的亏损最大限度地在前5年得到弥补，从而使企业在一定期间的企业所得税负降低，主要筹划方法有以下几点：(　　)。

A. 提前确认收入　　　　　　　　　　B. 延后列支费用

C. 收购、兼并盈利企业　　　　　　　D. 收购、兼并亏损企业

7. 对税后利润分配进行筹划，关键在于使投资者分回的利润应补缴的税款减少。具体做法有：(　　)。

A. 保留低税地区被投资企业的利润不予分配，减轻投资者的税负

B. 保留高税地区被投资企业的利润不予分配，减轻投资者的税负

C. 股份公司可以采取不直接分配股息，而使股票增值

D. 股份公司可以采取直接分配股息，而使股票增值

四、判断题

1. 从全球范围来讲，跨国纳税公司可以选择低税率国家进行公司注册；从一国范围来讲，公司可以选择到相对低税率的地区进行注册。(　　)

2. 对于资金有限的新投资者或者规模不大的企业而言，采用公司形式比较有利。(　　)

3. 当刚进入某地开始设公司时，由于对当地情况不太熟悉，生产经营还处于起步阶段，发生亏损的可能性很大，可以在当地设立一个子公司。(　　)

4. 在息税前收益率不低于负债成本率的前提下，负债比率越低，其节税效果就越显著。(　　)

5. 在出资方式的选择过程中，应充分考虑自身特点，以达到减轻税负、增加利润的目的，一般情况下选择分期投资方式要优于选择一次性投资方式。(　　)

6. 企业在购货物时，要尽量避免在采购合同中出现诸如“全部款项付完后，由供货方开具发票”条款。(　　)

7. 产品的销售价格并不是越高越好，必须根据税负等因素合理进行选择，关键要计算出价税平衡点临界价格。(　　)

8. 如果投资企业是盈利企业，而且其所得税税率低被投资企业，应尽可能地促使被投资企业不向或推迟对投资者分配利润(含股息、红利)，避免或推迟分回的利润(股息、红利)补缴所得税。(　　)

五、案例分析题

1. 甲国的A公司向乙国出售一批货物，共取得1 000万美元销售收入，销售成本为400万美元。甲国所得税税率为30%。在正常交易情况下，则A公司向乙国销售货物获得的销售所得应缴纳甲国公司所得税。问A公司应如何进行税收筹划？可以节税多少？

2. 某盈利企业有资金300万元一年闲置不用，当期银行存款定期年利率1.98%，国债年利率3%，国家重点建设债券年利率4.2%。该企业是购买国债，还是购买国家重点建设债券，或是存入银行呢？

3. 商业企业目前较常见的让利促销活动主要有打折、赠送，其中赠送又可分为赠送实物(或购物券)和返还现金。某商场商品销售利润率为40%，销售100元商品，其成本为60元，商场是增值税一般纳税人，购货均能取得增值税专用发票，为促销欲采用3种方式：一是商品7折销售；二是购物满100元者赠送价值30元的商品(成本18元，均为含税价)；三是购物满100元者返还30元现金。

假定消费者购买一件价值100元的商品，请问，该商场选择哪种销售方式最为有利呢？(以上价格均为含税价；除增值税、个人所得税、企业所得税外，不考虑其他税种)。

4. 厦门市某一物资生产企业鸿远公司，专门制造防盗门，2008年产量1万个，每个成本300元，加工

利润 150 元。该公司在全国各地有 8 个销售分公司，专门负责出售该企业生产的防盗门，每个防盗门的销售利润为 60 元。这 8 个销售分公司分别独立经营、独立核算。2008 鸿远公司生产的防盗门全部售出。试根据现行企业所得税法的有关规定计算分析鸿远公司与各销售分公司的所得税额及利润水平(假定各销售分公司获利水平相同，符合小型微利企业的认定标准)。如果鸿远公司每个防盗门的加工利润由原来的 150 元降到 134 元(假设符合独立交易原则)，相应地各销售分公司每个防盗门的销售利润上涨到 76 元，则鸿远公司与各销售分公司的所得税额及利润水平又是多少?

5. 内地甲企业对高新技术企业乙进行投资，股权比例为 100%(其中含持有时间小于 12 个月的股票投资 30%)。2010 年度甲企业税前利润为 1 000 万元，适用所得税税率为 25%，乙企业税前利润为 500 万元，适用所得税税率为 15%。假设有两套分配方案可以选择，方案一，该年度乙企业税后利润不进行分配；方案二，该年度乙企业税后利润向股东分配 60%。请问，乙企业应如何进行税后利润的分配?

参 考 文 献

[1] 查方能．纳税筹划［M］．大连：东北财经大学出版社，2007.

[2] 张中秀，汪昊．纳税筹划宝典［M］．北京：机械工业出版社，2005.

[3] 全国注册会计师教材编写组．税法［M］．北京：经济科学出版社，2009 .

[4] 刘蓉．税收筹划学习指导书［M］．北京：中国税务出版社，2008 .

[5] 李大明．税收筹划［M］．北京：中国财政经济出版社，2006.

[6] 刘东明．企业纳税筹划［M］．北京：中国人民大学出版社，2004.

[7] 刘蓉．税收筹划实务与案例［M］．哈尔滨：黑龙江人民出版社，2002.

[8] 曹利．企业纳税实务［M］．北京：机械工业出版社，2009.

[9] 周叶．税收筹划［M］．上海：上海财经大学出版社，2003.

[10] 朱洪仁．国际税收筹划［M］．上海：上海财经大学出版社，2001 .

[11] 《税收筹划与优惠政策丛书》编委会．中国税收优惠政策总揽［M］．北京：中国税务出版社，2004 .

[12] 毛夏鸾．税收筹划教程［M］．北京：首都经济贸易大学出版社，2005 .

[13] 盖地．税务筹划［M］．北京：高等教育出版社，2006.

[14] 盖地．税务会计与税收筹划［M］．大连：东北财经大学出版社，2003.

[15] 计金标．税收筹划学习指导书［M］．北京：中国人民大学出版社，2004.

[16] 计金标．税收筹划［M］．北京：中国人民大学出版社，2004.

[17] 黄凤羽．税收筹划理论与实践［M］．北京：中国财政经济出版社，2003.

[18] 黄凤羽．税收筹划：策略、方法与案例［M］．大连：东北财经大学出版社，2007.

[19] 高培勇．简明税收词典［M］．北京：中国财政经济出版社，2005.

[20] 艾华．税收筹划研究［M］．武汉：武汉大学出版社，2006.

[21] 蔡昌．税收筹划八大规律［M］．北京：中国财政经济出版社，2005.

北京大学出版社高职高专财经类规划教材书目

财务会计系列

序号	书　名	标准书号	主　编	定价	出版年月
1	统计学基础	978-7-81117-756-5	阮红伟	30	201101 第 2 次印刷
2	统计学原理	978-7-81117-825-8	廖江平	25	201111 第 3 次印刷
3	统计学原理	978-7-301-21924-9	吴思莹	36	201301
4	统计学原理与实务	978-7-5038-4836-0	姜长文	26	201007 第 5 次印刷
5	统计基础理论与实务	978-7-301-22862-3	康燕燕等	34	201307
6	实用统计基础与案例	978-7-301-20409-2	黄彬红	35	201204
7	经济学基础	978-7-301-21034-5	陈守强	34	201301
8	经济法实用教程	978-7-81117-675-9	胡卫东	39	201111 第 3 次印刷
9	经济法原理与实务	978-7-5038-4846-9	孙晓平	38	200905 第 3 次印刷
10	财经法规	978-7-81117-885-2	李　萍	35	201202 第 2 次印刷
11	会计基本技能	978-7-5655-0067-1	高东升	26	201211 第 3 次印刷
12	会计基础实训	978-7-301-19964-0	刘春才	29	201201
13	会计基础实务	978-7-301-21145-8	刘素菊等	27	201208
14	企业会计基础	978-7-301-20460-3	徐炳炎	33	201204
15	基础会计	978-7-5655-0062-6	常　美	28	201008
16	基础会计教程	978-7-81117-753-4	侯　颖	30	200907
17	基础会计教程与实训	978-7-5038-4845-2	李　洁	28	201008 第 5 次印刷
18	基础会计教程与实训（第 2 版）	978-7-301-16075-6	李　洁	30	201301 第 2 次印刷
19	基础会计实训教程	978-7-5038-5017-2	王桂梅	20	201106 第 3 次印刷
20	基础会计原理与实务	978-7-5038-4849-0	侯旭华	28	200908 第 3 次印刷
21	财务管理	978-7-5655-0328-3	翟其红	29	201107
22	财务活动管理	978-7-5655-0162-3	石兰东	26	201301 第 2 次印刷
23	财务管理教程与实训	978-7-5038-4837-7	张　红	37	200911 第 3 次印刷
24	财务会计	978-7-5655-0117-3	张双兰	40	201101
25	财务会计（第 2 版）	978-7-81117-975-6	李　哲	32	201003
26	财务会计	978-7-301-20951-6	张严心等	32	201208
27	财务会计实用教程	978-7-5038-5027-1	丁增稳	36	200805
28	财务会计实务	978-7-301-22005-4	管玲芳	36	201301
29	财务管理	978-7-301-17843-0	林　琳	35	201301 第 2 次印刷
30	Excel 财务管理应用	978-7-5655-0358-0	陈立稳	33	201108
31	中小企业财务管理教程	978-7-301-19936-7	周　兵	28	201201
32	财务管理实务教程	978-7-301-21945-4	包忠明等	30	201302
33	成本会计	978-7-5655-0130-2	陈东领	25	201101
34	成本会计	978-7-81117-592-9	李桂梅	28	201207 第 3 次印刷
35	成本会计实训教程	978-7-81117-542-4	贺英莲	23	201101 第 3 次印刷
36	成本费用核算	978-7-5655-0165-4	王　磊	27	201211 第 2 次印刷
37	成本会计	978-7-301-19409-6	徐亚明	24	201211 第 2 次印刷
38	成本会计实务	978-7-301-19308-2	王书果	36	201108
39	成本会计	978-7-301-21561-6	潘素琼	27	201301
40	审计业务操作	978-7-5655-0171-5	涂申清	30	201301 第 2 次印刷
41	审计业务操作全程实训教程	978-7-5655-0259-0	涂申清	26	201204 第 2 次印刷
42	审计学原理与实务	978-7-5038-4843-8	马西牛	32	201007 第 2 次印刷
43	税务会计实用教程	978-7-5038-4848-3	李克桥	37	200808 第 2 次印刷
44	涉税业务核算	978-7-301-18287-1	周常青	29	201101
45	企业纳税实务	978-7-5655-0188-3	司宇佳	25	201101
46	企业纳税与筹划实务	978-7-301-20193-0	郭武燕	38	201203
47	纳税申报与筹划	978-7-301-20921-9	李英艳等	38	201207
48	新编纳税筹划	978-7-301-22770-1	李　丹	30	201307
49	税务代理实务	978-7-301-22848-7	侯荣新等	34	201307
50	企业纳税计算与申报	978-7-301-21327-8	傅凤阳	30	201210
51	会计电算化实用教程	978-7-5038-4853-7	张耀武	28	200802

序号	书　名	标准书号	主　编	定价	出版年月
52	会计电算化实用教程（第 2 版）	978-7-301-09400-6	刘东辉	20	200806
53	电算会计综合实习	978-7-301-21096-3	陈立稳等	38	201208
54	会计电算化项目教程	978-7-301-22104-4	亓文会	34	201303
55	会计英语	978-7-5038-5012-7	杨　洪	28	200908 第 2 次印刷
56	财经英语阅读	978-7-81117-952-1	朱　琳	29	201301 第 3 次印刷
57	行业特殊业务核算	978-7-301-18204-8	余　浩	30	201101
58	预算会计	978-7-301-20440-5	冯　萍	39	201205
59	Excel 在财务和管理中的应用	978-7-301-22264-5	陈跃安等	33	201303
60	管理会计	978-7-301-22822-7	王红珠等	34	201307

经济贸易系列

序号	书　名	标准书号	主　编	定价	出版年月
1	资产评估	978-7-81117-645-2	董亚红	40	201107 第 2 次印刷
2	国际结算	978-7-81117-842-5	黎国英	25	201207 第 2 次印刷
3	国际结算	978-7-5038-4844-5	徐新伟	32	200907 第 2 次印刷
4	国际贸易结算	978-7-301-20980-6	罗俊勤	31	201207
5	货币银行学	978-7-5038-4838-4	曹　艺	28	201206 第 4 次印刷
6	货币银行学	978-7-301-21181-6	王　菲等	37	201209
7	国际金融基础与实务	978-7-5038-4839-1	冷丽莲	33	200708
8	国际金融	978-7-301-21097-0	张艳清	26	201208
9	国际金融实务	978-7-301-21813-6	付玉丹	36	201301
10	国际贸易概论	978-7-81117-841-8	黎国英	28	201204 第 4 次印刷
11	国际贸易理论与实务	978-7-5038-4852-0	程敏然	40	200708
12	国际贸易实务	978-7-301-19393-8	李湘滇	34	201301 第 2 次印刷
13	国际贸易实务操作	978-7-301-19962-6	王言炉	37	201201
14	国际贸易实务	978-7-301-20929-5	夏新燕	30	201208
15	国际贸易实务	978-7-301-20192-3	刘　慧等	25	201305 第 2 次印刷
16	国际贸易实务	978-7-301-16838-7	尚　洁等	26	201208
17	国际商务谈判	978-7-81117-532-5	卞桂英	33	201001 第 2 次印刷
18	国际商务谈判（第 2 版）	978-7-301-19705-9	刘金波	35	201112
19	国际商法实用教程	978-7-5655-0060-2	聂红梅	35	201204 第 2 次印刷
20	进出口贸易实务	978-7-5038-4842-1	周学明	30	200805 第 2 次印刷
21	金融英语	978-7-81117-537-0	刘　娣	24	201009 第 3 次印刷
22	财政基础与实务	978-7-5038-4840-7	才凤玲	34	201001 第 2 次印刷
23	财政与金融	978-7-5038-4856-8	谢利人	37	200808 第 2 次印刷
24	外贸单证	978-7-301-17417-3	程文吉	28	201109
25	新编外贸单证实务	978-7-301-21048-2	柳国华	30	201208
26	国际商务单证	978-7-301-20974-5	刘　慧等	29	201207
27	商务英语学习情境教程	978-7-301-18626-8	孙晓娟	27	201109
28	国际投资	978-7-301-21041-3	高田歌	33	201208
29	商业银行会计实务	978-7-301-21132-8	王启姣	35	201208
30	商业银行经营管理	978-7-301-21294-3	胡良琼等	27	201209
31	保险实务	978-7-301-20952-3	朱丽莎	30	201208
32	国际市场营销项目教程	978-7-301-21724-5	李湘滇	38	201301
33	报关实务	978-7-301-21987-4	董章清等	35	201301
34	报关与报检实务	978-7-301-16612-3	农晓丹	37	201303
35	报检报关业务：认知与操作	978-7-301-21886-0	姜　维	38	201301
36	外贸英语函电	978-7-301-21847-1	倪　华	28	201301
37	经济学基础	978-7-301-22536-3	王　平	32	201306
38	国际海上货运代理实务	978-7-301-22629-2	肖　旭	27	201306
39	国际贸易实务	978-7-301-22739-8	刘笑诵	33	201307
40	国际贸易与国际金融教程	978-7-301-22738-1	蒋　晶等	31	201307

营销管理系列

序号	书　名	标准书号	主　编	定价	出版年月
1	电子商务实用教程	978-7-301-18513-1	卢忠敏	33	201211 第 2 次印刷

序号	书　名	标准书号	主　编	定价	出版年月
2	网络营销理论与实务	978-7-5655-0039-8	宋沛军	32	201112 第 2 次印刷
3	电子商务项目式教程	978-7-301-20976-9	胡　雷	25	201208
4	电子商务英语	978-7-301-17603-0	陈晓鸣	22	201111 第 2 次印刷
5	市场营销学	978-7-5038-4859-9	李世宗	28	200807 第 2 次印刷
6	市场营销	978-7-81117-957-6	钟立群	33	201207 第 2 次印刷
7	市场调查与预测	978-7-5655-0252-1	徐　林	27	201105
8	市场调查与预测	978-7-301-19904-6	熊衍红	31	201112
9	市场营销理论与实训	978-7-5655-0316-0	路　娟	27	201107
10	市场营销项目驱动教程	978-7-301-20750-5	肖　飞	34	201206
11	市场调查与预测情景教程	978-7-301-21510-4	王生云	36	201301
12	市场调研案例教程	978-7-81117-570-7	周宏敏	25	201101 第 2 次印刷
13	营销策划技术	978-7-81117-541-7	方志坚	26	201012 第 2 次印刷
14	营销策划	978-7-301-20608-9	许建民	37	201205
15	现代推销技术	978-7-301-20088-9	尤凤翔等	32	201202
16	推销与洽谈	978-7-301-21278-3	岳贤平	25	201009
17	商务沟通实务	978-7-301-18312-0	郑兰先	31	201112 第 2 次印刷
18	商务礼仪	978-7-5655-0176-0	金丽娟	29	201207 第 2 次印刷
19	商务礼仪	978-7-81117-831-9	李　巍	33	201205 第 3 次印刷
20	现代商务礼仪	978-7-81117-855-5	覃常员	24	201206 第 3 次印刷
21	商务谈判	978-7-5038-4850-6	范银萍	32	200908 第 2 次印刷
22	商务谈判	978-7-301-20543-3	尤凤翔等	26	201205
23	职场沟通实务	978-7-301-16175-3	吕宏程	30	201208
24	管理学基础	978-7-81117-974-3	李蔚田	34	201204 第 3 次印刷
25	管理学原理	978-7-5038-4841-4	季　辉	26	201007 第 3 次印刷
26	管理学原理与应用	978-7-5655-0065-7	秦　虹	27	201207 第 2 次印刷
27	管理学实务教程	978-7-301-21324-7	杨清华	33	201301
28	企业管理	978-7-5038-4858-2	张　亚	34	201007 第 3 次印刷
29	现代企业管理	978-7-81117-806-7	于翠华	38	200908
30	现代企业管理	978-7-301-19687-8	刘　磊	32	201301 第 3 次印刷
31	通用管理实务	978-7-81117-829-6	叶　萍	39	201101 第 2 次印刷
32	中小企业管理	978-7-81117-529-5	吕宏程	35	201108 第 4 次印刷
33	中小企业管理（第 2 版）	978-7-301-21124-3	吕宏程	39	201305 第 2 次印刷
34	企业管理实务	978-7-301-20657-7	关善勇	28	201205
35	连锁经营与管理	978-7-5655-0019-0	宋之苓	37	201208 第 3 次印刷
36	企业经营管理模拟训练（含记录手册）	978-7-301-21033-8	叶　萍等	29	201208
37	企业经营 ERP 沙盘实训教程	978-7-301-21723-8	葛颖波	29	201301
38	管理信息系统	978-7-81117-802-9	刘　宇	30	200907
39	现代公共关系原理与实务	978-7-5038-4835-3	张美清	25	201003 第 2 次印刷
40	公共关系实务	978-7-301-20096-4	李　东等	32	201202
41	人力资源管理	978-7-5038-4851-3	李蔚田	40	200802
42	人力资源管理实务	978-7-301-19096-8	赵国忻	30	201307 第 2 次印刷
43	消费心理学	978-7-81117-661-2	臧良运	31	201205 第 5 次印刷
44	消费心理与行为分析	978-7-301-19887-2	王水清	30	201305 第 2 次印刷
45	广告原理与实务	978-7-5038-4847-6	郑小兰	32	201007 第 2 次印刷
46	零售学	978-7-81117-759-6	陈文汉	33	201111 第 2 次印刷
47	商品学概论	978-7-5038-4855-1	方凤玲	20	201008 第 3 次印刷
48	秘书理论与实务	978-7-81117-590-5	赵志强	26	200812
49	广告实务	978-7-301-21207-3	夏美英	29	201209
50	营销渠道开发与管理	978-7-301-21214-1	王水清	34	201209
51	商务统计实务	978-7-301-21293-6	陈晔武	29	201209
52	秘书与人力资源管理	978-7-301-21298-1	肖云林等	25	201209

序号	书　名	标准书号	主　编	定价	出版年月
53	市场营销学	978-7-301- 22046-7	饶国霞等	35	201301
54	市场营销策划	978-7-301-22384-0	冯志强	36	201305
55	商务谈判实训	978-7-301-22628-5	夏美英	23	201306
56	ERP 沙盘模拟实训教程	978-7-301-22697-1	钮立新	25	201307

物流管理系列

序号	书　名	标准书号	编著者	定价	出版时间
1	现代物流概论	978-7-81117-803-6	傅莉萍	40	201010 第 2 次印刷
2	现代物流管理	978-7-301-17374-9	申纲领	30	201205 第 2 次印刷
3	现代物流管理	978-7-5038-4854-4	沈　默	37	200908 第 3 第印刷
4	现代物流概论	978-7-301-20922-6	钮立新	38	201207
5	企业物流管理	978-7-81117-804-3	傅莉萍	32	201208 第 3 次印刷
6	物流专业英语	978-7-5655-0210-1	仲　颖	24	201205 第 2 次印刷
7	现代生产运作管理实务	978-7-301-17980-2	李陶然	39	201211 第 2 次印刷
8	物流案例与实训	978-7-301-17521-7	申纲领	28	201307 第 3 次印刷
9	物流市场调研	978-7-81117-805-0	覃　逢	22	201102 第 2 次印刷
10	物流营销管理	978-7-81117-949-1	李小叶	36	201205 第 2 次印刷
11	采购管理实务	978-7-301-17917-8	李方峻	28	201205 第 2 次印刷
12	采购实务	978-7-301-19314-3	罗振华	33	201306 第 2 次印刷
13	供应链管理	978-7-301-20639-3	杨　华	33	201205
14	采购与供应链管理实务	978-7-301-19968-8	熊　伟	36	201201
15	采购作业与管理实务	978-7-301-22035-1	李陶然	30	201301
16	仓储管理技术	978-7-301-17522-4	王　冬	26	201306 第 2 次印刷
17	仓储管理实务	978-7-301-18612-1	李怀湘	30	201209 第 2 次印刷
18	仓储与配送管理	978-7-81117-995-8	吉　亮	38	201207 第 3 次印刷
19	仓储与配送管理实训教程	978-7-81117-886-9	杨叶勇	24	201209 第 2 次印刷
20	仓储与配送管理实务	978-7-5038-4857-5	郭曙光	44	201009 第 2 次印刷
21	仓储与配送管理实务	978-7-301-20182-4	李陶然	35	201203
22	仓储与配送管理项目式教程	978-7-301-20656-0	王　瑜	38	201205
23	仓储配送技术与实务	978-7-301-22673-5	张建奇	38	201307
24	物流运输管理	978-7-301-17506-4	申纲领	29	201109 第 2 次印刷
25	物流运输实务	978-7-301-20286-9	黄　河	40	201203
26	运输管理项目式教程	978-7-301-19323-5	钮立新	30	201108
27	物流信息系统	978-7-81117-827-2	傅莉萍	40	201205 第 2 次印刷
28	物流信息系统案例与实训	978-7-81117-830-2	傅莉萍	26	200908
29	物流信息技术与应用	978-7-301-17212-4	谢金龙	30	201211 第 3 次印刷
30	物流成本管理	978-7-301-20891-5	傅莉萍	28	201207
31	第三方物流综合运营	978-7-301-21213-4	施学良	32	201209
32	物流市场营销	978-7-301-21249-3	张　勤	36	201209
33	国际货运代理实务	978-7-301-21968-3	张建奇	38	201301
34	物流经济地理	978-7-301-21963-8	葛颖波等	29	201301
35	运输组织与管理项目式教程	978-7-301-21946-1	苏玲利	26	201301
36	物流商品养护技术	978-7-301-22771-8	李燕东	25	201307
37	物流设施与设备	978-7-301-22823-4	傅莉萍等	28	201307
38	运输管理实务	978-7-301-22824-1	黄友文	32	201307
39	药品物流基础	978-7-301-22863-0	钟秀英	30	201307

相关教学资源如电子课件、电子教材、习题答案等可以登录 www.pup6.com 下载或在线阅读。

扑六知识网（www.pup6.com）有海量的相关教学资源和电子教材供阅读及下载（包括北京大学出版社第六事业部的相关资源），同时欢迎您将教学课件、视频、教案、素材、习题、试卷、辅导材料、课改成果、设计作品、论文等教学资源上传到 pup6.com，与全国高校师生分享您的教学成就与经验，并可自由设定价格，知识也能创造财富。具体情况请登录网站查询。

如您需要免费纸质样书用于教学，欢迎登录第六事业部门户网（www.pup6.com）填表申请，并欢迎在线登记选题以到北京大学出版社来出版您的大作，也可下载相关表格填写后发到我们的邮箱，我们将及时与您取得联系并做好全方位的服务。

扑六知识网将打造成全国最大的教育资源共享平台，欢迎您的加入——让知识有价值，让教学无界限，让学习更轻松。

联系方式：010-62750667，sywat716@126.com（经管），lihui851085153@163.com（物流），linzhangbo@126.com，欢迎来电来信咨询。